Betriebliche Finanzierung

Physica-Lehrbuch

Basler, Herbert
Aufgabensammlung zur statistischen Methodenlehre und Wahrscheinlichkeitsrechnung
4. Aufl. 1991. 190 S.

Basler, Herbert
Grundbegriffe der Wahrscheinlichkeitsrechnung und Statistischen Methodenlehre
11. Aufl. 1994. X, 292 S.

Bloech, Jürgen u. a.
Einführung in die Produktion
2. Aufl. 1993. XX, 410 S.

Dillmann, Roland
Statistik I
1990. XVIII, 270 S.

Dillmann, Roland
Statistik II
1990. XIII, 253 S.

Eilenberger, Guido
Finanzierungsentscheidungen multinationaler Unternehmungen
2. Aufl. 1987. 356 S.

Endres, Alfred
Ökonomische Grundlagen des Haftungsrechts
1991. XIX, 216 S.

Fahrion, Roland
Wirtschaftsinformatik
Grundlagen und Anwendungen
1989. XIII, 597 S.

Ferschl, Franz
Deskriptive Statistik
3. Aufl. 1985. 308 S.

Gabriel, Roland / Begau, Klaus / Knittel, Friedrich / Taday, Holger
Büroinformations- und -kommunikationssysteme
Aufgaben, Systeme, Anwendungen
1994. X, 148 S.

Gemper, Bodo B.
Wirtschaftspolitik
1994. XVIII, 196 S.

Hax, Herbert
Investitionstheorie
5. Aufl. korrigierter Nachdruck 1993. 208 S.

Huch, Burkhard
Einführung in die Kostenrechnung
8. Aufl. 1986. 299 S.

Huch, Burkhard u. a.
Rechnungswesen-orientiertes Controlling
Ein Leitfaden für Studium und Praxis
1992. XX, 366 S.

Kistner, Klaus-Peter
Produktions- und Kostentheorie
2. Aufl. 1993. XII, 293 S.

Kistner, Klaus-Peter
Optimierungsmethoden
Einführung in die Unternehmensforschung für Wirtschaftswissenschaftler
2. Aufl. 1993. XII, 222 S.

Kistner, Klaus-Peter und Steven, Marion
Produktionsplanung
2. Aufl. 1993. XII, 361 S.

Kistner, Klaus-Peter und Steven, Marion
Betriebswirtschaftslehre im Grundstudium
Band 1: Produktion, Absatz, Finanzierung
1994. XIV, 455 S.

Kraft, Manfred u. a.
Statistische Methoden
2. Aufl. 1992, XII, 232 S.

Nissen, Hans Peter
Makroökonomie I
2. Aufl. 1992. XII, 232 S.

Peemöller, Volker und März, Thomas
Sonderbilanzen
1986. X, 182 S.

Schneeweiß, Hans
Ökonometrie
4. Aufl. 1990. 394 S.

Schulte, Karl Werner
Wirtschaftlichkeitsrechnung
4. Aufl. 1986. 196 S.

Sesselmeier, Werner
Blauermel, Gregor
Arbeitsmarkttheorien
1990. X, 222 S.

Steven, Marion
Hierarchische Produktionsplanung
2. Aufl. 1994. X, 262 S.

Swoboda, Peter
Betriebliche Finanzierung
3. Aufl. 1994. 305 S.

Vogt, Herbert
Einführung in die Wirtschaftsmathematik
6. Aufl. 1988. 250 S.

Vogt, Herbert
Aufgaben und Beispiele zur Wirtschaftsmathematik
2. Aufl. 1988. 184 S.

Weise, Peter u. a.
Neue Mikroökonomie
3. Aufl. 1993. X, 506 S.

Zweifel, Peter und Heller, Robert H.
Internationaler Handel
Theorie und Empirie
2. Aufl. 1992. XXI, 403 S.

Peter Swoboda

Betriebliche Finanzierung

3., überarbeitete Auflage

Mit 12 Abbildungen

Springer-Verlag Berlin Heidelberg GmbH

Prof. Dr. Peter Swoboda
Institut für Industrie
und Fertigungswirtschaft
Karl-Franzens-Universität Graz
Hans-Sachs-Gasse 3/III
A-8010 Graz, Österreich

ISBN 978-3-7908-0764-6   ISBN 978-3-642-57986-8 (eBook)
DOI 10.1007/978-3-642-57986-8

Dieses Werk ist urheberrechtlich geschützt. Die dadurch begründeten Rechte, insbesondere die der Übersetzung, des Nachdrucks, des Vortrags, der Entnahme von Abbildungen und Tabellen, der Funksendung, der Mikroverfilmung oder der Vervielfältigung auf anderen Wegen und der Speicherung in Datenverarbeitungsanlagen, bleiben, auch bei nur auszugsweiser Verwertung, vorbehalten. Eine Vervielfältigung dieses Werkes oder von Teilen dieses Werkes ist auch im Einzelfall nur in den Grenzen der gesetzlichen Bestimmungen des Urheberrechtsgesetzes der Bundesrepublik Deutschland vom 9. September 1965 in der jeweils geltenden Fassung zulässig. Sie ist grundsätzlich vergütungspflichtig. Zuwiderhandlungen unterliegen den Strafbestimmungen des Urheberrechtsgesetzes.

© Springer-Verlag Berlin Heidelberg 1991, 1994
Ursprünglich erschienen bei Physica-Verlag Heidelberg 1991, 1994

Die Wiedergabe von Gebrauchsnamen, Handelsnamen, Warenbezeichnungen usw. in diesem Werk berechtigt auch ohne besondere Kennzeichnung nicht zu der Annahme, daß solche Namen im Sinne der Warenzeichen- und Markenschutz-Gesetzgebung als frei zu betrachten wären und daher von jedermann benutzt werden dürften.

Satz: K+V Fotosatz GmbH, Beerfelden
2201/2202-543210 – Gedruckt auf säurefreiem Papier

Vorwort zur 2. Auflage

Infolge des rasanten Fortschritts auf dem Gebiete der Finanzierungstheorie blieb die 1981 erschienene Fassung bald hoffnungslos hinter dem Forschungsstand zurück. Dennoch ging ich mit großem Widerstand an die Neuauflage. Einerseits deshalb, weil das Tempo des Fortschritts weiter anhält und viele Problemkreise im Fluß sind. Wieviel geistiges Potential sich mit Finanzierungstheorie beschäftigt, zeigt die Liste der Nobelpreisträger der letzten Jahre. Und andererseits, weil sowohl im anglo-amerikanischen als auch im deutschen Sprachraum eine Reihe ausgezeichneter Finanzierungstheorien gerade auch in den letzten Jahren entstanden sind. Die Arbeit an der Neuauflage hat aber dann dennoch Spaß gemacht. Es zeigte sich nämlich, daß das Buch hinsichtlich wichtiger Fragenkreise durchaus eine Funktion erfüllen könnte. Diese Problemkreise, auf denen der Schwerpunkt des Buches liegt, sind: der Einfluß der Besteuerung auf Finanzierungsoptima und vor allem die bei Informationsasymmetrie auftretenden Wirkungen von Agency-Problemen auf die Kapitalstruktur und auf einzelne Eigen- und Fremdfinanzierungsinstrumente. Dabei erwies es sich als zweckmäßig, die bei oder im Vorfeld von Insolvenzen auftretenden Agency-Probleme einem eigenen Kapitel (Abschnitt 5.2) zuzuweisen und die Agency-Probleme bei „aufrechter" Unternehmung vorweg zu behandeln (Abschnitt 5.1). Auch erschien es klärend, vor Einführung der Agency-Problematik zu erkunden, welche Finanzierungsoptima bei Unsicherheit, aber homogener Information abgeleitet werden können (Abschnitt 4).

Möge das Buch dem Leser etwas von der Faszination übermitteln, die der Autor bei der Bearbeitung zunehmend empfunden hat.

Die österreichischen Käufer des Buches können direkt vom Verfasser eine Broschüre beziehen, in der diejenigen

Abschnitte neu gefaßt sind, die wesentlich auf handels- oder steuerrechtlichen Regelungen basieren, die zwischen Deutschland und Österreich abweichen (z. B. Leasing). Adresse: Hans-Sachs-Gasse 3, 8010 Graz.

Graz, Jänner 1991

Vorwort zur 3. Auflage

Infolge der guten Aufnahme der 2. Auflage und dem sich daraus ergebenden relativ kurzen Abstand zur 3. Auflage waren in den meisten Abschnitten nur Aktualisierungen bzw. Fehlerkorrekturen vorzunehmen. Allerdings haben die letzten drei Jahre bezüglich der Auswirkungen von Principal-Agency-Beziehungen auf die Kapitalstruktur so interessante Ansätze hervorgebracht, daß Abschnitt 5.1 an einigen Stellen wesentlich angepaßt wurde.

Graz, Jänner 1994

Inhaltsverzeichnis

1.	**Einleitung**	1
1.1	Untersuchungsgegenstand	1
1.2	Aufbau des Buches	4
1.3	Grundlegende Voraussetzungen hinsichtlich der Zielsetzung der Unternehmung	6
2.	**Finanzierungsformen**	9
2.1	Überblick	9
2.2	Formen der Eigenfinanzierung	12
2.2.1	Eigenfinanzierung bei Aktiengesellschaften	12
2.2.2	Eigenfinanzierung bei anderen Unternehmungsformen	16
2.3	Formen der Fremdfinanzierung	19
2.3.1	Langfristiges Fremdkapital	19
2.3.1.1	Unterscheidung nach Sicherheiten	19
2.3.1.1.1	*Durch Eigentumsvorbehalt gesicherte Kredite (Lieferkredite, Ausstattungskredite)*	19
2.3.1.1.2	*Hypothekarkredite*	20
2.3.1.1.3	*Durch Sicherungsübereignung gesicherte Kredite*	21
2.3.1.1.4	*Leasing*	22
2.3.1.1.5	*Durch Bürgschaften gesicherte Kredite*	24
2.3.1.1.6	*Sonstige Sicherungsmöglichkeiten langfristiger Kredite*	24
2.3.1.2	Besondere Ausprägungen des langfristigen Fremdkapitals	25
2.3.1.2.1	*Anleihen (Obligationen, Schuldverschreibungen)*	25

2.3.1.2.2	Schuldscheindarlehen	26
2.3.1.2.3	Wandelschuldverschreibungen, Optionsanleihen und Gewinnschuldverschreibungen	27
2.3.1.2.4	Mittel der Exportfinanzierung	28
2.3.1.2.5	Langfristige Rückstellungen, insbesondere Pensions- und Abfertigungsrückstellungen	29
2.3.1.2.6	Durch Bewertungswahlrechte verlagerte Steuerzahlungen	29
2.3.2	Kurzfristiges Fremdkapital	30
2.3.2.1	Unterscheidung nach Sicherheiten	30
2.3.2.1.1	Durch Eigentumsvorbehalt gesicherte Kredite (Lieferkredite)	30
2.3.2.1.2	Lombardkredite (einschließlich Pensionsgeschäfte)	31
2.3.2.1.3	Durch Sicherungsübereignung gesicherte Kredite	31
2.3.2.1.4	Wechsel- oder Diskontkredite	32
2.3.2.1.5	Zessionskredite	32
2.3.2.1.6	Factoring	34
2.3.2.1.7	Durch Bürgschaften (Akzepte) gesicherte Kredite einschließlich Avalkredite	36
2.3.2.1.8	Sonstige Sicherungsmöglichkeiten kurzfristiger Kredite	37
2.3.2.2	Besondere Ausprägungen des kurzfristigen Fremdkapitals	38
2.3.2.2.1	Kontokorrentkredit	38
2.3.2.2.2	Kundenanzahlungen	38
2.3.2.2.3	Sonstige Verbindlichkeiten und Rückstellungen, Posten der Passiven Rechnungsabgrenzung	39
2.4	Finanzinnovationen	39

3. Optimierung der Kapitalstruktur und der Dividendenpolitik bei Sicherheit 42

3.1	Bei vollkommenem Kapitalmarkt	42
3.2	Bei unvollkommenem Kapitalmarkt	44

3.2.1	Auswirkungen von Transaktionskosten	44
3.2.2	Auswirkungen von Steuern	46
3.2.2.1	Steuersystem 1: Einkommensteuer auf Gewinnanteile und Zinseinkommen ...	46
3.2.2.2	Steuersystem 2: Körperschaftsteuer auf Unternehmungsgewinne unter Abzugsfähigkeit der Fremdkapitalzinsen	46
3.2.2.3	Steuersystem 3: Körperschaftsteuer auf Unternehmungsgewinne unter Abzugsfähigkeit der Fremdkapitalzinsen; Einkominensteuer auf Gewinnanteile (nach Körperschaftsteuer) und Zinseinkommen	47
3.2.2.4	Steuersystem 4: Körperschaftsteuer auf Unternehmungsgewinne unter Abzugsfähigkeit der Fremdkapitalzinsen; volle Einkommensteuer auf ausgeschüttete Gewinne und Zinseinkommen; ermäßigte oder keine Einkommensteuer (Kapitalgewinnsteuer) auf Veräußerungsgewinne von Anteilen ...	48
3.2.2.5	Steuersystem 5: Körperschaftsteuer auf Unternehmungsgewinne unter Abzugsfähigkeit der Fremdkapitalzinsen; volle Einkommensteuer auf ausgeschüttete Gewinne unter Anrechnung der Körperschaftsteuer und auf Zinseinkommen; ermäßigte oder keine Einkommensteuer (Kapitalgewinnsteuer) auf Veräußerungsgewinne von Anteilen	56
3.2.2.6	Steuersystem 6: Körperschaftsteuer auf Unternehmungsgewinne unter Abzugsfähigkeit der Fremdkapitalzinsen, mit höheren Sätzen für einbehaltene als für ausgeschüttete Gewinne, volle Einkommensteuer auf ausgeschüttete Gewinne und Zinseinkommen; ermäßigte oder keine Einkommensteuer (Kapitalgewinnsteuer) auf Veräußerungsgewinne von Anteilen ...	57

3.2.2.7	Einbeziehung der stillen Selbstfinanzierung in die Analyse	60
3.2.2.8	Einbeziehung weiterer Steuern in die Analyse (Gewerbesteuer, Vermögensteuer)	62
3.2.2.9	Auswirkungen von Gewinnsteuern und Transaktionskosten	65
3.2.3	Auswirkungen von Kapitalmarktbeschränkungen	66

4. Finanzierungsoptima bei Unsicherheit unter Ausschluß von Agency-Problemen 67

4.1	Einführung in die Nutzentheorie, die Portefeuilletheorie, die Theorie vom Kapitalmarktgleichgewicht und die Optionsbewertungstheorie	68
4.1.1	Nutzen von Vermögenspositionen und Risikomessung	68
4.1.2	Einführung in die Portefeuilletheorie ..	75
4.1.2.1	Rendite und Standardabweichung eines Portefeuilles aus zwei Wertpapieren ...	75
4.1.2.2	Die Menge der effizienten Portefeuilles	79
4.1.2.3	Rendite-Risiko-Relation in effizienten Portefeuilles	81
4.1.3	Einführung in die Theorie vom Kapitalmarktgleichgewicht	85
4.1.4	Einführung in die Optionsbewertungstheorie von Black Scholes	88
4.2	Irrelevanz oder Relevanz der Kapitalstruktur?	92
4.2.1	Das Theorem von der Irrelevanz der Kapitalstruktur bei Unsicherheit	92
4.2.2	Implikationen der Irrelevanzthese für die Kapitalkostensätze und den Leverage-Effekt	100
4.2.3	Der Einfluß eines unvollkommenen Kapitalmarkts bei Unsicherheit, insbesondere von differenzierenden Steuern, auf das Kapitalstrukturoptimum	102

4.3	Eigenfinanzierungsprobleme	109
4.3.1	Irrelevanz oder Relevanz des Ausgabekurses junger Aktien?	110
4.3.2	Irrelevanz oder Relevanz der Dividendenpolitik?	114
4.3.3	Irrelevanz oder Relevanz der Emission von Optionen und von Vorzugsaktien?	117
4.4	Fremdfinanzierungsprobleme	119
4.4.1	Langfristiges versus kurzfristiges Fremdkapital	119
4.4.1.1	Die term structure	119
4.4.1.2	Das Konzept der durchschnittlichen Fristigkeit (duration) und seine Implikationen für die term structure	125
4.4.1.3	Unsichere Inflationsraten und term structure	127
4.4.1.4	Die term structure bei unvollkommenem Markt	128
4.4.2	Finanzierungsleasing versus Investitionskredit	130
4.4.3	Strukturierung des Fremdkapitals bei kurzfristig schwankendem Kapitalbedarf	137
4.4.4	Optimierung des Termins für die Emission von Anleihen und Aktien	148
4.4.5	Wandelanleihen	155
4.4.6	Gewährung von Pensionszusagen in Verbindung mit der Bildung von Pensionsrückstellungen	156

5. Finanzierungsentscheidungen unter Einbeziehung von Agency-Problemen 162

5.1	Unter Ausschluß von Agency-Problemen im Rahmen von Insolvenzen	162
5.1.1	Charakterisierung von Agency-Problemen	162
5.1.2	Agency-Probleme zwischen Anteilseignern, Managern und Gläubigern	166

5.1.2.1	Agency-Probleme zwischen Eigentümer-Manager und sonstigen Anteilseignern	166
5.1.2.2	Agency-Probleme zwischen Manager und Anteilseignern	169
5.1.2.3	Agency-Probleme zwischen Anteilseignern und Gläubigern	172
5.1.2.4	Zum Property-rights-Ansatz	180
5.1.2.5	Zur Konstruktion optimaler Verträge	185
5.1.2.6	Die Agency-Problematik an Hand der Innovationsfinanzierung	186
5.1.2.6.1	*Auswirkungen alternativer Finanzierungsformen auf die Go- oder Stop-Entscheidung*	187
5.1.2.6.2	*Auswirkungen alternativer Finanzierungsformen auf den Arbeitseinsatz des Innovators und seine Informationsbereitschaft*	192
5.1.2.6.3	*Zusammenfassung*	193
5.1.3	Agency-Probleme und Kapitalstrukturierung	194
5.1.3.1	Theorien zur optimalen Kapitalstruktur unter Berücksichtigung von Agency-Problemen	194
5.1.3.1.1	*Die Theorie von Jensen Meckling*	195
5.1.3.1.2	*Trade-off-Theorien hinsichtlich der steuerlichen Vorteile und der Agency-Kosten des Fremdkapitals*	195
5.1.3.1.3	*Die Pecking-order-Theorie von Myers*	196
5.1.3.1.4	*Die organisatorische Theorie von Myers*	196
5.1.3.1.5	*Die Verschleierungstheorie von Campbell*	197
5.1.3.1.6	*Einführung in Signalisierungsgleichgewichte*	197
5.1.3.1.7	*Die Signalisierungstheorie von Ross*	198
5.1.3.1.8	*Die Signalisierungstheorie von Leland Pyle*	199
5.1.3.1.9	*Die Signalisierungstheorie von Brennan Kraus bzw. von Hartmann-Wendels*	200
5.1.3.1.10	*Die Signalisierungstheorie von Narayanan*	203

5.1.3.1.11	*Kapitalstrukturtheorien, die auf der Free-cash-flow-These von Jensen aufbauen*	205
5.1.3.1.12	*Optimale Kapitalstruktur und Kosten der Einflußnahme*	205
5.1.3.2	Die Eigenfinanzierung unter Berücksichtigung von Agency-Problemen	206
5.1.3.2.1	*Zur Dividendenpolitik*	206
5.1.3.2.2	*Zur Signalwirkung von Aktienemissionen*	208
5.1.3.2.3	*Zum Wert von Vorzugsaktien*	211
5.1.3.3	Mischformen zwischen Eigen- und Fremdfinanzierung unter Berücksichtigung von Agency-Problemen	211
5.1.3.4	Die Fremdfinanzierung unter Berücksichtigung von Agency-Problemen	214
5.1.4	Agency-Probleme und Versicherung	218
5.1.5	Agency-Probleme und der Zusammenhang zwischen Finanzierung und Investition	220
5.2	Finanzierungsentscheidungen und Insolvenzproblematik	222
5.2.1	Einfluß einer von der Kapitalstruktur abhängigen Konkurswahrscheinlichkeit auf den Unternehmungswert	224
5.2.2	Die optimale „Konkurspolitik" der Gläubiger	227
5.2.3	Die These von der Irrelevanz der Insolvenzwahrscheinlichkeit für die optimale Kapitalstruktur	231
5.2.4	Mögliche Gründe für die Relevanz der Insolvenzwahrscheinlichkeit für die optimale Kapitalstruktur	234
5.2.4.1	Kosten von Sanierungs- und Liquidationsvarianten	234
5.2.4.2	Reaktionen von Kunden, Lieferanten, Arbeitnehmern	235

5.2.4.3	Die Bildung von Koalitionen, z. B. von Anteilseignern und einem Gläubiger	236
5.2.4.4	Die Existenz unterschiedlicher Gläubigerklassen; insbesondere die Konfrontation von gesicherten und ungesicherten Gläubigern	238
5.2.4.5	Die Existenz von Kundenansprüchen	242
5.2.4.6	Langfristige Interessen bestimmter Kapitalgeber	244
5.2.4.7	Steuerliche Effekte	245
5.2.4.8	Arbeitnehmeransprüche	245
5.2.4.9	Das Free-Rider-Problem	247
5.2.4.10	Zur Auswahl der optimalen Fortführungsvariante (Sanierungsvariante). Zur Behandlung von Sanierungsdarlehen	248
5.2.4.11	Heterogene Information über Liquidations- und Fortführungswert	251
5.2.5	Zu den Funktionen des Insolvenzrechts und zur Insolvenzrechtsreform	252
5.2.6	Die Wahrscheinlichkeit von Notverkäufen, das Halten von Liquiditätsreserven und die optimale Kapitalstruktur	256
5.2.7	Die Konkurswahrscheinlichkeit – ein Motiv für Fusionen, Konzernbildung und Haftungsgemeinschaften?	257
5.2.8	Zur Optimierung der Kapitalstruktur unter gleichzeitiger Beachtung der Konkurswahrscheinlichkeit und steuerlicher Einflüsse	258

Schlußwort 262

Literaturverzeichnis 263

Stichwortverzeichnis 285

1. Einleitung

1.1 Untersuchungsgegenstand

Der *Finanzierungsbegriff* wird im betriebswirtschaftlichen Schrifttum unterschiedlich weit gefaßt. Da der Gegenstand einer Finanzierungstheorie vom gewählten Finanzierungsbegriff abhängt, wird einleitend ein Überblick über die wichtigsten Ausprägungen des Finanzierungsbegriffs gegeben und der für dieses Buch gewählte Finanzierungsbegriff herausgearbeitet.

Am weitesten wird Finanzierung von der amerikanischen *theory of finance* ausgelegt. Die theory of finance beschäftigt sich gleichgewichtig sowohl mit der Kapitalbeschaffung als auch mit der Kapitalverwendung, also auch mit Fragen, die im deutschsprachigen Schrifttum der Investitionstheorie zugeordnet werden. Wiewohl diesem Beispiel neuerdings auch deutschsprachige Lehrbücher folgen, ohne allerdings Investitionen in den Finanzierungsbegriff aufzunehmen (*Franke Hax* [1990], *Schneider* [1992]), konzentriert sich dieses Lehrbuch auf Fragen der Kapitalbeschaffung. Allerdings werden an vielen Stellen der Arbeit Implikationen von Finanzierungsoptima für Investitionskalküle herausgearbeitet und Auswirkungen der Investitionspolitik (so z. B. des Investitionsrisikos) auf Finanzierungsentscheidungen zum Ausdruck kommen.

Im deutschsprachigen Schrifttum wird Finanzierung im wesentlichen mit Kapital- oder Geldbeschaffung identifiziert. Im Rahmen dieser engeren Auffassung von Finanzierung haben sich eine große Zahl unterschiedlicher Finanzierungsbegriffe gebildet, die entweder eher *monetär* oder eher *kapitalwirtschaftlich* ausgerichtet sind. Die Vertreter eines *monetären Finanzierungsbegriffs* verstehen unter Finanzierung den *Zugang von disponiblen liquiden Mitteln* (z. B. *K. Hax* [1966]). Eine monetäre Finanzierungsauffassung umfaßt nicht nur Einzahlungen von Anteilseignern und Kreditgebern und die Gewinneinbehaltung, sondern auch die Gewinnung von (langfristig) disponiblen Mitteln durch die Verflüssigung von Vermögensgegenständen, z. B. durch die Veräußerung von Anlagevermögen oder durch die Anlagenabschreibung bzw. -entwertung; letzteres allerdings nur unter der Voraussetzung, daß die Abschreibungsquoten in zumindest kostendeckenden Produktpreisen vereinnahmt werden und nicht kurzfristig für Ersatzinvestitionen wieder ausgegeben werden müssen. Die (neue) Finanzierungsauffassung von *Schneider* [1992, S. 11] ist ebenfalls primär monetär orientiert. Er vesteht unter Finanzierung die „Geldaufnahme auf Finanzmärkten...", „das zeitliche Vorverlegen von Einnahmen und das zeitliche Hinausschieben von Ausgaben,..." und „das Bilden von Institutionen, um Unsicherheiten hinsichtlich der erwarteten künftigen Zahlungen aus Außen- und Innenfinanzierung zu verringern".

Die Vertreter eines *kapitalwirtschaftlichen Finanzierungsbegriffs* subsumieren unter Finanzierung jeden *Zugang (Abgang) von Kapital.* Zur Finanzierung zählen daher — wie beim monetären Finanzierungsbegriff — Einzahlungen von Anteilseignern und Kreditgebern und Gewinneinbehaltungen, aber auch Sacheinlagen sowie Kapitalrückzahlungen, Dividenden- und Zinszahlungen, nicht aber die (erfolgsneutrale) Verflüssigung von Vermögensgegenständen. Bilanziell ausgedrückt (wobei offen bleibt, wie Bilanzumfang und -bewertung festgelegt wird!) wird bei kapitalwirtschaftlichem Finanzierungsbegriff unter Finanzierung jede Änderung des Umfanges des Kapitals (die notwendigerweise auch eine Änderung des Umfanges des Vermögens impliziert) und jede Änderung der Kapitalstruktur verstanden. Dem kapitalwirtschaftlichen Finanzierungsbegriff entspricht auch die Auffassung von *Brealey Myers* [1991, S. 334], die nicht das, was die Unternehmungen durch die Finanzierung erlangen (= Kapital) in den Vordergrund stellen, sondern ihre Gegenleistung, die den Kapitalgebern gewährten Ansprüche. In dieser Sicht ist Finanzierung *Verkauf von Ansprüchen an künftigen Cash Flows.*

Der *monetäre Finanzierungsbegriff* hat gegenüber dem kapitalwirtschaftlichen Finanzierungsbegriff drei entscheidende *Nachteile* (vgl. *Vormbaum* [1990]):

1) Er umfaßt weder Sacheinlagen noch etwa das Leasing, da hier kein Zugang von finanziellen Mitteln vorliegt. Für eine Finanzierungstheorie erscheint es jedoch nicht zweckmäßig, etwa Eigenfinanzierungsprobleme unter Ausschluß von Sacheinlagen zu diskutieren; es ist im wesentlichen wohl gleichgültig, ob Anteilseigner ein Gebäude oder monetäre Mittel zur Beschaffung eines Objekts einbringen. Ebenso sollte das Leasing infolge der Konkurrenz zum Kauf unter Kreditaufnahme von einer Finanzierungstheorie mitumfaßt werden. Tatsächlich werden Sacheinlagen und das Leasing auch von Vertretern eines monetären Finanzierungsbegriffs meist mitbehandelt, entweder in bewußtem oder unbewußtem Gegensatz zu ihrer Finanzie-

rungsauffassung, oder aber unter Abstützung auf einen Zusatz zum Finanzierungsbegriff, der zur Finanzierung auch die Substitution von monetären Zugängen durch Zugänge an Sachvermögen rechnet. So interpretieren etwa *Franke Hax* [1990, S. 12] Sacheinlagen als Geldeinlagen mit anschließendem Kauf des Sachgutes gegen Barzahlung oder Leasing als Kauf gegen Barzahlung bei gleichzeitiger Kreditaufnahme.

2) Der monetäre Finanzierungsbegriff stellt auf den Zugang finanzieller Mittel ab und schließt damit den *Abgang* finanzieller Mittel (Kreditrückzahlungen, Dividendenzahlungen usw.) aus der Analyse aus. Es wäre auch schwer, den *Abgang* finanzieller Mittel sinnvoll in einen Finanzierungsbegriff einzubauen, da ja Auszahlungen für Rohstoffkäufe, Löhne, Investitionen usw. aus dem Finanzierungsbegriff ausgeklammert werden müßten.

3) Die Verflüssigung von Vermögensgegenständen ist entweder eine automatische Folge der Nutzung von Anlagen in Zusammenhang mit der Abschreibungspolitik oder eine Folge von Desinvestitionsentscheidungen. Abschreibungsverfahren sind Gegenstand vor allem der Bilanztheorie, Desinvestitionsentscheidungen Gegenstand der Investitionstheorie. Es erscheint daher nicht sinnvoll, diese Fragen isoliert von anderen bilanzpolitischen und investitionstheoretischen Problemen in einer Finanzierungstheorie zu behandeln. Natürlich bewirkt der Rückfluß von Abschreibungsquoten in kostendeckenden Preisen ebenso wie der Verkauf von Vermögensgegenständen einen Zugang von finanziellen Mitteln und ermöglicht es, die Kapazität der Unternehmung ohne (zusätzliche) Kapitalbeschaffung von außen zu erweitern [*Lohmann-Ruchti*-Effekt]; inwieweit dies aber sinnvoll ist und ob nicht eine Rückzahlung dieser Mittel an die Kapitalgeber vorzuziehen ist, kann nur durch Anwendung von Investitionskriterien entschieden werden. Das Problem der Reinvestition solcher Mittel ist daher ebenso wie die Frage der Veräußerung von Anlagegegenständen besser der Investitionstheorie anzuvertrauen.

Diese Nachteile hat auch die Finanzierungsauffassung von *Lehmann* [1991], der die Merkmale „Zahlung" und „Stundung" in den Vordergrund stellt und dadurch monetären und kapitalwirtschaftlichen Finanzierungsbegriff ineinander überführen möchte.

Die diskutierten Schwächen des monetären Finanzierungsbegriffs sprechen dafür, der vorliegenden Finanzierungstheorie einen *kapitalwirtschaftlichen Finanzierungsbegriff* zugrundezulegen. Wir übernehmen daher die Definition *Vormbaums*, der unter Finanzierung alle Maßnahmen versteht, „die der Versorgung des Betriebes mit disponiblem... Kapital, der optimalen Strukturierung des Kapitals sowie der Kapitalherabsetzung dienen" (*Vormbaum* [1990, S. 26]), wobei allerdings die Einschränkung „disponibel" entbehrlich erscheint. Eine im wesentlichen gleichlaufende Definition wurde im Vorgänger dieses Buchs (*Swoboda* [1973]) gewählt: Unter Finanzierung wurde die Gestaltung der Beziehungen der Unternehmung zu ihren Kapitalgebern verstanden. Diese Umschreibung bringt stärker zum Ausdruck, daß nicht nur der eigentliche Kapitaltransfer zwischen Unternehmung und Kapitalgebern, sondern auch die Regelung von Sicherungs-, Mitbestimmungs- und Informationsrechten der Kapitalgeber Gegenstand der Finanzierungstheorie sind. Die Definition *Vormbaums* weist aber den Vorteil auf, daß sie den Zweck von Finanzierungsentscheidungen, die Kapitalversorgung, in den Vordergrund stellt.

Der gewählte Finanzierungsbegriff ist insofern offen, als über die Auslegung des Ausdrucks „Kapital" (insbesondere hinsichtlich Umfang und Bewertung) sehr unterschiedliche Auffassungen bestehen. Ohne diese Frage auszudiskutieren, sei festgestellt, daß der Kapitalbegriff dieser Arbeit sich am Ertragswert (Kapitalwert) der Unternehmung, und nicht etwa am bilanziellen Kapital orientiert. Dies hat z. B. folgende Auswirkungen: Auch wenn das bilanzielle Eigenkapital einer Unternehmung in einer Periode gleichgeblieben ist, der Aktienwert (-kurs) aber gesunken ist, hat sich c.p. die Kapitalstruktur verändert. Oder: Wenn eine Gesellschaft durch Unterbewertung eines Vermögensgegenstands eine stille Reserve legt, so liegt – trotz mangelnden Ausweises in der Bilanz – sowohl eine Fremdfinanzierungsmaßnahme („Aufnahme" eines bedingten Steuerkredits infolge der in spätere Jahre verlagerten Steuerzahlungen) als auch eine Eigenkapitalzufuhr (Gewinneinbehaltung) im Ausmaß der stillen Reserve minus der diskontierten, künftigen Steuerzahlungen vor. Ein weiteres Beispiel: Das Finanzierungsleasing wird infolge seiner Analogien zum Kauf gegen Kredit als Fremdkapitalaufbringung gerechnet, unabhängig davon, ob Leasingverpflichtungen bilanziert werden müssen.

1.2 Aufbau des Buches

Zunächst wird im *Abschnitt 2* ein *Überblick über die Eigen- und Fremdfinanzierungsformen* und ihre Charakteristika gegeben, ohne ihre relativen Vorzüge und Nachteile im Rahmen der Gesamtfinanzierung der Unternehmung zu werten. Abschnitt 2 kann daher von dem mit den Finanzierungsformen vertrauten und an der eigentlichen Finanzierungstheorie interessierten Leser übersprungen werden. Im *Abschnitt 3* werden jene Finanzierungsprobleme herausgegriffen, bei denen von der Unsicherheit deshalb abstrahiert werden kann, weil die unter der Annahme der Sicherheit gefundenen Lösungen im wesentlichen auch bei Unsicherheit gelten. Man kann daher für diese Probleme Lösungen erarbeiten, ohne sich mit dem Instrumentarium abzumühen, das für die Behandlung von Finanzierungsproblemen bei Unsicherheit entwickelt wurde. Im Vordergrund dieses Abschnitts steht der Einfluß von Steuern auf das Kapitalstruktur- und Dividendenoptimum.

Abschnitte 4 und 5 sind der Kernproblematik der Finanzierungstheorie, der *Optimierung der Kapitalstruktur* (des Verhältnisses von Eigen- zu Fremdkapital) *bei Unsicherheit* gewidmet. Es werden aber auch Fragen der Zusammensetzung des Fremdkapitals sowie des Eigenkapitals erörtert. Die interessantesten Probleme einer Finanzierungstheorie entstehen nämlich erst, wenn die Gewinnerwartungen der Anteilseigner unsicher sind und/oder die Gläubiger fürchten müssen, Kreditverluste zu erleiden. Viele Erscheinungen am Kapitalmarkt, z. B. unterschiedliche Renditen bei unterschiedlichen Anlageformen, die Stellung von Kreditsicherheiten, Publizitätserfordernisse, Mitspracherechte usw. sind ohne Rekurs auf die Unsicherheit nicht erklärbar.

Abschnitt 4 unterscheidet sich von Abschnitt 5 dadurch, daß in Abschnitt 4 homogene Information von Managern und Kapitalgebern angenommen, in Abschnitt 5 jedoch heterogene Information unterstellt wird. In Abschnitt 4 wird – wie schon in Abschnitt 3 – grundsätzlich so vorgegangen. Zunächst wird gezeigt, unter welchen Annahmen die *Kapitalstruktur* insgesamt (oder eine bestimmte Finanzierungsmaßnahme) *irrelevant* ist, d. h. den Unternehmungswert nicht beeinflußt. Man gewinnt damit eine Ausgangsbasis für die Untersuchung, inwieweit etwa Steuern oder Kapitalmarktrestriktionen isoliert und in ihrem Zusammenwirken eine bestimmte Kapitalstruktur (oder ein bestimmtes Finanzierungsmittel) relevant machen können. Abschnitt 4 enthält auch eine Einführung in die *Kapitalmarkttheorie von Sharpe Lintner Mossin*, aufbauend auf der *Portefeuille-Theorie* von *Markowitz*, da sich dadurch wichtige Aspekte des *Irrelevanz-Theorems* von *Modigliani Miller* instruktiver zeigen lassen, und eine Einführung in das von *Black Scholes* entwickelte *Bewertungsmodell für Optionen*.

In Abschnitt 5 wird heterogene Information, insbesondere ein Informationsvorsprung von Managern bzw. Insider-Kapitalgebern gegenüber den Outsider-Kapitalgebern, in die Analyse einbezogen. Es werden somit die Auswirkungen von Principal-Agent-Beziehungen auf Finanzierungsoptima untersucht. Die Erörterungen erfolgen in zwei Teilen. Im ersten Teil werden die Auswirkungen heterogener Information auf das Verhalten von (noch) solventen Unternehmungen, im zweiten Teil die Auswirkungen heterogener Information auf das Verhalten in der Insolvenzsituation unterstellt. Gerade diese Fragenkreise stehen im Mittelpunkt der aktuellen Forschung. Auf ihnen liegt der Schwerpunkt der Neuauflage dieses Buches.

1.3 Grundlegende Voraussetzungen hinsichtlich der Zielsetzung der Unternehmung

Die direkte Einbeziehung der Zielsetzungen, der Ansprüche und des Verhaltens der Kapitalgeber ist für eine Finanzierungstheorie unabdingbar, weil die Bedingungen für die Zurverfügungstellung von Kapital nicht von vornherein feststehen, sondern erst von den Finanzierungsentscheidungen der Unternehmung abhängen. Während etwa der Preis eines Investitionsobjekts in der Regel davon unabhängig ist, welche anderen Objekte die Unternehmung beschafft, so sind die Bedingungen, unter denen ein Kredit gewährt wird, sehr wohl von den übrigen Finanzierungsentscheidungen der Unternehmung abhängig; etwa von der Entscheidung über die Kapitalstruktur oder von der Entscheidung, inwieweit bestimmte Kredite gesichert werden sollen oder nicht. Bei Finanzierungsentscheidungen muß man daher stets die Reaktionen der bisherigen und der potentiellen, zukünftigen Kapitalgeber im Auge behalten.

In der vorliegenden Arbeit wird in weiten Teilen davon ausgegangen, daß die Zielsetzung der Unternehmung sich direkt an der *Zielsetzung der Anteilseigner* ausrichtet. Zielsetzung der Anteilseigner sei die Maximierung des erwarteten Nutzens der zumeist unsicheren künftigen Konsumausgaben. Diese Zielsetzung wird im Verlauf der Arbeit näher präzisiert werden. – Bezüglich der *Gläubiger* wird angenommen, daß sie zwar die eben definierte Zielsetzung der Unternehmung nicht tangieren, jedoch die Bedingungen für die Optimierung der Finanzierungspolitik durch ihre Zinsansprüche, Sicherheitenforderungen, Forderungen nach Mitspracherechten etc. wesentlich determinieren.

Die deutschsprachige Literatur neigt dazu, als Referenz für die Lösung betriebswirtschaftlicher Probleme die *Unternehmung an sich* zu wählen, z. B. wenn als Zielsetzung Gewinnmaximierung unterstellt wird. Dies schadet dann nicht, wenn es sich um kurzfristige Probleme (z. B. der Produktionstheorie oder des Marketing) handelt, bei deren Lösung man annehmen kann, daß das Eigenkapital konstant ist. Es liegt dann die Maximierung des Unternehmungsgewinns im Interesse der Anteilseigner. Eine Ausrichtung an der Unternehmung an sich ist aber für Finanzierungs- und Investitionsentscheidungen, die mit einer Variation der (Eigen-) Kaptialbasis verbunden sind, häufig nicht sinnvoll. So findet man des öfteren das Argument, daß die Kosten des Eigenkapitals mit den gezahlten Dividenden identisch sind, und daher dem Gewinnziel der Unternehmung gedient ist, den Dividendensatz möglichst niedrig zu halten. Die Dividenden-Eigenkapital-Relation wird nach dieser Argumentation auch als Mindestrendite für den eigenfinanzierten Teil der Investitionen angesehen. Nun werden aber die Renditeerwartungen der Anteilseigner in der Regel nicht mit diesem Satz übereinstimmen. Sie leiten sich aus den am Kapitalmarkt – bei gleichem Risiko – erzielbaren erwarteten Renditen ab und setzen sich aus der Dividendenrendite (erwartete Dividende durch Kurswert) und der erwarteten Zunahme des Aktienkurses zusammen. Richten sich die Unternehmungsleitungen nun nicht an dieser Renditeerwartung der Aktionäre bzw. des Kapitalmarkts aus, sondern begnügen sie sich mit einer Rendite auf das eingesetzte Eigenkapital, die den geplanten Dividenden entspricht, so werden die Aktienkurse sinken und die Anteilseigner werden trachten, das Management zu ersetzen.

Ein weiteres Beispiel dafür, daß die deutschsprachige Literatur häufig nicht so sehr auf die Interessen der Anteilseigner, sondern auf die Unternehmung an sich abstellt, sind manche Stellungnahmen zu den Auswirkungen der Besteuerung, insbesondere der letzten Körperschaftsteuerreform auf die Unternehmungsfinanzierung. Statt zu fragen, wie die Besteuerung das Finanzierungsoptimum aus der Sicht der Anteilseigner (unter Einbeziehung sowohl der Steuern der Unternehmung als auch der Anteilseigner) beeinflußt, wird unterstellt, daß die Unternehmung bestimmte Ausschüttungsquoten usw. aufrechterhalten oder erreichen möchte und es werden die Auswirkungen der Besteuerung bei dieser vorgegebenen Politik – von der offenbar angenommen wird, daß sie im Unternehmungsinteresse liegt – analysiert.

Bei heterogener Information kann nun nicht mehr darauf abgestellt werden, daß die Anteilseigner die Manager auf ihre Zielsetzungen festlegen können. Daher müssen in Abschnitt 5, in dem ein Informationsvorsprung der Manager bzw. Insider-Kapitaleigner einbezogen wird, auch die Zielsetzungen der Manager bzw. Insider-Kapitaleigner explizit in die Untersuchung einbezogen werden. Es handelt sich dabei aber wieder um Zielsetzungen (Nutzenfunktionen) von Personen, und nicht um solche des „Gebildes" Unternehmung.

Die vorliegende Finanzierungstheorie ist in weiten Passagen *präskriptiv*. Es werden für unterschiedliche Prämissen *Finanzierungsoptima bzw. -gleichgewichte* abgeleitet und auch Methoden für die Opti-

mierung von Finanzierungsmaßnahmen vorgestellt. Auf die Ergebnisse der zahlreichen empirischen Tests von Hypothesen über das Finanzierungsverhalten von Unternehmungen wird nur am Rande Bezug genommen.

2. Finanzierungsformen

2.1 Überblick

Abschnitt 2 dient einer *kurz gefaßten Beschreibung* der wichtigsten Finanzierungsformen unter Angabe ihrer charakteristischen Daten (Fristigkeit, Sicherung, Kosten, sonstige Rechte der Kapitalgeber). Wiewohl das tiefere Eindringen in Details jenen zahlreichen Finanzierungslehr- und -handbüchern überlassen wird, die das Schwergewicht auf die Beschreibung des Emissions- und Kreditgeschäfts in allen seinen Ausprägungen und nicht so sehr auf die Erklärung des Finanzierungsverhaltens bzw. auf Optimumserwägungen legen, müssen doch alle jene Aspekte herausgestellt werden, die die Basis der theoretischen Erörterungen in den Abschnitten 3–5 bilden.

Wie in Abschnitt 1.1 ausgeführt, liegt dem Buch ein *kapitalwirtschaftlicher Finanzierungsbegriff* zugrunde: Unter Finanzierung wird die Versorgung der Unternehmung mit Kapital einschließlich der Strukturierung des Kapitals verstanden. Man unterscheidet *Eigenfinanzierung* und *Fremdfinanzierung*, wobei die Abgrenzung diffus ist und Mischformen (siehe unten) bestehen. Eigenfinanzierung ist die Versorgung der Unternehmung mit Eigenkapital einschließlich Strukturierung, Fremdfinanzierung die Versorgung der Unternehmung mit Fremdkapital, wiederum einschließlich Änderungen der Struktur des Fremdkapitals. Die Eigenfinanzierung kann in *Beteiligungsfinanzierung* (die Anteilseigner kaufen Beteiligungen an der Unternehmung, z. B. im Rahmen der Gründung oder bei Kapitalerhöhungen, oder die Unternehmung zahlt Eigenkapital zurück) und *Selbstfinanzierung* (Gewinneinbehaltung) gegliedert werden. Der Ausdruck „Selbstfinanzierung" spiegelt im übrigen die oben charakterisierte Tendenz der deutschsprachigen Betriebswirtschaftslehre wider, bei der Analyse betrieblicher Probleme von „der Unternehmung an sich" auszugehen: Die Nichtausschüttung von Gewinnanteilen an die Eigentümer – die durchaus im Interesse der Anteilseigner sein kann, aber nicht sein muß – wird so interpretiert, als ob die Unternehmung *selbst* (nach Verteilungskampf mit den Anteilseignern) Kapital beisteuern würde! Die Selbstfinanzierung wird auch als *Innenfinanzierung* bezeichnet, im Gegensatz zu den übrigen Eigen- und Fremdfinanzierungsvorgängen, die unter *Außenfinanzierung* zusammengefaßt werden.

Man unterscheidet weiter zwischen *lang- und kurzfristiger Finanzierung* bzw. lang-, mittel- und kurzfristiger Finanzierung. Für Zwecke dieses Buches genügt erstere Unterscheidung, wobei unter langfristig 1 Jahr oder länger verstanden wird. Eigenkapital ist zumeist langfristiges Kapital (einbehaltene Gewinne, die in den nächsten Monaten ausgeschüttet werden sollen, sind aber kurzfristiges Kapital), Fremdkapital kann lang- oder kurzfristig sein. Eine weitere Unterscheidung ist die in *kündbares und unkündbares Kapital*, wobei bei ersterem differenziert werden muß, ob das Kündigungsrecht Kapitalgeber, Kapitalnehmer oder beiden zusteht. Nicht nur Fremdkapital, sondern auch Eigenkapital kann kündbar sein, z. B. Beteiligungen bei Personengesellschaften. Kurzfristig und ohne Nachteile seitens des Gläubigers kündbare langfristige Kredite sind praktisch kurzfristigen, jedoch prinzipiell verlängerbaren Krediten gleichzuhalten. Bei günstiger Unternehmungslage werden kurzfristige Kredite verlängert und langfristige nicht gekündigt. Falls es aber bei Verschlechterung der wirtschaftlichen Situation des Kreditnehmers für den Gläubiger einer kurzfristigen Forderung vorteilhaft wird, den Kredit nicht zu verlängern, würde es für den Gläubiger eines langfristigen Kredits gleichfalls günstig werden, den Kredit zu kündigen.

Eine Unterscheidung zwischen Eigen- und Fremdfinanzierung (Eigen- und Fremdkapital) ist zwar bei idealtypischen Finanzierungsformen ohne Schwierigkeiten möglich: Fremdkapitalgeber haben dann Festbetrags-, Eigenkapitalgeber Residualansprüche. Im Hinblick auf die Vielfalt der von der Praxis entwickelten Finanzierungsformen ist aber ein Kriterium, das eindeutig und zugleich operational zwischen Eigen- und Fremdfinanzierung unterscheidet, noch nicht entwickelt worden. In der Literatur finden sich folgende Abgrenzungsversuche (die Literaturhinweise und eine ausführliche Diskussion finden sich bei (*Swoboda* [1985]).

Definition 1: Eigenkapital ist von Eigentümern direkt oder indirekt (über Gewinneinbehaltung) zur Verfügung gestelltes Kapital.

Diese Definition ist eine Zirkeldefinition. Sie setzt eine Definition des Eigentümers voraus. Ist ein Aktionär, ein stiller Gesellschafter etc. Eigentümer? Außerdem wäre jeder Kredit, den ein Eigentümer der Gesellschaft gibt, Eigenkapital, da er ja von einem Eigentümer zur Verfügung gestellt wird und bei dieser Definition *nicht* auf die Art des Kapitals abgestellt wird.

Definition 2: Eigenkapital ist Kapital mit gewinnabhängiger Vergütung.

Definition 3: Eigenkapital ist Kapital mit Anspruch auf ein Auseinandersetzungsguthaben.

Diese Definitionen sind extrem manipulierbar. So wird aus Fremdkapital nach Definition 2 Eigenkapital, wenn eine geringfügig gewinnabhängige Verzinsung (z. B. mag der Zinssatz je nach Gewinnhöhe zwischen 7,99 und 8,01 % schwanken) vorgesehen ist.

Definition 4: Eigenkapital ist haftendes bzw. nachrangiges Kapital.

Definition 4 läßt bei mehr als zwei Kapitalformen von unterschiedlicher Priorität keine eindeutige Zuordnung zu. Im Insolvenzfall sind gesicherte Kredite vorrangig gegenüber ungesicherten Krediten, letztere aber vorrangig gegenüber dem Stammkapital. Zählen ungesicherte Kredite zum Eigenkapital (da nachrangig gegenüber den gesicherten Krediten) oder zum Fremdkapital (da vorrangig gegenüber dem Stammkapital)?

Definition 5: Eigenkapital ist Kapital, das durch Herrschaftsrechte gekennzeichnet ist.

Bei Unternehmungen mit hohem Verschuldungsgrad haben Kreditgeber häufig mehr Einfluß als (Minderheits-)Aktionäre.

Alle gängigen Definitionen haben Schwächen. Eine Analyse der gemeinsamen Merkmale der fünf Eigenkapitaldefinitionen zeigt auf, daß ihr gemeinsames Merkmal das *höhere Risiko* von Eigenkapitalpositionen gegenüber Fremdkapitalpositionen ist. Das Risiko kann sich in einer gewinnabhängigen Vergütung, Nachrangigkeit, Herrschaftsansprüchen etc. ausdrücken. Ein theoretisch befriedigender Ausweg wäre, Eigenkapital als relativ riskantes Kapital bzw. Fremdkapital als relativ risikoloses Kapital zu definieren. Dieses Abgrenzungskriterium ist aber wenig operational. Um es anzuwenden, müßte erstens ein Risikomaß (z. B. Varianz) und zweitens ein kritisches Risikoausmaß vereinbart werden, ab dem etwa ein Kredit zum Eigenkapital (Risikokapital) zu rechnen ist. Selbst wenn das gelänge, besteht immer noch das Problem, daß die Risikobeurteilung aus der Sicht unterschiedlicher Personen sehr unterschiedlich sein kann.

Trotz der Problematik der Abgrenzung zwischen Eigen- und Fremdkapital soll im folgenden die Unterscheidung zwischen Eigen- und Fremdkapital als Gliederungskriterium aufrechterhalten werden. Auf Zuordnungsprobleme wird aber gelegentlich aufmerksam gemacht werden.

2.2 Formen der Eigenfinanzierung

2.2.1 Eigenfinanzierung bei Aktiengesellschaften

Für eine Finanzierungstheorie ist die (Publikums-)Aktiengesellschaft von besonderer Faszination. Nicht nur, weil sie die vielfältigsten Eigenfinanzierungsformen und -regelungen aufweist, sondern weil ihre Anteile an einem recht vollkommenen Markt, der Börse, gehandelt werden und daher die Prämissen der in Abschnitt 4 besprochenen Irrelevanztheoreme am ehesten vorliegen. Auf die Eigenfinanzierungsregelungen von Aktiengesellschaften soll daher ausführlicher als auf die diesbezüglichen Regelungen bei anderen Rechtsformen eingegangen werden.

Die *Beteiligungsfinanzierung* bei Aktiengesellschaften erfolgt durch Aktienausgabe bei Gründung, durch ordentliche Kapitalerhöhungen und durch ordentliche Kapitalherabsetzungen. Gegenwärtig muß das Grundkapital einen Mindestnennbetrag von DM 100 000 und eine Aktie einen Mindestnennbetrag von DM 50 aufweisen (§§ 7 und 8 Aktiengesetz). In manchen Staaten gibt es Quotenaktien statt Nennwertaktien; sie lauten auf einen bestimmen Anteil (z. B. 1/10 000) des Eigenkapitals. Aktien dürfen nur zu einem Ausgabekurs, der gleich ist dem Nennwert oder ihn übersteigt, emittiert werden. Diese Vorschrift behindert Kapitalerhöhungen, falls die Papiere unter dem Nennwert notieren. Sie macht in diesen Fällen eine Herabsetzung des Nennwertes (vereinfachte Kapitalherabsetzung) notwendig. Da die Gesellschafter an der Kontrolle, für welche Zwecke die zusätzlichen Eigenmittel verwendet werden sollen, und auch an der Aufrechterhaltung der Beteiligungsquote interessiert sein können, müssen Kapitalerhöhungen durch die Hauptversammlung (Dreiviertelmehrheit) beschlossen werden. Zudem steht den Aktionären bei ordentlichen Kapitalerhöhungen grundsätzlich ein *Bezugsrecht* auf neue Aktien, entsprechend ihrer Beteiligungsquote, zu (§ 186 Aktiengesetz). Dies verhindert, daß die Unternehmungsleitungen die Aktionäre durch Kapitalerhöhungen zu niedrigen Ausgabekursen schädigen können. Wenn Aktien über dem Nominale (über pari) ausgegeben werden, so ist der Differenzbetrag nicht dem Grundkapital, sondern dem Konto Gesetzliche Rücklage zuzuweisen.

Besondere Probleme auch für die gesetzliche Regelung bietet die Bewertung von *Sacheinlagen* durch die Gesellschafter, die insbesondere bei Umwandlungen von Einzelunternehmungen und Personengesellschaften in Kapitalgesellschaften getätigt werden.

Spezielle Formen der Kapitalerhöhung sind die bedingte und die genehmigte Kapitalerhöhung. Zwecke der *bedingten Kapitalerhöhung* (§§ 192 ff. Aktiengesetz) sind insbesondere die Gewährung von Umtausch- und Bezugsrechten an Gläubiger von Wandelschuldverschreibungen (siehe später) und die Gewährung von Bezugsrechten an Arbeitnehmer. Die Kapitalerhöhung ist durch die Inanspruchnahme durch die Gläubiger von Wandelschuldverschreibungen bzw. die Arbeitnehmer bedingt.

Durch die Einrichtung des *genehmigten Kapitals* (§§ 202 ff. Aktiengesetz) wird der Vorstand ermächtigt, das Grundkapital bis zu einem bestimmten Nennbetrag innerhalb eines bestimmten Zeitraums zu erhöhen. Dies kann den Zweck haben, ganze Unternehmungen dadurch zu erwerben, daß den Eignern dieser Unternehmungen Aktien der erwerbenden Gesellschaft angeboten werden. Besonders steuerliche Gründe können eine solche Form des Erwerbs von Unternehmungen vorteilhaft machen.

Eine *Kapitalerhöhung aus Gesellschaftsmitteln* (oder: die Ausgabe von Stockdividenden) liegt vor, wenn Rücklagen in Grundkapital umgewandelt werden. Es erfolgten also keine Einzahlungen. Die Aktionäre erhalten Berichtigungsaktien („Gratisaktien"). Berichtigungsaktien führen zu einer Minderung des Wertes je Aktie, da sich das gleich gebliebene Vermögen auf eine größere Anzahl von Aktien verteilt. Der gleiche Effekt kann durch *Aktiensplits* erreicht werden.

Von einer *Dividendenkapitalerhöhung* (oder: „Schütt-aus-hol-zurück-Verfahren") spricht man, falls den Aktionären die Möglichkeit geboten wird, die Dividende oder einen Teil davon für die Finanzierung einer ordentlichen Kapitalerhöhung zu verwenden. Dividendenausschüttung und ordentliche Kapitalerhöhung werden hier in einem zeitlichen und organisatorischen Verbund durchgeführt. Wie später ausgeführt, kann dieses Verfahren gegenüber der Gewinneinbehaltung steuerliche Vorzüge haben.

Für den Handel mit Anteilen ist es wichtig, ob die Aktien – wie zumeist – als *Inhaberaktien* oder als *Namensaktien* ausgestellt sind. Der Verkauf letzterer erfordert größere Formalitäten und Spesen. Vinkulierte Namensaktien sind Aktien, deren Übertragung an die Zustimmung der Gesellschaft gebunden ist. Sie werden z. B. emittiert, wenn die Anteilseigner über die Einzahlung des Ausgabebetrags der Aktien hinausgehende Verpflichtungen haben (z. B. Lieferung von Zuckerrüben an eine Zuckerfabriks-AG).

Man unterscheidet ferner *Stammaktien* und *Vorzugsaktien*. Vorzugsaktien sind Aktien mit Sonderrechten hinsichtlich des Dividendenbezugs und/oder seltener hinsichtlich des Liquidationserlöses. Die meisten Vorzugsaktien weisen als Vorzug eine Mindestdividende auf, die, falls sie in ungünstigen Jahren ganz oder teilweise ausfällt, nachzahlbar ist. Falls die Dividende für die Stammaktien höher als die Mindestdividende für die Vorzugsaktien ist, wird für Stammaktien und Vorzugsaktien die gleiche Dividende bezahlt (Vorzugsaktien mit kumulativer Mindestdividende). Es existieren aber auch bzw. es sind denkbar Vorzugsaktien mit Höchstdividende, wobei unterhalb des Maximums die gleiche Dividende wie für Stammaktien bezahlt wird; mit kombinierter Mindest- und Höchstdividende; mit fixierter Dividende; mit einer Mehrdividende gegenüber den Stammaktien.

Gemäß § 139 Aktiengesetz kann „für Aktien, die mit einem nachzuzahlenden Vorzug bei der Verteilung des Gewinns ausgestattet sind, ... das Stimmrecht ausgeschlossen werden". Als *Vorzugsaktien ohne Stimmrecht* können daher nur Vorzugsaktien mit kumulativer Mindestdividende ausgegeben werden, wobei natürlich zusätzlich auch eine Maximaldividende oder überhaupt eine fixierte Dividende vorgesehen sein kann. § 140 (2) Aktiengesetz bestimmt: „Wird der Vorzugsbetrag in einem Jahr nicht oder nicht vollständig gezahlt und der Rückstand im nächsten Jahr nicht neben dem vollen Vorzug dieses Jahres nachgezahlt, so haben die Vorzugsaktionäre das Stimmrecht, bis die Rückstände nachgezahlt sind."

Genußscheine, vor allem in der Schweiz gebräuchlich und dort als Partizipationsscheine bezeichnet, gewährleisten Rechte hinsichtlich des Dividendenbezugs und des Liquidationserlöses, jedoch kein Stimmrecht. Genußscheine sind somit den stimmrechtslosen Vorzugsaktien ähnliche Mittel zur Eigenkapitalbeschaffung. Genußscheine werden in der BRD nur in besonderen Fällen emittiert, so um eine Kapitalerhöhung zu pari durchführen zu können, wenn die Aktien an der Börse unter pari gehandelt werden, oder um Gläubigern einen Vergleich schmackhaft zu machen. Es gibt aber auch Genußscheinausgaben als Mittel der Eigenkapitalbeschaffung ohne Änderung der Herrschaftsverhältnisse. Auch die Emission von Genußscheinen bedarf einer 3/4-Mehrheit in der Hauptversammlung und den Aktionären steht ein Bezugsrecht zu (§ 221 Aktiengesetz).

Eine besondere Form der Eigenkapitalaufbringung ist der Verkauf von *Optionen* (*warrants*) seitens der Aktiengesellschaft. Eine solche Option ist eine Berechtigung, innerhalb gewisser Fristen eine Aktie (einen Teil einer Aktie) einer Gesellschaft zu einem bestimmten Kurs zu kaufen. Die Ausgabe von Optionen bedarf einer bedingten Kapitalerhöhung und daher der Zustimmung der Hauptversammlung (3/4-Mehrheit). Optionen werden in der BRD zumeist im Zusammenhang mit Anleihen (= Optionsanleihen) emittiert; diese stellen – ebenso wie Wandelanleihen – Mischformen zwischen Eigen- und Fremdfinanzierung dar.

Aus obigem geht hervor, daß die *Rechte der Aktionäre* sich zusammensetzen aus Stimmrechten in der Hauptversammlung (außer bei bestimmten Vorzugsaktien), Auskunftsrechten, Bezugsrechten, dem Gewinnbeteiligungsrecht und dem Recht am Liquidationserlös. Die Anteilseigner sind zur Geschäftsführung weder berechtigt noch verpflichtet; von der Hauptversammlung ist ein Aufsichtsrat zu wählen – soweit die Aufsichtsratmitglieder nicht anderweitig entsendet werden –, der seinerseits den Vorstand bestellt (§§ 101 ff., 84 ff. Aktiengesetz).

Die Aktionäre haften grundsätzlich nicht für die Verbindlichkeiten der Aktiengesellschaft. Daher mindert jeder Mitteltransfer an die Aktionäre das zur Befriedigung der Gläubigerforderungen zur Verfügung stehende Gesellschaftsvermögen. Es ist daher verständlich, daß das Aktiengesetz *Auszahlungen an Aktionäre im Interesse der Gläubiger beschränkt*. Die Beschränkungen sind aber einigermaßen inkonsequent. Beträge im Ausmaß der freien Rücklagen (die durch Einbehaltung von Gewinnen entstanden sind) können unbeschränkt an die Anteilseigner ausgeschüttet werden, soweit die freien Rücklagen zuvor gegen Gewinn aufgelöst werden. Die *Auflösung der freien Rücklagen* obliegt den die Bilanz feststellenden Instanzen. Es sind keine besonderen Gläubigerschutzbestimmungen zu beachten, obwohl die freien Rücklagen oft ein Vielfaches des Grundkapitals ausmachen.

Für Auszahlungen an Anteilseigner, die buchtechnisch durch eine Herabsetzung des Grundkapitals ausgewiesen werden sollen (= *ordentliche Kapitalherabsetzung*), bedarf es mindestens einer Dreiviertelmehrheit des bei der Beschlußfassung vertretenen Kapitals und es gelten strenge Gläubigerschutzbestimmungen (§ 225 Aktiengesetz): Auszahlungen an die Aktionäre dürfen erst sechs Monate nach Bekanntmachung der Eintragung in das Handelsregister und nachdem den Gläubigern, die sich rechtzeitig gemeldet haben, Befriedigung oder Sicherheit gewährt worden war, geleistet werden.

Technisch wird die ordentliche Kapitalherabsetzung durch Herabsetzung des Nennbetrags je Aktie oder, insoweit dies infolge des Unterschreitens des Mindestnennbetrages unmöglich ist, durch Zusammenlegung von Aktien durchgeführt. – Für die *Einziehung von Aktien* gemäß § 237 Aktiengesetz gelten die gleichen strengen Gläubigerschutzbestimmungen, sofern sie mit Auszahlungen an Aktionäre verbunden sind. Auch für eine Grundkapitalherabsetzung, die zum buchmäßigen Ausgleich von Verlusten bzw. zur Einstellung von Beträgen in die gesetzliche Rücklage dient, bei der also keine Zahlung an Anteilseigner vorgenommen wird – *vereinfachte Kapitalherabsetzung* –, gibt es einen Gläubigerschutz in Form von Beschränkungen späterer Gewinnausschüttungen (§ 233 Aktiengesetz).

Gesetzliche Rücklagen können nicht gegen Gewinn aufgelöst werden. Sie können jedoch, soweit sie 10% des Grundkapitals übersteigen, im Rahmen einer Kapitalerhöhung aus Gesellschaftsmitteln in Grundkapital umgewandelt werden. Das Grundkapital kann sodann wieder herabgesetzt werden.

Die Inkonsequenz dieser aktienrechtlichen Regelungen ist offenkundig, da jede Auszahlung an Anteilseigner die Position der Gläubiger prinzipiell in gleicher Weise schwächt, gleichgültig, ob sie buchtechnisch durch eine Minderung der freien Rücklagen, der gesetzlichen Rücklage oder des Grundkapitals erfolgt. Bei der gegebenen Rechtslage ist somit das Kreditrisiko der Gläubiger c.p. am geringsten, wenn ein möglichst hoher Anteil des Eigenkapitals der Unternehmung auf dem Konto gesetzliche Rücklage oder auf dem Grundkapitalkonto ausgewiesen ist. Die Position der Gläubiger wird somit durch eine Kapitalerhöhung aus Gesellschaftsmitteln, durch die freie Rücklagen in Grundkapital verwandelt werden, verbessert.

Hinsichtlich der *Selbstfinanzierung* gilt, daß Aktiengesellschaften zu einem gewissen Ausmaß zur Gewinneinbehaltung gezwungen werden. So muß gemäß § 150 Aktiengesetz 5% des Jahresüberschusses einer gesetzlichen Rücklage zugewiesen werden, bis diese eine bestimmte Höhe – zumeist 10% des Grundkapitals – erreicht hat. Die Regelungen hinsichtlich des verbleibenden Gewinns hängen davon ab, wer den Jahresabschluß feststellt (siehe dazu §§ 172f. Aktiengesetz). Im Regelfall stellen Vorstand und Aufsichtsrat den Jahresabschluß fest. In diesem Fall dürfen sie höchstens die Hälfte des Jahresüberschusses in freie Rücklagen einstellen; es sei denn, die Satzung ermächtigt sie, unter bestimmten Bedingungen einen höheren Teil des Jahresüberschusses als freie Rücklage einzubehalten. Falls die Hauptversammlung den Jahresabschluß feststellt, kann durch Satzung bestimmt werden, daß ein Teil, höchstens die Hälfte, den freien Rücklagen zuzuweisen ist. Die Entscheidung über die Bildung *stiller Rücklagen* durch Ausnutzung von Bewertungswahlrechten (siehe später) steht ebenfalls der Instanz zu, die die Bilanz feststellt.

2.2.2 Eigenfinanzierung bei anderen Unternehmungsformen

Die Beteiligungsfinanzierung bei anderen Rechtsformen unterliegt weniger differenzierten Regelungen als bei Aktiengesellschaften. Sie wird daher (noch) kursorischer behandelt.

Das Eigenkapital einer *Einzelunternehmung* wird von einer Person aufgebracht. Hier besteht praktisch kein Unterschied zwischen Beteiligungs- und Selbstfinanzierung: Ob Gewinn einbehalten oder zunächst entnommen und dann wieder eingebracht wird, ist irrelevant. Der Einzelunternehmer haftet mit seinem betrieblichen wie privaten Vermögen für die Verbindlichkeiten der Unternehmung. Ebenso haften die Gesellschafter einer Gesellschaft bürgerlichen Rechts (§§ 705 ff. BGB) und einer *OHG* (Offene Handelsgesellschaft, §§ 105 ff. HGB) auch mit ihrem Privatvermögen für die Verbindlichkeiten der Gesellschaft. Erwähnenswert ist folgende Regelung der Kapitalherabsetzung bzw. Gewinnausschüttung bei OHGs (§ 122 HGB): „Jeder Gesellschafter ist berechtigt, aus der Gesellschaftskasse Geld bis zum Betrage von vier vom Hundert seines für das letzte Geschäftsjahr festgestellten Kapitalanteils zu seinen Lasten zu erheben und, soweit es nicht zum offenbaren Schaden der Gesellschaft gereicht, auch die Auszahlung seines den bezeichneten Betrag übersteigenden Anteils am Gewinn des letzten Jahres zu verlangen. Im übrigen ist ein Gesellschafter nicht befugt, ohne Einwilligung der anderen Gesellschafter seinen Kapitalanteil zu vermindern."

Bei der *KG* (Kommanditgesellschaft, §§ 161 ff. HGB) haftet zumindest ein Gesellschafter voll für die Verbindlichkeiten der Gesellschaft (Komplementär bzw. Komplementäre). Bei dem (den) übrigen Gesellschafter(n) ist die Haftung auf den Betrag der bedungenen Einlage beschränkt (Kommanditist(en)). Oben angeführte Regelung von § 122 HGB gilt auch für die Komplementäre einer KG. Während bei der OHG grundsätzlich alle Gesellschafter zur Geschäftsführung berufen sind, steht die Geschäftsführungsbefugnis bei der KG den Komplementären zu; die Kommanditisten haben nur Kontrollrechte und bei ungewöhnlichen Geschäften Zustimmungsrechte. Auch der (stille) Gesellschafter einer *stillen Gesellschaft* (§§ 230 ff. HGB) – die durch Vertragsabschluß entsteht und in der Firma nicht zum Ausdruck kommt – haftet nur mit der bedungenen Einlage. Zum Unterschied zu den Kommanditisten hat der stille Gesellschafter im Konkursfall in Höhe der nicht durch Verluste aufgezehrten Einlage eine Forderung an die Unternehmung. Die stille Gesellschaft steht somit eine Übergangsform zwischen Eigen- und Fremdfinanzierung dar. Auch der stille Gesellschafter hat wie der Kommanditist keine Geschäftsführerbefugnisse, lediglich Kontrollrechte, die jedoch vertraglich mehr oder minder weiter gefaßt werden können. *Kapitalbeteiligungsgesellschaften* – d. s. Gesellschaften, die sich gegen entsprechende Gewinnbeteiligungen an Personen- und kleineren Kapitalgesellschaften beteiligen und diesen daher die Möglichkeit bieten, zusätzliches Eigenkapital aufzubringen, ohne dem Einfluß individueller zusätzlicher Gesellschafter ausgesetzt zu sein – wählen als Beteiligungsform häufig die stille Gesellschaft.

Bei den besprochenen *Personengesellschaften* sind die *Kündigungs- und Auseinandersetzungsklauseln* von entscheidender Bedeutung für die Dauer der Unternehmung. Die Art, wie das Auseinandersetzungsguthaben im Falle der Kündigung seitens eines Gesellschafters berechnet wird, kann die Vorteilhaftigkeit von Aufkündigungen von Gesellschaftsanteilen sehr beeinflussen. In dieser Sicht ist das Eigenkapital von Personengesellschaften nicht unbedingt langfristiges Kapital.

Neben der bereits behandelten AG zählen noch die GmbH (Gesellschaft mit beschränkter Haftung), die KGaA (Kommanditgesellschaft auf Aktien) und die Genossenschaft zu den *Kapitalgesellschaften*. Kapitalgesellschaften heben sich vor allem dadurch von Personengesellschaften ab, daß die Geschäftsführungsberechtigung nicht automatisch den Eigenkapitalgebern (oder einer Gruppe aus ihnen) zusteht, sondern die Geschäftsführer durch Gremien – in denen die Eigentümer allerdings mindestens mitentscheiden – gewählt werden. Auch ist die Haftung der Gesellschafter für die Verbindlichkeiten der Gesellschaft bei Kapitalgesellschaften zumeist stärker eingeschränkt als bei Personengesellschaften.

Die *GmbH* muß ein Stammkapital von mindestens DM 50000,- aufweisen, die Stammeinlagen müssen mindestens DM 500,- betragen (§ 5 GmbHGes). Die Stammeinlagen lauten auf Namen und sind nur mittels notariell geschlossenen Vertrages übertragbar (§§ 15 ff. GmbHGes). Organe der Gesellschaft sind der oder die Geschäftsführer, die Gesellschafterversammlung und, falls im Gesellschaftsvertrag vorgesehen, oder die Belegschaft mehr als 500 Arbeitnehmer übersteigt, der Aufsichtsrat. Die Rechte der Gesellschafterversammlung sind weitergehend als diejenigen der Hauptversammlung von Aktiengesellschaften. Die Gesellschafter haften nur mit der bedungenen Einlage für die Verbindlichkeiten der Gesellschaft, es sei denn, die Satzung sieht eine Nachschußpflicht vor (§§ 26 ff. GmbHGes) oder die Gesellschafter haben „kapitalersetzende Darlehen" gegeben (§ 32a). Bei Kapitalrückzahlungen sind – wie bei der AG – Gläubigerschutzbestimmungen zu beachten.

Die *GmbH & Co KG* ist eine KG (also eine Personengesellschaft), deren einziger Komplementär eine GmbH ist und deren Kommanditisten zumeist die Gesellschafter dieser GmbH sind. Dadurch kann das Erfordernis, daß bei einer KG mindestens ein Gesellschafter mit seinem Privatvermögen für die Gesellschaftsschulden haften muß, wirksam umgangen werden. (Die GmbH haftet als Komplementär zwar uneingeschränkt, aber eben nur mit dem Vermögen der Gesellschaft, nicht mit dem Privatvermögen ihrer Gesellschafter.)

Die seltene Rechtsform der *KGaA* (geregelt in §§ 278 ff. Aktiengesetz) hebt sich dadurch von Aktiengesellschaften ab, daß zumindest ein Anteilseigner (Komplementär) uneingeschränkt für die Gesellschaftsverbindlichkeiten haftet.

Genossenschaften dienen der Förderung des Erwerbs oder der Wirtschaft der Mitglieder mittels gemeinschaftlichen Geschäftsbetriebs (§ 1 GenGes). Organe der Gesellschaft sind der Vorstand, die Generalversammlung und der Aufsichtsrat. Es gibt Genossenschaften mit unbeschränkter Haftung, beschränkter Haftung (beschränkter Nachschußpflicht) und Anteilshaftung der Genossenschafter. Im Gegensatz zu Aktiengesellschaften können Geschäftsanteile gekündigt werden, sie sind allerdings nicht veräußer- oder vererbbar. Im Falle der Kündigung kann seit der Novellierung des GenGes 1973 nicht nur eine Rückzahlung des Nominales, sondern auch eine Beteiligung am Ertragswert (Wertzuwachs) vorgesehen sein. Durch Beitritte bzw. Kündigungen kann das Eigenkapital von Genossenschaften stärker fluktuieren als bei allen übrigen Gesellschaftsformen.

2.3 Formen der Fremdfinanzierung

Die Bezeichnung der meisten Fremdfinanzierungsformen leitet sich von der gewährten *Sicherstellung* ab. Daher werden vorerst jene Fremdfinanzierungsformen behandelt, die einer bestimmten Sicherungsform zuzuordnen sind (z. B. Hypothekarkredit, Lombardkredit). Es haben sich aber auch Fremdkapitalformen entwickelt, die ihren Namen von anderen Kreditmerkmalen als dem der Sicherheit ableiten und die entweder nicht gesichert werden (z. B. Pensionsrückstellungen) oder vielfältig sicherbar sind (Anleihen, Kontokorrentkredit). Diese Kreditformen werden anschließend besprochen. – Diese Untergliederung wird überlagert durch eine Gliederung nach *Fristen*.

2.3.1 Langfristiges Fremdkapital

2.3.1.1 Unterscheidung nach Sicherheiten

2.3.1.1.1 Durch Eigentumsvorbehalt gesicherte Kredite (Lieferkredite, Ausstattungskredite)

Ein langfristiger *Lieferkredit* liegt vor, wenn ein Lieferant von Gegenständen des Anlagevermögens die Zahlung des Kaufpreises ganz oder teilweise langfristig stundet. In aller Regel wird dann ein *Eigentumsvorbehalt* am gelieferten Gut vereinbart. Unter Eigentumsvorbehalt verkaufte Gegenstände sind im Insolvenzfall aussonderungsberechtigt, d. h. die Gegenstände sind dem Aussonderungsberechtigten (Lieferanten) zu retournieren. *Ausstattungskredite* sind Kredite der Lieferanten von Rohstoffen und Handelswaren an ihre Kunden zur Anschaffung von Gegenständen des Anlagevermögens, z. B. Kredite von Mineralölfirmen an Tankstelleneigner zur Anschaffung von Tankstelleneinrichtungen. Liefer- und Ausstattungskredite zusammen heißen *Lieferantenkredite*. Die Kosten langfristiger Lieferantenkredite ergeben sich aus den vertraglichen Vereinbarungen zwischen Unternehmung und Lieferant.

2.3.1.1.1.2 Hypothekarkredite

Hypothekarkredite sind durch *Grundpfandrechte* gesicherte Kredite. Die Verpfändung eines Gegenstandes, in diesem Fall von Grundstücken, gibt dem Kreditgeber die Möglichkeit, im Falle der Uneinbringlichkeit der Forderung das Pfand im Rahmen der gesetzlichen Vorschriften zu verwerten und sich aus dem Verwertungserlös schadlos zu halten. Verpfändete Güter sind im Insolvenzfall Absonderungsgüter: Übersteigt der Verwertungserlös die Forderung, ist die Differenz dem Schuldner zu retournieren.

Bestehen mehrere Pfandrechte an einem Grundstück, existiert eine bestimmte *Rangfolge*, die sich zumeist nach der Reihenfolge der Eintragungen bemißt.

Es gibt zahlreiche *Ausprägungen von Grundpfandrechten*, über die im Detail etwa *Vormbaum* [1990, S. 296 ff.] und *Hagenmüller Diepen* [1987, S. 419 ff.] berichten. Insbesondere sind zu unterscheiden die Verkehrshypothek, die Sicherungshypothek und die Grundschuld. Verkehrs- und Sicherungshypothek sind an das Bestehen von Verbindlichkeiten gebunden, sie sind akzessorisch. Bei der Verkehrshypothek muß die Schuld bei Eintragung, nicht aber bei Beanspruchung nachgewiesen werden. Bei der Sicherungshypothek braucht die Verbindlichkeit bei Eintragung noch nicht zu bestehen, sie muß aber bei Beanspruchung nachgewiesen werden. Bei der Grundschuld muß das Bestehen einer Verbindlichkeit weder bei Eintragung noch bei Beanspruchung belegt werden.

Die kreditnehmende Unternehmung wird trachten, Grundpfandrechte in einer Weise zu gewähren, die eine möglichst vollständige Auslastung des Sicherungspotentials der Grundstücke auch bei Wertänderungen der Grundstücke gewährleistet, und die es erlaubt, bei Gläubigerwechsel – etwa durch Kreditrückzahlungen und Neuaufnahme von Krediten – Grundpfandrechte ohne hohe Transaktionskosten auf andere Gläubiger zu übertragen. Das letztere Erfordernis erfüllen insbesondere *Eigentümerbriefgrundschulden*: Der Eigentümer läßt eine Grundschuld in Form von Grundschuldbriefen auf seinen Namen ausstellen. Die Briefe können sodann an die Gläubiger zu Sicherungszwecken übertragen werden. Bei Tilgungen kann ein der Tilgungsquote entsprechender

Grundschuldbrief vom Gläubiger an den Schuldner rückübertragen und von diesem für weitere Sicherstellungen verwendet werden. Voraussetzung ist die Vereinbarung eines *Gleichrangrahmens* mit dem (den) ursprünglichen Gläubiger(n), der die Obergrenze bestimmt, bis zu der das jeweilige Grundstück zu einer gleichrangigen Sicherung herangezogen werden darf. Um Wertänderungen des Grundpfands durch Preisänderungen oder Investitionen, die zu Bestandteilen des Grundstücks werden, berücksichtigen zu können, ist die Vereinbarung eines gleitenden Gleichrangrahmens von Nutzen. Der Gleichrangrahmen wird hier einvernehmlich bzw. durch Sachverständigengutachten an die jeweilige Wertentwicklung angepaßt.

Eine Variation dieses Verfahrens stellt die Einbringung von Grundstücken in einen Pool („*Poolverträge*") dar. Es wird ein Grundschuldbrief ausgestellt und an einen bestimmten Gläubiger abgetreten, der ihn treuhänderisch für alle so gesicherten Gläubiger verwaltet. Bei dieser Variante wird gleichrangige Sicherung und leichte Anpaßbarkeit der Beleihungsgrenzen bei relativ niedrigen Transaktionskosten erreicht (vgl. im einzelnen *Paal* [1973, bes. S. 277ff.]).

Die *Beleihungswerte und -grenzen von Grundstücken* hängen vom Kreditgeber ab. Im allgemeinen wird der Grundstückswert aus den Marktpreisen (unter Berücksichtigung der Erschließung, der Verkehrsverhältnisse usw.) und der Gebäudewert durch Schätzung des Sachwertes bzw. Reproduktionswertes und Ertragswertes, und Bildung des arithmetischen Mittels zwischen beiden Werten ermittelt. Die Ermittlung eines Ertragswertes ist aber nur möglich, wenn Gebäuden isoliert Erträge zugerechnet werden können, wie z. B. bei Mietgebäuden.

Die Beleihungsgrenze ist nun ein bestimmter Prozentsatz des so ermittelten Grundstücks- und Gebäudewertes, der für betrieblich genutzte Grundstücke im allgemeinen 50 – 60% nicht überschreitet, häufig auch bedeutend niedriger liegt.

Die *Kosten* des Hypothekarkredits ergeben sich aus den Zinsen und aus den Transaktionskosten für die Schätzung des Grundstücks und der Eintragung bzw. Austragung der Hypothek.

2.3.1.1.3 *Durch Sicherungsübereignung gesicherte Kredite*

Bei der Sicherungsübereignung erwirbt der Kreditgeber das Eigentum an den der Kreditsicherung dienenden (beweglichen) Gegenständen, überläßt diese Gegenstände jedoch im Rahmen eines Besitzkonstituts (Mietvertrag, Verwahrungsvertrag usw.) dem Kreditnehmer zur Benutzung. Die Sicherungsübereignung begründet im Konkursfall ein Absonderungsrecht. Die Sicherungsübereignung ermöglicht es somit dem

Schuldner im Gegensatz zum Pfandrecht, die betreffenden Gegenstände als Produktionsfaktoren einzusetzen. Daher ist der Kreditgeber nach allgemeiner Auffassung bei einer Sicherungsübereignung – trotz Erwerb des Eigentums – c. p. weniger gesichert als bei einer Verpfändung; er hängt in starkem Maß vom Wohlverhalten des Kreditnehmers ab. Bei Veräußerung eines sicherungsübereigneten Gegenstandes seitens des Kreditnehmers an einen gutgläubigen Dritten hat der Kreditgeber keinen Herausgabeanspruch an den Dritten. – Es existieren keine gesonderten Rechtsvorschriften für die Sicherungsübereignung, sie ist nach den Regelungen des BGB über das Eigentum, die Leihe usw. durchzuführen. Allerdings kann auf einige höchstrichterliche Entscheidungen zurückgegriffen werden.

In der Regel sind durch Sicherungsübereignung gesicherte Kredite langfristig; sicherungsübereignet werden dann Maschinen und Gegenstände der Betriebs- und Geschäftsausstattung. Für die Wirksamkeit einer Sicherungsübereignung ist eine eindeutige vertragliche Kennzeichnung der übereigneten Gegenstände erforderlich. Die Beleihungsgrenzen sind sehr unterschiedlich, sie hängen wesentlich vom Veräußerungspreis der betreffenden Vermögensgegenstände ab.

2.3.1.1.4 Leasing

Unter Leasing versteht man die Miete von Anlagegegenständen. Leasing hat sich zu einem überaus bedeutenden Finanzierungsinstrument entwickelt: 1987 wurden in der BRD 14% der gesamten Ausrüstungsinvestitionen – dies entspricht einem Investitionsvolumen von 100 Mrd DM – durch Leasing finanziert (*Krahnen* [1990]). Es wird Finance Leasing (Finanzierungsleasing) und Operate Leasing unterschieden. Beim *Finanzierungsleasing* ist der Vertrag so gestaltet, daß der Leasinggeber – solange der Mieter zahlungsfähig bleibt – die von ihm ausgelegten Anschaffungskosten des Objekts und die Zinsbelastung mit Sicherheit refundiert erhält. Es gibt zwei Formen des Finanzierungsleasing: den Vollamortisationsvertrag und den Teilamortisationsvertrag. Beim *Vollamortisationsvertrag* werden der Anschaffungspreis und die Zinskosten voll in die Mietraten während der Grundvertragszeit eingerechnet. Während der Grundvertragszeit hat der Leasingnehmer kein Kündigungsrecht. Das Investitionsrisiko trägt somit der Leasingnehmer. Häufig werden dem Leasingnehmer Kauf- und/oder Verlängerungsoptionen zugestanden, vor allem wenn die Grundvertragszeit bedeutend niedriger ist als die wirtschaftliche Nutzungsdauer des Objekts. Da der Leasingnehmer das Objekt in den Mietraten während der Grundmietzeit voll bezahlt hat, müssen die Ausübungspreise dieser Optionen jedoch sehr niedrig sein. Beim *Teilamortisationsvertrag* wird nur ein Teil des Anschaffungspreises des Objekts und der Zinsen in die während der Grundvertragszeit zu leistenden Mieten eingerechnet. Jedoch hat der Leasinggeber das Recht, dem Leasingnehmer den Gegenstand am Ende der Grundvertragszeit zu einem entsprechend hohen „Restwert" anzudienen. Daher wird diese Form des Leasing auch Restwertleasing genannt.

Beim *Operate Leasing* ist der Vertrag so gestaltet, daß der Mieter den Gegenstand zu einem Zeitpunkt zurückgeben kann, zu dem wesentliche Teile der Anschaffungskosten des Projekts plus Zinsen und Nebenkosten in den Mietraten noch nicht abgedeckt sind. Der Vermieter trägt somit zumindest einen Teil des Investitionsrisikos. Operate Leasing wird häufig von den Herstellerfirmen oder ihnen angeschlossenen Leasinggesellschaften betrieben (Produzentenleasing). Es ist oft kaum von sonstigen Mietverträgen zu unterscheiden.

Sowohl das Finance als auch das Operate Leasing können Mobilien- oder Immobilienleasing sein. – Unter Sale and Lease Back versteht man den Verkauf von bereits genutzten Gegenständen an eine Leasinggesellschaft und den anschließenden Abschluß eines Leasingvertrags.

Da sich der Mieter beim Finanzierungsleasing verpflichtet, Mietraten bzw. Restwerte zu bezahlen, die den gesamten Anschaffungspreis und die Zinskosten vergüten, besteht kein wesentlicher Unterschied zwischen Kauf auf Kredit (bei Eigentumsvorbehalt bzw. Sicherungsübereignung) und Finanzierungsleasing. Aus diesem Grund wird das Finanzierungsleasing hier als Finanzierungsinstrument, d.h. der Leasinggeber als Kapitalgeber und der Barwert der ausstehenden Leasingraten als Verbindlichkeit betrachtet, unabhängig von der steuerlichen Beurteilung und von der umstrittenen Frage, wie Finanzierungsleasing in der Handelsbilanz zu behandeln ist. Gleichwohl ist die steuerliche Behandlung für die Beurteilung von Leasingverträgen von wesentlicher Bedeutung. Sie wird daher in Abschnitt 4.4.2 bei der Diskussion der Entscheidung zwischen Investitionskredit und Leasing, ausführlich dargestellt werden.

Zum Unterschied zu den meisten Kreditformen sind die *Kosten des Leasing* nicht explizit gegeben. Außer eventuell gesondert verrechneten Transaktionskosten (Abschlußgebühren) sind sie Bestandteil der Mietraten. Der Kapitalkostensatz des Leasing kann daher nur als interner Zinsfuß aus den aus dem Leasingvertrag resultierenden Zahlungen ermittelt werden. Der ersparte Anschaffungspreis ist dabei als „Einnahme" anzusetzen. Bei der Ermittlung des Zahlungsstroms muß berücksichtigt werden, ob die Mietraten auch Wartungskosten enthalten, ob von einer Kauf- bzw. Verlängerungsoption Gebrauch gemacht werden soll, ob man im Falle des Leasing auf den Liquidationspreis ganz oder anteilig verzichtet, den man im Falle des Kaufes hätte, etc.

2.3.1.1.5 Durch Bürgschaften gesicherte Kredite

Man unterscheidet Ausfallbürgschaften und selbstschuldnerische Bürgschaften. Bei letzteren steht den Bürgen die Einrede der Vorausklage des Schuldners nicht zu. Daher wird die selbstschuldnerische Bürgschaft von den Kreditgebern bevorzugt. In folgenden Fällen sind Bürgschaften als Mittel der Kreditsicherung von Bedeutung, wenn von Bürgschaften aus verwandtschaftlichen oder freundschaftlichen Gründen abgesehen wird:

Durch Bürgschaften von Anteilseignern für Verbindlichkeiten von Kapitalgesellschaften wird die beschränkte Anteilseignerhaftung teilweise aufgehoben und das Verschuldungspotential der Gesellschaft damit erhöht.

Für langfristige Kredite können weiters Gemeinden, Länder, der Staat und *Kreditgarantiegemeinschaften* bürgen. Letztere kommen durch Zusammenschluß meist mittlerer und kleinerer Unternehmungen zustande und übernehmen Haftungen für Kredite der Mitgliedsunternehmungen.

2.3.1.1.6 Sonstige Sicherungsmöglichkeiten langfristiger Kredite

Langfristige Kredite können auch durch Sicherungen, die speziell für kurzfristige Kredite entwickelt wurden und die in Abschnitt 2.3.2.1 näher besprochen werden, gesichert werden. Solche Sicherungen können aber für die Kreditgeber gefährlich sein. Z. B. kann die Sicherung eines langfristigen Kredits durch Verpfändung von Wertpapieren dadurch an Wert verlieren, daß die Kurswerte der Wertpapiere stark sinken. Nur langfristig im Wert gesicherte Forderungen oder Wertpapiere (z. B. Forderungen aus langfristigen Lieferverträgen) eignen sich auch zur Besicherung langfristiger Verbindlichkeiten.

Eine weitere Möglichkeit, den Sicherheitsgrad von Kreditrückzahlungen zu erhöhen, ist die *Einschränkung der Dispositionsmöglichkeiten* des Schuldners im Kreditvertrag, anstelle von oder zusätzlich zu anderen Sicherungen. Zu den vielfältigen möglichen vertraglichen Vereinbarungen zwischen Gläubigern und Schuldnern zählen insbesondere das Verbot der Veräußerung wichtiger Teile des Anlagevermögens ohne Zustimmung des Gläubigers und die *Negativklausel*. Durch sie verpflichtet sich der Schuldner gegenüber einem Gläubiger, keinem anderen Gläubiger Sicherheiten zu gewähren, ohne die Forderung des ersteren Gläubigers in gleicher Weise sicherzustellen. Durch die Versicherungsaufsichtsgesetznovelle 1974 haben Negativklauseln größere Bedeutung für Schuldscheindarlehen erlangt (siehe unten). Weiter kann die Aufrechterhaltung eines Mindest-Eigenkapitalanteils am Gesamtkapital oder die Befolgung irgendeiner anderen Finanzierungsregel vereinbart werden.

Kautionswechsel werden nicht als alleiniges, sondern als zusätzliches Kreditsicherungsmittel ausgestellt. Durch die Akzeptierung eines oft undatierten Schuldwechsels (Kautionswechsel, Depotwechsel) unterwirft sich der Schuldner den Vorschriften des Wechselgesetzes und erhöht somit für den Gläubiger die Wahrscheinlichkeit, die Forderung im Falle finanzieller Schwierigkeiten des Schuldners rasch und vollständig einzutreiben. Kautionswechsel sind insofern keine erstklassige Sicherstellung, als kein Dritter für die Einlösung des Wechsels haftet und wechselrechtlich gesicherte Forderungen im Konkurs- und Vergleichsfall nicht bevorrechtigt sind.

2.3.1.2 Besondere Ausprägungen des langfristigen Fremdkapitals

2.3.1.2.1 Anleihen (Obligationen, Schuldverschreibungen)

Anleihen sind in Teilschuldverschreibungen (zumeist Inhaberpapiere) verbriefte Forderungen, die in der Regel an der Börse gehandelt werden. Als Höchstgrenze für die Laufzeit einer Industrieanleihe wird meist 25 Jahre angegeben. Es gibt aber auch ewige Anleihen. Da die Ausgabe einer Anleihe hohe fixe Emissionskosten verursacht, wird eine Anleihenemission erst bei hohem Kapitalbedarf in Frage kommen. Als Mindestnominale von Anleihen wird DM 10 000 000 genannt (*Süchting* [1989, S. 126]). Daher haben in der Regel nur große (Kapital-)Gesellschaften Zugang zum Anleihenmarkt. Emissionsvoraussetzung ist eine Genehmigung des Bundeswirtschaftsministers im Einvernehmen mit der zuständigen obersten Landesbehörde. Dabei stehen die Bonität des Emittenten und die Aufnahmefähigkeit des Kapitalmarkts im Vordergrund. Letztere wird vom Zentralen Kapitalmarktausschuß überprüft, der Empfehlungen ausspricht.

Damit Anleihen auch von privaten Lebensversicherungen und Sachversicherungen aus den Mitteln des sogenannten Deckungsstocks gekauft werden können, müssen sie „*deckungsstockfähig*" sein. Unter dem Deckungsstock versteht man ein von obigen Versicherungen in Abhängigkeit von den Deckungsrückstellungen zu bildendes Sondervermögen. § 68 Versicherungsaufsichtsgesetz bestimmt die Anlagemöglichkeiten dieser Mittel. Bis zur Versicherungsaufsichtsgesetznovelle 1974 hatte das Bundesaufsichtsamt für das Versicherungs- und Bausparwesen (BVA) als Aufsichtsbehörde auch im Falle von Anleihen die Deckungsstockfähigkeit zu genehmigen. Seit der Novelle 1974 steht der Gesetzgeber aber auf dem Standpunkt, daß die Emissionsgenehmigung durch das Bundeswirtschaftsministerium für eine Anerkennung der Deckungsstockfähigkeit ausreicht.

Die *Kosten von Anleihen* setzen sich aus den fixen und variablen Emissionskosten, den Zinsen, den Transaktionskosten für Tilgung und Zinszahlungen, dem Unterschied zwischen Ausgabe- und Rückzahlungskurs und eventuellen Kurspflegekosten zusammen. Meist wird ein Treuhänder eingesetzt, der die Interessen der Anleihegläubiger zu vertreten hat. Auch er verursacht Kosten. *Null-Kupon-Anleihen* (Zero-Bonds) sind Anleihen ohne Verzinsung, aber entsprechend hoher Differenz zwischen Ausgabe- und Rückzahlungskurs. Andere besondere Formen von Anleihen werden im Abschnitt über Finanzinnovationen (Abschnitt 2.4) vorgestellt.

Als *Sicherstellung* kommen vor allem Grundpfandrechte, Sicherungsübereignungen, Bürgschaften von Staat und Ländern und Negativklauseln in Frage.

Anleihen werden, eventuell nach einer tilgungsfreien Zeit, zumeist in Raten *getilgt*. In der Regel werden die zu tilgenden Stücke (Serien) ausgelost. Meist hat der Schuldner das Recht, die Anleihe nach Ablauf eines Teils der Laufzeit zu kündigen und/oder zusätzliche Tilgungen bzw. freihändige Rückkäufe vorzunehmen.

2.3.1.2.2 Schuldscheindarlehen

Schuldscheindarlehen im juristischen Sinn sind Darlehen, bei denen der Kreditbetrag gegen Aushändigung eines Schuldscheins ausgefolgt wird, der nur der Beweissicherung dient. Ein Schuldscheindarlehen kann daher nur durch Zession auf einen Dritten übertragen werden. Wenn jedoch in der Finanzierungsliteratur und -praxis von Schuldscheindarlehen gesprochen wird, meint man im allgemeinen Kredite gegen Schuldschein, die von Nichtbanken-Kapitalsammelstellen (bes. Versicherungsgesellschaften) gewährt werden. Dabei wird auf die Ausstellung eines Schuldscheins sogar in manchen Fällen verzichtet (*Süchting* [1989, S. 141]). Von Banken gewährte Kredite gegen Schuldschein bezeichnet man nur dann als Schuldscheindarlehen, wenn das Bankinstitut die Möglichkeit (die Absicht) hat, das Darlehen ganz oder teilweise an Nichtbanken-Kapitalsammelstellen zu verkaufen, oder wenn eine Bank neben Versicherungsgesellschaften und eventuell anderen Banken einen Teil eines Darlehens übernimmt. Zudem treten Banken neben Finanzierungsmaklern häufig als Vermittler von Schuldscheindarlehen auf.

Die Laufzeit eines Schuldscheindarlehens übersteigt in der Regel nicht 15 Jahre. Schuldscheindarlehen auf Revolving-Basis, bei denen ein Finanzierungsmakler jeweils kurzfristige Schuldscheindarlehen vermittelt, jedoch trachtet, diese nach Möglichkeit zu verlängern bzw. durch neue kurzfristige Darlehen zu ersetzen, damit der kreditnehmenden Unternehmung langfristiges Kapital zur Verfügung steht, sollen hier nicht näher behandelt werden. Solche Schuldscheindarlehen sind gegenwärtig praktisch unbedeutend.

Da die fixen Transaktionskosten eines Schuldscheindarlehens nicht sehr hoch sind, ist ihre Aufnahme bereits für mittlere Unternehmungen von Interesse.

Die Obergrenze von Schuldscheindarlehen hängt von der Größe des jeweiligen Gläubigers und dessen Streben nach Risikostreuung ab. Sie wird bei einem Konsortialschuldscheindarlehen natürlich höher sein als bei einem Einzelschuldscheindarlehen. (Zu den diesbezüglichen Formen des Schuldscheindarlehens und zur Einschaltung von Kreditinstituten bzw. Finanzierungsmaklern als Vermittler vgl. *Staehle* [1965, S. 33 – 46].)

Für von Versicherungsgesellschaften emittierte Schuldscheindarlehen ist die *Deckungsstockfähigkeit* unabdingbare Voraussetzung. Durch die Versicherungsaufsichtsgesetznovelle 1974 (§ 54a II Ziffer 7ff.) ist die Prüfung der Deckungsstockfähigkeit vom Bundesaufsichtsamt für das Versicherungswesen auf das jeweilige Versicherungsunternehmen verlagert worden. Nur bei Zweifel über die Erfüllung der Bonitätsansprüche ist das Aufsichtsamt einzuschalten. Danach dürfen Schuldscheindarlehen an (privatrechtliche) Unternehmungen geleistet werden, wenn eine Bürgschaft von Bund, Ländern oder Gemeinden usw. vorliegt, oder wenn der Schuldner eine Reihe von „Finanzierungsregeln" befolgt, die vom Bundesaufsichtsamt für das Versicherungswesen festgelegt wurden (vgl. im einzelnen *Vormbaum* [1990, S. 364ff.]). So soll die Eigen-Fremdkapital-Relation nicht ungünstiger als 1:2 sein, das Anlagevermögen soll zumindest zu 50% durch Eigenkapital gedeckt sein, Verluste dürfen weder ausgewiesen noch zu erwarten sein usw. Des weiteren sind dingliche Sicherheiten, vor allem Grundpfandrechte beizubringen.

Die *Kosten von Schuldscheindarlehen* ergeben sich aus den gegenüber Anleihen meist etwas höheren Zinsen und relativ geringen Transaktionskosten für die Emission inklusive Sicherung, die Tilgung und die Zinszahlungen. Schuldscheindarlehen werden meist nach einer tilgungsfreien Zeit in Raten rückgezahlt. Vorzeitige Kündigungen und außerplanmäßige Tilgungen werden selten vereinbart.

2.3.1.2.3 Wandelschuldverschreibungen, Optionsanleihen und Gewinnschuldverschreibungen

Wandelanleihen sind Anleihen, die den Gläubigern das Recht gewähren, innerhalb bestimmter Fristen, bei bestimmten Zuzahlungen und in einem bestimmten Verhältnis, Anleihestücke in Aktien umzutauschen. Die Gläubiger können aber auch Rückzahlung wählen. So kann festgelegt sein, daß vom 1.1. bis 30. 6. eines bestimmten Jahres 2 Wandelanleihestücke einer Gesellschaft zum Nominale von 100 bei Zuzahlung von 40 in eine Aktie zum Nominale von 100 umgewandelt werden können. Wandelanleihen können vorzeitig kündbar oder unkündbar sein. Bei kündbaren Wandelanleihen können die Gläubiger der Wandelanleihe vor Ablauf des maximalen Wandlungszeitraums vor die Wahl gestellt werden, sofort zu wandeln oder Rückzahlung zu fordern.

Optionsanleihen sind Anleihen, die gemeinsam mit einer Option auf eine bzw. einen Teil einer Aktie emittiert werden (zur Definition einer Option siehe Abschnitt 2.2.1), wobei aber von der Option isoliert Gebrauch gemacht werden kann. Der Unterschied zwischen Wandelanleihe und Optionsanleihe ist gering. Die Wandelanleihe kann als Kombination einer Anleihe und einer mit ihr fest verbundenen Option, von der nur anläßlich der Einlösung der Anleihe Gebrauch gemacht werden darf, interpretiert werden.

Gewinnschuldverschreibungen sind Anleihen, die neben einem oder statt eines fixen Gewinnanspruch(s) einen Anspruch am Gewinn bieten. Sie sind somit als Kombination einer reinen Anleihe und von Genußscheinen interpretierbar.

Da Emissionen von Wandel- und Optionsanleihen die künftige Eigenkapitalausstattung der Unternehmung und die Beteiligungsquoten der Gesellschafter determinieren, müssen sie durch die Hauptversammlung (3/4-Mehrheit) beschlossen werden und die Gesellschafter haben ein Bezugsrecht (§§ 221 ff. Aktiengesetz). Auch für die Emission von Gewinnschuldverschreibungen ist eine 3/4-Mehrheit der Hauptversammlung notwendig. Es ist allerdings kein Bezugsrecht für die Aktionäre vorgesehen. Die Hauptversammlung muß weiter die für den Umtausch der Wandelanleihen bzw. Ausübung der Optionen erforderliche bedingte Kapitalerhöhung beschließen. Die Ausgabe von Wandel-, Options- und Gewinnschuldverschreibungen bedürfen der gleichen Genehmigungen wie sonstige Anleihenemissionen.

2.3.1.2.4 Mittel der Exportfinanzierung

Nachdem direkte Exportsubventionen bzw. Importbeschränkungen durch Internationale Vereinbarungen nur mehr beschränkt zulässig sind, geben viele Staaten Finanzierungshilfen zur Förderung des Exports. Dafür bieten sich grundsätzlich an: die Gewährung von zinsgünstigen Krediten; die Gewährung von Krediten, die das Sicherungspotential nicht oder kaum belasten, etwa in der Form, daß eine staatliche Institution den Eingang der Exportforderung garantiert (also das politische und/oder das Risiko der Zahlungsunfähigkeit des Kunden gegen relativ geringe Prämien und bei niedrigem Selbstbehalt übernimmt), so daß die Exportforderung als alleinige Sicherstellung des Exportkredits herangezogen werden kann; oder die bevorzugte Gewährung von Krediten in Zeiten von Kapitalknappheit. In der Regel werden von den Staaten alle drei Mittel der Exportförderung auf dem Finanzierungssektor gleichzeitig angewandt, wobei häufig anstelle von Exportkrediten (bei Zession der Exportforderung als Sicherstellung) auch das Exportfactoring (der Verkauf von Exportforderungen) gewählt werden kann. Auch indirekte Exportkredite – begünstigte Kredite an den Importeur im Ausland – sind möglich. In der BRD übernehmen – als Mandatare des Bundes – Exportgarantien die Hermes Kreditversicherungs-AG und die Deutsche Revisions- und Treuhand AG. Institutionen der Exportfinanzierung sind in der BRD die Ausfuhrkredit GmbH und die Kreditanstalt für Wiederaufbau (vgl. Süchting [1989, S. 196ff.]).

Üblicherweise sind Exportkredite langfristig.

2.3.1.2.5 Langfristige Rückstellungen, insbesondere Pensions- und Abfertigungsrückstellungen

Rückstellungen werden zu Lasten des Gewinnes vorgenommen. Sie erfassen, wenn richtig gebildet, den Barwert der erwarteten künftigen Ausgaben, deren wirtschaftliche Verursachung in der Periode der Rückstellungsbildung liegt. Ein Musterbeispiel sind Pensionsrückstellungen, die während des aktiven Dienstverhältnisses im Hinblick auf zugesagte künftige Pensionszahlungen gebildet werden. Sofern die Rückstellungsbildung steuerlich nicht anerkannt ist und auch die Dividendenpolitik nicht beeinflußt, hat sie die gleichen finanziellen Auswirkungen wie eine Einbehaltung von Gewinnen nach Steuern (Rücklagenbildung). Bei steuerlicher Abzugsfähigkeit der dotierten Rückstellungen resultiert aus der Rückstellungsbildung ein steuerlicher Vorteil, der in Abschnitt 4.4.6 näher analysiert wird.

2.3.1.2.6 Durch Bewertungswahlrechte verlagerte Steuerzahlungen

Durch Ausnutzung von Bewertungswahlrechten (z. B. Anwendung der degressiven Abschreibung anstelle der linearen Abschreibung, Anwendung gestatteter Sonderabschreibungen im Anschaffungsjahr von Investitionsprojekten) entstehen „zinslose Steuerkredite" bis zu jenem Zeitpunkt, in denen die durch die Bewertungswahlrechte gelegten stillen Reserven offengelegt (und versteuert) werden müssen. Diese „Steuerkredite" sind nicht nur zinslos, ihre Rückzahlung entfällt, wenn die Unternehmung im Jahr der Auflösung der stillen Reserven und in den folgenden Jahren, auf die Verluste vorgetragen werden können, Verluste aufweist.

Von Nachteil ist die Verlagerung von Steuerzahlungen nur dann, wenn der Grenzgewinnsteuersatz im Jahr der Auflösung der stillen Reserve höher ist als im Jahr der Bildung und die Mehrsteuern den Zinseffekt überwiegen.

Die durch Bewertungswahlrechte gebildeten stillen Reserven sind somit teils Fremdkapital (in Höhe des Barwertes der erwarteten Steuernachzahlungen), teils Eigenkapital (im restlichen Ausmaß).

2.3.2 Kurzfristiges Fremdkapital

2.3.2.1 Unterscheidung nach Sicherheiten

2.3.2.1.1 Durch Eigentumsvorbehalt gesicherte Kredite (Lieferkredite)

Lieferanten von Roh-, Hilfs- und Betriebsstoffen sowie Handelswaren gewähren in der Regel kurzfristige Kredite (Zahlungsziele). Lieferkredite sind insofern verzinslich, als bei Barzahlung der Lieferantenrechnungen zumeist ein Skonto gewährt wird. Die Klausel: 2% Skonto bei Zahlung innerhalb einer Woche, netto Kassa bei Zahlung innerhalb von vier Wochen, entspricht einem Zinssatz von 0,0204 (der tatsächliche Kreditbetrag ist nur 98%) für drei Wochen oder einem Jahreszinssatz von 0,354. Wenn der Lieferant trotz dieser Klausel spätere Zahlungstermine akzeptiert, ist der Jahreszinssatz entsprechend geringer.

Als Sicherstellung dient in der Regel der *Eigentumsvorbehalt* an den gelieferten Gütern. Der Eigentumsvorbehalt erlischt grundsätzlich bei Verarbeitung oder Weiterverkauf der gelieferten Gegenstände, es sei denn, es wird ein sogenannter *erweiterter* und/oder *verlängerter Eigentumsvorbehalt* vereinbart. Der erweiterte Eigentumsvorbehalt erstreckt sich im Fall der Verarbeitung des betreffenden Gegenstandes auf das Produkt des Verarbeitungsprozesses, der verlängerte Eigentumsvorbehalt impliziert, daß die aus dem Verkauf des betreffenden Gegenstandes resultierende Forderung als an den Lieferanten abgetreten gilt. Selbst der verlängerte Eigentumsvorbehalt gewährleistet keine vollständige Sicherung des Lieferantenkredits, da nicht sichergestellt werden kann, daß der Lieferantenkredit tatsächlich aus dem Verkaufserlös der mit Eigentumsvorbehalt gekauften Ware getilgt wird. – Es gibt dann noch die *Kontokorrentklausel* (der Eigentumsvorbehalt erstreckt sich auf sämtliche vom Lieferanten gelieferten Waren, solange noch irgendeine Forderung des Lieferanten offen ist) und die *Konzernklausel* (wie Kontokorrentklausel, aber in bezug auf alle zum Konzern des Lieferanten zählenden Unternehmungen).

2.3.2.1.2 Lombardkredite (einschließlich Pensionsgeschäfte)

Lombardkredite sind (kurzfristige) Kredite, zu deren Sicherung Pfandrechte an beweglichen Vermögensgegenständen dienen. Da die Verpfändung eine Übergabe der betreffenden Gegenstände an den Kreditgeber voraussetzt, bieten sich hauptsächlich Wertpapiere, daneben auch Waren als Pfandobjekte an. Bei Waren genügt die Übergabe der Dispositionspapiere. Im Hinblick auf das Risiko von Wertminderungen während der Kreditdauer sind die Beleihungsgrenzen niedriger als 100%. Sie sind bei festverzinslichen Papieren naturgemäß höher als bei Aktien oder Waren.

„Echte" Lombardkredite lauten über einen bestimmten Betrag, der in einer Summe ausbezahlt und – eventuell nach Verlängerung – rückgezahlt wird. „Unechte" Lombardkredite sind sonstige, durch die Verpfändung beweglicher Gegenstände gesicherte Kredite, wie z. B. durch Effektenlombard gesicherte Kontokorrentkredite.

Dem Lombardkredit ähnlich sind die sogenannten *Pensionsgeschäfte*. Ein Pensionsgeschäft liegt vor, wenn eine Unternehmung Vermögensgegenstände, zumeist Wertpapiere, einem Bankinstitut veräußert und gleichzeitig die Verpflichtung zum Rückkauf zu einem festgesetzten Preis und Termin übernimmt. Die Differenz zwischen Rückkaufpreis und Kaufpreis umfaßt die vom Bankinstitut geforderten Zinsen. Pensionsgeschäfte entsprechen Lombardkrediten mit einer Beleihungsgrenze von 100% und sind somit für den Käufer (Kreditgeber) risikoreicher als Lombardkredite. Pensionsgeschäfte werden daher seitens der Banken nur für außergewöhnlich potente Kunden durchgeführt und haben meist weniger eine Kreditgewährung als die Beeinflussung des Bilanzbildes (z. B. Verschleierung von Beteiligungsverhältnissen) zum Zweck.

2.3.2.1.3 Durch Sicherungsübereignung gesicherte Kredite

In selteneren Fällen werden auch Waren zur Sicherung dann meist kurzfristiger Verbindlichkeiten sicherungsübereignet. Eine solche Sicherungsübereignung ist aber schwierig durchzuführen, da die betreffenden Gegenstände eindeutig gekennzeichnet werden müssen und die Wirksamkeit dieser Sicherung bei Verkauf der Gegenstände erlischt. Hier hat sich in der Praxis der sogenannte Raumsicherungsvertrag (Bassinvertrag) herausgebildet, der zum Inhalt hat, daß alle in einem bestimmten Raum sich befindlichen Gegenstände als übereignet gelten. Bei der Sicherungsübereignung von Waren muß sich der Kreditgeber selbstverständlich mit dem Verkauf der Waren bzw. ihrer Abfassung für Produktionszwecke einverstanden erklären.

2.3.2.1.4 Wechsel- oder Diskontkredite

Zur Sicherung von Verbindlichkeiten können dem Kreditgeber auch Besitzwechsel indossiert werden, aus deren Eingang die Verbindlichkeiten (teilweise) rückgezahlt werden können. Der Kreditgeber ist hier nicht nur durch die wechselrechtliche Haftung des Kreditnehmers, sondern primär durch das Zahlungsversprechen des Wechselschuldners und eventuell durch die Unterschriften weiterer Indossanten gesichert.

Häufig wird die Indossierung eines Besitzwechsels an eine Bank direkt mit einer Kreditgewährung seitens der Bank verbunden. Ein solcher Kredit heißt *Wechseldiskont- oder Diskontkredit.* Der Kreditgeber schreibt dem Kreditnehmer das Wechselnominale abzüglich Zinsen für die Restlaufzeit des Wechsels und abzüglich Inkassospesen gut, zur Sicherstellung dient der Wechsel mit dem wechselrechtlich gesicherten Zahlungsversprechen des Akzeptanten und der Haftung des Kreditnehmers. Nach herrschender, nicht unbestrittener Meinung liegt hier allerdings keine Kreditgewährung, sondern ein Ankauf des Besitzwechsels seitens des „*Kreditgebers*" vor. Die übliche Buchungstechnik folgt dieser Anschauung, indem der Besitzwechsel nach Diskontierung ausgebucht und die Haftung in der Bilanz nur unter dem Strich vermerkt wird. Wirtschaftlich gesehen stellt die Diskontierung des Wechsels jedoch eher eine Kreditierung verbunden mit einem Inkassoauftrag dar, und zwar infolge der Haftung des Kreditnehmers.

2.3.2.1.5 Zessionskredite

Zur Sicherung von Krediten kann der Kreditnehmer Forderungen (zumeist Kundenforderungen) an den Kreditgeber abtreten (= zedieren). Die sicherungsweise Abtretung einer Forderung (= Zession) verschafft dem Kreditgeber die Rechtsstellung eines Gläubigers und ist daher für diesen günstiger als die ebenfalls mögliche Verpfändung einer Forderung. Man unterscheidet *stille Zessionen* und *offene Zessionen.* Stille Zessionen werden dem Schuldner nicht angezeigt. Sie werden von den Kreditnehmern den offenen Zessionen im allgemeinen aus der Erwägung vorgezogen, daß Abtretungsanzeigen dem Ruf der Unternehmung schaden könnten. Die stille Zession hat allerdings für den Kreditgeber den Nachteil, daß der Schuldner mit befreiender Wirkung auch direkt an den Kreditnehmer zahlen kann. Dies kann durch einen Vermerk auf der Faktura, nur an ein bestimmtes Bankinstitut zu zahlen, oder auch durch die Angabe nur eines Bankkontos auf der Faktura weitgehend verhindert werden. Zur besseren Sicherstellung lassen sich Kreditgeber bei stiller Zession häufig Blanko-Abtretungsanzeigen übergeben, die sie erforderlichenfalls aussenden können.

Da die Abtretung sicherungshalber erfolgt, bleibt die Forderung des Kreditgebers an den Kreditnehmer ebenso wie die Forderung des Kreditnehmers an seine Schuldner bestehen (im Gegensatz zum Forderungsverkauf beim Factoring, vgl. Abschnitt 2.3.2.1.6).

Das Volumen abtretbarer Forderungen wird durch die wenig bedeutsamen gesetzlichen Abtretungsverbote, vor allem aber durch *vertragliche Abtretungsverbote* eingeschränkt. Letztere werden in den Geschäftsbedingungen großer Industrieunternehmungen, aber auch öffentlicher Verwaltungen häufig ausgesprochen. Auch ist vom Kreditgeber zu beachten, ob Forderungen nicht schon anderweitig abgetreten sind. Diesbezüglich ist vor allem der verlängerte Eigentumsvorbehalt von Interesse (vgl. Abschnitt 2.3.2.1.1). Da gemäß dem von der Rechtsprechung herausgearbeiteten Grundsatz der Priorität von mehreren Abtretungen einer Forderung nur die zeitlich erste wirksam ist, geht die Forderungsabtretung im Rahmen eines verlängerten Eigentumsvorbehalts der Forderungsabtretung nach Entstehen der Forderung vor. Denn der verlängerte Eigentumsvorbehalt sieht vor, daß für den Fall der Veräußerung des betreffenden Gegenstands die entstehende Kaufpreisforderung als an den Lieferanten abgetreten gilt. Der verlängerte Eigentumsvorbehalt kann jedoch durch eine sogenannte *Globalzession* unwirksam gemacht werden. In einem Globalzessionsvertrag wird vereinbart, daß sämtliche Forderungen der Unternehmung an namentlich oder örtlich bestimmte Kunden, die bestehen oder in einem bestimmten Zeitraum entstehen werden, an den Kreditgeber abgetreten sind. Soweit der Globalzessionsvertrag *vor* Vereinbarung des verlängerten Eigentumsvorbehalts abgeschlossen wird, geht die Zession aufgrund des Globalzessionsvertrags der Zession aufgrund des verlängerten Eigentumsvorbehalts vor. Neben Einzel- und Globalzessionen existieren *Mantelzessionen*. Gemäß Mantelzessionsvertrag hat der Kreditnehmer laufend Forderungen in Höhe eines vom jeweiligen Kreditvolumen abhängigen Gesamtbetrags an den Kreditgeber abzutreten. Da die Forderungen einzeln nach ihrer Entstehung abgetreten werden, geht der verlängerte Eigentumsvorbehalt den Zessionen im Rahmen eines Mantelvertrags vor.

Technisch erfolgt die Abtretung von Einzelforderungen und von Forderungen im Rahmen eines Mantelzessionsvertrags durch Übersendung von Rechnungskopien und/oder Debitorenlisten. Bei der Globalzession ist der Kreditgeber bereits zum Zeitpunkt der Entstehung der Forderung Berechtigter dieser Forderung. Dennoch erfolgt auch hier zur Information des Kreditgebers zumeist eine Übersendung von Rechnungskopien oder Debitorenlisten.

Die Beleihungsgrenze der Forderungen wird zumeist mit 70–80% vereinbart. Dazu kommt bei Mantelzessionen ein Zuschlag für die sukzessive Abnahme der Forderungsbestände durch Zahlungen, weil ja der Bestand an zedierten Forderungen nicht täglich exakt angepaßt werden kann. Bei Globalzessionen muß beachtet werden, daß die Forderungen an den betreffenden Kundenkreis schwanken können. Der Kundenkreis muß daher so vereinbart sein, daß auch in Perioden geringer Forderungsausstände das Kreditvolumen entsprechend der festgelegten Beleihungsgrenze gedeckt ist. Durch die Globalzession ist daher im Durchschnitt ein größerer Forderungsbestand gebunden als durch die Mantelzession.

Einzelzessionen sind nur zur Sicherung einmaliger kurzfristiger Kredite üblich. Solche Kredite heißen *Zessionskredite.* Falls formell kurzfristige, aber jeweils zu erneuernde Kredite durch Forderungsabtretungen gesichert werden sollen (z. B. Kontokorrentkredite), werden in der Regel Mantel- oder Globalzessionsverträge abgeschlossen.

2.3.2.1.6 Factoring

Beim *echten Factoring* liegt ein vertraglich festgelegter, laufender *Ankauf von Forderungen* vor, wobei im Gegensatz zum Zessionskredit der Käufer der Forderungen (Factor) das Delcredererisiko, das Risiko des Forderungsverlusts wegen Zahlungsunfähigkeit des Schuldners, auf sich nimmt. Die Forderung wird dabei dem Factor zediert. Die Factoringverträge sehen zumeist vor, daß dem Factor alle Inlandsforderungen und die Forderungen gegen Debitoren aus vereinbarten ausländischen Staaten zum Ankauf anzubieten sind. Der Factor hat das Recht, den Ankauf aus Bonitätsgründen abzulehnen. Zu diesem Zweck ist die Unternehmung (der Anschlußkunde) verpflichtet, sämtliche Verkaufsverträge bzw. Aufträge dem Factor anzuzeigen, damit dieser eine Bonitätsprüfung vornehmen und der Unternehmung mitteilen kann, in welchem Ausmaß er Forderungen gegen die betreffenden Debitoren unter Regreßverzicht anzukaufen bereit ist. Für bestimmte Debitoren können vom Factor für längere Zeit gültige Rahmengenehmigungen gewährt werden. – Das Gewährleistungsrisiko wird vom Factor nicht, das Transfer- und Währungsrisiko in der Regel nicht übernommen. – Zumeist wird das echte Factoring den Debitoren angezeigt (offenes oder notifiziertes Factoring). Beim echten Factoring wird der Factor in der Regel auch die Debitorenbuchhaltung einschließlich des Mahnwesens übernehmen, der Anschlußkunde hat lediglich die Rechnungen mit einer Kopie für den Factor auszustellen. Auch liefert der Factor Umsatzstatistiken und -auswertungen. Es wird somit eine besondere Form betrieblicher Arbeitsteilung realisiert.

Da es sich beim echten Factoring um einen *Verkauf* von Vermögensgegenständen handelt, ist es – nach kapitalwirtschaftlichem Finanzierungsbegriff – *kein* Finanzierungsvorgang. Durch das Factoring ändert sich weder das Kapitalvolumen noch die Kapitalstruktur, lediglich die Vermögensstruktur. Wenn die Forderungen noch dazu erst bei Eingang bzw. zum durchschnittlichen Fälligkeitstermin gutgeschrieben werden (wie häufig in den USA), beeinflußt das Factoring auch nicht oder kaum die Struktur der Zahlungseingänge der Unternehmung. Falls der Factor aber die Forderungen „bevorschußt", d. h. sie unter Abzug von „Zinsen" bar bezahlt, tritt das Factoring in Konkurrenz zum Zessionskredit und wird deshalb hier mitbehandelt.

Die angekauften Forderungen werden in der Regel nicht vollständig „bevorschußt", ein Betrag von 10–20% der Forderungen wird einem Sperrkonto gutgeschrieben und dient der Deckung eventueller nachträglicher Forderungsminderungen aus Retouren, Mängelrügen der Kunden usw. Der Sperrbetrag wird nach Forderungseingang bzw. wenn Zahlungsunfähigkeit der Kunden feststeht überwiesen.

Das *unechte Factoring* unterscheidet sich vom echten Factoring dadurch, daß der Factor das Delcredererisiko nicht übernimmt. Es ist daher, soweit es mit einer Bevorschussung verbunden ist, wirtschaftlich mit einem Zessionskredit weitgehend identisch, da der Forderungsverkäufer wie beim Zessionskredit das Risiko für den Eingang der Forderung trägt. Einige Autoren sind der Ansicht, daß es sich beim unechten Factoring – soweit mit einer Bevorschussung verbunden – um eine sicherungsweise Abtretung von Forderungen handelt (*Glomb* [1969, S. 120f.]). Das unechte Factoring wird häufig in Form stiller Zessionen betrieben (stilles oder nicht notifiziertes Factoring), wobei allerdings die Kunden angewiesen werden, auf das Konto des Factors zu zahlen. Wenn in diesem Fall der Factor die Debitorenbuchhaltung und das Mahnwesen übernimmt, so wird er auf Firmenpapier der kreditnehmenden Unternehmung mahnen.

Wie bei der sicherungsweisen Abtretung von Forderungen bereiten auch beim Factoring Abtretungsverbote von Kunden und der verlängerte Eigentumsvorbehalt von Lieferanten Schwierigkeiten. Hinsichtlich der Priorität von verlängertem Eigentumsvorbehalt oder Vorausabtretungen im Rahmen des Factoring ist vom BGH 1977 (Urteil vom 19. 9. 1977) insofern Rechtssicherheit hergestellt worden, als entschieden wurde, daß die Vorausabtretung aller künftigen Forderungen an den Factor – unter der aufschiebenden Bedingung des Forderungsankaufs – *nicht* sittenwidrig ist. Daher besteht Vorrang des Factoring gegenüber dem verlängerten Eigentumsvorbehalt, falls die Globalabtretung zeitliche Priorität besitzt. Das Urteil gilt aber ausdrücklich nur für das echte Factoring.

Die *Kosten des Factoring* setzen sich aus einem fixen Prozentsatz vom Forderungsnominale (für Debitorenbuchhaltung, Inkasso usw.) des

Factors) und Zinsen für den bevorschußten Teil der Forderungen zusammen. Dem stehen Einsparungen aus der Übernahme der Debitorenbuchhaltung, des Mahnwesens usw. durch den Factor gegenüber, von denen allerdings die Mehrkosten abgezogen werden müssen, die dadurch entstehen, daß dem Factor alle Verkaufsverträge bzw. Aufträge zum Zwecke der Bonitätsprüfung zur Kenntnis gebracht und daß Fakturen in einer vom Factor spezifizierten Weise geschrieben werden müssen. Auch kann – dieser Gesichtspunkt wird allerdings für immer weniger gewichtig eingeschätzt – es für den Ruf einer Unternehmung schädlich sein, wenn sie Factoring, und hier wieder vor allem notifiziertes Factoring, betreibt. Schließlich fällt beim echten Factoring zusätzliche eine Prämie für die Übernahme des Debitorenrisikos durch den Factor an.

Die Beleihungsgrenzen (d. h. das Ausmaß der beim Forderungsverkauf beim Factoring mit Bevorschussung bar bezahlten Beträge in Relation zum Forderungsnominale) sind beim Factoring im allgemeinen höher als beim Zessionskredit, da dem Factor sämtliche Inlandsforderungen zum Ankauf angeboten werden müssen und er daher im Falle von Mängelrügen und fiktiven Rechnungen mehr Kompensationsmöglichkeiten hat als bei einem Global- oder Mantelzessionsvertrag. Durch den Ankauf (fast) aller Inlandsforderungen durch den Factor schwankt das Volumen der bevorschußten Beträge entsprechend der Umsatzentwicklung; man kann daher von einer *„umsatzsynchronen"* Finanzierung sprechen.

Die *Forfaitierung* von Forderungen ist dem Factoring ähnlich. Es handelt sich dabei um einen endgültigen Verkauf von zumeist Auslandsforderungen, wobei aber in der Regel seitens des Verkäufers Sicherheiten für den Eingang der Forderung (Bankhaftung, Akkreditiv) beigestellt werden müssen. Im Unterschied zum Factoring werden meist einzelne, größere, oft auch langfristige Forderungen forfaitiert. (Details siehe bei *Vormbaum* [1990, S. 375 f.].)

2.3.2.1.7 Durch Bürgschaften (Akzepte) gesicherte Kredite einschließlich Avalkredite

Bürgschaften kommen nicht nur für die Sicherstellung langfristiger Kredite (siehe Abschnitt 2.3.1.1.5), sondern auch für die Sicherstellung kurzfristiger Kredite in Frage.

Manche Kreditgeber machen sich aufgrund ihrer starken Stellung oder ihrer weiten räumlichen Entfernung (z. B. ausländische Kunden, die an eine Unternehmung Anzahlungen leisten) nicht die Mühe einer Kreditwürdigkeitsprüfung bzw. einer Bestellung und Verwaltung von Sicherheiten. Sie fordern statt dessen Bürgschaften von erstklassigen Unternehmungen, vor allem von Kreditinstituten. So können Stundungskredite der Zollverwaltung, Frachtenstundungen der Deutschen Bundesbahn und Stundungen von Prozeßschulden durch Bankbürgschaften erreicht werden. Allerdings wird man in vielen Fällen jene Sicherheiten, auf die der eigentliche Kreditgeber zugunsten von Bürgschaften verzichtet, nun den Bürgen gewähren müssen. Das Sicherungspotential der Unternehmung wird somit durch solche Bürgschaften ebenso in Anspruch genommen wie durch gesicherte Kredite. Man bezeichnet daher solche Bankbürgschaften auch als Avalkredite oder Kreditleihe.

Bürgschaften können auch wechselmäßig verbrieft sein, sei es, indem der Bürge den Wechsel als Schuldner zeichnet, oder ihn als Wechselbürge unterschreibt. Im ersten Fall spricht man von einem *Akzeptkredit*, im zweiten Fall von einem *Wechselavalkredit*. Beide „Kreditformen" bedingen somit nicht, daß die Unternehmung direkt vom Akzeptanten oder Bürgen finanzielle Mittel erhält. Der etwa von einem Bankinstitut akzeptierte Wechsel kann aber bei diesem Bankinstitut oder einem anderen Kreditgeber diskontiert werden. Dann entsteht zusätzlich zum Akzeptkredit ein Wechselkredit.

An *Kosten* fallen für Bankbürgschaften und Akzepte Provisionen an.

2.3.2.1.8 Sonstige Sicherungsmöglichkeiten kurzfristiger Kredite

Auch kurzfristige Kredite können selbstverständlich durch die Sicherungsmöglichkeiten langfristiger Kredite abgesichert werden. Dies wird sich aber in der Regel nicht empfehlen, da die Kosten der Sicherstellung im Verhältnis zur Kreditdauer relativ hoch sein werden (z. B. Kosten der Eintragung bzw. Austragung von Grundpfandrechten für einen kurzfristigen Kredit). Wie bei langfristigen Krediten dienen auch bei kurzfristigen Krediten *Negativklauseln* und *Kautionswechsel* als (zusätzliche) Sicherungen (vgl. im einzelnen Abschnitt 2.3.1.1.6).

Hinsichtlich des Sicherungsgrades sämtlicher Verbindlichkeiten ist zu beachten, daß ein Übermaß an Besicherung „nach herrschender Lehre die Sittenwidrigkeit und damit Nichtigkeit der ganzen Sicherung nach sich zieht, wenn dieses Übermaß sich in einer Knebelung des Schuldners oder in einer Täuschung Dritter über die Kreditfähigkeit des Schuldners auswirkt" (unter Umstellung zitiert aus *Rudolph* [1974, S. 16]; vgl. dazu auch *Süchting* [1989, S. 181]). Eine weitere Gefahr für die Gültigkeit einer Sicherung liegt darin, daß die Erfassung des gesamten Kreditnehmervermögens durch einen Kreditgeber für Sicherungszwecke als „Vermögensübernahme" interpretiert werden kann und daher der betreffende Kreditgeber für die Ansprüche der übrigen Gläubiger gemäß § 419 BGB haftet (vgl. *Süchting* [1989, S. 181]).

2.3.2.2 Besondere Ausprägungen des kurzfristigen Fremdkapitals

2.3.2.2.1 Kontokorrentkredit

Der Kontokorrentkredit ist ein kurzfristiger, meist jedoch laufend prolongierter Buchkredit, über den der Kreditnehmer bis zu einem bestimmten Höchstbetrag beliebig verfügen kann. Der Saldo des Kredits schwankt entsprechend den Verfügungen des Kreditnehmers und den Einzahlungen auf das Kontokorrentkonto. Über ein Kontokorrentkonto wird zumeist ein Teil des Zahlungsverkehrs des Kreditnehmers abgewickelt.

Ein Kontokorrentkredit kann hypothekarisch, durch Wertpapierverpfändung, durch Zessionen, durch Sicherungsübereignung usw. gesichert sein. Zudem geben die allgemeinen Geschäftsbedingungen den Kreditinstituten die Möglichkeit, bei nicht termingemäßer Rückzahlung des Kontokorrentkredits alle Vermögensgegenstände des Kreditnehmers (Wertpapiere, Schecks, Konnossemente, Lagerscheine usw.), in deren Verfügungsmacht das Kreditinstitut gelangt ist oder gelangen wird, als Pfand zu behalten, soweit dies gesetzlich zulässig ist.

Die Kosten des Kontokorrentkredits bestehen aus den eigentlichen Zinskosten (berechnet vom jeweiligen Kreditsaldo), aus der Kreditprovision (berechnet vom Kreditrahmen, vom Höchstsaldo in einem bestimmten Zeitraum oder vom jeweiligen Saldo), aus der Umsatzprovision (berechnet vom Umsatz der Kontoseite mit dem größeren Umsatz oder vom jeweiligen Saldo) und der Überziehungsprovision (Zusatzzinsen für den das Limit übersteigenden Kreditbetrag). Dazu treten noch Barauslagen. Falls die Kredit- und Umsatzprovision vom jeweiligen Saldo berechnet werden, können sie mit dem eigentlichen Zinssatz zu einem Satz (= „Nettozinssatz") zusammengezogen werden. Dies ist immer häufiger der Fall. Bei der Beurteilung der Kosten des Kontokorrentkredits ist zu beachten, daß die Kosten nicht nur für die Kreditgewährung, sondern auch für die Zahlungsabwicklung anfallen. Wie in Abschnitt 4.4.3 herausgestellt wird, bietet sich der Kontokorrentkredit vor allem für die Deckung saisonal und/oder stochastisch schwankenden Kapitalbedarfs an.

2.3.2.2.2 Kundenanzahlungen

In manchen Branchen ist die Hereinnahme oft beträchtlicher Kundenanzahlungen üblich (Maschinen-, Bau-, Filmindustrie). Dadurch wird nicht nur die Aufnahme sonstiger Kredite erspart, es wird auch die Unsicherheit über den Eingang der künftigen Erlöse gemindert. Die *Kosten* von Kundenanzahlungen ergeben sich aus der Preiserhöhung, die man im Falle des Verzichts auf die Anzahlung realisieren könnten, und sind entsprechend schwer abzuschätzen.

2.3.2.2.3 Sonstige Verbindlichkeiten und Rückstellungen, Posten der Passiven Rechnungsabgrenzung

Als Folge der Unternehmenstätigkeit fallen häufig kurzfristige Verbindlichkeiten, Rückstellungen bzw. Rechnungsabgrenzungen an, so z. B. im nachhinein zu entrichtende Mieten, Löhne, Steuern usw. Diese Verbindlichkeiten sind in der Regel formal zinslos. Ob sie auch *materiell zinslos* sind, ist oft schwer zu entscheiden. Es hängt dies davon ab, ob bei einer Vorverlegung von z. B. Mietzahlungen mit geringeren Beträgen das Auslangen gefunden werden könnte. Handelt es sich um tatsächlich materiell zinslose Positionen, so ist ihre Ausnutzung natürlich von Vorteil (so z. B. über die Vereinbarung möglichst geringer Steuervorauszahlungen, möglichst später Abrechnungstermine für Überstundenzahlungen usw.). Es kann dann ein Teil des Kapitalbedarfs sehr kostengünstig gedeckt werden.

2.4 Finanzinnovationen

Nach Darstellung der „klassischen" Finanzierungsinstrumente sei ein kurzer Überblick über Finanzinnovationen gegeben. Nach *Dufey* [1989, S. 14] lassen sich Finanzinnovationen durch zwei Entwicklungslinien erklären. Die (auch zeitlich) erste Entwicklungslinie liegt in einer „Internationalisierung". Während früher eine Unternehmung, die einen DM-Kredit wollte, ihn bei einer deutschen Bank zu deren Konditionen nehmen mußte, ist es heute möglich, einen DM-Kredit z. B. in Hongkong bei einer japanischen Bank zu erhalten.

Die zweite Entwicklungslinie liegt in einer sehr weitgehenden Aufspaltungsmöglichkeit von Finanzkontrakten in einzelne Elemente, über die gesondert bzw. in neuen Kombinationen kontrahiert werden kann. Diese Tätigkeiten werden auch als *financial engineering* bezeichnet. Entstehen durch neue Kombinationen von Elementen von Finanzkontrakten handelbare Produkte (= Wertpapiere), spricht man auch von *securitization*. Beispiele für diese Form von Finanzinnovationen sind: A möchte eigentlich von B einen langfristigen Kredit erhalten. B bietet ihm aber nur einen kurzfristigen Kredit zu fixer Verzinsung an. Dann kann *A* von *B* diesen Kredit aufnehmen, aber von *C* eine Verfügbarkeitsgarantie (*Fazilität, committed back up lines*) erwerben. Im Rahmen der Verfügbarkeitsgarantie verspricht C, dem *A* Kredit zu gewähren bzw. zu verschaffen, falls er nach Rückzahlung des kurzfristigen Kredits an *B* keinen adäquaten Kredit erhalten sollte. Beide Verträge ersetzen somit einen langfristigen Kredit. Konkrete Formen solcher Innovationen sind *Euronotes* und *Commercial Papers*. Es sind dies kurzfristige (bis zu einem Jahr), fungible, ungesicherte Inhaberschuldverschreibungen mit einem Nominale von mindestens $ 50000. Ohne underwriting facilities (stand by agreements) trägt das Plazierungsrisiko der Emittent. Mit underwriting facilities wird das Emissionsrisiko von einer Bank bzw. einem Bankenkonsortium übernommen. Von den speziellen Formen der Übernahme des Emissionsrisikos seien beispielhaft die *RUF* (Revolving Underwriting Facilities) und die *NIF* (Note Issuance Facilities) erwähnt. Hier garantiert eine Bank bzw. eine Gruppe von Banken für einen längeren Zeitraum (z. B. 5–10 Jahre) die Unterbringung von kurzfristigen Euronotes (*Demuth* [1988, S. 131 f.]).

Nehmen wir weiter an, daß *B* den Kredit nur zu einem variablen Zinsfuß (floating rate) gibt, *A* aber einen fixierten Zinsfuß vorzieht. In diesem Fall kann *A* die Zinsen „swapen", d. h. einen Partner (D) suchen, der fixe Zinsen in gleicher Währung bezahlt, aber variable Zinsen vorziehen würde, und mit ihm die Zinsansprüche tauschen (= Zinsswap). Swaps wurden 1981 eingeführt und wurden – auch in Deutschland – zu einem sehr wichtigen Instrument der Risikopolitik (*Linke Regnitter* [1990]; *Smith Smithson Wilford* [1990]). Wenn *A* an sich nichts gegen variable Zinsen hat, sie aber nach oben begrenzen möchte, kann er einen *Cap* kaufen. Der Stillhalter (Verkäufer) des Cap verpflichtet sich gegen eine Prämie, dem *A* jene Zinsaufwendungen zu ersetzen, die ein bestimmtes Niveau überschreiten. Versicherungen gegen Zinsschwankungen nach unten heißen *Floors*. *Collars* sind Versicherungen gegen Zinsschwankungen, die eine gewisse Bandbreite über- bzw. unterschreiten.

Eine andere Möglichkeit, sich gegen Zinssatzänderungen abzusichern, sind Termingeschäfte und Financial Futures. Bei einem Termingeschäft würde man etwa das Recht von einer Bank kaufen, in drei Monaten zum heutigen Zinssatz (z. B. LIBOR – London Interbank Offered Rate –, oder FIBOR – Frankfurt Interbank Offered Rate) einen Kredit aufzunehmen. Steigt der Zinssatz, würde die Bank die Differenz zu dem vereinbarten Zinssatz zahlen müssen; fällt der Zinssatz, muß *A* die Differenz bezahlen. Der gleiche Effekt tritt bei Kauf eines entsprechenden *Financial Future* auf. Futures unterscheiden sich von Terminkontrakten lediglich dadurch, daß sie auf standardisierte Produkte lauten, daher problemlos veräußerbar sind, daß Wertsteigerungen bzw. -minderungen täglich ausgeglichen werden müssen und daß der Verpflichtete einen Margin leisten muß. Damit wird jedes Risiko ausgeschaltet (vgl. bes. *Smith Smithson Wilford* [1990]). Financial Futures in der Form von Devisen-Futures und Zinssatz-Futures sind eine erst 1972 entwickelte, äußerst erfolgreiche Innovation.

Beispiele für das Aufspalten von existierenden Finanztiteln in ihre Elemente und die Verbriefung dieser Elemente bzw. von Kombinationen dieser Elemente zu Wertpapieren (securitization) sind: Häufig bieten Unternehmungen mit finanziellen Schwierigkeiten den Gläubigern im Austausch zu ihren Forderungen *Junk Bonds* an, also höher verzinsliche, aber riskantere Forderungen. Man kann sie als Kombination zwischen Aktien und Fremdkapitaltiteln ansehen. Ein weiteres Beispiel ist das Splitten (Strippen) von Anleihen in unterschiedliche Titel, indem man z. B. eine Anleihe, die zur Gänze nach 10 Jahren fällig ist und jährlich verzinst wird, in elf unterschiedliche Titel zerlegt: 10 Null-Kupon-Anleihen, die ausschließlich die Zinsen eines Jahres verbriefen, und eine Null-Kupon-Anleihe für die Tilgung. Solche Stripped Bonds sind z. B. die *CATS* (Certificates of Accrual on Treasury Securities). Manchmal wird mit der Konstruktion von Finanztiteln mit „ungewöhnlicher" Zahlungsstruktur lediglich versucht, einen steuerlichen Vorteil zu lukrieren, wie z. B. mit einer Kombizins-Anleihe, die in den ersten Jahren keine, in späteren Jahren aber umso höhere Zinsen bringt (vgl. *Wagner Wangler* [1992]).

Eine besondere Form des Strippens und der Neukombination sind die *Mortgage Based Securities* – als Sonderform der *Asset Based Securities*. Asset Based Securities sind Wertpapiere, die auf bestimmten, rechtlich verselbständigten Vermögenswerten beruhen. Factoring und Leasing sind eine alte Form von Asset Based Ansprüchen. Mortgage Based Securities entstehen dadurch, daß Ansprüche von Hypothekenbanken, die vor allem den Kauf von Einfamilienhäusern oder Eigentumswohnungen finanzieren, in einen Fonds eingebracht werden. Diese Ansprüche können z. B. in folgender Form (Stripped Mortgage Based Securities) gesplittet werden: eine Tranche, bestehend aus 99% der Tilgungen und ca. 50% der Zinsen; und eine zweite Tranche, bestehend aus 1% der Tilgungen und ca. 50% der Zinsen (was eine nominelle Verzinsung von mehreren hundert Prozenten ergibt). Da die Hypothekenschuldner das Recht auf vorzeitige Rückzahlung haben, das sie vor allem in Perioden fallender Zinssätze ausnutzen werden, entstehen durch diese Form des Splittings Papiere mit besonderer Risikostruktur (vgl. z. B. *Roll* [1986]).

3. Optimierung der Kapitalstruktur und der Dividendenpolitik bei Sicherheit

In diesem Abschnitt werden Finanzierungsoptima abgeleitet, die bei *Sicherheit* gelten würden. Dies erlaubt, wichtige Einflußgrößen von Finanzierungsentscheidungen – vor allem die *Steuern* bei unterschiedlichen Steuersystemen – einer genaueren Analyse zu unterziehen, ohne die Komplikationen aus der Einbeziehung der Unsicherheit „mitzuschleppen". Die Ergebnisse der Analysen können auch als „Bausteine" in Abschnitt 4 übernommen werden.

3.1 Bei vollkommenem Kapitalmarkt

Die Annahme eines vollkommenen Kapitalmarkts impliziert, daß

1) keine Transaktionskosten existieren und die Finanzierungstitel unbeschränkt teilbar sind,
2) keine (zwischen den Finanzierungsformen differenzierenden) Steuern bestehen und
3) alle Unternehmungen und Investoren gleichen Zugang zum Kapitalmarkt haben.

Bei vollkommenem Kapitalmarkt bei Sicherheit kann nur *ein Zinssatz je Periode* für alle Kapitalanlagen herrschen und es sind sämtliche Sicherungsformen und daher unterschiedliche Ausformungen von Kredit- und Eigenfinanzierungsinstrumenten obsolet. Jeder Investor kann mit Sicherheit Rück- und Zinszahlung erwarten, jeder Investor hat Zugang zu allen Kapitalanlagen. Die Konkurrenz der Investoren untereinander würde etwaige Zinsdifferenzen sofort eliminieren. Die Höhe des Zinssatzes hängt von den produktiven Möglichkeiten in der Volkswirtschaft und den Konsumpräferenzen der Kapitaleigner ab; sie kann von Periode zu Periode differieren. Daher können auch bei Sicherheit und vollkommenem Kapitalmarkt der Zinsfuß für langfristige und der Zinsfuß für kurzfristige Anlagen auseinanderfallen. Wenn etwa der Zinsfuß für die erste Periode 4% und derjenige für die zweite Periode 5% beträgt, muß der Zinssatz für ein zweijähriges Finanzierungsinstrument $[(1,04)(1,05)]^{-1/2}-1 = 0,04499$, also etwa 4,5% betragen: Es muß mittels einer zweijährigen Anlage der gleiche Endwert erreicht werden wie mittels zweier aufeinanderfolgender einjähriger Anlagen. Bei Sicherheit und vollkommenem Kapitalmarkt ist die *Unterscheidung zwischen Eigen- und Fremdkapital obsolet*, man kann *am Kapitalmarkt keine* höheren Renditen für Eigenkapital als für Fremdkapital erzielen. Monopolgewinne bzw. Monopolrenten können zwar existieren, sie sind jedoch von der Finanzierungsart unabhängig. Auf diesen Gesichtspunkt soll an Hand einer konkreten Überlegung näher eingegangen werden. Wir gehen davon aus, daß einer Person (*A*) die Rechte aus einem Patent oder an einem Mineralienfund zustehen. Mit einem (optimalen) Kapitaleinsatz von 100 000 könnten die Rechte so ausgebeutet werden, daß ein jährlicher Gewinn (vor etwaigen Zinszahlungen) von 10 000 bis unendlich erzielt wird. Der Zinsfuß am Kapitalmarkt beträgt 4% (für alle künftigen Perioden). Dem Berechtigten stehen folgende Möglichkeiten offen:

1) *A* könnte das Recht verkaufen. Er würde dafür einen Preis von 10 000/0,04 − 100 000 = 150 000 erzielen. Denn die Käufer würden für das Recht soviel zahlen, daß sie auf den Kaufpreis (150 000) plus den notwendigen Investitionsbetrag (100 000) eine Rendite von 4% erzielen (0,04 · 250 000 = 10 000).

2) *A* könnte das Recht selbst ausbeuten und 100 000 aus eigenen Mitteln investieren. Das Unternehmen wäre dann jederzeit um 250 000, d. h. mit einem Gewinn von 150 000 veräußerbar. In der Zwischenzeit verzinst sich der Wert der Unternehmung mit einer Rendite von 4%.

3) *A* könnte, wenn er z. B. keine eigenen Mittel besitzt, die für die Investition benötigten 100 000 Geldeinheiten durch Aktienausgabe gewinnen. Er braucht aber den anderen Aktionären für ihre Einzahlung von 100 000 nur Aktien im Ausmaß von 40% des Grundkapitals zu bieten; für die Einbringung des Rechtes erhält er selbst 60% der Aktien. Vom jährlichen Gewinn erhalten die hinzutretenden Aktionäre 4 000, was eine vierprozentige Verzinsung ihres Kapitaleinsatzes ermöglicht. *A* erhält mit einem jährlichen Gewinnanteil von 6 000 ebenfalls eine Verzinsung von 4% vom Wert der Berechtigung.

4) *A* kann einen Kredit von 100 000 zu einem Zinssatz von 4% aufnehmen. Es bliebe ihm ein Gewinn von 6 000 nach Zinsen, somit wieder eine Rendite von 4% auf den Wert des Rechts.

Alle Möglichkeiten sind somit für *A* gleich günstig. Trotz der Möglichkeit von Monopolgewinnen ergibt sich unter den Prämissen Sicherheit und vollkommener Kapitalmarkt ein gleicher Zinsfuß für alle Eigen- und Fremdkapitalanlagen in einer Periode. Monopolgewinne schlagen sich in einem von Anfang an höheren Ertragswert der Kapitalanleger nieder. Jede Kapitalstruktur ist somit gleich gut. In obigem Beispielfall ist es gleichgültig, ob A sein annahmegemäß vorhandenes Eigenkapital zur Ausnutzung des Rechtes verwendet oder es anderweitig anlegt und für die Ausbeutung der Berechtigung Fremdkapital aufnimmt, also statt reiner Eigenfinanzierung einen bestimmten Verschuldungsgrad wählt: Die anderweitig erzielten Zinsen decken gerade die Kosten des Fremdkapitals. Ebenso ist irrelevant, ob Dividenden ausbezahlt oder (teilweise) einbehalten und bei der Unternehmung angelegt werden.

3.2 Bei unvollkommenem Kapitalmarkt

Transaktionskosten, Steuern und Kapitalmarktbeschränkungen können auch bei Sicherheit die Unterscheidung zwischen Kapitalformen (z. B. Eigenkapital und Fremdkapital) sinnvoll machen und Finanzierungsoptima verursachen.

3.2.1 Auswirkungen von Transaktionskosten

Zunächst wenden wir uns dem Problem zu, ob Transaktionskosten einen Einfluß auf die *Kapitalstruktur* ausüben können. Zunächst kann festgestellt werden, daß die Transaktionskosten für alle (gleichfristigen) Finanzierungsinstrumente gleich sein müssen. Denn Finanzierungsverfahren, die bei den gegebenen Prämissen (Sicherheit, ansonsten vollkommener Markt) höhere Transaktionskosten als das Instrument mit den niedrigsten Transaktionskosten verursachen, würden als inferior vom Markt verdrängt werden. Aus diesem Grund können Transaktionskosten nur insofern Einfluß auf die Kapitalstruktur nehmen, als sie es unvorteilhaft machen, Kapital aus einer Unternehmung herauszulösen und anderweitig anzulegen: Den daraus resultierenden Kosten der Umdisposition stehen keine Vorteile gegenüber, da ja bei allen Anlagen der gleiche Zinsfuß zu erzielen ist. Im obigen Beispielfall wäre es für A etwa ungünstig, die benötigten 100 000 Geldeinheiten aus einer anderweitigen Verwendung herauszulösen; es wäre – für ihn wie auch gesamtwirtschaftlich – vorteilhafter, anlagewilliges, bisher nicht gebundenes Kapital zu beschaffen.

Transaktionskosten beeinflussen auch die *optimale Dividendenpolitik*. Wir gehen im folgenden vereinfachend davon aus, daß Dividendenausschüttungen die gleichen Transaktionskosten verursachen wie die Beschaffung bzw. Veräußerung von Wertpapieren, und behandeln nur variable Transaktionskosten. Folgende Fälle sind zu unterscheiden:

1) Die Unternehmung erzielt Gewinne, die sie für ihre Investitionstätigkeit nicht benötigt.

   a) Der Anteilseigner möchte seinen Gewinnanteil konsumieren. In diesem Fall ist die Ausschüttung der Gewinne optimal. Es fallen nur einmal Transaktionskosten an. Eine Anlage der Gewinne am Kapitalmarkt durch die Unternehmung würde zweimal Transaktionskosten verursachen, einerseits infolge der Anlageentscheidung der Unternehmung, andererseits dadurch, daß der Anteilseigner gezwungen ist, einen Teil der durch die Gewinneinbehaltung im Wert entsprechend gestiegenen Anteile zu verkaufen oder sich zu verschulden, um seine Konsumbedürfnisse zu decken. Der Anteilseigner muß also die Anlageentscheidung der Unternehmer wettmachen.

   b) Der Anteilseigner würde die Dividenden anlegen. In diesem Fall ist es gleichgültig, ob die Unternehmung oder der Anteilseigner die Gewinne anlegt. Wohl entstehen bei Anlage durch den Anteilseigner zweimal Transaktionskosten; doch muß bedacht werden, daß die Unternehmung irgendeinmal die Gewinne aus den so angelegten Mitteln und die angelegten Mittel selbst ausschütten wird, wodurch ebenfalls ein zweites Mal Transaktionskosten auflaufen.

2) Die Unternehmung erzielt Gewinne, die sie für ihre Investitionstätigkeit benötigen würde.

   a) Der Anteilseigner möchte seinen Gewinnanteil konsumieren. In diesem Fall ist die Gewinneinbehaltung günstiger. Bei Ausschüttung fallen Transaktionskosten für die Dividendenauszahlung und für die Aufbringung zusätzlichen Kapitals für die Investitionstätigkeit an. Bei Einbehaltung entstehen nur Transaktionskosten beim Anteilseigner für den Verkauf eines Teils der Anteile bzw. für die Kreditaufnahme zur Deckung der Konsumbedürfnisse.

   b) Der Anteilseigner würde die Dividenden anlegen. Hier ist jedenfalls die Gewinneinbehaltung vorzuziehen.

Es ist ersichtlich, daß die Transaktionskosten die Dividendenpolitik in unterschiedlicher Weise beeinflussen können. Nun muß aber bedacht werden, daß vollkommene Voraussicht und damit auch Prognosegewißheit hinsichtlich der Dividendenpolitik unterstellt wurde. Die Investoren können sich daher an jenen Unternehmungen beteiligen, deren Dividendenpolitik ihren Konsumwünschen entspricht. Daher ist im Fall 1) die Dividendenpolitik der Unternehmungen irrelevant, sofern die Dividendenpolitik aller Gesellschaften so geartet ist, daß alle Investoren ein in Hinblick auf ihre Konsumbedürfnisse optimales Portefeuille zusammenstellen können. Im Fall 2) ist die Einbehaltung stets günstiger. Eine jedenfalls optimale Lösung besteht somit in der Einbehaltung derjenigen Gewinnanteile, die für die Investitionstätigkeit benötigt werden und in der Ausschüttung sämtlicher darüberhinausgehenden Gewinnteile.

Auf eine explizite Analyse des Falles fixer Transaktionskosten und des Falles unterschiedlicher variabler Transaktionskosten für Dividendenausschüttungen und Kapitalanlagen wird verzichtet. Die Untersuchung wäre nach gleichem Muster vorzunehmen. Hinsichtlich des Einflusses von Transaktionskosten auf die Wahl zwischen kurz- und langfristigem Fremdkapital sei auf Abschnitt 4.4.1.4 verwiesen.

3.2.2 Auswirkungen von Steuern

Wenn die Steuerzahlungen der Unternehmungen und/oder Kapitaleigner von der Finanzierungsform abhängen, müssen Kapitalstruktur und Dividendenpolitik nicht mehr irrelevant sein. Im folgenden werden einige Steuersysteme im Hinblick auf ihre Auswirkungen auf Finanzierungsentscheidungen untersucht. Auf diese Analyse wird auch bei Einbeziehung der Unsicherheit in Abschnitt 4 zurückgegriffen werden können.

3.2.2.1 Steuersystem 1: Einkommensteuer auf Gewinnanteile und Zinseinkommen. Eine generelle Einkommensteuer auf Gewinnanteile und Zinseinkommen übt keinen Einfluß auf Finanzierungsentscheidungen aus. Unternehmungen zahlen keine Steuern und die Steuerzahlungen der Kapitalgeber sind unabhängig davon, ob sie ihr Kapital in Form von Eigen- oder Fremdkapital anlegen und welche Dividendenausschüttungen von den Unternehmungen vorgenommen werden. Gegenwärtig unterliegen Personengesellschaften und Einzelunternehmen einer solchen Form der Besteuerung, für Kapitalgesellschaften wird sie häufig gefordert (= Teilhabersteuer).

3.2.2.2 Steuersystem 2: Körperschaftsteuer auf Unternehmungsgewinne unter Abzugsfähigkeit der Fremdkapitalzinsen. Bei einem solchen

Steuersystem wäre maximale Fremdfinanzierung optimal. Die Steuerzahlungen der Unternehmungen und damit die Steuereinnahmen des Fiskus wären dann minimal. Wenn bei reiner Eigenfinanzierung ein Gewinn nach Steuern von $G(1-s_k)$ ausgeschüttet werden kann, so ist die Gesamtausschüttung (an Eigentümer *und* Gläubiger) bei teilweiser Fremdfinanzierung $(G-r_nF)$ $(1-s_k)+r_nF = G(1-s_k)+s_k r_n F$. Sie ist daher um $s_k r_n F$ größer als bei reiner Eigenfinanzierung, die Steuereinnahmen des Fiskus sind entsprechend kleiner.

G = Gewinn vor Steuern und Zinsen
F = Fremdkapital
r_n = Zinsfuß
s_k = Körperschaftsteuersatz

3.2.2.3 Steuersystem 3: Körperschaftsteuer auf Unternehmungsgewinne unter Abzugsfähigkeit der Fremdkapitalzinsen; Einkommensteuer auf Gewinnanteile (nach Körperschaftsteuer) und Zinseinkommen.

Auch bei dieser Kombination von Steuersystem 1 und 2 wäre infolge der Doppelbelastung der Gewinnanteile der Eigenkapitalgeber maximale Verschuldung optimal. Da die Besteuerung an den Gewinnanteilen und nicht an den Dividenden ansetzt, ist die Dividendenpolitik irrelevant. Ein kleines Beispiel möge die Schlußfolgerung verdeutlichen:

Beispiel 1:

Eine Unternehmung kann bei einem Kapitaleinsatz von 100000 einen jährlichen Gewinn von 6000 (vor Zinsen) erzielen. Der Körperschaftsteuersatz sei 50%, der Einkommensteuersatz 40%. Am Kapitalmarkt herrscht eine Rendite bzw. ein Zinsfuß von 4% (vor Einkommensteuer).

Bei reiner Eigenfinanzierung wäre die Unternehmung nicht gründenswert: Denn vom Gewinn vor Zinsen von 6000 wären 3000 Körperschaftsteuer zu entrichten; der verbleibende Betrag würde keine vierprozentige Kapitalrendite ermöglichen. Würde die Unternehmung tatsächlich gegründet werden, wäre ihr Wert für die Anteilsigner 75000 (= 3000/0,04).

Gesetzliche Vorschriften – so sei angenommen – besagen, daß mindestens ein Eigenkapital von 10000 eingebracht werden muß. Die maximale Fremdfinanzierung beträgt daher 90000. Sie ist optimal. Sie führt zu Zinseinkommen an die Kreditgeber von $0,4 \cdot 90000 = 3600$ und Dividenden an die Anteilsigner von $(6000-3600)0,50 = 1200$. An den Kapitalmarkt kann daher insgesamt 4800 ausgeschüttet werden – bei reiner Eigenfinanzierung nur 3000. Nach Einkommensteuer wären dies 2880 anstelle von 1800. Die Eigenkapitalgeber würden den Wert ihrer Anteile mit 30000 (= 1200/0,04) veranschlagen, so daß der Wert der Unternehmung für Anteilsigner und Kreditgeber 120000 beträgt. Die Unternehmung ist daher gründenswert.

Sofern die Unternehmung Eigenkapital benötigt, ist die Dividendenpolitik irrelevant: Es ist gleichgültig, ob Gewinne zunächst ausgeschüttet und Eigenkapital durch Kapitalerhöhung aufgebracht oder ob Gewinne einbehalten werden. Die Steuerzahlungen wie auch die Renditeforderungen des Kapitalmarkts sind davon unabhängig. Es ist aber zu beachten, daß man kein oder kaum Eigenkapital benötigt, da maximale Verschuldung und daher das (gesetzliche) Mindestausmaß an Eigenfinanzierung optimal ist. Wie das Mindestausmaß an Eigenkapital aufgebracht wird, durch Kapitalerhöhung oder Gewinneinbehaltung, ist irrelevant. Darüber hinausgehende Gewinne wären auszuschütten.

3.2.2.4 Steuersystem 4: Körperschaftsteuer auf Unternehmungsgewinne unter Abzugsfähigkeit der Fremdkapitalzinsen; volle Einkommensteuer auf ausgeschüttete Gewinne und Zinseinkommen; ermäßigte oder keine Einkommensteuer (Kapitalgewinnsteuer) auf Veräußerungsgewinne von Anteilen.

Ein solches Steuersystem ist häufig anzutreffen. Es gilt z. B. – im wesentlichen – für Kapitalgesellschaften in den USA, aber auch in Österreich. Die Implikationen eines solchen Steuersystems auf die Kapitalstruktur sind erst von *Miller* [1977] voll ausgeleuchtet worden. Bevor die Auswirkungen auf die Kapitalstruktur untersucht werden, ist zunächst zu zeigen, daß dieses System die *Einbehaltung von Gewinnen* gegenüber der Aufnahme neuen Eigenkapitals präferieren läßt. Die Beweisführung wird an Hand eines Beispiels durchgeführt.

Beispiel 2:

Eine Unternehmung habe einen Gewinn von 50000 nach Körperschaftsteuer erzielt und brauche neues Eigenkapital von 100000. Eine Kapitalerhöhung um 50000 muß daher jedenfalls stattfinden. Hinsichtlich des restlichen Kapitalbedarfs von 50000 bestehen folgende extreme Möglichkeiten: Es kann der Gewinn von 50000 ausgeschüttet und eine weitere Kapitalerhöhung von 50000 vorgenommen werden; oder es kann der Gewinn von 50000 einbehalten werden. Natürlich sind auch Zwischenlösungen möglich.

Wird der Gewinn von 50000 ausgeschüttet, unterliegt er einer Einkommensteuer von annahmegemäß 40%. Die Anteilseigner können also 30000 konsumieren bzw. wiederanlegen.

Wird der Gewinn einbehalten, so steigt der Unternehmungswert für die bisherigen Anteilseigner gegenüber dem Fall der Ausschüttung um 50000. Diese Überlegung ist wichtig. Bei Ausschüttung muß nämlich zusätzliches Kapital von 50000 aufgebracht werden, indem weiteren Investoren ein Teil am Unternehmungswert von 50000 übertragen wird; dieser Teil geht den bisherigen Anteilseignern verloren. Bei Einbehaltung ist dieser Vermögenstransfer nicht notwendig. Wenn die Anteilseigner nunmehr Anteile im

Wert von 50000 verkaufen, haben ihre verbleibenden Anteile den gleichen Wert wie im Fall der Gewinnausschüttung. Selbst wenn der gesamte Verkaufserlös von 50000 kapitalgewinnsteuerpflichtig sein sollte und der Kapitalgewinnsteuersatz 20% beträgt, verbleibt ihnen 40000 (gegenüber 30000 im Fall der Gewinnausschüttung) zum Konsum oder zur Anlage.

Der Vorteil aus der Gewinneinbehaltung wird um so größer, je später die Anteilseigner die Kursgewinne realisieren. Nimmt man an, daß die bisherigen Anteilseigner ohnehin die neuen Aktien zeichnen würden, ist der Vorteil aus der Gewinneinbehaltung am leichtesten zu demonstrieren: Bei Gewinnausschüttung müßten die Anteilseigner um 20000 mehr aus ihrem sonstigen Vermögen beitragen als bei Gewinneinbehaltung.

Es wurde nun gezeigt, daß die Gewinneinbehaltung der Gewinnausschüttung (im Verbund mit einer Kapitalerhöhung) vorzuziehen ist. Das Beispiel setzte aber rentable Anlagemöglichkeiten voraus. Bestehen zu wenig solcher Anlagemöglichkeiten, ist eine Gewinnausschüttung dennoch nicht vorteilhaft. Es ist dann günstiger, Gewinne einzubehalten und Kapital zurückzuzahlen, sei es in Form des Aktienrückkaufs oder in Form von Kapitalherabsetzungen. Wenn das Kapital seinen Mindestnennwert zu unterschreiten droht, müssen vor einer Kapitalherabsetzung einbehaltene Gewinne (Rücklagen) in Grundkapital umgewandelt werden, was in der BRD die Ausgabe von Gratisaktien bedingt (= Kapitalerhöhung aus Gesellschaftsmitteln gemäß §§ 207ff. Aktiengesetz). Allerdings wird der Fiskus aus verständlichen Gründen versuchen, solche Maßnahmen zu verhindern oder durch steuerliche Belastungen (z.B. die Betrachtung von Kapitalrückzahlungen als Dividendenausschüttungen) unattraktiv zu gestalten (vgl. für die BRD die Regelungen des „Gesetzes über steuerrechtliche Maßnahmen bei Erhöhung des Nennkapitals aus Gesellschaftsmitteln und bei Überlassung von eigenen Aktien an Arbeitnehmer", die allerdings infolge der Einführung des Anrechnungssystems nicht mehr gelten (über die neue, im Hinblick auf das Anrechnungssystem angepaßte Rechtslage unterrichtet etwa *Brezing* [1979]).

Eine andere Möglichkeit, die Einkommensteuer auf Dividenden trotz Ausschüttung zu vermeiden, wäre, die Aktien knapp vor Dividendenausschüttung an Personen mit einem marginalen Einkommensteuersatz von Null zu verkaufen und nach Dividendenausschüttung rückzukaufen. Dabei können allerdings Transaktionskosten entstehen (vgl. *Moxter* [1976]).

Es kann nunmehr zur Lösung des *Kapitalstrukturproblems* übergegangen werden. Da das Einkommen aus Anteilen in Form ermäßigt besteuerter Kapitalgewinne erzielt wird und diese erst bei Realisierung besteuert werden (also mit großem zeitlichen Verzug und unter Umständen überhaupt nicht), ist der effektive Einkommensteuersatz für das

Einkommen aus Anteilen geringer als derjenige für das Einkommen aus Gläubigerpapieren. Der effektive Einkommensteuersatz für das Anteilseinkommen ergibt sich aus dem Barwert der gegenwärtig und zukünftig zu entrichtenden Steuern in bezug auf den einbehaltenen und ausgeschütteten Gewinnanteil. Wenn nur Kapitalgewinne erzielt und diese mit einem zeitlichen Verzug von 10 Jahren realisiert werden, und wenn der Kapitalgewinnsteuersatz 20% beträgt, ist der effektive Steuersatz 10% (falls die Anteilseigner mit einem Kalkulationszinsfuß von ca. 7% rechnen).

Jene Kapitalstruktur ist optimal, bei der die Unternehmung der Summe ihrer Kapitalgeber das größte Einkommen nach Steuern verschaffen kann. Da Sicherheit und im übrigen vollkommener Kapitalmarkt unterstellt wurden, ist es gleichgültig, ob die Kapitalmarktteilnehmer das Einkommen in Form von Dividenden oder Zinsen erzielen. Es seien:

s_{eA} = marginaler Einkommensteuersatz für Anteilseinkommen
s_{eG} = marginaler Einkommensteuersatz für Gläubigereinkommen
s_k = Körperschaftsteuersatz

Das Nettoeinkommen für Anteilseigner (erster Teilausdruck) und Gläubiger (zweiter Teilausdruck) ist dann:

$$(G - Fr_n)(1 - s_k)(1 - s_{eA}) + Fr_n(1 - s_{eG}) \ .$$

Der Gewinn nach Fremdkapitalzinsen unterliegt der Körperschaftsteuer und dann der ermäßigten Einkommensteuer beim Anteilseigner, die von den Gläubigern bezogenen Zinsen unterliegen nur der Einkommensteuer, aber zu einem höheren Satz. Eine Zusammenfassung der von der Kapitalstruktur, also der von F abhängigen Elemente ergibt:

$$G(1 - s_k)(1 - s_{eA}) + Fr_n[(1 - s_{eG}) - (1 - s_k)(1 - s_{eA})] \ .$$

Aus der Fremdfinanzierung ergibt sich somit dann ein Vorteil, wenn $(1 - s_{eG})$ größer ist als $(1 - s_k)(1 - s_{eA})$, also der marginale Einkommensteuersatz für Gläubigereinkommen kleiner ist als der kombinierte Effekt aus Körperschaftsteuer und Einkommensteuer für Anteilseigner. Andernfalls ist Eigenfinanzierung günstiger. Wenn z. B. der marginale Einkommensteuersatz für Zinseinkommen 60%, der Körperschaftsteuersatz 50% und der marginale effektive Einkommensteuersatz für Aktionärseinkommen 10% beträgt, ist Eigenfinanzierung günstiger, da $0,40 < 0,50 \cdot 0,90$. Es hängt daher von den Steuersätzen ab, ob maximale Verschuldung oder maximale Eigenfinanzierung optimal ist. (Wenn die Finanzierungspolitik der betrachteten Unternehmung die marginalen

Steuersätze der Investoren beeinflußt, kann auch ein zwischen diesen Extremen liegender Verschuldungsgrad optimal sein.)

Miller [1977] geht aber in seiner Analyse einen Schritt weiter. Er stellt die These auf, daß sich am Kapitalmarkt die Zinssätze so einspielen werden, daß die Kapitalstruktur *irrelevant* ist. Um seine Beweisführung nachzuvollziehen, nehmen wir – wie *Miller* – an, daß der Einkommensteuersatz für Aktionärseinkommen Null beträgt und gehen davon aus, daß die Unternehmungen im Ausgangszustand voll eigenfinanziert sind. Am Kapitalmarkt herrsche ein Zinssatz von 4%, so daß die Unternehmungen bei Annahme eines Körperschaftsteuersatzes von 50% eine Rendite vor Steuern von (mindestens) 8% erzielen müssen; die Kapitalkosten vor Körperschaftsteuer betragen somit 8%. Wenn es nun einige Investoren gibt, deren marginale Steuersätze für Zinseinkommen Null betragen (wegen niedrigen Gesamteinkommens oder aufgrund von Freibeträgen), so lohnt es zweifellos, wenn die Unternehmungen etwas Fremdkapital aufnehmen. Sie brauchen dafür nur 4% Zinsen zu zahlen und auch nur 4% zu verdienen, da die Zinsaufwendungen von der Körperschaftsteuerbasis abzugsfähig sind. Wird mehr Fremdkapital emittiert, wird der Punkt kommen, wo zusätzliches Fremdkapital von Kapitalgebern mit einem positiven Grenzeinkommensteuersatz übernommen werden müßte. Damit diese Kapitalgeber aber Gläubigertitel kaufen, muß man den Zinsfuß so erhöhen, daß die Nettorendite nach Steuern 4% beträgt. Je höher das in einer Volkswirtschaft emittierte Fremdkapitalvolumen ist, desto höher sind die marginalen Steuersätze der „Grenzanleger" und ein desto höherer Zinssatz muß geboten werden. Bei unseren Annahmen wäre das Gleichgewicht am Kapitalmarkt bei einem kritischen marginalen Einkommensteuersatz der „Grenzanleger" von 50% und damit einem Zinssatz von 8% erreicht. Bei diesen Sätzen ergibt sich weder ein Vorteil noch ein Nachteil aus der Fremdfinanzierung, da der Ausdruck $(1-s_{eG})$ gleich ist dem Ausdruck $(1-s_k)(1-s_{eA})$; die Kapitalstruktur ist somit für die einzelne Unternehmung irrelevant. Eine Eigenschaft des Miller-Gleichgewichts ist, daß der Kreditzinsfuß höher ist (in unserem Fall 8%) als die – steuerfreie – Aktienrendite (4%). Aus der Sicht der Gesamtwirtschaft existiert aber eine optimale Kapitalstruktur, eben diejenige, bei der sich Kreditzinsen einspielen, bei denen die Kapitalstrukturentscheidungen der Unternehmungen irrelevant werden.

Angeregt durch *Ross Westerfield* [1988, S. 371 f.], wird an folgendem *Beispiel* gezeigt, wie ein Miller-Gleichgewicht zustande kommen kann.

Beispiel 3:

In einem Wirtschaftssystem gibt es ausschließlich vier Gruppen von Anlegern:

	Grenzsteuersatz	Anzulegendes Vermögen (Mrd)
Ärzte	60%	3
Rechtsanwälte	50%	1
Betriebswirte	40%	0,5
Psychologen	0	0,1

Der Körperschaftsteuersatz ist 50%. Es bestehe keine Kapitalgewinnsteuer.

Dem Unternehmungssektor stehen somit 4,6 Mrd zur Verfügung. Die Unternehmungen mögen auf dieses Kapital eine Rendite von 10% vor Steuern erzielen. Daher ist der Kreditzinssatz im Gleichgewicht 10%. Für die Ärzte ist es interessant, ihr Kapital in Form von Aktien anzulegen. Sie erzielen eine Rendite in Form von Kursgewinnen (nach Körperschaftsteuer) von 5%. Die Rechtsanwälte sind indifferent zwischen einer Anlage in Aktien oder in Anleihen. Betriebswirte und Psychologen werden ihr Kapital in Anleihen investieren. Erstere erzielen eine Rendite nach Steuern von 6%, letztere eine Rendite nach Steuern von 9%. Insgesamt ist das Wirtschaftssystem im Gleichgewicht, wenn Aktien im Ausmaß von 3 bis 4 Mrd und Anleihen im Ausmaß von 0,6 bis 1,6 Mrd emittiert werden.

Nun muß zusätzlich in Erwägung gezogen werden, daß es für Investoren mit hohen Marginalsteuersätzen nicht nur vorteilhaft ist, ihr Vermögen in Aktien statt in Anleihen zu investieren. Sie können ihr Einkommen zusätzlich dadurch erhöhen, daß sie *Kredite aufnehmen* und zusätzlich Aktien kaufen. Voraussetzung ist, daß sie die Kreditzinsen steuerlich absetzen können. Bei einem Kapitalmarktzins von 8% und einer Aktienrendite von 4% würde ein Investor mit einem Grenzsteuersatz von 75% je Geldeinheit Kreditaufnahme einen Nettogewinn von 0,04 (= Aktienrendite) − 0,08(1 − 0,75) (= Nettozinssatz) = 0,02 erzielen. Wo liegen nun die Begrenzungen für die Kreditaufnahme der Investoren mit hohen marginalen Steuersätzen bzw. welche Gleichgewichtszustände kann das System in diesem Fall erreichen?

Ein möglicher Fall ist dadurch charakterisiert, daß die Kreditnachfrage der Investoren mit hohen marginalen Steuersätzen höher ist als das Kreditangebot der Investoren mit niedrigen marginalen Steuersätzen (bei dem Zinsfuß, bei dem die Kapitalstruktur irrelevant ist, bei obiger Argumentation 8%). Der Nachfrageüberhang wird den Zinsfuß in die Höhe treiben, so daß für sämtliche Unternehmungen Fremdkapital teurer wird als Eigenkapital und nur mehr private Investoren als Kreditnachfrager auftreten. Je höher aber der Kreditzinsfuß ist, desto höher müssen die marginalen Einkommensteuersätze der Investoren sein, damit eine private Verschuldung vorteilhaft wird. Außerdem ist zu bedenken, daß durch die Kreditaufnahme und den Abzug der Fremdkapitalzinsen von der Steuerbasis die marginalen Einkommensteuersätze der Investoren mit hohen Grenzsteuersätzen sinken; die Grenzsteuersätze der Gläubiger werden dagegen steigen.

Infolge des Anstiegs des Kreditzinsfußes und der Veränderung der marginalen Steuersätze wird es zu einem Ausgleich zwischen Kreditangebot und -nachfrage kommen. (Es sei daran erinnert, daß von Auswirkungen auf die Konsum- bzw. Sparquote vereinfachend abgesehen wird; eine Einbeziehung dieser Wirkungen würde aber an der Argumentation bzw. der Art des Gleichgewichtszustandes nichts ändern.)

Ein anderer möglicher Fall liegt dann vor, wenn bei dem Zinsfuß, bei dem die Kapitalstruktur der Unternehmungen irrelevant ist, das Kreditangebot die Kreditnachfrage der Kapitalgeber übersteigt. In dieser Situation würde es also sowohl zu einer Verschuldung der Unternehmungen als auch privater Investoren kommen, die Grenzsteuersätze aller Investoren, die Anteile kaufen, würden sich beim Körperschaftsteuersatz einspielen (wenn der Kapitalertragsteuersatz Null beträgt). Lediglich die Investoren, die Gläubigerpapiere halten, hätten niedrigere Marginalsteuersätze.

Bis jetzt wurden *Leerverkäufe* aus der Argumentation ausgeschlossen. Bezieht man sie ein, kommt man zu einem fast totalen Irrelevanztheorem (vgl. dazu auch *Kim Lewellen McConnell* [1979, bes. S. 91]): *Die Kapitalstruktur der Unternehmungen ist irrelevant; für die Kapitaleigner ist irrelevant, ob sie in Anteilspapieren oder Gläubigerpapieren anlegen; lediglich die Dividendenpolitik ist nicht irrelevant.* Eine Eigenschaft dieses Gleichgewichts ist, daß die *Grenzsteuersätze aller Kapitaleigner* gleich sind.

Das Gleichgewicht kommt folgendermaßen zustande: Für Investoren mit (ursprünglich) niedrigen Marginalsteuersätzen ist es vorteilhaft, Anteile leer zu verkaufen; sie erhalten den Erlös heute gegen das Versprechen, dem Käufer (Stillhalter) nach einer Periode (z. B. ein Jahr) die Anteile zu liefern. Bei obigen zahlenmäßigen Ansätzen würde ihnen das so „geborgte" Kapital 4% kosten (da die Aktien pro Jahr um 4% im Wert steigen). Das durch Leerverkäufe gewonnene Geld würden die Investoren mit niedrigen Marginalsteuersätzen zusätzlich den Kapitaleignern mit hohen marginalen Steuersätzen borgen. Letztere sind die Käufer (Stillhalter) der leer verkauften Aktien, aus denen sie 4% steuerfrei verdienen. Das von den Investoren mit niedrigeren Marginalsteuersätzen geborgte Geld verwenden sie für den Erwerb der Stillhalteposition.

Die Leerverkäufe resultieren letztlich daher in keinem Transfer von finanziellen Mitteln; auf Kosten des Fiskus werden lediglich die Nettogewinne aller Investoren größer. Gleichzeitig steigen (sinken) aber die Marginalsteuersätze der Kapitaleigner mit niedrigen (hohen) Marginalsteuersätzen, da erstere immer höhere steuerpflichtige Zinseinnahmen haben (ihre Kapitalkosten aus den Leerverkäufen sind ja steuerlich nicht abzugsfähig) und letztere immer höhere abzugsfähige Fremdkapitalzinsen verrechnen können. Der Prozeß der Leerverkäufe wird erst zum Stillstand kommen, wenn a) die Marginalsteuersätze aller Investoren gleich sind (das Gesamteinkommen der Investoren kann aber sehr unterschiedlich sein!) und dem Körperschaftsteuersatz entsprechen (wenn erneut ein Kapitalgewinnsteuersatz von Null unterstellt wird); und b) der Zinsfuß für Kredite $r_n/(1-s_k) = r_n/(1-s_e)$ beträgt.

Denn ist entweder der Marginalsteuersatz eines Kapitalgebers niedriger als s_k oder der Kreditzinsfuß größer als $r_n/(1-s_e)$ (oder beides), ist es für ihn immer noch vorteilhaft, weitere Aktien leer zu verkaufen und den Erlös zu verborgen. Ist aber der Marginalsteuersatz eines Kapitalgebers höher als s_k und/oder der Kreditzinsfuß kleiner als $r_n/(1-s_e)$, lohnt es sich, auf Termin zu kaufen und Kredit zu nehmen. Wenn aber der Kreditzinsfuß $r_n/(1-s_e)$ und der Marginalsteuersatz s_k beträgt, ist es für die Investoren gleichgültig, ob sie Anteilspapiere oder Gläubigertitel kaufen (die Nettorendite nach Steuern ist stets gleich, bei obigen zahlenmäßigen Ansätzen 4%), und der Verschuldungsgrad der Unternehmungen ist irrelevant (die Nettokapitalkosten betragen stets 4%). Lediglich die Gewinneinbehaltung ist der doppelt besteuerten Gewinnausschüttung vorzuziehen, insoweit besteht keine Irrelevanz.

Diese einigermaßen komplexen Zusammenhänge seien an einem *Beispiel* verdeutlicht.

Beispiel 4:

Wir betrachten drei Investoren mit marginalen Einkommensteuersätzen von 10%, 40% und 70%. Der Körperschaftsteuersatz sei 50%. Der Kapitalgewinnsteuersatz sei 0%. Der Kreditzinsfuß wird zunächst in einer Höhe angenommen, bei der es irrelevant ist, ob Unternehmungen, die Gewinne thesaurieren, Eigen- oder Fremdfinanzierung betreiben. Er beträgt 8%. Die Renditeerwartung für Eigenkapital beträgt demnach ebenfalls 8% vor Körperschaftsteuer.

Für einen Investor mit einem Grenzsteuersatz von 10% ist es zweifellos am günstigsten, nur Fremdkapitaltitel zu kaufen. Wenn er Anteile an einer die Gewinne voll ausschüttenden Unternehmung beschafft, wird er eine Rendite von $0{,}08(1-0{,}50)$ $(1-0{,}10) = 0{,}036$ erzielen. Bei Gewinneinbehaltung ist die Rendite 0,04. Bei Kauf von Obligationen beträgt sie dagegen $0{,}08(1-0{,}10) = 0{,}072$. Auch für einen Investor mit einem Steuersatz von 40% ist der Kauf von Gläubigertiteln noch am günstigsten. Die

Rendite nach Steuern beträgt 4,8%. Erst für den Investor mit dem marginalen Steuersatz von 70% ist es günstiger, Beteiligungspapiere, und zwar an voll eigenfinanzierten Unternehmungen mit Gewinnthesaurierung, zu kaufen. Folgende Tabelle stellt die von den drei Investoren erzielbaren *Renditen nach Steuern* zusammen:

	Rendite für einen Investor mit Marginalsteuersatz von		
	10% (A)	40% (B)	70% (C)
Aktienerwerb von voll Gewinn ausschüttenden Unternehmungen	0,036	0,024	0,012
Aktienerwerb von voll Gewinn einbehaltenden Unternehmungen	0,04	0,04	<u>0,04</u>
Erwerb von Obligationen	<u>0,072</u>	<u>0,048</u>	0,024

Dazu kommt, daß für den Investor mit dem Marginalsteuersatz von 70% eine private Schuldaufnahme unter Abzug der Zinsen von der Steuerbemessungsgrundlage (Nettokapitalkosten 2,4%!) günstiger ist als die Beteiligung an einer teilweise fremdfinanzierten Unternehmung.

Sind Leerverkäufe nicht zugelassen und ist die Kreditaufnahme der Investoren mit einem Marginalsteuersatz von über 50% so groß, daß sie das gesamte Kapitalangebot der Investoren mit einem Marginalsteuersatz unter 50% aufsaugen würden, ohne ihren Marginalsteuersatz auf 50% zu reduzieren, so würde – damit der Markt ins Gleichgewicht kommt – der Kreditzinsfuß höher als 8% liegen müssen. Für den betrachteten Investor (C) mit $s_e = 0,70$ würde die Verschuldung so lange interessant sein, als der Zinsfuß unter 13,33% liegt. Wenn der Zinsfuß dieses Niveau übersteigt, würde er als Kreditnachfrager ausfallen. Das Steuersystem im Zusammenhang mit dem Verbot von Leerverkäufen kann also dazu führen, daß der Kreditzinsfuß *über* der Investitionsrendite der Unternehmungen liegt.

Sind Leerverkäufe in obiger Situation zugelassen, so ist es für Investor A (und auch B) interessant, Anteile an C leer zu verkaufen. Dies ist auch von Vorteil für C, wie nachfolgende Rechnung für einen beispielhaften Leerverkauf von Anteilen im Wert von 100 zeigt:

	$t = 0$	$t = 1$
Zahlungen von bzw. für A:		
Zahlungen aus Leerverkauf für A:	+100	−104
Kreditgewährung von A an C	−100	+108
Steuerzahlung von Zinsen		−0,80
Nettozahlungen nach Steuern	0	3,20

A erzielt somit einen Gewinn von 3,20 ohne Kapitaleinsatz!

	t = 0	t = 1
Zahlungen von bzw. für C:		
Zahlungen aus Leerkauf für C	−100	+104
Kreditgewährung von A an C	+100	−108
Steuerersparnis durch Kreditzinsen		+5,60
Nettozahlungen nach Steuern	0	1,60

C erzielt – ebenfalls ohne Kapitaleinsatz – einen Gewinn von 1,60!

Die Leerverkäufe werden erst dann zum Stillstand kommen, wenn die Marginalsteuersätze aller Investoren 50% (= Körperschaftsteuersatz für einbehaltene Gewinne) betragen. (Der Fremdkapitalzinsfuß muß – das ist in dieser Situation ebenfalls eine Gleichgewichtsbedingung – 8% betragen.)

Sind Kreditzinsen nur bei der Körperschaftsteuerbasis, nicht aber bei der Bemessungsgrundlage der Einkommensteuer steuerlich abzugsfähig, wird nur eine Unternehmungsverschuldung in Frage kommen. Kapitalgeber mit marginalen Steuersätzen, die unter dem Körperschaftsteuersatz liegen, werden Obligationen kaufen, die übrigen Kapitalgeber werden Anteilspapiere an voll einbehaltenden Unternehmungen beschaffen. Die Gewinnausschüttung ist auch hier inferior. Der optimale gesamtwirtschaftliche Verschuldungsgrad bestimmt sich nach den marginalen Steuersätzen der Kapitalmarktteilnehmer, der Verschuldungsgrad einer speziellen Unternehmung ist irrelevant.

Miller Scholes [1978] behandeln folgende Variante des Steuersystems 4: Leerverkäufe sind nicht zugelassen; Zinsaufwendungen können nur in Höhe der vereinnahmten Dividenden steuermindernd verrechnet werden; der Kapitalgewinnsteuersatz ist Null; es gibt die Möglichkeit, Kapital steuerfrei zum risikolosen Zinsfuß anzulegen, z. B. in Form von Versicherungsverträgen. In dieser Situation ist die *Dividendenpolitik irrelevant*, da der Investor jederzeit soviel Kredit aufnehmen kann, daß die Zinsaufwendungen den empfangenen Dividenden entsprechen (eine Steuerzahlung auf die Dividenden entfällt).

3.2.2.5 Steuersystem 5: Körperschaftsteuer auf Unternehmungsgewinne unter Abzugsfähigkeit der Fremdkapitalzinsen; volle Einkommensteuer auf ausgeschüttete Gewinne unter Anrechnung der Körperschaftsteuer und auf Zinseinkommen; ermäßigte oder keine Einkommensteuer (Kapitalgewinnsteuer) auf Veräußerungsgewinne von Anteilen.

Dieses Steuersystem entspricht im wesentlichen der gegenwärtigen Besteuerung in Deutschland für Kapitalgesellschaften. Es wird zwar eine Körperschaftsteuer eingehoben; sie wird aber im Falle der Ausschüttung voll auf die Einkommensteuer des Kapitalgebers angerechnet. Der Körperschaftsteuersatz für einbehaltene Gewinne beträgt gegenwärtig 50%, die Vorbelastung für ausgeschüttete Gewinne 36%. (Aber auch die Körperschaftsteuerbelastung einmal einbehaltener Gewinne wird bei späterer Ausschüttung refundiert.) Der maximale marginale Einkommensteuersatz beträgt 53%. Dazu kommt bei kirchensteuerpflichtigen Anlegern die Kirchensteuer von etwa 9%, die aber wieder von der Bemessungsgrundlage der Einkommensteuer abzugsfähig ist. Veräußerungsgewinne aus Anteilen, die zum Privatvermögen zählen, sind, abgesehen von Ausnahmefällen (Veräußerung in der Spekulationsfrist; Veräußerung von wesentlichen Beteiligungen), steuerfrei. Es kann somit ein Kapitalgewinnsteuersatz von Null angenommen werden.

Kapitaleigner mit einem marginalen Einkommensteuersatz (einschließlich Kirchensteuer) von unter 50% sind bei diesem Steuersystem indifferent zwischen dem Erwerb von Fremdkapitaltiteln und dem Erwerb von Aktien voll ausschüttender Gesellschaften. Der Erwerb von Aktien von Gesellschaften, die die Gewinne einbehalten, ist für sie inferior. Kapitaleigner mit einem marginalen kombinierten Einkommensteuer- und Kirchensteuersatz von über 50% werden die Anlage in Aktien von Gewinn einbehaltenden Gesellschaften vorziehen. Der gesamtwirtschaftliche Gleichgewichtszustand ist somit durch ein bestimmtes Verhältnis zwischen Fremdfinanzierung und/oder Eigenfinanzierung mit voller Gewinnausschüttung auf der einen Seite und Eigenfinanzierung mit voller Gewinneinbehaltung auf der anderen Seite charakterisiert. Welche Unternehmungen eine bestimmte Dividendenpolitik bzw. Kapitalstruktur wählen, ist *irrelevant.* Das Ausmaß der Fremdfinanzierung ist sowohl aus der Sicht der einzelnen Unternehmung als auch der Gesamtwirtschaft irrelevant, da Fremdfinanzierung vollständig durch Eigenfinanzierung mit Gewinnausschüttung substituiert werden kann. Weiter werden Investoren mit Marginalsteuersätzen von über 50% dazu tendieren, privat Kredite aufzunehmen und ihr Portefeuille an Aktien von Gewinn einbehaltenden Unternehmungen zu erweitern, um auf diese Weise Steuerarbitrage zu betreiben; Voraussetzung ist, daß die Kreditzinsen steuerlich abzugsfähig sind.

3.2.2.6 Steuersystem 6: Körperschaftsteuer auf Unternehmungsgewinne unter Abzugsfähigkeit der Fremdkapitalzinsen, mit höheren Sätzen für einbehaltene als für ausgeschüttete Gewinne, volle Einkommensteuer auf ausgeschüttete Gewinne und Zinseinkommen; ermäßigte oder keine Einkommensteuer (Kapitalgewinnsteuer) auf Veräußerungsgewinne von Anteilen. Dieses System galt bis 1977 in Deutschland und bis

1988 in Österreich. Bei diesem System hängt die für einen Anteilseigner optimale *Dividendenpolitik* der Unternehmung von dem marginalen Einkommensteuersatz des Anteilseigners ab. Aus der Sicht eines Anteilseigners ist eine Gewinneinbehaltung einer mit einer Kapitalerhöhung verbundenen Gewinnausschüttung dann äquivalent, wenn die mit der Gewinneinbehaltung verbundene Unternehmungswertsteigerung (nach Kapitalgewinnsteuer) gleich ist dem bei Ausschüttung erzielten Nettobetrag. Die Erhöhung des Unternehmungswertes bei Selbstfinanzierung (gegenüber Ausschüttung) beträgt pro Geldeinheit Gewinn vor Steuern:

$$1 - s_{k_2},$$

wenn zunächst von einer Kapitalgewinnbesteuerung abgesehen wird. Bei Gewinnausschüttung steht dem Anteilseigner je Geldeinheit Gewinn vor Steuern letztlich zur Verfügung:

$$(1 - s_{k_1})(1 - s_e)$$

s_{k_1} = Körperschaftsteuersatz für ausgeschüttete Gewinne
s_{k_2} = Körperschaftsteuersatz für einbehaltene Gewinne
s_e = marginaler Einkommensteuersatz des betrachteten Anteilseigners.

In dem Satz von s_{k_1} ist bereits berücksichtigt, daß auch bei beabsichtigter Vollausschüttung ein Teil des Gewinns einbehalten werden muß, um die Körperschaftsteuer zu zahlen, und dieser Gewinn der Körperschaftsteuer zum Satz von s_{k_2} unterliegt[1].

Beide Finanzierungsmaßnahmen sind daher gleichwertig, wenn gilt:

$$1 - s_{k_2} = (1 - s_{k_1})(1 - s_e^*)$$

$$s_e^* = 1 - \frac{1 - s_{k_2}}{1 - s_{k_1}}$$

s_e^* = kritischer Einkommensteuersatz

---

[1] Der gesetzlich vorgesehene Körperschaftsteuersatz für ausgeschüttete Gewinne sei mit $s_{k_1'}$ bezeichnet. Dann ist s_{k_1} wie folgt zu errechnen. Von einem Gewinn von 1 vor Körperschaftsteuer kann maximal soviel ausgeschüttet werden, daß der einbehaltene Betrag für die Zahlung der Körperschaftsteuer ausreicht. Der einbehaltene Betrag s_{k_1} ist daher:

$$s_{k_1} = s_{k_2} \cdot s_{k_1} + s_{k_1'}(1 - s_{k_1})$$
$$s_{k_1} = s_{k_1'}/(1 - s_{k_2} + s_{k_1'})$$

Bei $s_{k_1'} = 0{,}15$ und $s_{k_2} = 0{,}51$ ist $s_{k_1} = 0{,}2344$.

Bei $s_{k_1} = 0{,}2344$ und $s_{k_2} = 0{,}51$ ist s_e^* 0,36. Falls s_e größer (kleiner) ist als s_e^*, ist die Selbstfinanzierung (Eigenfinanzierung) günstiger. Bezieht man die Kapitalgewinnsteuer in die Analyse ein, dann sind Gewinneinbehaltung und Gewinnausschüttung, verbunden mit einer Kapitalerhöhung, dann äquivalent, wenn gilt:

$$(1-s_{k_2})(1-s_g) = (1-s_{k_1})(1-s_e^*)$$

$$s_e^* = 1 - \frac{(1-s_{k_2})(1-s_g)}{(1-s_{k_1})}$$

s_g = marginaler effektiver Kapitalgewinnsteuersatz (ermittelt eventuell unter Abzinsung künftiger Steuerzahlungen).

Es wurde nun gezeigt, daß es von den marginalen Einkommen- und Kapitalgewinnsteuersätzen der Anteilseigner abhängt, ob sie Gewinneinbehaltungen oder -ausschüttungen vorziehen. Prima vista entsteht daher das Problem, wie die Unternehmung agieren soll, wenn an ihr Anteilseigner mit derart unterschiedlichen Steuersätzen beteiligt sind, daß einige Anteilseigner Gewinnausschüttung, andere Einbehaltung präferieren. Es ist dies aber ein Scheinproblem. Unterstellen wir – um die Argumentation stufenweise aufzubauen –, daß nur Eigenfinanzierung zugelassen ist. Dann kann jede Unternehmung eine beliebige Dividendenpolitik festlegen. Die Anteilseigner kennen die Dividendenpolitik (es wird ja unter der Annahme sicherer Erwartungen argumentiert) und können daher je nach ihren marginalen Einkommensteuersätzen entscheiden, an welchen Unternehmungen sie sich beteiligen. Man nennt dies *Clientele-Effekt*: der Anlegerkreis, die Clientele, hängt von der erklärten Dividendenpolitik ab. Aus einzelwirtschaftlicher Sicht ist die *Dividendenpolitik* somit irrelevant; aus *gesamtwirtschaftlicher* Sicht besteht allerdings eine optimale Ausschüttungsquote; welche Unternehmungen Gewinne ausschütten, ist jedoch gleichgültig. Da die meisten Anteilseigner entweder eine vollständige Gewinneinbehaltung oder -ausschüttung vorziehen werden, müßten die meisten Unternehmungen entweder sämtliche Gewinne oder überhaupt nichts ausschütten und zwar in einer vom Kapitalmarkt erwünschten, d. h. den marginalen Steuersätzen entsprechenden Relation. Nur relativ wenige Unternehmungen dürften eine teilweise Gewinnausschüttung wählen; sie wären nur für jene Investoren interessant, die durch eine Beteiligung an solchen Unternehmungen in Zusammenhang mit ihren sonstigen Beteiligungen gerade den kritischen Einkommensteuersatz erreichen (vgl. dazu die Analyse und empirische Überprüfung von *Kim Lewellen McConnel* [1979]).

Bezieht man *Gläubigertitel* und damit die *Kapitalstruktur der Unternehmungen* in die Analyse mit ein, ergeben sich entscheidende Auswirkungen auf das Verhalten der Kapitaleigner und damit auch für die optimale Dividendenpolitik der Unternehmungen. Für Investoren, die infolge niedriger Einkommensteuersätze die Beteiligung an die Gewinne voll ausschüttenden Unternehmungen vorziehen würden, falls keine Gläubigertitel existieren, ist die *Beschaffung von Obligationen jedenfalls günstiger als der Aktienerwerb*. Das bedeutet, daß es keine Unternehmung geben kann, für die es optimal ist, Dividenden in irgendeinem Ausmaß auszuschütten! Der Erwerb von Anteilen kann nur (aber muß nicht) für Investoren von Vorteil sein, die die Einbehaltung von Gewinnen vorziehen. Dies ist dann der Fall, wenn der marginale Einkommensteuersatz höher ist als die Körperschaftsteuerbelastung bei Einbehaltung (einschließlich der Auswirkungen einer etwaigen Kapitalgewinnsteuer).

Da somit bei Einbeziehung von Gläubigertiteln die Auszahlung von Dividenden jedenfalls inferior ist, genügt es für Kapitalstrukturerwägungen, Fremdkapital und Eigenkapital bei voller Gewinneinbehaltung zu konfrontieren. Das Steuersystem 6 fällt somit mit dem Steuersystem 4 zusammen. Es gelten daher alle Erwägungen bezüglich privater Kreditgeschäfte und Steuerarbitragen, die für das Steuersystem 4 besprochen wurden, auch hier.

3.2.2.7 Einbeziehung der stillen Selbstfinanzierung in die Analyse

Von *stiller Selbstfinanzierung* spricht man, wenn – auf Basis irgendeiner Gewinndefinition – erzielte Gewinne nicht als solche ausgewiesen und daher auch nicht ausgeschüttet werden. Durch stille Selbstfinanzierung entstehen stille Reserven. Falls die stille Selbstfinanzierung steuerlich nicht anerkannt wird, die betreffenden Gewinne also versteuert werden müssen, gilt das für die offene Selbstfinanzierung Gesagte. Falls die stille Selbstfinanzierung jedoch steuerlich anerkannt ist, hat sie einen doppelten Finanzierungseffekt: Es werden Steuerzahlungen verschoben (Fremdfinanzierung), und es wird Gewinn einbehalten (Selbstfinanzierung). Wenn etwa eine steuerlich anerkannte, nicht nutzungsbedingte Sonderabschreibung von 100 bei einem Gewinnsteuersatz von 0,40 vorgenommen wird, so entsteht eine bedingte, zinslose Steuerverbindlichkeit von 40 (die bei Auflösung der stillen Reserve zu zahlen ist, falls die Unternehmung in dieser und in den darauffolgenden Perioden keine Verluste erleidet), und es wird eine stille Selbstfinanzierung von netto 60 vorgenommen.

Die stille Selbstfinanzierung ist im Verbund mit solchen zinslosen „Steuerkrediten" die günstigste Eigenfinanzierungsform. Sie ist sowohl günstiger als die offene Selbstfinanzierung als auch als eine Gewinnausschüttung verbunden mit einer Kapitalerhöhung, und zwar bei jedem der besprochenen Steuersysteme. Dies sei an Hand des *Steuersystems 6* demonstriert. Es werde ein Gewinn von 1 vor Steuern erzielt. Bei Ausschüttung des Gewinns erhalten die Anteilseigner nach Steuern:

$$(1-s_{k_1})(1-s_e) \ .$$

Bei offener Gewinneinbehaltung steigt das Vermögen der Gesellschaft und damit der Kurswert der Aktien (von einer Kapitalgewinnsteuer wird abstrahiert) um

$$(1-s_{k_2}) \ .$$

Bei stiller Gewinneinbehaltung und daher Aufschub der Besteuerung in spätere Perioden steigt der Kurswert der Aktien um

$$(1 - \text{Barwert des künftigen Gewinnsteuersatzes}) \ .$$

Sofern die Steuersätze nicht ansteigen, muß 1 minus dem Barwert der bei Auflösung der stillen Reserve zu zahlenden Gewinnsteuern größer sein als $(1-s_{k_1})(1-s_e)$ bzw. $(1-s_{k_2})$, da man ja im Jahr der Auflösung der Reserve die günstigste Alternative zwischen Ausschüttung und offener Gewinneinbehaltung wählen kann.

Man kann dies alternativ auch so erklären: Bei stiller Selbstfinanzierung stehen der Unternehmung bzw. den Anteilseignern ein Maximum an investierbaren Mitteln (nämlich der ungeschmälerte Gewinn) zur Anlage zur Verfügung. Bei jeder anderen Variante ist der anzulegende Betrag durch Körperschaftsteuer und/oder Einkommensteuer geschmälert.

Eine Implikation der Vorzüge der stillen Selbstfinanzierung ist, daß die *Mindestrendite* für die Anlage dieser Mittel aus der Sicht der Anteilseigner niedriger ist als bei offener Selbstfinanzierung. Es sei angenommen, daß in einer Volkswirtschaft ein Körperschaftsteuersatz für einbehaltene Gewinne von 50% gilt und sich ein Zinsfuß vor Steuern von 8% eingespielt hat. Dann ist es für einen Investor mit einem Marginalsteuersatz von über 50% günstiger, wenn er sich an voll selbstfinanzierenden Unternehmungen beteiligt und bei einer Investitionsrendite von 8% einen steuerfreien Kapitalgewinn von 4% erzielt. Nun könne die Unternehmung aber – so sei weiter angenommen – den Gewinn eines bestimmten Jahres nicht mit 8%, sondern nur mit 6% anlegen; sie könne aber die sofortige Besteuerung des Gewinnes durch die Legung einer stillen Reserve verhindern. Kapitalrückzahlungen bzw. Aktienrückkäufe seien gesetzlich ausgeschlossen. Bei einem Gewinn vor Steuern von 100 bringt die stille Einbehaltung und die Anlage zu 6% vor

Steuern (3% nach Steuern, wenn in Zukunft offene Selbstfinanzierung betrieben wird) eine Vermögensvermehrung von 3/0,04 = 75 (falls die stille Reserve nie aufgelöst werden muß). Eine offene Selbstfinanzierung bei einer Anlage zu 8% hätte aber den anzulegenden Gewinn zunächst auf 50 reduziert und daher nur eine Vermögensvermehrung von 2/0,04 = 50 gebracht.

In den meisten Fällen wird aber die stille Selbstfinanzierung keine Auswirkungen auf die Mindestrenditen der Investitionsprojekte haben. Wenn nämlich das vorteilhafte Investitionsvolumen größer ist als das durch stille Selbstfinanzierung aufzubringende Kapital, wird man von den Möglichkeiten der Bildung steuerlich zulässiger stiller Reserven maximal Gebrauch machen und den Rest der benötigten Mittel, sei es durch offene Gewinneinbehaltung, sei es durch Kapitalerhöhung, beschaffen. Dies impliziert, daß die Grenzrendite der Investitionen von der stillen Selbstfinanzierung nicht beeinflußt wird.

Zur Klarstellung sei angefügt, daß die bisherige Argumentation nur für Unternehmungen gilt, für die – bei dem jeweils gegebenen Steuersystem – maximale Eigenfinanzierung optimal oder die Kapitalstruktur irrelevant ist. Die stille Selbstfinanzierung wurde im Vergleich zu offener Selbstfinanzierung bzw. Kapitalerhöhung betrachtet. Es besteht aber auch das Problem, ob die stille Selbstfinanzierung in jenen Fällen interessant sein kann, in denen eine maximale Verschuldung optimal ist. Dies kann nur im Einzelfall entschieden werden: Damit Selbstfinanzierung überhaupt betrieben werden kann, darf der gesamte Gewinn nicht als Zinsen ausbezahlt werden; d.h. die Unternehmung muß zunächst einen bestimmten Eigenkapitalanteil aufweisen. Nun haben zwar die auf das Eigenkapital entfallenden und still einbehaltenen Gewinnanteile den Vorteil, daß für sie weder Körperschaftsteuer noch Einkommensteuer anfallen, während die Zinszahlungen der Einkommensteuer beim Empfänger unterliegen. Aber die Erträge aus der stillen Selbstfinanzierung (und der still einbehaltene Betrag) müssen letztlich einmal offengelegt werden und unterliegen dann der Körperschaftsteuer und bei Ausschüttung zumeist zusätzlich der Einkommensteuer. Diese Steuern wären mit ihrem Barwert in eine Entscheidungsrechnung einzubeziehen.

3.2.2.8 Einbeziehung weiterer Steuern in die Analyse (Gewerbesteuer, Vermögensteuer). Das deutsche Steuersystem ist dadurch charakterisiert, daß neben der Einkommen- bzw. Körperschaftsteuer noch eine Gewerbesteuer und eine Vermögensteuer eingehoben wird. Von den drei Teilen der *Gewerbesteuer* interessieren hier nur die Gewerbekapital- und Gewerbeertragsteuer, nicht aber die Lohnsummensteuer. Gewerbekapital- und Gewerbeertragsteuer belasten das Eigenkapital der Unternehmung voll, das langfristige Fremdkapital zur Hälfte (nur 50% der Dauerschulden bzw. Dauerschuldzinsen zählen zur Basis der Gewerbekapital- bzw. Gewerbeertragsteuer) und das kurzfristige Fremdkapital überhaupt nicht. Die Gewerbesteuer ist damit *nicht* finanzierungsneutral. Die Steuermeßzahl für den Gewerbeertrag beträgt 5%, diejenige für das Gewerbekapital 0,2%. Der Hebesatz schwankt je nach Gemeinde etwa zwischen 350 und 480%.

Die *Vermögenssteuer* würde Finanzierungsentscheidungen nicht beeinflussen, wenn nur das persönliche Vermögen der Kapitaleigner, unabhängig von der Anlageform, steuerpflichtig wäre. Nun wird aber in Deutschland nicht nur das Vermögen der Kapitalgeber, sondern zusätzlich auch das Reinvermögen von Kapitalgesellschaften besteuert. Das in Kapitalgesellschaften eingesetzte Eigenkapital wird daher doppelt belastet. Der Vermögensteuersatz für Kapitalgesellschaften beträgt 0,6%, Basis ist 75% des Reinvermögens. Erschwerend wirkt, daß die Vermögensteuer nicht die Bemessungsgrundlage der Körperschaftsteuer mindert.

Der Einfluß der Diskriminierung des Eigenkapitals durch die Gewerbe- und Vermögensteuer sei im folgenden für die Steuersysteme 4 bis 5 näher analysiert.

Beim Steuersystem 4 (Körperschaftsteuer in Verbindung mit einer Einkommensteuer auf Ausschüttungen und Zinseinkommen und eventuell einer Kapitalgewinnsteuer) bewirken Gewerbesteuer und Vermögensteuer eine Erhöhung der steuerlichen Belastung des Eigenkapitals und die Gewerbesteuer eine entsprechende niedrigere zusätzliche Belastung des (langfristigen) Fremdkapitals. Irrelevanz der Kapitalstruktur im Sinne von *Miller* wird daher erst bei einem höheren marginalen Einkommensteuersatz der marginalen Investoren erreicht. Im übrigen bleiben aber die für dieses Steuersystem abgeleiteten Schlußfolgerungen unverändert.

Steuersystem 5 ist durch eine auf die Einkommensteuer voll anrechenbare Körperschaftsteuer charakterisiert. Die Einbeziehung von Gewerbe- und Vermögensteuer in die Überlegungen bewirkt zunächst, daß Fremdfinanzierung stets günstiger ist als Eigenfinanzierung mit Vollausschüttung, da letztere in Hinblick auf die Einkommensteuer gleich, aber in Hinblick auf Vermögen- und Gewerbesteuer stärker belastet wird. Eigenfinanzierung mit Vollausschüttung kann daher als inferior eliminiert werden. Zweitens haben Gewerbe- und Vermögensteuer zur Folge, daß der marginale Einkommensteuersatz, ab dem es vorteilhaft wird, nicht Fremdkapitaltitel zu kaufen, sondern in Aktien von den Gewinn voll thesaurierenden Unternehmungen anzulegen, steigt. Ob in

64 Optimierung der Kapitalstruktur und der Dividendenpolitik bei Sicherheit

Hinblick auf das deutsche Steuersystem überhaupt noch Investoren übrig bleiben, aus deren Sicht Eigenfinanzierung interessant ist, sei im folgenden *Beispiel* untersucht.

Beispiel 5:

Es sei von einem Vermögen von 10 und einer Investitionsrendite von 10% (Gewinn vor Zinsen und Steuern daher 1) ausgegangen. Der Gewerbesteuerhebesatz sei 400%.
Bei Eigenfinanzierung könnte nach Steuern folgender Gewinn einbehalten werden:

Gewinn vor Steuern	1
Gewerbekapitalsteuer $(0{,}002 \cdot 4 \cdot 10)$	$-0{,}08$
Gewerbeertragsteuer $[0{,}05 \cdot 4 \cdot (1-0{,}08)/1{,}20]$	$\underline{-0{,}153}$
	$0{,}767$
Körperschaftsteuer $(0{,}50 \cdot 0{,}767)$	$-0{,}383$
Vermögensteuer $(0{,}006 \cdot 0{,}75 \cdot 10)$	$-0{,}045$
Einzubehaltender Nettogewinn	$0{,}339$

Bei der Berechnung der Gewerbeertragsteuer wurde berücksichtigt, daß sie ihre eigene Bemessungsgrundlage mindert – daher die auf Hundert-Rechnung.

Bei Fremdfinanzierung würde man den gesamten Gewinn von 1 in Form von Gewerbesteuer und Zinsen auszahlen. Der Zinssatz ergibt sich aus folgender Rechnung:

$10 \cdot k + 0{,}002 \cdot 4 \cdot 5$ (= Gewerbekapitalsteuer auf die Hälfte der Verbindlichkeiten) + $0{,}05 \cdot 4 \cdot [1 - 10 \cdot k + (10 \cdot k)/2 - 0{,}002 \cdot 4 \cdot 5]/1{,}20$ (= Gewerbeertragsteuer auf Gewinn nach Zinsen und nach Gewerbekapitalsteuer plus die Hälfte der Zinsen)
= 1 (= Gewinn vor Steuern und Zinsen)
$k = 0{,}0873$.

Kontrollrechnung:

Gewinn vor Zinsen und Steuern	1
Zinsen	$-0{,}873$
Gewerbekapitalsteuer $(0{,}002 \cdot 4 \cdot 5)$	$\underline{-0{,}04}$
	$0{,}087$
Gewerbeertragssteuer $[0{,}05 \cdot 4 \cdot (1-0{,}04-10 \cdot k/2)/1{,}20]$	$-0{,}087$
	0

(Die Gewerbeertragsteuer kann auch mit 20% der halben Zinsen ermittelt werden, da ja annahmegemäß kein sonstiger Gewinn anfällt: $0{,}20 \cdot 0{,}436 = 0{,}087$.)

Damit der Kreditgeber die gleiche Nettorendite wie die Eigenkapitalgeber von 3,39% erhalten, muß ihr Marginalsteuersatz ca. 61% sein: [0,087(1−0,61) = 0,0339]! Trotz Kirchensteuer wird dies in Deutschland nicht erreicht (siehe *Swoboda* [1991]). Bei den Annahmen dieses Beispiels, die sich von der Realität nicht weit entfernen dürften, ist daher *aus der Sicht sämtlicher Anteilseigner maximale Fremdfinanzierung optimal.*

3.2.2.9 Auswirkungen von Gewinnsteuern und Transaktionskosten.

Es soll abschließend kurz untersucht werden, inwieweit die in Abschnitt 3.2.1 behandelten Transaktionskosten die Wirkungen von Steuern auf Finanzierungsentscheidungen verstärken bzw. teilweise kompensieren. Dabei soll insbesondere auf die Überlegung eingegangen werden, daß die Einbehaltung von Gewinnen geringere Transaktionskosten verursacht als eine Gewinnausschüttung, verbunden mit einer Kapitalerhöhung.

Überall dort, wo Irrelevanz der Dividendenpolitik festgestellt wurde, heben geringere Transaktionskosten für Selbstfinanzierung gegenüber Kapitalerhöhungen die Irrelevanz auf bzw. verschieben die für die Irrelevanz entscheidenden kritischen Steuersätze. Bei den Steuersystemen 1 und 3 wird die Gewinneinbehaltung generell die günstigere Eigenfinanzierungsalternative, beim Steuersystem 4 wird der Vorteil der an sich schon günstigeren Einbehaltungsvariante noch verstärkt, und bei den Steuersystemen 5 und 6 senken Transaktionskosten die marginalen Einkommensteuersätze, ab denen Einbehaltungen bzw. die Beteiligung an eigenfinanzierten Unternehmungen günstiger werden.

So wurde hinsichtlich des Steuersystems 6 − unter Abstraktion von Transaktionskosten − festgestellt, daß Gewinneinbehaltung und Gewinnausschüttung mit nachfolgender Kapitalerhöhung äquivalent sind, wenn gilt:

$$1 - s_{k_2} = (1 - s_{k_1})(1 - s_e^*) ,$$

wobei der Kapitalgewinnsteuersatz mit Null angenommen wurde. Verursacht nun die Gewinnausschüttung und insbesondere die Kapitalerhöhung prozentuelle Transaktionskosten für die Unternehmung (und/oder die Anteilseigner) von e, ist obige Relation umzuformen in:

$$1 - s_{k_2} = (1 - s_{k_1})(1 - s_e^*)(1 - e) .$$

Dabei ist angenommen, daß die Transaktionskosten steuerlich nicht abzugsfähig sind bzw. es ist deren Abzugsfähigkeit durch eine Reduzierung von e bereits berücksichtigt. Der kritische marginale Einkommensteuersatz, ab dem eine Einbehaltung günstiger wird als eine Ausschüttung, wird somit durch Transaktionskosten reduziert:

$$s_e^* = 1 - \frac{1-s_{k_2}}{(1-s_{k_1})(1-e)}.$$

3.2.3 Auswirkungen von Kapitalmarktbeschränkungen

Die Auswirkungen des Verbots (bzw. der Einschränkung) von *Leerverkäufen* wurde bereits besprochen. Sie können gewichtig sein. Andere in Frage kommende Beschränkungen sind weitgehend vernachlässigbar. So könnte es für einen Personenkreis unzulässig sein, Anteilspapiere zu kaufen, während die restlichen Kapitaleigner sowohl Gläubiger- als auch Anteilspapiere kaufen dürfen. Wenn man realistischerweise annimmt, daß der in seinen Anlageentscheidungen eingeschränkte Personenkreis sich aus Investoren mit geringen marginalen Steuersätzen zusammensetzt, ergeben sich bei keinem der oben behandelten Steuersysteme irgendwelche Auswirkungen auf Finanzierungsentscheidungen. Sind Kapitaleigner mit hohen marginalen Steuersätzen am Erwerb von Anteilen behindert, bewirkt dies bei den Steuersystemen 4 bis 6 eine Erhöhung des Fremdkapitalangebots und eine Verringerung der Nachfrage nach Eigenkapitaltiteln am Kapitalmarkt. Die Struktur der möglichen Gleichgewichtszustände bleibt aber unverändert.

4. Finanzierungsoptima bei Unsicherheit unter Ausschluß von Agency-Problemen

Die Abschnitte 4 und 5 sind die zentralen Kapitel des Buches. Die eigentlich interessanten Phänomene am Kapitalmarkt − unterschiedliche Zinsfüße bzw. Renditeerwartungen gleichfristiger Kredite, das Sicherungsbedürfnis der Kapitalgeber und die daraus resultierenden ausgeklügelten Sicherungs- und Vertragsformen, Interessenkonflikte zwischen Anteilseignern, Gläubigern und Unternehmung bzw. innerhalb der Gruppe der Gläubiger und Anteilseigner, die in Insolvenzverfahren ihren Höhepunkt erreichen − sind nicht ohne Rekurs auf die Unsicherheit erklärbar.

In Abschnitt 4 wird so vorgegangen: In Kapitel 4.1 wird eine Einführung in die Nutzentheorie, die Portefeuilletheorie, die Theorie vom Kapitalmarktgleichgewicht und die Optionsbewertungstheorie gegeben. Dies ist deshalb unerläßlich, weil bei den Finanzierungsentscheidungen der Unternehmungen darauf Bedacht genommen werden muß, daß die Kapitalgeber sich meist nicht nur an einer Unternehmung beteiligen bzw. ein Finanzierungsinstrument anwenden, sondern ein Portefeuille von Kapitalanlagen halten, wodurch sie einen beträchtlichen Teil des Risikos der einzelnen Titel ausschalten.

Abschnitt 4.2 enthält einige Beweise für das Theorem von der Irrelevanz der Kapitalstruktur bei Unsicherheit, das 1958 von *Modigliani Miller* publiziert wurde und die Finanzierungs*theorie* eigentlich erst begründet hat. Anschließend wird untersucht, ob aus der Verletzung der Prämissen des *Modigliani-Miller-Theorems* diskrete Finanzierungsoptima abgeleitet werden können, wobei auf die Analysen des Einflusses von Steuern, Transaktionskosten und Kapitalmarktbeschränkungen unter Sicherheit (Abschnitt 3.2) zurückgegriffen werden kann. Dabei wird in Abschnitt 4 die Prämisse homogener Information nicht angetastet.

Aufgabe von Abschnitt 4.3 bzw. 4.4 ist es, den Einfluß der Unsicherheit auf die Strukturierung des Eigen- und Fremdkapitals zu analysieren, wobei Mischformen zwischen Eigen- und Fremdfinanzierung (Wandelanleihen) im letzteren Abschnitt inkludiert werden.

4.1 Einführung in die Nutzentheorie, die Portefeuilletheorie, die Theorie vom Kapitalmarktgleichgewicht und die Optionsbewertungstheorie

4.1.1 Nutzen von Vermögenspositionen und Risikomessung

Um die Implikationen des Risikos bzw. der Unsicherheit – hier stets synonym gebraucht und als *subjektive* Unsicherheit verstanden – für die Portefeuillezusammenstellung von Investoren, die Kapitalstruktur der Unternehmungen und die Ausgestaltung von Finanzierungsinstrumenten analysieren zu können, sollen zunächst einige allgemeine Aussagen über die Auswirkungen der Unsicherheit auf die Vermögensdisposition von Kapitaleignern getroffen werden.

Es wird davon ausgegangen, daß jeder Kapitaleigner zu $t=0$, 1, ... über sein Vermögen so disponiert, daß der erwartete Nutzen aus seinen zumeist unsicheren künftigen Konsumausgaben maximiert wird. Dies setzt kardinale Meßbarkeit des Nutzens voraus. Eine bestimmte Vermögensdisposition zu t kann – je nach Entwicklung der Umwelt und der Bedürfnisse des Investors – zu unterschiedlichen Abfolgen von Konsumausgaben im Zeitablauf führen. (Dabei ist vorausgesetzt, daß zu jedem Zeitpunkt entsprechend der eingetretenen Umweltsituation und der Bedürfnisse des Investors eine optimale Verteilung der Mittel auf Konsum- und Sparformen erfolgt.) Der – auf einen bestimmten Zeitpunkt bezogene – Wert eines Konsumausgabenstroms, der sich aus einer bestimmten Abfolge von Konsumakten ergibt, sei mit R bezeichnet (= möglicherweise eintretender Reichtum). R ist eine Zufallsvariable. R kann ein Gegenwartswert oder ein auf irgendeinen zukünftigen Zeitpunkt (z. B. Planungshorizont) bezogener Wert sein. Um R zu berechnen, müssen die Auszahlungen für Konsumzwecke zu verschiedenen Zeitpunkten durch Auf- bzw. Abzinsung addierbar gemacht werden. Auf den dabei zu verwendenden Zinsfuß (Zeitpräferenzrate) soll hier nicht eingegangen werden.

Eine mögliche Zielsetzung des Investors ist dann:

Max: $E[U(R)]$.

E = Erwartungswertoperator
U = Nutzenoperator.

Es ist somit der erwartete Nutzen aus den möglicherweise eintretenden Konsumausgabenströmen (ausgedrückt durch deren, auf einen beliebigen Zeitpunkt bezogenen Wert R) zu maximieren. Das Kriterium der Maximierung des erwarteten Nutzens heißt auch *Bernoulli*-Kriterium.

Die Diskussion der Rationalität (Prämissen) und der Operationalität dieses Kriteriums ist Gegenstand der Entscheidungstheorie (vgl. zu den Prämissen *Markowitz* [1959, S. 205 ff.]; *Schneeweiss* [1967, S. 61 ff.]; *Schneider* [1990, S. 364 ff.]).

Um aus dem *Bernoulli*-Kriterium Implikationen über das Verhalten der Investoren gegenüber dem Risiko zu gewinnen, müssen Hypothesen über den Verlauf des Nutzens U in Abhängigkeit vom Reichtum R unterstellt werden. Eine in der ökonomischen Literatur sehr traditionsreiche These ist die These vom stets positiven, aber abenehmenden Grenznutzen: Zumindest ab einer bestimmten Höhe von R nimmt der zusätzliche Nutzen, der aus einer weiteren Steigerung von R um eine Einheit erzielt wird, ab. Je höher das Vermögens- und damit künftige Konsumniveau bereits ist, desto geringeren zusätzlichen Nutzen stiftet eine weitere Vermögenseinheit, da ja die dringendsten Bedürfnisse bereits gedeckt sind. Die These vom abnehmenden Grenznutzen hat zur Folge, daß

$$U(\bar{R}) > E[U(R)] .$$

Dies bedeutet, daß der Nutzen, den der Investor erzielte, wenn der erwartete Reichtum $\bar{R}$ (d. h. der erwartete Konsumstrom) mit Sicherheit eintreten würde, größer ist, als die Summe der mit Wahrscheinlichkeiten gewichteten Nutzen der möglichen Konsumströme.

Bevor zur Risikomessung fortgeschritten wird, sei das bisher Erörterte durch ein einfaches, einperiodiges *Beispiel* erläutert bzw. fundiert:

Beispiel 6:

A hat zu $t = 0$ 100 Geldeinheiten (GE) zur Verfügung, die für den Konsum zu $t = 1$ bestimmt sind. Ihm stehen folgende Anlagemöglichkeiten bis zu $t = 1$ offen: Anlage auf einem Sparkonto mit einer sicheren Rendite von 5% oder Kauf von Aktien, die, unter Berücksichtigung der Dividenden, der Kursentwicklung und der Transaktionskosten, mit einer Wahrscheinlichkeit von 50% eine Rendite von -10% und mit gleicher Wahrscheinlichkeit eine Rendite von 20% erbringen werden. Welche Investition ist die günstigere?

Bei Beantwortung der Frage ist davon auszugehen, daß bei Anlage auf einem Sparkonto mit Sicherheit 105 GE, bei Kauf von Aktien im ungünstigsten Fall 90, im günstigsten Fall aber 120 GE für den Konsum in $t = 1$ aufgewendet werden können. Der Erwartungswert des Konsumbetrages beträgt also auch bei Anlage in Aktien 105 GE.
— Gemäß des Konzepts der Maximierung des erwarteten Nutzens wird nun *A* zunächst den möglichen *Konsumbeträgen* – 105, 90, 120 – *Nutzeneiheiten* $U(R)$ zuordnen. Es wird also angenommen, daß die Individuen – zumindest implizit – den Konsumnutzen quantifizieren. Ein der Hypothese vom abnehmenden Grenznutzen entsprechender Nutzenverlauf ist in untenstehender Abbildung wiedergegeben, wobei die Werte in der Abbildung auf das zu behandelnde Zahlenbeispiel bezogen sind.

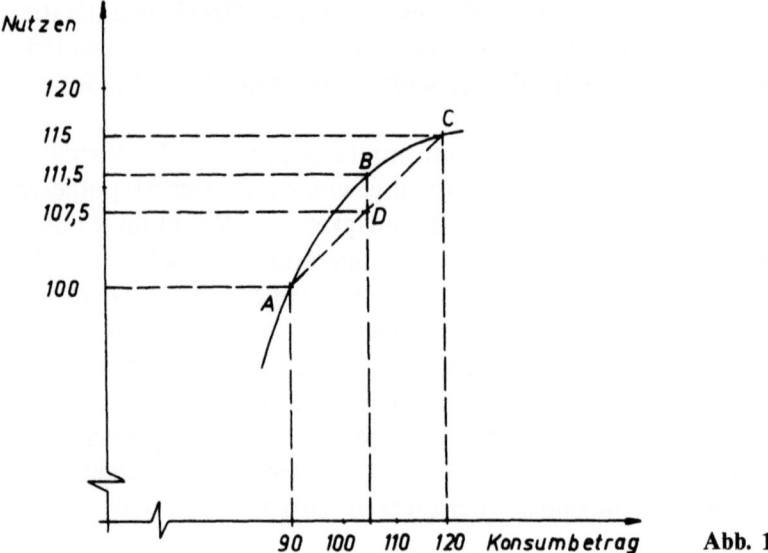

Abb. 1

In der der Abbildung zugrunde gelegten Situation beträgt der Nutzen aus Konsumbeträgen von 90, 105 bzw. 120 GE 100, 111,5 bzw. 115 Nutzeneinheiten. Dabei ist eine optimale Verteilung der jeweiligen Konsumbeträge auf Konsumgüter vorausgesetzt. Es ist ersichtlich, daß zusätzliche Konsumbeträge einen immer geringer werdenden Nutzenbeitrag bewirken; so erbringen die ersten 90 GE einen durchschnittlichen Nutzen von 100/90, weitere 15 GE aber nur einen durchschnittlichen Nutzen von 11,5/15.

Sind allen in Frage kommenden Konsumbeträgen Nutzeneinheiten zugeordnet worden, kann im zweiten Schritt der *mathematische Erwartungswert* des Nutzens der zu vergleichenden Alternativen errechnet werden. Der Erwartungswert des Nutzens aus der Anlage auf einem Sparkonto beträgt gemäß Abbildung 111,50, dieser Nutzen wird mit Sicherheit eintreten. Der Erwartungswert des Nutzens der unsicheren Investition in Aktien ergibt sich aus der Summierung der mit den jeweiligen Eintrittswahrscheinlichkeiten gewichteten möglichen Nutzen: $E[U(R)] = 0{,}50 \cdot 100 + 0{,}50 \cdot 115 = 107{,}50$ (in der Abbildung Punkt D, der die Strecke AC halbiert).

Wiewohl somit beide Alternativen den gleichen Erwartungswert von R, nämlich 105 GE, aufweisen, ist der erwartete Nutzen der sicheren Alternative mit 111,50 Nutzeneinheiten bedeutend größer als der erwartete Nutzen der unsicheren Alternative (107,5 Nutzeneinheiten).

Die Differenz zwischen $U(\bar{R})$, dem Nutzen eines sicheren Ereignisses in Höhe von $\bar{R}$, und $E[U(R)]$, also dem Nutzen eines unsicheren Ereignisses, das den Erwartungswert $\bar{R}$ aufweist, bietet sich als *Risikomaß* Φ an:

$$\Phi = U(\bar{R}) - E[U(R)]\ .$$

Φ hängt sowohl von der Wahrscheinlichkeitsverteilung von R als auch von der Form der Nutzenfunktion ab. Wenn – wie im obigen Beispiel – der Grenznutzen durchgehend abnimmt, ist Φ positiv; man sagt, der betreffende Investor ist *risikoscheu (risikoavers)*. Bei durchgehend zunehmendem Grenznutzen ist Φ negativ. Der Investor ist in diesem Fall *risikofreudig*. Konstante Grenznutzen implizieren ein Φ von Null; es liegt dann *Risikoneutralität* vor.

Man kann leicht zeigen, daß die Menschen im allgemeinen risikoscheu, höchsten risikoneutral sein müssen: Wären sie nämlich überwiegend risikofreudig, könnte ihr Nutzen durch kostenlose Spiele bzw. Wetten beliebig vermehrt werden. Es würde etwa bei Risikofreudigkeit nutzensteigernd wirken, wenn jeweils am Monatsende gewürfelt wird, ob ein Beamter ein doppeltes Gehalt oder überhaupt keine Bezahlung erhält. Nun können wir ein derartiges Verhalten nicht feststellen. Im Gegenteil, ein erheblicher Bestandteil der menschlichen Aktivitäten besteht aus Versuchen, unter oft erheblichen Transaktionskosten (z. B. Verwaltungsapparat der Versicherungen) Risiko zu mindern.

Es soll hier keineswegs behauptet werden, daß es keine risikofreudigen Personen bzw. Bereiche in den Nutzenfunktionen mancher Personen gibt; es wird aber davon ausgegangen, daß Zinssätze, Renditen bzw. das Kapitalmarktgleichgewicht durch risikoscheue Investoren (bzw. Investoren, deren Nutzenfunktionen im relevanten Bereich Risikoaversion zeigen) bestimmt wird.

Die Erfahrung, daß manche Personen an Glücksspielen teilnehmen, die trotz Risikos einen negativen Erwartungswert aufweisen, muß nicht notwendigerweise darauf zurückgeführt werden, daß die Nutzenfunktionen dieses Personenkreises zumindest teilweise durch steigende Grenznutzen, also Risikofreude charakterisiert wird. Es gibt zwei andere, überzeugendere Erklärungsversuche: Erstens die (objektiv) falsche Einschätzung der Wahrscheinlichkeitsverteilung, z. B. von Spielern, die überzeugt davon sind, ein sicheres System zu haben; und zweitens die durch das Spiel erzeugte Spannung, die zu einem über den Einkommensnutzen aus eventuellen Gewinnen hinausgehenden Zusatznutzen führt.

Im folgenden wird somit von risikoaversen Investoren ausgegangen. Risikoaverse Investoren werden eine Kapitalanlage bei gegebenem Erwartungswert somit umso niedriger schätzen, je höher das Risiko, d. h. je größer die Streuung und je stärker ihre Nutzenfunktion geneigt ist. Anders ausgedrückt: Damit ein Investor eine riskante Anlage einer sicheren oder weniger riskanten Anlage vorzieht, muß die riskante Anlage einen höheren Erwartungswert bieten.

Hat der Investor die Wahl zwischen dem unsicheren Ereignis R und einem sicheren Ereignis $\hat{R}$, und ist der Investor indifferent zwischen diesen beiden Ereignisse, so heißt $\hat{R}$ das *Sicherheitsäquivalent* des unsicheren Ereignisses R. Die Differenz zwischen dem Erwartungswert des unsicheren Ereignisses und dem Sicherheitsäquivalent heißt *Risikoprämie* (π):

$$\pi = \bar{R} - \hat{R} .$$

Wird ein Wertpapier mit möglichen Renditen von 0 bzw. 14% und einer erwarteten Rendite von 7% einem risikolosen Papier mit einer Rendite von 6% gleichgeschätzt, so beträgt die Risikoprämie $\pi = 0,07 - 0,06 = 0,01$, und das risikolose Papier ist das Sicherheitsäquivalent des riskanten Titels.

Zur Ableitung *besonderer Risikomaße* aus dem allgemeinen Risikomaß Φ wird die *Taylorsche* Expansion von $U(R)$ gebildet:

$$U(R) = U(\bar{R}) + U^{(1)}(\bar{R})(R - \bar{R}) + \sum_{j=2}^{\infty} \frac{U^{(j)}(\bar{R})(R - \bar{R})^j}{j!} .$$

$U^{(j)}(\bar{R})$ ist die j-te Ableitung der Nutzenfunktion nach R an der Stelle $\bar{R}$, die erste Ableitung heißt Grenznutzenfunktion.

Der Erwartungswert von $U(R), E[U(R)]$, ist:

$$E[U(R)] = U(\bar{R}) + 0 + \sum_{j=2}^{\infty} \frac{U^{(j)}(\bar{R}) E[(R - \bar{R})^j]}{j!} .$$

Daraus folgt:

$$\Phi = U(\bar{R}) - E[U(R)] = - \sum_{j=2}^{\infty} \frac{U^{(j)}(\bar{R}) E[(R - \bar{R})^j]}{j!} .$$

Das Risikomaß ist somit eine Funktion aller zentralen Momente $j \geq 2$. Ist die Nutzenfunktion quadratisch bzw. läßt sie sich durch eine quadratische Funktion approximieren (Ableitungen dritten und höheren Grades existieren nicht), gilt:

$$\Phi = U(\bar{R}) - E[U(R)] - \frac{U^{(2)}(\bar{R}) E[(R - \bar{R})^2]}{2} = - \frac{U^{(2)}(\bar{R})}{2} \sigma^2 .$$

Das Risikomaß Φ ist daher nur von der Varianz $\sigma^2 = E[(R - \bar{R})^2]$ abhängig. Es ist ersichtlich, daß $U^{(2)}$ negativ sein, d. h. der Grenznutzen abnehmen muß, damit Φ positiv ist. Eine quadratische Nutzenfunktion ist $U(R) = aR - bR^2$, wobei a und b Koeffizienten sind. In diesem Fall ist:

$$U^{(2)}(\bar{R}) = -2b$$

$$\Phi = \frac{2b}{2}\sigma^2 = b\sigma^2.$$

(Damit der Grenznutzen bei wachsendem R stets positiv ist, muß die Gültigkeit einer quadratischen Nutzenfunktion allerdings auf

$$U^{(1)}(R) = a - 2bR > 0$$

$$R < \frac{a}{2b}$$

eingeschränkt werden.)

Bei einer Normalverteilung und anderen symmetrischen Verteilungen ist das dritte zentrale Moment gleich Null. Daher kann – unter Vernachlässigung aller weiteren zentralen Momente – ebenfalls mit der Varianz als Risikomaß das Auslangen gefunden werden.

Bei der Behandlung von Finanzierungsentscheidungen kann auch die 3. Ableitung der Nutzenfunktion von Interesse sein. Denn Finanzierungsentscheidungen führen in vielen Fällen zu asymmetrischen Wahrscheinlichkeitsverteilungen des Barwertes der einzelnen Investoren zufließenden Zahlungen aus einer Unternehmung, selbst wenn der Barwert der den Investoren insgesamt zufließenden Beträge symmetrisch verteilt ist. Der Ausdruck $U^{(3)}(\bar{R})E[(R-\bar{R})^3]$ ist aber nur bei symmetrischer Wahrscheinlichkeitsverteilung 0, sein absoluter Wert steigt mit der Zunahme der Asymmetrie der Wahrscheinlichkeitsverteilung.

Der Einbezug der dritten Ableitung von $U(R)$ in das Risikomaß Φ ergibt:

$$\Phi = U(\bar{R}) - E[U(R)] = -\frac{U^{(2)}(\bar{R})E[(R-\bar{R})^2]}{2} - \frac{U^{(3)}(\bar{R})E[(R-\bar{R})^3]}{6}.$$

Den Ausdruck $E[(R-\bar{R})^3]/\sigma^3$ bezeichnet man als Schiefe der Wahrscheinlichkeitsverteilung. Nach allgemeiner Auffassung sind Verteilungen mit positiver Schiefe (rechtsschiefe Wahrscheinlichkeitsverteilungen) risikoloser, Verteilungen mit negativer Schiefe (linksschiefe Wahrscheinlichkeitsverteilungen) risikoreicher als symmetrische Prospekte mit gleichem Erwartungswert und gleicher Varianz. Damit dieses Risikoverhalten im obigen Risikomaß zum Ausdruck kommt, muß $U^{(3)}$ positiv sein. Dies sei an einem Beispiel demonstriert.

Beispiel 7:

Es steht die Anschaffung von drei Wertpapieren zur Auswahl. Die Tabelle gibt die möglichen Renditen (in der Kopfzeile) und die dazugehörigen Wahrscheinlichkeiten (im Hauptteil) wieder:

Wertpapier	mögliche Renditen							
	0%	4%	6%	8%	12%	$E(R)$	σ^2	$E[(R-\bar{R})^3]/\sigma^3$
A	0,20	0,20	0,20	0,20	0,20	1,06	0,0016	0
B	0,20	0,10		0,70		1,06	0,00104	$-11,29$
C		0,70		0,10	0,20	1,06	0,00104	$+11,29$

Daraus können die ebenfalls in der Tabelle ausgewiesenen Erwartungswerte für das Vermögen nach einer Periode für einen Kapitaleinsatz von einer Geldeinheit [$E(R)$], die Varianz von R und die Schiefe ermittelt werden. Sämtliche Wertpapiere haben gleiche erwartete Renditen (6%) und B und C haben gleiche Varianz. Bei Risikoaversion und Vorliebe für positive Schiefe wird offenbar Wertpapier C den Papieren A und B vorgezogen. Die Relation zwischen A und B wird erst bei Rekurs auf eine Nutzenfunktion entscheidbar: Wertpapier B hat zwar die geringere Varianz, aber eine negative Schiefe.

Wie folgenes Beispiel zeigt, können durch Finanzierungsentscheidungen selbst bei einer symmetrischen Verteilung der Gesamtauszahlung der Unternehmung an die Kapitaleigner asymmetrische Wahrscheinlichkeitsverteilungen der Auszahlungen an zwei Gruppen von Kapitaleignern (Anteilseigner und Gläubiger) resultieren.

Beispiel 8:

Eine zu gründende Unternehmung soll eine Lebensdauer von 5 Jahren aufweisen. Während des Bestehens der Unternehmung sollen weder Dividenden noch Fremdkapitalzinsen bezahlt werden. Der Erlös aus der Liquidation der Unternehmung nach 5 Jahren wird mit Wahrscheinlichkeiten von 0,05, 0,10, 0,70, 0,10, 0,05 3000, 6000, 8500, 11 000, 14 000 betragen. Die Wahrscheinlichkeitsverteilung des Liquidationserlöses ist somit symmetrisch. Aus dem Liquidationserlös wird primär der bei der Gründung der Unternehmung aufgenommene Kredit einschließlich der kumulierten Zinsen bezahlt, der Rest wird an die Anteilseigner ausgeschüttet. Der erforderliche Kapitaleinsatz zur Gründung der Unternehmung ist 5000.

Wird nun teilweise Fremdfinanzierung betrieben und Fremdkapital in einem Ausmaß aufgenommen, daß den Kreditoren zu $t = 5$ 4500 rückgezahlt werden müßte, und ist die Haftung der Anteilseigner auf ihre Einlage beschränkt, so ergeben sich folgende Wahrscheinlichkeitsverteilungen der Zahlungen der Unternehmung an Anteilseigner und Gläubiger zu $t = 5$:

	Betrag	W
für Anteilseigner	0	0,05
	1500	0,10
	4000	0,70
	6500	0,10
	9500	0,05

Diese Verteilung ist offensichtlich asymmetrisch, der Ausdruck $E[(R-\bar{R})^3]$ ist positiv.

	Betrag	W
für Gläubiger	3000	0,05
	4500	0,95

Die Wahrscheinlichkeitsverteilung ist ebenfalls asymmetrisch. $E[(R-\bar{R})^3]$ ist negativ.

Man darf die Auswirkungen der Finanzierungsentscheidungen auf die Schiefe der Wahrscheinlichkeitsverteilungen der Barwerte oder Endwerte der den Anteilseignern und Gläubigern zufließenden Zahlungen nicht überschätzen. Denn durch Kombination von Anteilspapieren und Forderungspapieren im *Portefeuille* eines Investors kann aus asymmetrisch verteilten Barwerten der aus verschiedenen Titeln zufließenden Zahlungen wieder eine symmetrische Wahrscheinlichkeitsverteilung des Barwertes sämtlicher Zahlungen werden; z. B. gerade durch Kombination obiger Papiere.

4.1.2 Einführung in die Portefeuilletheorie

4.1.2.1 Rendite und Standardabweichung eines Portefeuilles aus zwei Wertpapieren

Die Portefeuilletheorie wurde von *Markowitz* [1952, 1959] begründet. Ihr Grundmodell ist *zweiparametrig*, d. h. es wird angenommen, daß die Investoren eine quadratische Nutzenfunktion haben und/oder die Renditen der Wertpapiere normal verteilt sind, so daß zur Charakterisierung eines Wertpapiers die zwei Parameter Mittelwert und Varianz (Standardabweichung) der Rendite genügen.

Im folgenden ist *vollkommener Kapitalmarkt bei Unsicherheit* unterstellt (keine Transaktionskosten und unbeschränkte Teilbarkeit der

Papiere; keine Steuern, keine Kapitalmarktbeschränkungen). Der einzelne Investor ist so unbedeutend, daß seine Kauf- und Verkaufsentscheidung die Wertpapierpreise nicht beeinflussen, es wird somit von gegebenen Preisen ausgegangen. Auch konzentrieren wir uns auf eine *einperiodige Anlageentscheidung*: Zu $t = 0$ teilt der Investor i die insgesamt vorhandenen Mittel auf Konsum und ein Portefeuille P so auf, daß der erwartete Nutzen aus dem Konsum zu $t = 0$ (C_0) und zu $t = 1$ (C_1) maximiert wird. Der Einfachheit halber wird weiter angenommen, daß C_0 bereits feststeht, so daß es nur um die in Hinblick auf C_1 optimale Portefeuille-Wahl geht. (Letztere Annahme ist insofern unschädlich, als die gewonnenen Schlußfolgerungen für jeden möglichen Konsumbetrag zu $t = 0$ gelten). Schließlich werden risikoaverse Investoren unterstellt (siehe die diesbezügliche Argumentation in Abschnitt 4.1.1).

Der erwartete Konsum zu $t = 1$ und die dazugehörige Standardabweichung ist:

$$E(C_1) = (R_0 - C_0)(1 + \bar{r}_P)$$

$$\sigma(C_1) = (R_0 - C_0)\sigma(r_P)$$

r_P = unsichere Rendite des Portefeuilles P
$\bar{r}_P$ = Erwartungswert von r_P.

Es wird davon ausgegangen, daß der Investor ein Portefeuille aus den Wertpapieren A und B zusammenstellt. Die erwartete Rendite aus diesem Portefeuille beträgt:

$$\bar{r}_P = x\bar{r}_A + (1-x)\bar{r}_B$$

r_A, r_B = unsichere Rendite von Wertpapier A bzw. B
x = Anteil der in Wertpapier A angelegten Mittel.

Die Standardabweichung von r_P ist:

$$\sigma(r_P) = [x^2\sigma^2(r_A) + (1-x)^2\sigma^2(r_B) + 2x(1-x)\,\text{Cov}\,(r_A, r_B)]^{1/2}.$$

Die Standardabweichung der Rendite des Portefeuilles ist also nicht nur durch die Standardabweichung der Renditen der einzelnen Wertpapiere, sondern auch durch die Covarianz zwischen den Renditen bestimmt. Statt Cov (r_A, r_B) wird im folgenden $\varrho\sigma(r_A)\,\sigma(r_B)$ geschrieben.

ϱ = Korrelationskoeffizient

Abbildung 2 stellt die Rendite-Standardabweichung-Kombinationen bei *unterschiedlichen Korrelationskoeffizienten* dar. $\bar{r}_A$ wurde in der Abbildung mit 0,05, $\bar{r}_B$ mit 0,09, $\sigma(r_A)$ mit 0,02 und $\sigma(r_B)$ mit 0,04

Einführung in die Nutzentheorie 77

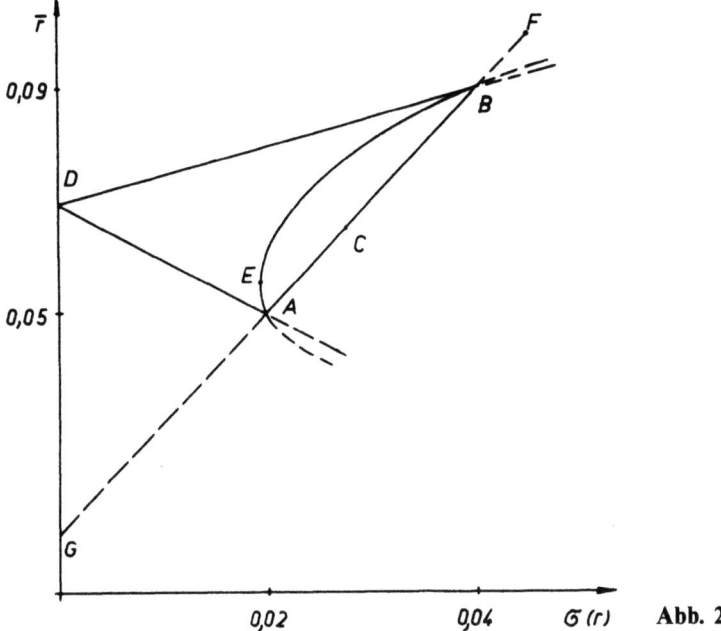

Abb. 2

angenommen, d. h. das erwartungsgemäß rentablere Papier ist auch riskanter.

Ein Extremfall ist dadurch gekennzeichnet, daß der *Korrelationskoeffizient* (ϱ) +1 beträgt. In diesem Fall ist die Standardabweichung des Portefeuilles:

$$\sigma(r_P) = [x^2\sigma^2(r_A)+(1-x)^2\sigma^2(r_B)+2x(1-x)\sigma(r_A)\sigma(r_B)]^{1/2}$$
$$= x\sigma(r_A)+(1-x)\sigma(r_B) \ .$$

Bei $\varrho = 1$ liegen somit alle Rendite-Standardabweichung-Kombinationen, die durch Portefeuilles von Wertpapier A und B erreichbar sind, auf einer *Geraden*, in Abb. 2 auf $\bar{A}\bar{C}\bar{B}$.

Der zweite Extremfall ist durch einen Korrelationskoeffizienten von $\varrho = -1$ charakterisiert. Die Standardabweichung ist dann:

$$\sigma(r_P) = [x^2\sigma^2(r_A)+(1-x)^2\sigma^2(r_B)-2x(1-x)\sigma(r_A)\sigma(r_B)]^{1/2}$$
$$= x\sigma(r_A)-(1-x)\sigma(r_B) \quad \text{oder} \quad -x\sigma(r_A)+(1-x)\sigma(r_B) \ ,$$

je nachdem, welcher Ausdruck positiv ist.

Es ist ersichtlich, daß der Ausdruck für die Standardabweichung bei einem bestimmten positiven Wert für x Null werden muß:

$$\sigma(r_P) = x\sigma(r_A)-(1-x)\sigma(r_B) = 0$$
$$x = \sigma(r_B)/[\sigma(r_A)+\sigma(r_B)] \ .$$

Im Beispielfall ist $\sigma(r_P)$ bei $x = 0{,}04/(0{,}02+0{,}04) = 2/3$ gleich Null, d. h. bei $\bar{r}_P = (2/3)0{,}05 + (1/3)0{,}09 = 6{,}33\%$. In Abb. 2 liegen die bei einem Korrelationskoeffizient von -1 erreichbaren Portefeuilles auf dem Streckenzug ADB.

Bei einem Korrelationskoeffizienten von zwischen -1 und $+1$ haben alle Portefeuilles bei gegebener Rendite eine *geringere* Standardabweichung als bei $\varrho = +1$ und eine *höhere* Standardabweichung als bei $\varrho = -1$. D. h. sämtliche Portefeuilles liegen *innerhalb* des Dreiecks ADB. Die bei einem bestimmten Korrelationskoeffizienten $-1 < \varrho < +1$ erreichbaren Portefeuilles liegen beispielsweise auf der Kurve AEB. Je kleiner ϱ ist, desto weiter links verläuft die Kurve der Rendite-Risiko-Kombinationen.

Spezielle Portefeuilles, denen in der Portefeuilletheorie besondere Aufmerksamkeit geschenkt wird, sind das *Portefeuille mit der geringsten Varianz (Standardabweichung)* und die *effizienten Portefeuilles*. In Abb. 2 sind die Portefeuilles A (bei $\varrho = +1$), E und D (bei $\varrho = -1$) die Portefeuilles mit der minimalen Varianz. Es ist ersichtlich, daß bei vollkommener positiver Korrelation keine Möglichkeit besteht, durch ein Portefeuille das Risiko zu mindern: Jede Kombination des Wertpapiers mit der geringsten Standardabweichung (im Beispiel A) mit anderen Papieren erhöht das Risiko. Ist der Korrelationskoeffzient dagegen kleiner als $+1$, gibt es stets die Möglichkeit, ein Portefeuille zusammenzustellen, das ein geringeres Risiko aufweist als jedes der beteiligten Wertpapiere (z. B. Portefeuille E und D in der Abbildung). Im Fall eines Korrelationskoeffizienten von -1 kann das Risiko, wie oben gezeigt, vollständig eliminiert werden (Portefeuille D).

Vor der Kennzeichnung *effizienter Portefeuilles* sei daran erinnert, daß *risikoaverse Investoren* unterstellt werden. Sie ziehen von zwei Portefeuilles mit gleicher Standardabweichung dasjenige mit der höheren erwarteten Rendite vor. Effiziente Portefeuilles sind nun jene Portefeuilles, die bei *gegebener Standardabweichung die höchste erwartete Rendite* aufweisen. In Abb. 2 sind das die Portefeuilles $\bar{D}B, \bar{A}B$ bzw. $\bar{E}B$, je nachdem, welcher Korrelationskoeffzient gilt. Portefeuilles auf $\bar{A}\bar{D}$, oder $\bar{A}\bar{E}$, sind nicht effizient, da es Portefeuilles mit gleicher Standardabweichung gibt, die eine höhere Rendite erwarten lassen. Für einen Investor kann nur ein effizientes Portefeuille optimal sein; welches effiziente Portefeuille als optimal gewählt wird, hängt von der Nutzenfunktion des Investors ab (siehe später).

Bis jetzt wurden nur Portefeuilles mit positiven Wertpapiermengen betrachtet ($0 \leq x \leq 1$). Läßt man negative x bzw. $1-x$, d. h. *Leerverkäufe* zu (zum Begriff des Leerverkaufs vgl. Abschnitt 3.2.2.4), so sind auch diejenigen Portefeuilles möglich, die in Abb. 2 auf den unterbrochen gezeichneten Geraden-(Kurven-)Abschnitten liegen. Bei $\varrho = +1$ kann z. B. ein Portefeuille mit x von $-0,2$ und daher $(1-x)$ von 1,2 gebildet werden. Die erwartete Rendite dieses Portefeuilles ist $-0,2 \cdot 0,05 + 1,2 \cdot 0,09 = 0,098$, die Standardabweichung steigt auf 0,044 (Punkt F in Abb. 2). Man sieht, daß durch Leerverkäufe die erwartete Rendite beliebig gesteigert bzw. vermindert werden kann, sofern Leerverkäufe unbeschränkt zugelassen sind. Portefeuille G erhält man bei $\varrho = +1$ durch Leerverkäufe von Wertpapier B bei entsprechender Steigerung des Kaufs von Wertpapier A. G ist zwar risikolos, weist aber eine sehr geringe erwartete Rendite auf. Falls $\varrho < +1$, kann nur der Leerverkauf von A, also des Papiers mit der niedrigeren Rendite und Standardabweichung, zu weiteren effizienten Potefeuilles führen (vgl. die unterbrochenen, von B ausgehenden Geraden bzw. Kurven; auf den unterbrochen gezeichneten, von A nach rechts unten führenden Kurvenabschnitten liegen nur ineffiziente Portefeuilles). Dagegen führt bei $\varrho = +1$ der Leerverkauf beider Papiere zu effizienten Portefeuilles ($\bar{G}\bar{B}\bar{F}$ und über F hinausgehend).

4.1.2.2 Die Menge der effizienten Portefeuilles

Bis jetzt wurde untersucht, welche Rendite-Risiko-Kombinationen aus der Zusammenstellung *zweier Wertpapiere* zu einem Portefeuille erzielbar sind; es ist jedoch zu beachten, daß alle Ableitungen und Schlußfolgerungen in Abschnitt 4.1.2.1 auch für die Kombination *zweier Portefeuilles* und damit implizite für eine beliebige Anzahl von Wertpapieren gelten.

Die Menge aller überhaupt möglichen Portefeuilles aus einer großen Anzahl von riskanten Wertpapieren – bei Ausschluß von Leerverkäufen – könnte etwa durch die schraffierte Fläche in Abb. 3 gegeben sein. Wichtig ist, daß die Begrenzungen der Fläche mit positiver Steigung *konkav* sein müssen. Z. B. wäre der Kurvenzug CDE als äußere Begrenzung *nicht* möglich: Denn man könnte die Portefeuilles C und E miteinander kombinieren; die daraus entstehenden Portefeuilles würden bei $\varrho = +1$ auf einer Geraden zwischen C und E, bei $-1 < \varrho < +1$ auf einer konkaven Kurve zwischen C und E zu liegen kommen. Die auf dem Kurvenzug CDE liegenden Portefeuilles können daher den Lösungsraum *nicht* nach *links begrenzen*.

Effizient sind ausschließlich die Portefeuilles auf der linken Begrenzung zwischen B und G. Sie sind durch höchste erwartete Rendite bei jeweils gegebenem Risiko charakterisiert.

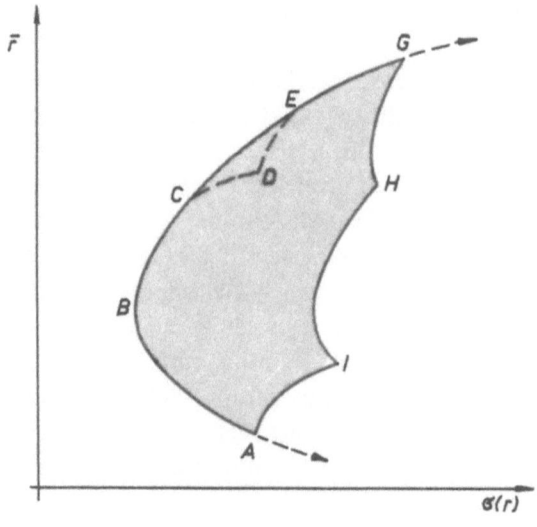

Abb. 3

Falls Leerverkäufe zulässig sind, wird die Fläche, in denen die zulässigen Portefeuilles liegen, unendlich groß (sie setzt sich von der schraffierten Fläche nach rechts fort und wird durch die unterbrochen gezeichneten, von A bzw. G ausgehenden Kurvenabschnitte begrenzt). Die durch Leerverkäufe hinzukommenden *effizienten* Portefeuilles – nur diese sind eigentlich von Interesse – liegen ausschließlich an dem von G ausgehenden, unterbrochen gezeichneten Kurvenabschnitt.

Falls ein risikoloses Papier existiert (Rendite $r_n, \sigma(r_n) = 0$; Punkt J in Abb. 4), kann jedes beliebige Portefeuille an riskanten Papieren mit dem risikolosen Wertpapier kombiniert werden. So könnte ein Portefeuille aus dem Portefeuille H und dem risikolosen Wertpapier gebildet werden, dessen Rendite-Risiko-Kombinationen durch die Gerade $\bar{J}\bar{H}$ angezeigt werden. Es gilt nämlich:

$$\bar{r}_P = x r_n + (1-x)\bar{r}_H$$

$$\sigma(r_P) = 0 + (1-x)\sigma(r_H) = (1-x)\sigma(r_H)$$

Bei Einschluß von Leerverkäufen des risikolosen Papiers (= Kreditaufnahme durch den Investor) liegen die erreichbaren Rendite-Risiko-Kombinationen auf der Verlängerung der Geraden $\bar{J}\bar{H}$ rechts von H.

Nun ist klar, daß sämtliche Portefeuilles, die durch Kombination des risikolosen Papiers und Portefeuille H entstehen, ineffizient sind. Sie werden z. B. durch Kombinationen aus dem Portefeuille I mit dem risikolosen Papier dominiert. Die einzigen *nicht dominierten (und daher effizienten) Portefeuilles* liegen auf der von J ausgehenden Tangente

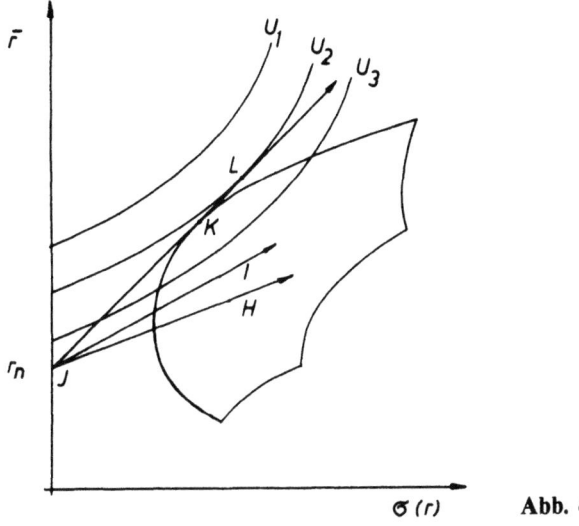

Abb. 4

an den Kurvenabschnitt der – ohne risikoloses Wertpapier – effizienten Portefeuilles. Die effizienten Portefeuilles bestehen aus Kombinationen aus dem risikolosen Papier und Portefeuille K. Es gibt für Investor i daher nur *ein einziges effizientes Portefeuille, das ausschließlich aus riskanten Wertpapieren besteht, nämlich K*. Alle übrigen für Investor i effizienten Portefeuilles sind Kombinationen aus K und dem risikolosen Papier. (Für verschiedene Investoren kann K unterschiedlich sein; aber nur dann, wenn sie unterschiedliche Erwartungen hinsichtlich der Renditen bzw. Standardabweichungen hegen.)

Aus den effizienten Portefeuilles ist das in Hinblick auf die Nutzenfunktion des Investors i optimale zu wählen. In Abb. 4 sind einige auf $\bar{r}$ und σ definierte Isonutzenkurven des Investors i eingezeichnet. Das optimale Portefeuille ist durch Punkt L gegeben. Da L rechts von K liegt, macht Investor i von der risikolosen Anlagemöglichkeit nicht Gebrauch, sondern nimmt Kredit zu r_n auf und investiert Eigen- wie Fremdmittel in dem Portefeuille K. x ist negativ und $(1-x)$ ist größer als 1. Dadurch liegt die erwartete Rendite, aber auch die Standardabweichung seines Portefeuilles, höher als beim Portefeuille K.

4.1.2.3 Rendite-Risiko-Relation in effizienten Portefeuilles

Für die Überleitung zur Theorie von Kapitalmarktgleichgewicht benötigen wir eine nähere Analyse der Relation von erwarteter Rendite und Standardabweichung in effizienten Portefeuilles.

Die erwartete Rendite und die Standardabweichung eines Portefeuilles aus n Wertpapieren ergeben sich aus:

$$\bar{r}_P = \sum_{j=1}^{n} x_{jP} \bar{r}_j$$

$$\sigma(r_P) = \left[\sum_{j=1}^{n} \sum_{h=1}^{n} x_{jP} x_{hP} \operatorname{Cov}(r_j, r_h) \right]^{1/2}$$

wobei die Covarianzen auch die Varianzen enthalten: $\sigma^2(r_j) = \operatorname{Cov}(r_j, r_j)$.

x_{jP} = Anteil von Wertpapier j in Portefeuille P

Die Standardabweichung der Rendite des Portefeuilles P, $\sigma(r_P)$, kann umgeformt werden in:

$$\sigma(r_P) = \left\{ \sum_{j=1}^{n} x_{jP} \left[\sum_{h=1}^{n} x_{hP} \operatorname{Cov}(r_j, r_h) \right] \right\}^{1/2}$$

$$= \left[\sum_{j=1}^{n} x_{jP} \operatorname{Cov}\left(r_j, \sum_{h=1}^{n} x_{hP} r_h \right) \right]^{1/2}$$

$$= \left[\sum_{j=1}^{n} x_{jP} \operatorname{Cov}(r_j, r_P) \right]^{1/2}.$$

$\operatorname{Cov}(r_j, r_P)$ kann dabei als das Risiko von Wertpapier j bezüglich des Portefeuilles P interpretiert werden. Das Gesamtrisiko ergibt sich aus den Covarianzen aller Papiere in P, gewichtet mit dem jeweiligen Anteil des Wertpapiers am Portefeuille.

Die Kurve der effizienten Portefeuilles kann auf folgendem Weg gefunden werden: Man geht von einer bestimmten erwarteten Rendite aus und sucht das Portefeuille, das bei dieser Rendite die geringste Varianz (Standardabweichung) aufweist. Dies wird dann für alle in Frage kommenden Renditen wiederholt. Um für eine gegebene erwartete Rendite das Portefeuille mit der geringsten Varianz zu finden und dabei zu gewährleisten, daß die Summe der prozentuellen Anteile der Wertpapiere am Portefeuille 100% beträgt, ist folgender Lagrange-Ausdruck zu minimieren:

$$\sigma^2(r_e) + \lambda_1 \left(\bar{r}_e - \sum_{j=1}^{n} x_{je} \bar{r}_j \right) + \lambda_2 \left(1 - \sum_{j=1}^{n} x_{je} \right)$$

$\bar{r}_e$ = angenommene, parametrisch variierte erwartete Rendite des (gesuchten) Portefeuilles e

λ_1, λ_2 = Lagrange-Multiplikatoren .

Die beiden mit den Lagrange-Multiplikatoren multiplizierten Klammerausdrücke gewährleisten, daß einerseits das Portefeuille die geforderte erwartete Rendite $\bar{r}_e$ besitzt, und daß andererseits sich die Portefeuilleanteile aller Wertpapiere zu 1 addieren.

Die Ableitung des Lagrange-Ausdrucks nach x_{je} und Nullsetzung der Ableitung ergibt:

$$2 \sum_{h=1}^{n} x_{he} \operatorname{Cov}(r_j, r_h) - \lambda_1 \bar{r}_j - \lambda_2 = 0$$

da

$$\delta \sigma^2(r_e)/\delta x_{je} = \delta \left[\sum_{j=1}^{n} \sum_{h=1}^{n} x_{je} x_{he} \operatorname{Cov}(r_j, r_h) \right] \delta x_{je}$$

$$= 2 \sum_{h=1}^{n} x_{he} \operatorname{Cov}(r_j, r_h) \, ,$$

was man am besten durch Anschreiben von $\sigma^2(r_e)$ in Form einer quadratischen Matrix verifizieren kann.

Die Ableitungen nach λ_1 bzw. λ_2 ergeben wieder die oben angegebenen Restriktionen.

Nun gilt der Ausdruck für $\delta \sigma^2(r_e)/\delta x_{je}$ für jedes Wertpapier, so auch für Wertpapier k. Daher kann, um λ_2 zu eliminieren, geschrieben werden:

$$2 \sum_{h=1}^{n} x_{he} \operatorname{Cov}(r_j, r_h) - \lambda_1 \bar{r}_j - \lambda_2 = 0$$

$$= 2 \sum_{h=1}^{n} x_{he} \operatorname{Cov}(r_k, r_h) - \lambda_1 \bar{r}_k - \lambda_2 \, .$$

Wenn beide Seiten mit x_{ke} multipliziert und über k aufsummiert werden, erhält man:

$$2 \sum_{h=1}^{n} \sum_{k=1}^{n} x_{he} x_{ke} \operatorname{Cov}(r_j, r_h) - \lambda_1 \sum_{k=1}^{n} \bar{r}_j x_{ke}$$

$$= 2 \sum_{h=1}^{n} \sum_{k=1}^{n} x_{he} x_{ke} \operatorname{Cov}(r_k, r_h) - \lambda_1 \sum_{k=1}^{n} \bar{r}_k x_{ke}$$

$$2 \sum_{h=1}^{n} x_{he} \operatorname{Cov}(r_j, r_h) - \lambda_1 \bar{r}_j = 2 \sigma^2(r_e) - \lambda_1 \bar{r}_e \, .$$

Nach Umformung erhält man:

$$\bar{r}_j = \bar{r}_e + (2/\lambda_1) \left[\sum_{h=1}^{n} x_{he} \operatorname{Cov}(r_j, r_h) - \sigma^2(r_e) \right]$$

$$= \bar{r}_e + (2/\lambda_1) [\operatorname{Cov}(r_j, r_e) - \sigma^2(r_e)] \ . \tag{1}$$

Die wichtige Relation (1) besagt, daß die erwartete Rendite eines Wertpapiers in einem effizienten Portefeuille gleich ist der erwarteten Rendite des Portefeuilles plus der Differenz im Risiko des betrachteten Wertpapiers [Cov (r_j, r_e)] und dem Risiko des Portefeuilles, mal einem Risikopreis $(2/\lambda_1)$. Die Renditedifferenz ist daher eine lineare Beziehung der Risikodifferenz.

Relation (1) kann weiter konkretisiert werden, wenn man bedenkt, daß λ_1 jener Lagrange-Multiplikator ist, der mißt, welche Erhöhung der Varianz in Kauf genommen werden muß, wenn die erwartete Rendite des Portefeuilles um eine (infinitesimale) Einheit gesteigert werden soll.

$$\lambda_1 = \partial \sigma^2(r_e)/\partial \bar{r}_e \ .$$

Weiter ist die Steigung der Kurve der effizienten Portefeuilles (vgl. Abb. 4)

$$S_e = \partial \bar{r}_e / \partial \sigma(r_e) \ .$$

Durch Anwendung der Kettenregel können die Ausdrücke für λ_1 und S_e miteinander verknüpft werden:

$$1/S_e = \partial \sigma(r_e)/\partial \bar{r}_e = [\partial \sigma(r_e)/\partial \sigma^2(r_e)] [\partial \sigma^2(r_e)/\partial \bar{r}_e]$$

$$= \lambda_1 [\partial \sigma(r_e)/\partial \sigma^2(r_e)] = \lambda_1/2\sigma(r_e) \ .$$

Es ist daher

$$\lambda_1 = 2\sigma(r_e)/S_e \ .$$

Wenn λ_1 in Formel (1) eingesetzt wird, erhält man

$$\bar{r}_j = \bar{r}_e + S_e/\sigma(r_e) [\operatorname{Cov}(r_j, r_e) - \sigma^2(r_e)] \ . \tag{2}$$

Wenn man Ausdruck (2) auf ein Wertpapier bezieht, das mit dem Portefeuille unkorreliert ist [erwartete Rendite $= r_{e0}$, Cov $(r_{e0}, r_e) = 0$], so ergibt sich

$$\bar{r}_{e0} = \bar{r}_e - S_e \sigma(r_e)$$

oder

$$S_e = (\bar{r}_e - \bar{r}_{e0})/\sigma(r_e) \ .$$

Eingesetzt in Formel (2) für S_e führt schließlich zu

$$\bar{r}_j = \bar{r}_e + [(\bar{r}_e - \bar{r}_{e0})/\sigma^2(r_e)] [\text{Cov}(r_j, r_e) - \sigma^2(r_e)]$$
$$= \bar{r}_{e0} + [(\bar{r}_e - \bar{r}_{e0})/\sigma^2(r_e)] \text{Cov}(r_j, r_e) \tag{3}$$
$$= \bar{r}_{e0} + \beta_{je}(\bar{r}_e - \bar{r}_{e0}) \tag{3a}$$

wobei

$$\beta_{je} = [\text{Cov}(r_j, r_e)]/\sigma^2(r_e) \ .$$

β_{je} muß im Mittel über alle Unternehmungen gleich 1 sein, kann aber auch – bei negativer Kovarianz – negativ sein.

Die erwartete Rendite eines Wertpapiers j ist somit gleich der erwarteten Rendite eines mit dem betrachteten Portefeuille e unkorrelierten Papiers plus einer Risikoprämie $[\beta_{je}(\bar{r}_e - \bar{r}_{e0})]$. Das Wertpapier mit der Rendite $\bar{r}_{e0}$ und dem Korrelationskoeffzienten von 0 kann ein risikoloses Papier sein; es kann aber auch hypothetisch sein, braucht in der Realität also nicht zu existieren.

Es sei daran erinnert, daß die Ableitungen in diesem Abschnitt für alle Portefeuilles gelten, die für eine gegebene Rendite die geringste Varianz aufweisen. Es sind dies nicht nur die effizienten Portefeuilles, sondern auch die Portefeuilles am unteren Ast der Umhüllungskurve aller möglichen Portefeuilles. Uns interessieren aber nur die effizienten Portefeuilles. Sie können auch Leerverkäufe enthalten.

4.1.3 Einführung in die Theorie vom Kapitalmarktgleichgewicht

In Abschnitt 4.1.2 wurde gefragt, nach welchen Gesichtspunkten *risikoaverse* Kapitalanleger ihr optimales Wertpapierportefeuille aus den – für sie – effizienten Portefeuilles auswählen. Aufgabe dieses Abschnittes ist es zu analysieren, welche Auswirkungen ein solches Verhalten der Investoren auf dem Kapitalmarkt und die Preise (und damit Renditen) der Wertpapiere hat.

Es werden die gleichen Annahmen wie in Abschnitt 4.1.2 unterstellt: vollkommener Kapitalmarkt bei Unsicherheit, Risikoaversion der Kapitalgeber, quadratische Nuzenfunktion und/oder normalverteilte Wertpapiererträge. Zusätzlich wird angenommen, daß die Investoren *homogene Erwartungen* haben, also ihren Entscheidungen eine gleiche Wahrscheinlichkeitsverteilung der Wertpapiererträge (gleicher Erwartungswert und gleiche Standardabweichung) zugrundelegen. Dies impliziert, daß die *effizienten Portefeuilles* für alle Investoren *identisch* sind (sie liegen auf dem Kurvenzug *BCEG* usw. in Abb. 3 bzw. – bei Existenz eines risikolosen Papiers – auf der Geraden *JKL* usw. in Abb. 4).

Wir gehen wieder davon aus, daß ein risikoloses Wertpapier existiert. In diesem Fall wählen alle Kapitalanleger das *gleiche* Portefeuille K in Abb. 4 und kombinieren es mit der Anlage im risikolosen Papier bzw. Kreditaufnahmen (d. h. sie entscheiden sich für ein Portefeuille auf der Geraden JK bzw. sie nehmen Kredit auf, um mehr Mittel in K investieren zu können). Da alle Investoren, soweit sie überhaupt Mittel riskant investieren, das Portefeuille K kaufen, müssen sich die Preise der Wertpapiere so einspielen, daß alle Wertpapiere im Portefeuille K enthalten sind und daß die Nachfrage nach Wertpapieren eines Typs (z. B. Aktien der Unternehmung X) gerade gleich dem Angebot ist. Ist nämlich bei einem bestimmten Wertpapierpreis die Nachfrage höher (niedriger) als das Angebot, ist der Markt noch nicht im Gleichgewicht. Das Portefeuille K muß daher alle riskanten Wertpapiere in einer Volkswirtschaft mit den insgesamt ausgegebenen Mengen enthalten und heißt daher auch *Marktportefeuille* (m). Auch muß sich der Zinssatz für das risikolose Papier bzw. den risikolosen Kredit (r_n) so einspielen, daß die Nachfrage gleich dem Angebot ist.

In dieser Situation kann erwartete Rendite und Standardabweichung jedes Portefeuilles als Funktion der erwarteten Rendite und der Standardabweichung des Marktportefeuilles und des risikolosen Papiers geschrieben werden:

$$\bar{r}_P = x r_n + (1-x) \bar{r}_m$$
$$\sigma(r_P) = (1-x) \sigma(r_m)$$

r_m = Rendite des Marktportefeuilles
x = Anteil der im risikolosen Papier investierten Mittel; x kann negativ sein und impliziert dann eine Kreditaufnahme zum Zinssatz für risikolose Kredite .

Das Marktportefeuille m ist effizient. Daher kann die in Abschnitt 4.1.2.3 entwickelte Rendite-Risiko-Relation (3) auf m angewendet werden.

$$\bar{r}_j = \bar{r}_{e0} + [(\bar{r}_e - \bar{r}_{e0})/\sigma^2(r_e)] \, \text{Cov}(r_j, r_e) \tag{3}$$

$$\bar{r}_j = r_n + [(\bar{r}_m - r_n)/\sigma^2(r_m)] \, \text{Cov}(r_j, r_m) \tag{4}$$

$$\bar{r}_j = r_n + \beta_{jm}(\bar{r}_m - r_n) \tag{4a}$$

wobei

$$\beta_{jm} = \text{Cov}(r_j, r_m)/\sigma^2(r_m) \ .$$

Gleichung (4) stellt die Grundrelation der Theorie vom Kapitalmarktgleichgewicht bzw. von der Preisbildung am Kapitalmarkt bei Unsicherheit dar. Sie wurde unabhängig voneinander von *Sharpe* [1964], *Lintner* [1965] und *Mossin* [1966] entwickelt und firmiert häufig als Capital Asset Pricing Model (CAPM). Bei Gültigkeit des CAPM müßte jeder Kapitaleigner – soweit er überhaupt riskant anlegt – das gleiche Portefeuille, nämlich das Marktportefeuille, beschaffen. Die Kapitaleigner unterscheiden sich nur durch das Ausmaß der Anlage im risikolosen Papier (falls $x>0$) bzw. der Kreditaufnahme (falls $x<0$). Beschränkt man die Argumentation nicht auf eine Volkswirtschaft, müßten die Kapitaleigner in aller Welt sich an einem weltweit definierten Marktportefeuille beteiligen.

Leerverkäufe haben bei Gültigkeit des CAPM deshalb keinen Platz, da alle Kapitaleigner das gleiche Portefeuille haben und die Preise sich so einspielen, daß alle Papiere untergebracht werden. Wenn aber alle Papiere untergebracht sind, haben alle Kapitaleigner – sofern sie überhaupt riskant anlegen – einen positiven Anteil an jedem Wertpapier. Es kann daher keinen Anteilseigner mit negativen Mengen (leer verkauften Papieren) geben.

Nun ist einerseits klar, daß das CAPM in seiner reinen Form in der Realität nicht gilt. Kaum ein Investor ist am Marktportefeuille einer Volkswirtschaft, geschweige denn an einem weltweiten Marktportefeuille beteiligt. Auf der anderen Seite kann gezeigt werden, daß die risikomindernden Effekte aus einem Marktportefeuille zu einem sehr großen Teil bereits durch die Kombination relativ weniger riskanter Papiere (8–10 Wertpapierarten) erzielt werden können, so daß allein die Transaktions- und Informationskosten in Abwägung mit den Vorteilen aus einer weiteren Diversifizierung des Portefeuilles die Portefeuillestruktur beschränken. Auch ist die Existenz von Investmentfonds ein Anzeichen dafür, daß in der Realität eine beachtliche Nachfrage nach Risikodiversifikation aus einem umfassenden Portefeuille besteht. Es ist daher nicht verwunderlich, wenn versucht wurde, durch Abwandlung der Prämissen des CAPM ein „realitätsgerechteres" Modell des Kapitalmarktgleichgewichts zu entwickeln. Dazu können an dieser Stelle nur einige Hinweise gegeben werden. In der Version von *Black* [1972] wird die Annahme eines risikolosen Papiers aufgehoben, dafür aber unterstellt, daß Leerverkäufe unbeschränkt möglich sind. Weitere Variationen wurden u.a. für die Fälle entwickelt, daß der risikolose Habenzinsfuß geringer ist als der Sollzinsfuß, daß weder risikolose Papiere existieren noch Leerverkäufe zugelassen sind, und daß die Investoren inhomogene Erwartungen haben (vgl. dazu insbesondere *Huang Litzenberger* [1988]).

4.1.4 Einführung in die Optionsbewertungstheorie von Black Scholes

Die vor *Black Scholes* [1973] entwickelten Modelle zur Bewertung von Optionen wie auch Wandelanleihen und ähnlichen Instrumenten scheiterten am Diskontfaktor. Mit welchem Zinssatz sollten die sehr riskanten erwarteten Erträge aus einer Kaufoption auf den Bewertungszeitpunkt abgezinst werden? Die bahnbrechende Idee von *Black Scholes* war die Erkenntnis, daß ein risikoloses Portefeuille aus Optionen und Aktien gebildet und durch Umschichtungen ständig risikolos gehalten werden kann, mit dessen Hilfe der Optionswert aus dem jeweiligen Aktienkurs ableitbar ist. In einer Vielzahl von Arbeiten wurden einerseits die Prämissen des ursprünglichen *Black-Scholes*-Modells variiert, andererseits die *Black-Scholes*-Methode auf andere Finanzierungsinstrumente, wie z. B. Wandelanleihen, bezogen. Die *Black-Scholes*-Methode ermöglicht nur für relativ wenig Fälle die Ableitung einer geschlossenen Bewertungsformel aus der jeweils zugrundeliegenden Differentialgleichung. Seit der Idee von *Schwartz* [1977] und *Brennan Schwartz* [1977], die Differentialgleichung durch ein System von Differenzengleichungen anzunähern, steht einer Anwendung der *Black-Scholes*-Methode auf beliebige Finanzierungsinstrumente technisch nichts mehr entgegen.

Zunächst wird das *Modell von Black Scholes* für die Bewertung von (Kauf-)Optionen für Aktien *abgeleitet*. Die Darstellung ist weitestgehend der Arbeit von *Swoboda Kamschal* [1979] entnommen, die wieder – in dem betreffenden Abschnitt – eng an den Original-Artikel von *Black Scholes* und den Übersichtsartikel von *Smith* [1976] angelehnt ist. Die Symbole sind aus *Smith* übernommen und sind daher nicht mit den Symbolen in den übrigen Abschnitten dieses Buches koordiniert. Auf die sehr verschiedene Ableitung der *Black-Scholes*-Formel als Grenzwert eines Binomialprozesses durch *Cox Ross Rubinstein* [1979] und – unabhängig von den vorgenannten Autoren – *Rendleman Bartter* [1979] sei aber hingewiesen.

Black Scholes unterstellen folgende *Annahmen*:

a) Der Aktienpreis folgt einem (kontinuierlichen) geometrischen *Brownschen* Prozeß (oder: der Logarithmus des Aktienpreises folgt einem Wiener Prozeß). Diese Annahme involviert u. a., daß die Verteilung der *relativen* Preisänderungen unabhängig vom Preisniveau ist und daß die Varianz der relativen Preisänderungen endlich ist.
b) Wertpapiere werden kontinuierlich gehandelt.
c) Die Kauf- und Verkaufsentscheidungen eines einzelnen Investors beeinflussen nicht die Wertpapierpreise.

d) Es fallen keine Transaktionskosten und Steuern an und Wertpapiere können in beliebig kleinen Einheiten gehandelt werden.
e) Leerverkäufe sind (ohne besondere Kosten für Sicherstellungen usw.) gestattet.
f) Der Zinsfuß für risikolose Anlagen ist gegeben und im Zeitablauf konstant.
g) Für die Aktien werden keine Dividenden ausgeschüttet.
h) Die Optionen können nur zu einem Termin (Fälligkeitstermin) ausgeübt werden. (Diese Annahme ist insofern nicht nötig, da auch bei jederzeit ausübaren Optionen unter den hier gegebenen Bedingungen der letztmögliche Optionstermin der günstigste ist).

Black Scholes gehen davon aus, daß *in jedem Moment eine risikolose Kombination aus Aktien und (leerverkauften) Optionen* aufrechterhalten werden kann. Wenn z. B. der Aktienpreis (S) 30 und der Optionswert (c) 10 betragen und eine (infinitesimale) Erhöhung des Aktienpreises um 1 Einheit eine Erhöhung des Optionspreises um 0,5 Einheiten ($\partial c/\partial S = 0,5$) bewirkt, so besteht die risikolose Kombination aus einer Aktie ($+30$) und zwei leerverkauften Optionen (-20) oder einem Vielfachen davon. Eine Aktienkursbewegung würde die Nettoposition ($+10$) nicht verändern. Sowohl bei Änderung des Aktienpreises als auch im Zeitablauf (durch das Näherrücken des Fälligkeitstermins) kann sich $\partial c/\partial S$ ändern. Daher muß das Verhältnis von Aktien und leerverkauften Optionen kontinuierlich angepaßt werden, um eine risikolose Position aufrechtzuerhalten.

Der Wert des risikolosen Portefeuilles (V_H) ist gegeben durch:

$$V_H = S Q_s + c Q_c \tag{5}$$

Q_s = Anzahl der Aktien
Q_c = Anzahl der (leerverkauften) Optionen.

Die Änderung im Wert von V_H ist durch das totale Differential von Ausdruck (5) gegeben:

$$dV_H = Q_s dS + Q_c dc \ . \tag{6}$$

Die Mengen Q_s und Q_c werden dabei – siehe oben – stets so gewählt, daß $Q_s dS + Q_c (\partial c/\partial S) dS$ Null ist, daß somit die Position risikolos ist.

Entsprechend der Annahme, daß S einem geometrischen *Brownschen* Prozeß folgt, ist

$$dS/S = \mu dt + \sigma dz \tag{7}$$

μ = erwartete (Momentan-)Rendite
σ^2 = erwartete (Momentan-)Varianz (oder Varianzrate) der Rendite
dz bzw. z = Wiener Prozeß.

Nun kann *ITÔ's Lemma* angewendet werden, um dc in Formel (6) als Funktion von dS auszudrücken. *ITÔ's Lemma* bzw. Differenzierungsregel lautet (*Åström* [1970]): Gegeben sei:

$$dx = f(x,t)dt + \sigma(x,t)dw$$

wobei w ein Wiener Prozeß ist, und die Funktion

$$y(x,t) ,$$

die kontinuierlich nach t und zweimal kontinuierlich nach x differenzierbar ist. Dann gilt für y folgende stochastische Differentialgleichung:

$$dy = (\partial y/\partial t)dt + (\partial y/\partial x)dx + 0{,}5(\partial^2 y/\partial x^2)\sigma^2 dt .$$

In unserem Fall ist $y(x,t)$ gleich $c(S,t)$ und dx gleich $dS = S\mu dt + S\sigma dz$, so daß gilt:

$$dc = (\partial c/\partial t)dt + (\partial c/\partial S)dS + 0{,}5(\partial^2 c/\partial S^2)S^2\sigma^2 dt . \qquad (8)$$

Formel (8) wird nunmehr in Formel (6) statt dc eingesetzt:

$$dV_H = Q_s dS + Q_c[(\partial c/\partial t)dt + (\partial c/\partial S)dS + 0{,}5(\partial^2 c/\partial S^2)S^2\sigma^2 dt] . \qquad (9)$$

Nun wurde bereits festgestellt, daß $Q_s dS + Q_c(\partial c/\partial S)dS$ — durch die entsprechende Wahl von Q_s und Q_c — stets Null ist. Wenn $Q_s = 1$ gesetzt wird — was zulässig ist, da es ja nur auf die Relation von Q_s und Q_c ankommt — ist Q_c gleich $-1/(\partial c/\partial S)$. Werden diese Werte für Q_s und Q_c in Formel (9) eingesetzt, erhält man:

$$dV_H = -[1/(\partial c/\partial S)][(\partial c/\partial t)dt + 0{,}5(\partial^2 c/\partial S^2)S^2\sigma^2 dt] . \qquad (10)$$

Da Q_s und/oder Q_c stets so angepaßt werden, daß $Q_s dS + Q_c(\partial c/\partial S)dS$ Null ist, ist das Portefeuille risikolos. Auf einem effizienten, im Gleichgewicht befindlichen Kapitalmarkt darf das jeweils in diesem Portefeuille eingesetzte Kapital nur einen Ertrag in Höhe des risikolosen Zinssatzes erbringen. Es gilt daher:

$$dV_H/V_H = rdt \qquad (11)$$

r = risikolose (Momentan-)Verzinsung.

Die Substitution von Ausdruck (5) und (10) in Ausdruck (11) ergibt folgende *Differentialgleichung für die Option*:

$$\partial c/\partial t = rc - rS\partial c/\partial S - 0{,}5(\partial^2 c/\partial S^2)S^2\sigma^2 . \qquad (12)$$

Die Differentialgleichung gilt unter der Randbedingung, daß die Option zum Fälligkeitstag folgenden Wert besitzt:

$$c_T = \text{Max}\,[0; S_T - X] \qquad (13)$$

X = Preis für die Ausübung der Option
T = Fälligkeitstermin der Option.

Black Scholes haben die Differentialgleichung (12) auf die physikalische Wärmeleitungsgleichung (heat-transfer equation) zurückgeführt und sie dadurch gelöst. *Cox Ross* [1975] fanden eine weitere Lösungsmöglichkeit mittels des *Sprenkle*-Theorems.

Die Lösung (*Black-Scholes*-Formel) lautet:

$$c = S \cdot N \left\langle \frac{\ln(S/X) + [r + (\sigma^2/2)]\,T}{\sigma \sqrt{T}} \right\rangle$$

$$- e^{-rT} X \cdot N \left\langle \frac{\ln(S/X) + [r - (\sigma^2/2)]\,T}{\sigma \sqrt{T}} \right\rangle \qquad (14)$$

$N\langle \cdot \rangle$ = kumulative Standardnormalverteilung.

Der *Optionswert* errechnet sich daher aus der Kenntnis allein des *Aktienpreises* (S), des *Preises für die Ausübung der Option* (X), des *risikolosen Zinsfußes* (r), des *Fälligkeitstermins* (T) und der *Varianz* (σ^2). Von diesen Daten ist nur die Varianz nicht direkt beobachtbar. Aus der Zeitreihe der Aktienkurse der Vergangenheit kann aber σ^2 geschätzt werden.

Das Bewertungsmodell von *Black Scholes* [1973] ist auf praktisch alle Finanzierungsmittel anwendbar. Schon *Black Scholes* haben gesehen, daß selbst das Eigenkapital als Option angesehen werden kann, die Unternehmung bei Kreditfälligkeit gegen Kreditrückzahlung von den Gläubigern „zu erwerben" oder den Gläubigern zur Liquidation oder Weiterführung zu überlassen.

Es drängt sich die Frage auf, welche Implikationen die Bewertungsmethode von *Black Scholes* für die Finanzierungstheorie und Finanzierungsentscheidungen hat. Diesbezüglich ist schon vorweg festzustellen, daß, gleichgültig ob die Methodik von *Black Scholes* auf neben der Unternehmung existierende Optionen oder auf Finanzierungsinstrumente der Unternehmung angewandt wird, von einem *gegebenen* Gesamtwert der Unternehmung ausgegangen wird, der sich unter Annahme eines bestimmten stochastischen Prozesses entwickelt. Die *Black-Scholes*-Methodik vermag daher nur, diesen gegebenen Gesamtwert auf einzelne Finanzierungsinstrumente *aufzuteilen*. Sie vermag aber *nicht* zu klären, ob eine bestimmte Kapitalstruktur bzw. die Hinzufügung eines bestimmten Finanzierungsinstruments den Unternehmungswert erhöht. Sie ist daher in erster Linie eine höchst interessante *Bewertungsmethode*, für Kapitalstrukturprobleme jedoch nur mittelbar einsetzbar. Dennoch konnten durch Anwendung der Optionsbewertungstheorie wertvolle Anregungen für die Kapitalstrukturdiskussion gewonnen werden. Auf einige von ihnen wird in den folgenden Abschnitten verwiesen werden.

4.2 Irrelevanz oder Relevanz der Kapitalstruktur?

Nach den einleitenden Kapiteln über die Berücksichtigung der Unsicherheit bei Portefeuilleentscheidungen und das Kapitalmarktgleichgewicht bei Unsicherheit können wir uns nun dem *Kernproblem* der Finanzierungstheorie, der *optimalen Kapitalstruktur bei Unsicherheit*, zuwenden. Zunächst werden einige Beweise für das Theorem von der Irrelevanz der Kapitalstruktur von *Modigliani Miller* dargestellt und die ihnen zugrundeliegenden Prämissen charakterisiert. Das Irrelevanztheorem von *Modigliani Miller* wird vielfach als Grundstein der Finanzierungstheorie schlechthin aufgefaßt. Eine Variation bzw. Aufhebung der Prämissen des Irrelevanztheorems in den weiteren Abschnitten der Arbeit läßt dann Gesichtspunkte für eine möglicherweise doch gegebene Relevanz der Kapitalstruktur erarbeiten. In Abschnitt 4 werden jedoch nur die Prämissen, die sich auf den Vollkommenheitsgrad des Marktes beziehen, variiert (Transaktionskosten, Steuern, Kapitalmarktrestriktionen). Die Prämissen hinsichtlich des Informationsstandes bzw. des Zusammenhanges zwischen Kapitalstruktur und Unternehmenspolitik werden erst in Abschnitt 5 zur Diskussion gestellt.

Es sei vorweg festgestellt: Auch in der Neuauflage dieses Buches wird die Frage offen bleiben, ob es eine optimale Kapitalstruktur gibt. Immerhin ermöglicht aber die intensive Auseinandersetzung mit diesem Problem in den letzten Jahren, die möglichen Bestimmungsgründe für eine optimale Kapitalstruktur in Art und Ausmaß der Wirkung viel differenzierter einzuschätzen als dies in den früheren Auflagen möglich war.

4.2.1 Das Theorem von der Irrelevanz der Kapitalstruktur bei Unsicherheit

Es gibt zahlreiche Beweise der Irrelevanz der Kapitalstruktur bei Unsicherheit. Einige davon werden im folgenden dargestellt. Der erste Beweis benötigt folgende Prämissen:

1) Es existieren keine Transaktions- und Informationskosten und die Finanzierungstitel sind beliebig teilbar.
2) Es existieren keine von der Kapitalstruktur abhängigen Steuern.
3) Es existieren keine Kapitalmarktrestriktionen; jeder, Unternehmung wie privater Anleger, findet gleiche Bedingungen für die Emission von bzw. Anlage in Eigen- und Fremdkapitaltiteln vor.
Die ersten drei Prämissen kennzeichnen einen *vollkommenen Kapitalmarkt bei Unsicherheit*.
4) Es existiert homogene Information, das heißt alle Anleger und Unternehmungen besitzen die gleiche Wahrscheinlichkeitsverteilung der möglichen Umweltzustände und der daraus resultierenden finanziellen Implikationen.
5) Die Unternehmenspolitik hängt nicht von der Kapitalstruktur ab. Durch Finanzierungsentscheidungen werden die Entscheidungen in allen übrigen Bereichen (Investitions-, Preis- etc. -entscheidungen) nicht beeinflußt. Dies impliziert auch, daß die Liquidationswahrscheinlichkeit und die Liquidationskosten der Unternehmung – sei es im Rahmen eines Insolvenzverfahrens oder außerhalb – nicht vom Verschuldungsgrad abhängen.

Die Annahmen 4) und 5) implizieren die *Absenz von Principal-Agent-Beziehungen*, die erst im Abschnitt 5 eingeführt werden. Sie stehen im engen Zusammenhang zueinander. Wenn nämlich homogene Information vorliegt und außerdem keine Transaktionskosten existieren, dann können die Manager kostenlos dazu verpflichtet werden, jeweils die Strategie zu verfolgen, die den Gesamtwert der Unternehmung maximiert. Infolge der homogenen Information kennen ja sämtliche Manager und Kapitalgeber diese Strategie. Daher impliziert die Annahme homogener Information zusammen mit einem vollkommenen Markt eine kapitalstrukturunabhängige Unternehmenspolitik (vgl. dazu insbesondere *Franke* [1981]). Franke zeigt im übrigen, daß die Information nicht homogen sein muß; es genügt perfekte Information: Perfekte Information bedeutet, daß alle Beteiligten den gleichen Zuständen eine positive – aber nicht unbedingt die gleiche – Eintrittswahrscheinlichkeit zuordnen und alle Beteiligten gleichermaßen die möglichen Strategien und ihre zustandsabhängigen Auswirkungen kennen.

Folgende Ausgangssituation wird zugrunde gelegt: Die Restlebensdauer der Unternehmung wird vereinfachend mit einer Periode angenommen. Das Vermögen zu Periodenende bei reiner Eigenfinanzierung sei G. Bei Fremdfinanzierung im Ausmaß von F würden die Kreditgeber einen vom Kreditrisiko abhängigen Zinssatz k fordern. Sie würden zu Periodenende Min$\{G, (1+k)F\}$ erhalten. Die Anteilseigner erhalten den Rest, nämlich: Max $\{0, G-(1+k)F\}$. Min $\{G, (1+k)F\}$ und Max $\{0, G-(1+k)F\}$ ergänzen sich natürlich auf G.

Der Wert der Unternehmung bei reiner Eigenfinanzierung sei $K' = M$, bei teilweiser Fremdfinanzierung $K+F$. Das *Irrelevanztheorem* besagt nun:

$$K' = M = K+F = \text{konstant (unabhängig von } F) \, .$$

Der Beweis verläuft folgendermaßen:

a) Als erstes sei unterstellt, daß die Unternehmung bis jetzt voll eigenfinanziert war und nunmehr Eigenkapital durch Fremdkapital im Ausmaß von F ersetzen möchte. Anteilseigner X möge sich dadurch benachteiligt fühlen. Ihm gegenüber kann argumentiert werden, daß sich seine Position weder verschlechtert noch verbessert: Es ist gleichgültig, ob X bei reiner Eigenfinanzierung mit z. B. 10% am Eigenkapital beteiligt ist, oder bei Fremdfinanzierung mit 10% am nunmehr reduzierten Eigenkapital *und* am Fremdkapital. Er kann ja um das refundierte Eigenkapital Fremdkapital kaufen. Sein Endvermögen ist in jedem Fall $0{,}10\,[\text{Min}\,\{G,(1+k)F\}+\text{Max}\,\{0, G-(1+k)F\}] = 0{,}10\,G$. Für ihn gilt daher: $0{,}10\,K' = 0{,}10\,(K+F)$, was $K' = K+F$ impliziert.

b) Zweitens sei unterstellt, daß die Unternehmung voll eigenfinanziert ist und bleiben will. Investor Y würde sich gerne mit 10% am Eigenkapital der Unternehmung beteiligen, würde aber vorziehen, wenn die Unternehmung Fremdkapital im Ausmaß von F aufnimmt. Ihm kann gezeigt werden, daß er die gleiche Position durch die Beteiligung an der voll eigenfinanzierten Unternehmung, kombiniert mit privater Schuldaufnahme, erreichen kann. Er muß einen Kredit in Höhe von $0{,}10\,F$ aufnehmen und sich mit 10% am Kapital der eigenfinanzierten Unternehmung beteiligen. Bestandteil des Kreditvertrages muß die Klausel sein, daß der Kreditgeber zu $t = 1$ maximal $0{,}10\,G$ erhält. (Bei Kreditgewährung an die Unternehmung hätten die Kreditgeber analoge Kreditverluste zu tragen!) Das Endvermögen von Y beträgt dann: $0{,}10\,[G-\text{Min}\,\{G,(1+k)F\}] = 0{,}10\,\text{Max}\,\{0, G-(1+k)F\}$; es ist somit gleich dem Endvermögen, daß Y bei Beteiligung nur am Eigenkapital der teilweise fremdfinanzierten Unternehmung erhalten hätte. Er müßte daher bereit sein, für die Beteiligung an der voll eigenfinanzierten Unternehmung $0{,}10\,K + 0{,}10\,F$ zu zahlen, was wieder $K' = K+F$ impliziert.

Der Beweis zeigt auch, daß unabhängig von der Finanzierung der Unternehmung jeder Anleger die für ihn optimale Kapitalstruktur durch Portefeuillegestaltung erreichen kann.

Modigliani Miller [1958] haben das Theorem ursprünglich unter zwei zusätzlichen Annahmen bewiesen:

6) Das Fremdkapital ist risikolos.
7) Die Unternehmungen können in Hinblick auf das Investitionsrisiko (= Risiko bei voller Eigenfinanzierung) in Klassen gleichen Risikos gruppiert werden. In jeder Risikoklasse gibt es zumindest zwei Unternehmungen.

Der *Arbitragebeweis von Modigliani Miller* [1958] verläuft wie folgt: In einer Risikoklasse mögen sich zwei Unternehmungen (A, B) mit gleichen erwarteten Gewinnen vor Zinsen von $\bar{G}$ und einer erwarteten Lebensdauer gegen unendlich befinden. A sei voll eigenfinanziert, B habe Verbindlichkeiten von F_B aufgenommen. Der risikolose Zinsfuß ist r_n. Der Gesamtwert von A (M_A) muß nun im Gleichgewicht gleich dem Gesamtwert von B (M_B) sein. Wenn das nicht der Fall ist, könnten die Investoren risikolose Arbitragegewinne erzielen. Wenn etwa M_B höher ist als M_A, ist es für einen Investor, der einen Anteil von a an der Unternehmung B hält, günstig, den Anteil für $a(M_B - F_B)$ zu verkaufen, sich im gleichen relativen Ausmaß wie B zu verschulden (aF_B) und für den Betrag $a(M_B - F_B) + aF_B = aM_B$ einen Anteil an A zu kaufen. Er erhält dafür einen Anteil an A von aM_B/M_A; dieser Anteil ist größer als a, da $M_B > M_A$. Der erwartete Gewinn nach Zinsen auf die persönliche Schuld ist bei der nunmehrigen Beteiligung an A größer als der erwartete Gewinn bei der ehemaligen Beteiligung an B, und zwar bei gleichem Risiko:

$$a(M_B/M_A)\bar{G}_A - r_n aF_B > a(\bar{G}_B - r_n F_B) ,$$

da
$$\bar{G}_A = \bar{G}_B \quad \text{und} \quad M_B > M_A .$$

Gleichgewicht kann erst herrschen, wenn $M_A = M_B$.

Beispiel 9:

	Unternehmung A	Unternehmung B
$\bar{G}_j$ = erwarteter Einzahlungsüberschuß der Unternehmung, der für Dividenden und Zinszahlungen zur Verfügung steht = erwarteter jährlicher Bruttogewinn	1 000	1 000
$\bar{D}_j = \bar{G}_j - r_n F_j$ = erwartete jährliche Dividenden	1 000	840
r_n = Zinsfuß risikoloser Kredite	0,04	0,04
F_j	0	4 000
$\bar{r}_j$	0,10	0,12
$K_j = \bar{D}_j / \bar{r}_j$	10 000	7 000
$M_j = K_j + F_j$	10 000	11 000

Unternehmung B ist höher bewertet als Unternehmung A, ihre Kapitalstruktur F_B/K_B ist 4/7. Der Anteilseigner X sei mit 1% an Unternehmung B beteiligt. Für X wäre es nun günstig, seinen Anteil für 70 zu verkaufen, Verbindlichkeiten zu 4% im Ausmaß von 40 aufzunehmen und Anteile der Unternehmung A für 110 zu kaufen. Sein Risiko würde sich nicht ändern, einem Eigenkapital von 70 stehen in beiden Fällen Verbindlichkeiten von 40 gegenüber. (Im Falle der Beteiligung an B waren es allerdings Verbindlichkeiten der Gesellschaft, im Falle der Beteiligung an A sind es Verbindlichkeiten des Anteilseigners). Der Gewinn aus der Beteiligung an A ist aber in jeder Situation höher als es der Gewinn der Beteiligung an B wäre. Wenn z. B. der tatsächliche Gewinn vor Zinsen der beiden Gesellschaften 160 wäre (so hoch muß er mindestens sein, da ja F als risikolos angenommen wird), würde der Gesellschafter bei Aufrechterhaltung seiner Beteiligung an B Null erhalten − der Gewinn würde für die Zahlung der Zinsen verbraucht werden; bei einer Beteiligung an A würde er 1,1% von 160 minus den Zinsen von 4% von 40, d. s. 0,16 erhalten. Bei einem Gewinn von z. B. 2000 würde der Gesellschafter bei Aufrechterhaltung seiner Beteiligung an B 1% von 2000−160, d. s. 18,40 erzielen. Bei Beteiligung an A würde er dagegen 1,1% von 2000 minus 4% von 40, d. s. 20,40 erhalten. Die Arbitrage ist somit *risikolos*.

Falls M_B mit 8000 ($K_B = 4000, \bar{r}_B = 0{,}21, F_B = 4000$) niedriger wäre als M_A (10000), so wären die Anteilseigner von A daran interessiert, A-Anteile zu verkaufen, B-Anteile zu kaufen und das erhöhte Risiko einer Beteiligung an B durch den Kauf von festverzinslichen Wertpapieren auszugleichen. Aktionär Y würde etwa Anteile an A für 100 Geldeinheiten verkaufen und damit auf eine erwartete Dividende von 10 Geldeinheiten pro Jahr verzichten. Für je 50 Geldeinheiten würde er hierauf Anteile der Unternehmung B (erwartete Dividenden 10,50) und Obligationen, z. B. der Unternehmung B, beschaffen (erwartete Zinsen 2). Bei gleichem Risiko − die Verschuldung der Gesellschaft ($F_B/K_B = 1$) wird durch private Entschuldung wettgemacht − wäre sein Ertrag bei *jeder* Gewinnsituation der Unternehmung größer. Dies kann ebenso wie oben leicht nachgerechnet werden.

Natürlich kann der Beweis auch für den Fall adaptiert werden, daß beide Unternehmungen, aber in unterschiedlichem Ausmaß, verschuldet sind.

Ein weiterer Beweis für die Unabhängigkeit des Unternehmungswertes von der Kapitalstruktur stammt von *Stiglitz* [1974]. Für diesen Beweis werden wieder nur die Prämissen 1) bis 5) benötigt. *Stiglitz* argumentiert etwa folgendermaßen: Es sei zunächst angenommen, es existiere für Unternehmung A eine optimale Kapitalstruktur, sie werde aber von der Unternehmungsleitung nicht gewählt. Der Unternehmungswert bei der gewählten Kapitalstruktur sei also geringer als der bei optimaler Kapitalstruktur erreichbare Wert. In diesem Fall könnte ein Investor einen gleichen Prozentsatz an allen Eigen- und Fremdkapitaltiteln der Unternehmung A aufkaufen und selbst Wertpapiere emittieren, die der optimalen Kapitalstruktur von A entsprechen. Auf Grund von Prämisse 3) haben ja Investoren und Unternehmungen gleichen Zugang zum Kapitalmarkt. Da der Investor die Titel in unoptimaler Struktur kauft, aber in optimaler Struktur veräußert (er gibt aber exakt die bezogenen Dividenden bzw. Zinsen an die Käufer seiner Papiere weiter!), würde er bei dieser Transaktion einen risikolosen Arbitragegewinn erzielen. Ein solcher Arbitragegewinn ist aber mit einem Gleichgewicht am Kapitalmarkt unverträglich. Daher muß der Unternehmungswert im Gleichgewicht unabhängig von der Kapitalstruktur sein.

Beispiel 10:

Die Unternehmung A sei voll eigenfinanziert. Ihr Gesamtwert sei 4000. Ein Kapitaleigner X könnte nun z. B. 20% der Anteile für 800 kaufen und, wenn er sich davon einen Arbitragegewinn verspricht, zwei Formen von Wertpapieren emittieren: Wertpapiere $A\,1$, die Zinsen zu einem vereinbarten Satz erbringen (soweit die Gewinnanteile, die X von Unternehmung A erhält, zur Zinszahlung ausreichen); und Wertpapiere $A\,2$, an deren Eigner die Gewinnanteile von A ausgeschüttet werden, soweit sie die vereinbarten Zinsen für die erstangeführten Wertpapiere $A\,1$ übersteigen. – Da eine solche Transaktion bei den Prämissen 1) bis 5) jedem offensteht, darf sie bei einem im Gleichgewicht befindlichen Kapitalmarkt keine Arbitragegewinne ermöglichen. Wenn der Gesamtwert der Unternehmung A im Gleichgewicht 4000 beträgt, dann dürfte X aus seiner Transaktion nur einen Veräußerungserlös von 800, d.h. einen Arbitragegewinn von Null, erzielen. Der Gesamtwert der Unternehmung A muß daher ob der kostenlosen Umstrukturierungsmöglichkeiten seitens des Kapitalmarkts bei jeder Kapitalstruktur gleich sein.

Ein weiterer Beweis stammt von *Fama* [1978]. Er zeigt, daß Prämisse 3) (gleicher Zugang zum Kapitalmarkt) durch folgende wenige einschränkende Annahmen ersetzt werden kann:

8) Es gibt für alle Finanzierungstitel *perfekte Substitutionsmöglichkeiten*. Auf die Finanzierungsentscheidungen einer Unternehmung können andere Unternehmungen so reagieren, daß das Angebot (und damit die Preise) aller Finanzierungstitel unverändert bleiben.
9) Die Unternehmungen haben die Maximierung ihres (Markt-)Werts zur Zielsetzung.

Unter den Annahmen 1), 2), 4), 5), 8) und 9) ist der Unternehmungswert von der Kapitalstruktur unabhängig, obwohl die privaten Investoren keinen (unbeschränkten) Zugang zum Kapitalmarkt haben, also z. B. nicht selbst Wertpapiere emittieren können. Denn wenn eine Unternehmung das Kapitalmarktgleichgewicht z. B. durch einen Ersatz von Eigen- durch Fremdkapital stört, so beeinträchtigt sie die Preise von Finanzierungstiteln und damit die Lage des Marktwertmaximums der übrigen Unternehmungen. Die übrigen Unternehmungen werden daher so reagieren, daß sie die genau gegenteilige Transaktion ausführen. Damit entsprechen die Anlagemöglichkeiten der Investoren und die Preise der Positionen wieder dem Ausgangszustand.

Beispiel 11:

Es sei angenommen, daß zwei Unternehmungen existieren. Es herrsche Gleichgewicht am Kapitalmarkt. Die emittierten (wertmäßigen) Finanzierungstitel der Unternehmungen sind:

	Unternehmung A	Unternehmung B
Eigenkapitaltitel	100000	40000
Fremdkapitaltitel	50000	30000

Der Gesamtwert aller Finanzierungstitel ist somit 220000.

Aus irgendwelchen Gründen beschließt nun Unternehmung A, weitere Verbindlichkeiten von 10000 aufzunehmen und damit Eigenkapital rückzuzahlen. Für den „Geschmack" des Kapitalmarkts gibt es nunmehr zuviel Fremd- und zuwenig Eigenkapital. Würde Unternehmung B nicht reagieren, würden sich z. B. folgende Preise einspielen:

	Unternehmung A	Unternehmung B
Eigenkapitaltitel	90420	40170
Fremdkapitaltitel	59600	29800

In dieser Situation ist es für die Unternehmung B, falls sie nach Unternehmungswertmaximierung strebt (Prämisse 9), von Vorteil, die Transaktion von A dadurch wettzumachen, daß sie Fremdkapital von 10000 rückzahlt und Eigenmittel von 10000 aufnimmt. Unter der Voraussetzung, daß die Fremdmittel von A und B in ihren Charakteristiken identisch sind, müßten sich die Preise für die Eigen- und Fremdkapitaltitel wieder so einstellen, daß sich ein Gesamtwert von 220000 ergibt:

	Unternehmung A	Unternehmung B
Eigenkapitaltitel	90000	50000
Fremdkapitaltitel	60000	20000

Der Beweis von *Fama* und das diesen Beweis illustrierende Beispiel weisen darauf hin, daß es nicht so sehr darauf ankommt, wie eine bestimmte Unternehmung finanziert ist, sondern welches *Gesamtangebot* an Wertpapieren aus der Finanzierung *aller* Unternehmungen resultiert. In dieser Sicht interessiert die Frage, unter welchen Voraussetzungen die Konstruktion eines „neuartigen" Wertpapiers nutzenerhöhend wirken kann. Diese Frage führt uns zum Konzept des *vollständigen* (*Kapital-*) *Markts*: Ein Kapitalmarkt ist dann vollständig, wenn die Anzahl der linear unabhängigen Finanzierungstitel gleich ist der Anzahl der Umweltzustände. Ist der Kapitalmarkt vollständig, kann jede beliebige zustandsabhängige Einkommensverteilung hergestellt werden. Daher kann die Konstruktion eines „neuartigen" Wertpapiers nicht mehr nutzenerhöhend wirken; der Zahlungsstrom jedes „neuartigen" Wertpapiers ist auch durch eine Linearkombination existierender Wertpapiere erreichbar. Nur wenn der Kapitalmarkt unvollständig ist, ist die Konstruktion eines neuartigen Finanzierungstitels potentiell nutzenerhöhend. Das Konzept des vollständigen Markts soll an Hand folgenden Beispiels näher illustriert werden; das Beispiel – wie überhaupt die Konzeption des vollständigen Markts – ist in den sogenannten „state preference approach" (*Mossin* [1973]; *Myers* [1968]) eingebettet; nur bei einer endlichen Anzahl von Umweltzuständen ist es sinnvoll, von einem vollständigen Markt zu sprechen.

Beispiel 12:

Es wird ein einperiodiges Problem betrachtet. Zu $t = 1$ können *drei Zustände* eintreten. Zu $t = 0$ können drei – linear unabhängige – Wertpapiere mit folgenden Charakteristiken beschafft werden:

Wertpapier	Auszahlung der Wertpapiere bei Zustand j zu $t = 1$		
	$j = 1$	$j = 2$	$j = 3$
A	20	0	50
B	20	20	20
C	30	10	40

Da die Anzahl der Wertpapiere der Anzahl der Zustände entspricht, liegt ein vollständiger Kapitalmarkt vor. Jede beliebige Verteilung kann hergestellt werden. Wenn man z. B. nur ein Einkommen von 10 im Zustand $j = 2$, aber ein Einkommen von 0 in den übrigen Zuständen wünscht, dann ergibt sich das zu wählende Portefeuille aus:

$$20x + 20y + 30z = 0$$
$$20y + 10z = 10$$
$$50x + 20y + 40z = 0$$

$$x = 0{,}25$$
$$y = 0{,}875$$
$$z = -0{,}75 \ (= \text{Leerverkauf})$$

x, y, z: Anzahl der Wertpapiere A, B, C.

In dieser Situation ist die Konstruktion eines neuen Wertpapiers nicht sinnvoll, weil sämtliche möglichen Einkommensverteilungen zu $t = 1$ auch durch die existierenden Wertpapiere erreicht werden können. Anders wäre es, wenn vier Zustände zu $t = 1$ oder bei drei Zuständen nur zwei linear unabhängige Wertpapiere bestehen würden.

Bei den obigen Irrelevanz-Beweisen lag das Hauptaugenmerk auf der Untersuchung, ob durch Finanzierungsentscheidungen der *Gesamt*kapitalwert der Unternehmung beeinflußt werden kann. Nun ist denkbar, daß eine Änderung der Kapitalstruktur zwar nicht den Gesamtkapitalwert der Unternehmung, wohl aber die Kapitalwerte einzelner Kapitalgebergruppen beeinflußt, daß somit eine Vermögensumverteilung vorgenommen wird. Dies ist aber durch die Annahme homogener Erwartungen ausgeschlossen. Die Kapitalgeber wissen ja, in welchen Zuständen sie „ausgebeutet" werden bzw. sich „bereichern" können und sind daher in der Lage, sich von vorneherein darauf einzustellen (*Fama* [1968]).

4.2.2 Implikationen der Irrelevanzthese für die Kapitalkostensätze und den Leverage-Effekt

Wenn die Irrelevanzthese gilt, so ist der Gesamtwert der verschuldeten Unternehmung gleich dem Wert (des Eigenkapitals) der unverschuldeten Unternehmung:

$$K+F = K' = M \ . \tag{15}$$

(Zur Vereinfachung wird der Zeitindex t und der Unternehmungsindex j im folgenden nicht angeschrieben.)

Der Wert des Eigenkapitals kann als Barwert der von den Anteilseignern erwarteten Gewinne geschrieben werden:

$$K = (\bar{G} - \bar{r}_f F)/\bar{r} = (K'\bar{r}' - \bar{r}_f F)/\bar{r}$$

$$K' = (K\bar{r} + \bar{r}_f F)/\bar{r}' \ .$$

$\bar{r}_f$ = erwartete Rendite der Kreditgeber; entspricht bei risikolosem Kredit dem vereinbarten Zinsfuß und ist dann r_n.

Dabei wird unterstellt, daß $\bar{G}$, der erwartete Gewinn der Unternehmung vor Zinsen, sich im Zeitablauf nicht verändert; ebenso werden $\bar{r}_f, F$ und $\bar{r}$ als im Zeitablauf konstant angenommen.

Durch Einsetzen in Formel (15) erhält man:

$$\bar{r} = \bar{r}' + (\bar{r}' - \bar{r}_f)F/K \ . \tag{16}$$

Die von den Anteilseignern erwartete Rendite $\bar{r}$ (= Eigenkapitalkostensatz) ist somit eine ansteigende Funktion des Verschuldungsgrades F/K. Solange $\bar{r}_f$, der erwartete Fremdkapitalkostensatz, unabhängig von F/K ist, ist die Funktion linear. Dies ist in jenem Bereich der Fall, in dem der Kredit risikolos ist und in dem daher $\bar{r}_f = r_n$ gilt. Wenn $\bar{r}_f$ bei höheren Verschuldungsgraden ansteigt, ist die Zunahme von $\bar{r}$ degressiv. $\bar{r}$ kann jedoch nicht abnehmen, wenn unterstellt wird, daß das marginale Risiko, das Kreditoren übernehmen, stets kleiner ist als das durchschnittliche Risiko der Eigenkapitalgeber (*Stapleton* [1970, S. 192ff.]). Die Differenz zwischen $\bar{r}'$ und r_n kann als Risikoprämie für das *Investitionsrisiko* interpretiert werden. Sie ist den Anteilseignern der voll eigenfinanzierten Unternehmung j zu bieten, damit sie sich an j beteiligen. Der zweite Bestandteil von Ausdruck (16), nämlich $(\bar{r}' - \bar{r}_f)F/K$, ist jener Teil der erwarteten Rendite der Anteilseigner, der als Prämie für das zum Investitionsrisiko hinzutretende Risiko aus der Fremdfinanzierung gefordert bzw. erwartet wird. $(\bar{r}' - \bar{r}_f)F/K$ kann somit als Entgelt für das von den Anteilseignern zu tragende *Kapitalstrukturrisiko* bezeichnet werden.

Bei Irrelevanz der Kapitalstruktur muß der *durchschnittliche Kapitalkostensatz* (i) bei jeder Kapitalstruktur gleich dem Kapitalkostensatz bei reiner Eigenfinanzierung (r') sein:

$$i = \bar{r}K/M + \bar{r}_f F/M = \bar{r}' \ .$$

Dies kann aus Formel (16) abgeleitet werden:

$$\bar{r}'(1 + F/K) = \bar{r} + \bar{r}_f F/K$$

$$\bar{r}' = (\bar{r} + \bar{r}_f F/K)/(1 + F/K) = (\bar{r}K + \bar{r}_f F)/(F + K)$$

$$= \bar{r}K/M + \bar{r}_f F/M \ , \quad \text{q.e.d.}$$

Zur Veranschaulichung wird in untenstehender Abbildung 5 ein beispielhafter Verlauf von $i = \bar{r}', \bar{r}$ und $\bar{r}_f$ bei Gültigkeit des Irrelevanztheorems gezeigt.

In der betriebswirtschaftlichen Literatur wird häufig der *Leverage-Effekt* als Vorzug der Fremdfinanzierung hervorgehoben. Man meint damit, daß die *erwartete* Rendite des Eigenkapitals durch Fremdfinanzierung erhöht werden kann. Diese Steigerungsmöglichkeit der erwarteten Rendite des Eigenkapitals ist jedoch bei Gültigkeit der Irrelevanzthese *kein* Vorteil, sie ist irrelevant. Die Irrelevanzthese impliziert nämlich, daß der Anstieg der erwarteten Rendite durch den Anstieg des Kapitalstrukturrisikos genau kompensiert wird. Es wird dies in *Beispiel* 13 demonstriert.

102 Finanzierungsoptima bei Unsicherheit

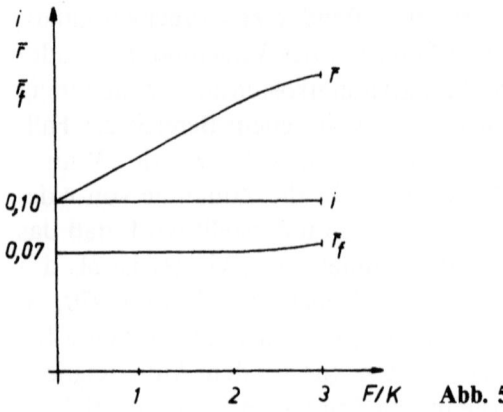

Abb. 5

Beispiel 13:

Eine Unternehmung mit einem Kapitaleinsatz von 10000 kann mit jeweils gleichen Wahrscheinlichkeiten einen jährlichen Gewinn von 400, 1000 oder 1600 (vor Zinsen) erzielen. Wird die Unternehmung *voll eigenfinanziert*, ergeben sich folgende mögliche Renditen des Eigenkapitals:

$$\frac{400}{10000} = 0{,}04 \qquad \frac{1000}{10000} = 0{,}10 \qquad \frac{1600}{10000} = 0{,}16 \ .$$

Die *erwartete Rendite* beträgt daher 0,10.

Wird jedoch *Fremdkapital* im Ausmaß von 5000 eingesetzt, dessen Verzinsung 8 % beträgt, so betragen die möglichen Eigenkapitalrenditen:

$$\frac{400 - 0{,}08 \cdot 5000}{5000} = 0 \qquad \frac{1000 - 400}{5000} = 0{,}12 \qquad \frac{1600 - 400}{5000} = 0{,}24 \ .$$

Die erwartete Rendite steigt somit auf 0,12. Gilt nun die Irrelevanzthese und würden die Anteilseigner die rein eigenfinanzierte Unternehmung mit 11111 (= 1000/0,09, $\bar{r}' = 0{,}09$) bewerten, so müßte im Fall der teilweisen Fremdfinanzierung der Unternehmungswert für die Anteilseigner 11111 − 5000 = 6111 betragen; d.h. die Anteilseigner müßten infolge des Kapitalstrukturrisikos den Eigenkapitalkostensatz auf 0,098 erhöhen (600/0,098 = 6111).

4.2.3 Der Einfluß eines unvollkommenen Kapitalmarkts bei Unsicherheit, insbesondere von differenzierenden Steuern, auf das Kapitalstrukturoptimum

Die These von der Irrelevanz der Kapitalstruktur war von Anfang an und ist heute noch heftig umstritten. Die Gegenthese wurde ursprünglich mehr intuitiv, unter Bezugnahme auf das Risikoverhalten der Anteilseigner und Gläubiger begründet: Bei niedrigen Verschuldungsgraden würden die Gläubiger einen risikolosen Zinsfuß verrechnen und auch die Anteilseigner würden keinen Anlaß sehen, die geforderte Rendite zu erhöhen. Daraus würde folgen, daß der Unternehmenswert für die Anteilseigner mit zunehmender Verschuldung zunächst ansteigt. Erst bei höheren Verschuldungsgraden würden Anteilseigner wie auch Gläubiger ein erhöhtes Risiko spüren und ihre Renditeerwartungen erhöhen. Dies hätte zur Folge, daß der Unternehmungswert bei einem bestimmten Verschuldungsgrad ein Maximum erreicht (bzw. der Kapitalkostensatz i ein Minimum) und der Wert dann absinkt (bzw. i zunimmt). Die neueren Ansätze leiten dagegen die Relevanz des Verschuldungsgrads aus der Kritik einzelner Prämissen des *Modigliani-Miller-Theorems* ab. Nur letztere sind Gegenstand der folgenden Erörterungen.

Hinsichtlich des Einflusses der *Transaktionskosten* sei auf Abschnitt 3.2.1 verwiesen. Es ist recht diffizil, ihm nachzuspüren, und nur in wenigen Fällen begründen Transaktionskosten eine eindeutige Relevanz bestimmter Finanzierungsmaßnahmen. Ein solcher Fall ist die Alternative zwischen Gewinneinbehaltung und Gewinnausschüttung mit nachfolgender Kapitalerhöhung, falls die Unternehmung Eigenkapital benötigt und die Kapitaleigner die empfangenen Dividenden investiv anlegen würden. Die Konfrontation etwaiger höherer Transaktionskosten für Aktienemissionen mit niedrigeren Transaktionskosten für Anleihenemissionen ist schon problematischer: Da Anleihen in der Regel eine fixe Laufzeit haben, fallen die Transaktionskosten für Anleihen meist öfter an (z. B. alle 15 Jahre).

Informationskosten sind vor allem im Zusammenhang mit heterogener Information von Interesse. Wäre Information kostenlos, würde jeder Anleger sich soweit informieren, daß homogene Information gegeben sein würde. Informationskosten werden daher, zumindest indirekt, im Rahmen des Abschnitts 5 eine Rolle spielen. Auch ist zu beachten, daß ein wichtiger Bestandteil der Transaktionskosten häufig Informationskosten sind, wie z. B. die Kosten von Prüfungen und Publikationen im Rahmen von Aktienemissionen. Auch *Zugangsbeschränkungen* bzw. Kapitalrationierungen lassen sich in der Regel auf Informationskosten und/oder Transaktionskosten zurückführen: Es wäre zu teuer, die Bonität bestimmter Personen oder Unternehmungen laufend zu überprüfen; deshalb beschränkt man ihren Zugang zu bestimmten Instrumenten oder zumindest die Höhe des ihnen gewährten Kapitals. Diese Aspekte werden daher ebenfalls in Abschnitt 5 angesprochen werden.

Dem Einfluß der *Steuern* auf die Dividendenpolitik und die Kapitalstruktur wurde unter Annahme von Sicherheit in Abschnitt 3.2.2 nachgespürt. Dabei wurden unterschiedliche Steuersysteme analysiert. Die Ergebnisse können weitgehend auf den Fall der Unsicherheit übertragen werden. Daher ersparen wir uns eine Wiederholung der Analysen aus Abschnitt 3.2.2 und beschränken uns auf diejenigen Aspekte, die bei Unsicherheit hinzutreten. Wir konzentrieren uns dabei auf das Steuersystem 4, das klassische Körperschaft-Einkommensteuersystem, weil, da in den USA nach wie vor gültig, sich die diesbezüglichen Publikationen der letzten Jahre beinahe ausschließlich auf es beziehen.

Für dieses Steuersystem hat *Miller* [1977] bei Sicherheit nachgewiesen, daß vollständige Gewinneinbehaltung optimal ist, daß aber die Kapitalstruktur für die einzelne Unternehmung irrelevant ist. Aus der Sicht der Gesamtwirtschaft gibt es allerdings ein optimales Eigenkapital-Fremdkapital-Verhältnis. Voraussetzung für dieses *Miller*-Gleichgewicht ist, daß der maximale Einkommensteuersatz größer ist als der Körperschaftsteuersatz (von einer Kapitalgewinnsteuer sei vereinfachend abstrahiert). Anleger, deren marginaler Einkommensteuersatz niedriger (höher) ist als der Körperschaftsteuersatz, werden Anleihen (Aktien) kaufen. Anleger, deren marginaler Einkommensteuersatz gleich ist dem Körperschaftsteuersatz, sind indifferent zwischen dem Erwerb von Aktien und Anleihen.

Das soeben charakterisierte *Miller*-Gleichgewicht bleibt auch *bei Unsicherheit* unverändert, falls trotz Unsicherheit stets Gewinne entstehen, also die Fremdkapitalzinsen körperschaftsteuermindernd verrechnet werden können. Falls aber Verlustjahre eintreten können, in denen die Unternehmung gleichwohl solvent ist, und kein vollständiger steuerlicher Verlustausgleich besteht, ergibt sich folgender Effekt: Die Kreditzinsen mindern nicht mehr (voll) die Körperschaftsteuerzahlungen; gleichwohl unterliegen sie beim Empfänger der Einkommensteuer. Diese Einkommensteuer hätte man bei Eigenfinanzierung sparen können, ohne daß, wegen der Verlustsituation, zusätzlich Körperschaftsteuer angefallen wäre. Aus diesem Effekt haben als erstes *DeAngelo Masulis* [1980a] interne Kapitalstrukturoptima für alle Unternehmungen abgeleitet. Die Schwachstelle ihrer Arbeit ist jedoch die Annahme, daß die Kreditgeber für die gesamte Rückzahlung (Zinsen und Tilgung) Einkommensteuer bezahlen müssen. Diese zur Modellvereinfachung gewählte Annahme hat aber folgende Implikation: Sie verdeckt den zusätzlichen Effekt, daß, falls die Gläubiger Risiko übernehmen, die Wahrscheinlichkeit steigt, daß ihre Zinserträge teilweise und zur Gänze ausfallen. In diesem Fall zahlen die Gläubiger *keine* Einkommensteuer, so daß die Asymmetrie – Gläubiger zahlen Einkommensteuer, Gesellschaft hat keine Steuervorteile – wieder wegfällt. *Zechner Swoboda* [1986] haben die gleiche Problemstellung unter der Annahme untersucht, daß beim Kreditgeber nur die Zinseinnahmen steuerpflichtig sind. In diesem Fall zeigt sich interesssanterweise, daß es, falls der (marginale) Einkommensteuersatz gleich ist dem Körperschaftsteuersatz, im Normalfall zwei Bereiche einer optimalen Unternehmensverschuldung gibt; innerhalb dieser Bereiche ist der Verschuldungsgrad irrelevant: Der erste Bereich umfaßt die reine Eigenfinanzierung und so niedrige Kreditaufnahmen, daß stets steuerliche Gewinne entstehen. Falls auch bei reiner Eigenfinanzierung steuerliche Verluste entstehen können, fällt dieser Bereich mit der Untergrenze, der reinen Eigenfinanzierung, zusammen. Der zweite Bereich beginnt dort, wo die Verschuldung gleich hoch ist wie alle steuerlichen Abzugspositionen außer den Zinsen (in dem untersuchten Einperiodenmodell sind das die Abschreibungen = Investitionen zu $t = 0$) und umfaßt diese und alle höheren Verschuldungen. Der Grund dafür ist darin zu sehen, daß in diesem Bereich gewährleistet ist, daß, falls überhaupt Zinsen gezahlt werden können, sie auch Körperschaftsteuer ersparen. Es sind also reine Eigenfinanzierung, sehr niedrige Verschuldungsgrade (wenn überhaupt), aber jedenfalls sehr hohe Verschuldungsgrade gleich optimal! Dazwischenliegende Verschuldungsgrade sind inferior. Dieser paradox erscheinende Aspekt sei für den skeptischen Leser an einem *Zahlenbeispiel* demonstriert. (Weitere Analysen zum Einfluß von Steuern auf die Kapitalstruktur bei Unsicherheit stammen von *Park Williams* [1985], *Talmor Haugen Barnea* [1985], *Ross* [1985], *Dybvig Ross* [1986], *Ross* [1987], *Barnea Talmor Haugen* [1987]).

Beispiel 14:

Die Unternehmung A wird zu $t = 0$ gegründet, investiert 100 und wird zu $t = 1$ liquidiert. Das Endvermögen zu $t = 1$, M_1, beträgt mit einer Wahrscheinlichkeit von je 1/3 60, 130 oder 200. Der Körperschaftsteuersatz ist 50%, der Kreditsatz in der Volkswirtschaft 10%. Der zwischen Anlagen in Fremdkapitaltiteln und Aktien indifferente, marginale Investor hat daher einen Grenzsteuersatz von 50%. Es herrscht Risikoneutralität.

Die gesamte Investition zu $t = 0$ kann zu $t = 1$ steuerlich abgesetzt werden. Daher gibt es keinen Bereich mit niedriger Verschuldung, bei dem die Zinsen mit Sicherheit steuerlich absetzbar sind. M_1 kann nämlich mit 60 kleiner sein als die Abschreibungsquote, so daß selbst bei reiner Eigenfinanzierung ein steuerlicher Verlust entstehen kann. Daher ist in diesem Beispiel entweder reine Eigenfinanzierung oder eine Verschuldung von 100 oder darüber optimal. Dies wird durch das Durchrechnen der folgenden drei Fälle demonstriert: reine Eigenfinanzierung; die Aufnahme eines (sicheren) Kredits von 50; und die Aufnahme eines unsicheren Kredits von 100.

Reine Eigenfinanzierung

$$\bar{M}_1 = 0{,}333\{60 + [130 - 0{,}50(130 - 100)] + [200 - 0{,}50(200 - 100)]\}$$
$$= \underline{108{,}33}$$

$F = 50$

$\bar{F}_1 = 55 - 0{,}50(55 - 50)$
$= \underline{52{,}50}$

$\bar{K}_1 = 0{,}333\{[60-55] + [130-55-0{,}50(130-100-5)]$
$\quad + [200-55-0{,}50(200-100-5)]\}$
$= \underline{55}$

$\bar{M}_1 = \bar{F}_1 + \bar{K}_1$
$= \underline{107{,}50}$

$F = 100$

In diesem Fall muß zuerst der von den Gläubigern zu fordernde Zinssatz ermittelt werden. Er muß so hoch sein, daß die Gläubiger nach Steuern eine Nettorendite von 5% erwarten. Es ist leicht ersichtlich, daß der Zinssatz über 30% liegen muß, so daß nur im Fall von $M_1 = 200$ ein Anteil für die Unternehmungsgründer verbleibt:

$0{,}333\{60 + [130-0{,}50(130-100)] + [100(1+k) - 0{,}50 \cdot 100\,k]\} = 105 = \bar{F}_1$
$k = 0{,}80$

$\bar{K}_1 = 0{,}333\,[200 - 180 - 0{,}50(200-100-80)]$
$= \underline{3{,}33}$

$\bar{M}_1 = \bar{F}_1 + \bar{K}_1 = 105 + 3{,}33$
$= \underline{108{,}33}$

Es ist ersichtlich: Der erwartete Unternehmungswert zu $t = 1$ (und damit auch zu $t = 0$) ist bei reiner Eigenfinanzierung und einer Kreditaufnahme von 100 gleich hoch (108,33). Bei niedrigerer Verschuldung ist er geringer!

Ein weiterer Aspekt, der erst bei Unsicherheit relevant wird, liegt in der Ausnutzung von steuerlichen *Verlustrealisierungen.* Voraussetzung für diesen Effekt ist die Existenz einer Kapitalgewinnsteuer verbunden mit einer steuerlichen Verrechenbarkeit von Kapitalverlusten. Die Unsicherheit führt nun dazu, daß Aktien und Anleihen im Kurs steigen und sinken können. Sinken sie, hat der Investor die Möglichkeit, sie zu verkaufen und die Verluste steuerlich zu verwerten. *Mauer Lewellen* [1988] zeigen, daß eine teilweise fremdfinanzierte Unternehmung stets mehr Möglichkeiten der Verlustrealisierung bietet als eine rein eigen- oder rein fremdfinanzierte Unternehmung – unter der Voraussetzung, daß sich die Kurse der Eigenkapitaltitel nicht völlig synchron zu denjenigen der Fremdkapitaltitel bewegen (vgl. auch *Mauer Lewellen* [1987]). Daher existiert eine optimale Kapitalstruktur mit positiven Eigen- und Fremdkapitalanteilen.

Eine besondere Irrelevanztheorie trotz Besteuerung haben *Litzenberger Talmor* [1988] entwickelt. Selbst wenn das Steuersystem eine Finanzierungsform eindeutig benachteiligt (begünstigt), ist die Kapitalstruktur dann irrelevant, wenn die Anleger Portefeuilles wählen können, die ihnen bei jedem gesamtwirtschaftlichen Konsumniveau den gewünschten Anteil gewährleisten. Die Idee ist: Falls der Staat höhere Steuereinnahmen hat, kann er höhere Transferzahlungen leisten und/oder die Inflationsraten geringer halten. Höheren Steuerzahlungen durch bestimmte Finanzierungsformen stehen daher höhere Erträge gegenüber, die man bei vollkommenem Markt, z. B. durch Optionen, miteinander verbinden kann. In eine etwas andere Richtung geht die Theorie von *DeAngelo* [1991]: Die Anleger wollen zu allen Zeitpunkten ein bestimmtes Konsumniveau erreichen. Dazu sind Ausschüttungen in bestimmter Höhe notwendig, auch wenn sie Mehrkosten in Form von Steuern verursachen. Welche Gesellschaften allerdings Dividenden ausschütten, ist irrelevant, da sich die Anleger selbst zuordnen können. Das Argument von *DeAngelo* ist aber insofern nicht überzeugend, als Anleger ja auch in Fremdkapitaltiteln investieren und die Zinsen für den Konsum verwenden können. Dies ist steuerlich günstiger als der Konsum von Dividenden. Fremdfinanzierung wird aber in das Modell von *DeAngelo* nicht einbezogen.

Einige Autoren haben sich mit der Frage beschäftigt, ob die Berücksichtigung *(unsicherer) Inflationsraten* einen Einfluß auf die optimale Kapitalstruktur hat. Nach der *Fisher*-These setzt sich der Zinsfuß in etwa aus dem Realzinsfuß und der erwarteten Inflationsrate zusammen, genauer:

$$1 + r_{nominal} = (1 + r_{real})(1 + \text{Inflationsrate}).$$

Damit jedoch die Kreditgeber *nach* Einkommensteuersatz bei jeder Inflationsrate stets die gleiche Realverzinsung erhalten (*Darby*-These), müßte der Nominalzinsfuß aber betragen:

$$r_{nominal} = \frac{(1 + r_{\text{real nach Steuern}})(1 + \text{Inflationsrate}) - 1}{(1 - \text{Einkommensteuersatz})}.$$

Bei einem Realzinsfuß von 4%, einer Inflationsrate von 6% und einem Einkommensteuersatz von 50% ergibt sich nach der *Fisher*-These ein Nominalzinssatz von 10,24% (nach Steuern daher von 5,12%); nach der (*Darby*-These) ein Nominalzinssatz von 16,24%. Nur im zweiten Fall gewährleistet die Nachsteuer-Rendite von 8,12% eine Realrendite von 2,12%. Für 2,12 kann man im Fall der Inflation den gleichen Warenkorb kaufen wie für die Zinserträge nach Steuern von 2 im Fall ohne Inflation.

Tatsächlich dürften aber die Kreditzinsen in den meisten Fällen nur (höchstens) um die erwartete Inflationsrate steigen (im obigen Beispielsfall auf 10,24%), so daß – bei entsprechend hoher Inflationsrate

- die realen Renditen nach Steuern bzw. die realen Kreditkosten für die Kreditnehmer sogar negativ sein können. Unabhängig davon, wie der Kreditzinssatz auf Inflation reagiert, würde eine Inflation auch zu einer Anpassung der erwarteten Eigenkapitalrenditen führen, und zwar in einer Weise, daß wieder Gleichgewicht am Kapitalmarkt herrscht. Je nach Steuersystem würde weiterhin Irrelevanz der Kapitalstruktur bestehen (Steuersystem 1, 4, 5, 6 — für das Steuersystem 4 — das *Miller*-System — hat dies *Hochman Palmon* [1985] für den Fall gezeigt, daß keine Kapitalgewinnsteuer existiert; vgl. auch *Schall* [1984]); oder es würde sich infolge der Abzugsfähigkeit der in die Zinssätze eingerechneten Inflationsprämien — die eigentlich einen Ersatz für verminderte reale Rückzahlung darstellen — der Vorteil der Fremdfinanzierung weiter erhöhen (Steuersystem 2 und 3) (vgl. *Swoboda* [1977] und *Hamada* [1979]).

In *Swoboda* [1977] wurde dieser Vorteil aus der Abzugsfähigkeit der in den Kreditzinsen enthaltenen Inflationsprämien dem Nachteil aus der Besteuerung sogenannter Scheingewinne (z. B. Differenz zwischen Abschreibungen zu Wiederbeschaffungspreisen und zu Anschaffungspreisen usw.) gegenübergestellt. Dabei wurde festgestellt, daß der Vorteil bei realistischen Verschuldungsgraden durchaus die Nachteile überwiegen kann. Ferner ergab sich das paradoxe Resultat, daß bei Preissteigerungen der Produkte und Produktionsfaktoren, die der Inflationsrate entsprechen, und bei um die nominelle Inflationsrate zunehmenden Kapitalkostensätzen, die Unternehmungswerte unendlich werden können. Später haben dies auch *Modigliani Cohn* [1979] gezeigt.

Eine Inflation fördert die Fremdfinanzierung umso mehr, wenn der Anstieg der Kreditzinsen um höchstens die nominelle Inflationsrate darauf zurückzuführen sein sollte, daß die Besteuerung der Kreditzinsen beim Empfänger vermieden wird. In diesem Fall verhilft eine inflationäre Entwicklung dazu, auch einen Teil der (realen) Rückzahlung von der Bemessungsgrundlage der Körperschaftsteuer abzusetzen, ohne dadurch die Einkommensteuerbelastung der Empfänger zu erhöhen. Dies muß natürlich den Vorteil der Fremdfinanzierung erhöhen.

Neben Transaktionskosten und Steuern können *Kapitalmarktrestriktionen* die Kapitalstruktur relevant machen. Im folgenden sollen in sehr kursorischer Form mögliche Effekte von Kapitalmarktrestriktionen skizziert werden.

Eine sehr strenge Kapitalmarktrestriktion liegt vor, wenn eine Gruppe von Anlegern nur Aktien, eine andere Gruppe von Anlegern nur Anleihen kaufen darf, also der Markt segmentiert ist. *Rudolph* [1979] untersucht für diese Konstellation sehr gründlich, unter welchen Bedingungen dennoch Irrelevanz der Kapitalstruktur vorliegen kann.

Eine in diese Richtung weisende konkrete Restriktion sind Regelungen für Versicherungsgesellschaften, Pensionskassen etc., die diese darauf verpflichten, ihre Mittel nur in wenig riskanten Papieren anzulegen.

Eine weitere Form von Kapitalmarktrestriktionen ist darin zu sehen, daß bestimmte günstige Finanzierungsformen nur für bestimmte Unternehmungen und/oder bestimmte Projekte zugänglich sind. Beispiele sind *Exportkredite* oder Kredite für Umweltschutzinvestitionen. Solche Kredite, wenn günstiger als ansonsten vergleichbare andere Kredite, sind natürlich relevant. Ihre Vorteile können so groß sein, daß man die zu ihrer Erlangung notwendigen Voraussetzungen erst schafft. Es ist etwa möglich und sogar bezweckt, daß Exportgeschäfte erst durch die Möglichkeit einer begünstigten Finanzierung für die Unternehmung interessant werden. Damit ist aber auch die Prämisse 5 der Irrelevanzthese – Unabhängigkeit der Unternehmenspolitik von der Kapitalstruktur – nicht mehr gewahrt.

Eine besondere Form der Kapitalmarktbeschränkung gilt für Unternehmungen, die in der Verfügungsgewalt der Arbeitnehmer stehen (*labor managed firms*), wobei die Arbeitnehmer ihre „Anteile" weder veräußern, noch vererben, noch bei Beendigung des Dienstverhältnisses „mitnehmen" dürfen. Die Arbeitnehmer (Anteilseigner) einer solchen Unternehmung werden, insbesondere wenn sie aus der Unternehmung bald ausscheiden werden, an maximaler Fremdfinanzierung bei maximaler Gewinnausschüttung interessiert sein. Die Gewinnausschüttung ermöglicht es ihnen nämlich, zumindest einen Teil des von ihnen mitgeschaffenen Vermögens anderweitig anzulegen und somit nach Beendigung des Dienstverhältnisses zu behalten. Selbstfinanzierung anstelle von Fremdfinanzierung (reine Eigenfinanzierung kommt ja bei solchen Unternehmungen kaum in Frage) würde dagegen dazu führen, daß ausscheidende Arbeitnehmer „ihre" Anteile am Gewinn der Vorperioden entschädigungslos an die verbleibenden und/oder neu eintretenden Anteilseigner übertragen müssen. (Zu den Auswirkungen dieser Konstruktion auf Investitionsentscheidungen bzw. Entscheidungen, neue Arbeitskräfte aufzunehmen, vgl. insbesondere *Furubotn* [1976] und *Berman Berman* [1978].)

4.3 Eigenfinanzierungsprobleme

In diesem Abschnitt soll untersucht werden, ob unter Ausschluß heterogener Information und damit von Principal-Agent-Problemen folgenden Problemen Relevanz zukommt: dem Ausgabekurs für junge Aktien; der Dividendenpolitik; und der Ausgabe unterschiedlicher Eigenkapitaltitel (z. B. Optionen oder Vorzugsaktien neben Stammaktien).

4.3.1 Irrelevanz oder Relevanz des Ausgabekurses junger Aktien?

Eine Aktiengesellschaft habe den Entschluß gefaßt, einen bestimmten Betrag durch eine ordentliche Kapitalerhöhung aufzubringen. Es ist die Frage zu beantworten, ob bzw. unter welchen Bedingungen der *Kurs relevant* ist, zu dem die jungen Aktien verkauft werden. Da homogene Information unterstellt ist, wird im folgenden angenommen, daß Manager und Anteilseigner stets gleichermaßen über Wahrscheinlichkeit bzw. Sicherheit der Kapitalerhöhung, Unternehmungswerte etc. informiert sind.

Falls neue Anteile unter Ausschluß des Bezugsrechts der bisherigen Anteilseigner emittiert werden, so ist den Interessen der bisherigen Anteilseigner durch einen möglichst hohen Ausgabekurs gedient. Je höher der Ausgabekurs der neuen Anteile ist, desto weniger Anteile müssen zur Deckung eines bestimmten Kaptialbedarfs emittiert werden, ein desto geringerer Anteil künftiger Dividenden und Kapitalrückzahlungen entfällt somit auf die neuen Anteilseigner.

Der Ausgabekurs für die jungen Aktien ist allerdings dann *irrelevant*, falls den bisherigen Anteilseignern ein Bezugsrecht auf die neu auszugebenden Anteile im Verhältnis ihrer Beteiligungsquote gewährt wird, so wie es in § 186 Aktiengesetz grundsätzlich vorgesehen ist, und wenn weder die Transaktionskosten noch die Wahrscheinlichkeit des Gelingens der Kapitalerhöhung vom Ausgabekurs abhängt. Dies soll im folgenden demonstriert werden. Falls die Anteilseigner ein Recht zum Bezug der neuen Aktien haben, ist es ihnen möglich, entweder das Bezugsrecht zu verkaufen oder die neuen Aktien selbst zu beziehen. Damit ist gewährleistet, daß die hinzutretenden Anteilseigner tatsächlich den höchstmöglichen Preis für die Anteile zahlen.

Unter *Bezugsrecht* versteht man das Recht, einen bestimmten Teil (ein Vielfaches) einer neuen Aktie zu einem bestimmten Kurs zu erwerben. Dieses dem Eigentümer einer alten Aktie gewährte Recht kann von ihm veräußert werden, es wird an der Börse gehandelt. Wenn etwa 10000 Anteile (Marktwert pro Anteil 400) bisher ausgegeben wurden und nun weitere 2000 Anteile zum Kurs von nur 100 ausgegeben werden sollen, so steht jedem Anteilseigner je Anteil das Recht zu, 20% eines neuen Anteils zu erwerben. Um eine neue Aktie kaufen zu können, benötigt man 5 Bezugsrechte.

Um zu zeigen, daß der Ausgabekurs irrelevant ist, falls die bisherigen Aktionäre ein Bezugsrecht haben, soll vorerst die *zeitliche Abfolge einer Kapitalerhöhung* näher untersucht werden. Das erste Stadium ist der Beschluß zur Durchführung einer Kapitalerhöhung. Falls die Anteilseigner die Kapitalerhöhung und die mit ihr verbundenen Investitionen nicht bereits vorher mit Sicherheit vorhergesehen haben, werden sie den Beschluß zu einer Kapitalerhöhung zum Anlaß von Kurskorrekturen nehmen (*Ankündigungseffekt*). Bei homogener Information und Ausschluß eines Interessengegensatzes zwischen Management und Kapitaleignern müßte der Ankündigungseffekt immer größer/gleich Null sein. Das Management wird ja eine Kapitalerhöhung nur vorschlagen und die Anteilseigner diese nur beschließen, wenn mit positiven Effekten zu rechnen ist. Bei heterogener Information muß dies jedoch nicht mehr der Fall sein (siehe Abschnitt 5).

Im zweiten Stadium des Kapitalerhöhungsprozesses werden die *Bezugsrechte gehandelt*. Die Anteilseigner können entscheiden, Bezugsrechte auf neue Aktien zu verkaufen oder zuzukaufen. Dabei muß darauf geachtet werden, jeweils ein Vielfaches derjenigen Anzahl an Bezugsrechten zu besitzen, die für den Erwerb einer jungen Aktie notwendig ist. Falls für 5 alte Aktien eine neue Aktie ausgegeben wird, so ist nur der Besitz von 0, 5, 10, 15 usw. Bezugsrechten sinnvoll (Bezugsverhältnis 5 : 1). Der Handel mit Bezugsrechten ist zeitlich terminiert. Nach seinem Abschluß werden die jungen Aktien von den Inhabern der Bezugsrechte bezogen (drittes Stadium).

Welches ist der *Wert eines Bezugsrechts?* Um dies feststellen zu können, muß ermittelt werden, welchen Wert ein Anteil *nach* der Kapitalerhöhung haben wird. Der Vorteil aus dem Recht, eine neue Aktie zu beziehen, ist dann gegeben durch den Wert einer Aktie nach Durchführung der Kapitalerhöhung minus dem Ausgabekurs der jungen Aktie. (Es wird hier angenommen, daß junge und alte Aktien von vornherein gleichberechtigt und daher gleichwertig sind.) Der Wert eines Bezugsrechts ergibt sich, wenn man diesen Differenzbetrag durch die Anzahl der Bezugsrechte dividiert, die man zum Erwerb einer jungen Aktie benötigt:

Wert eines Bezugsrechts =

$$\frac{\text{Wert der Aktie nach Durchführung der Kapitalerhöhung} - \text{Ausgabekurs der jungen Aktie}}{\text{Bezugsverhältnis}}$$

Nun muß man annehmen, daß der Kurs der Anteile *vor* der Durchführung der Kapitalerhöhung und vor Verkauf des Bezugsrechts gleich ist dem Kurs nach dem Verkauf des Bezugsrechts plus dem Wert des Bezugsrechts. Dann kann obige Formel in folgende Beziehung umgeformt werden:

Wert eines Bezugsrechts =

$$\frac{\text{Wert der alten Aktie vor Verkauf des Bezugsrechts (aber nach Ankündigung der Kapitalerhöhung)} - \text{Ausgabekurs der jungen Aktie}}{\text{Bezugsverhältnis} + 1}$$

Die *Irrelevanz des Bezugskurses* soll Beispiel 15 zeigen.

Beispiel 15:

Vor Kapitalerhöhung und vor ihrer Kenntnisnahme seitens des Kapitalmarkts gilt: Grundkapital 1 000 000, zerlegt in 10 000 Anteile mit einer Nominale von 100 und einem Marktwert von 400. Der Marktwert errechnet sich aus den erwarteten jährlichen Gewinnen ($n \to \infty$) = jährlichen Dividenden von 600 000 (60 pro Anteil) und einem Kalkulationszinsfuß $\bar{r}$ von 0,15. Es wird nun entschieden, weitere 200 000 Eigenmittel durch eine Kapitalerhöhung mit Bezugsrecht der Anteilseigner zu beschaffen.

$\bar{r}$ würde durch die Kapitalerhöhung und die Investition der Mittel nicht geändert werden. Die zusätzlichen Mittel können mit einer erwarteten Rendite von 0,18 investiert werden. Ist ein Ausgabekurs von 1) 200 oder 2) 100 günstiger?

Bei der Lösung ist davon auszugehen, daß die erwarteten jährlichen Dividenden um 36 000 steigen werden. Der Unternehmungswert für die Anteilseigner wird daher durch die Ankündigung der Kapitalerhöhung auf 4 040 000, der Kurs pro Aktie auf 404 steigen:

$636 000 / 0,15 - 200 000 (= \text{einzuzahlender Betrag})$

$= 4 240 000 - 200 000 = 4 040 000$.

Wird ein *Bezugskurs von* 200 gewählt, so müssen 1 000 Aktien emittiert werden, um die benötigten eigenen Mittel von 200 000 aufzubringen. Das Bezugsverhältnis ist dann 10:1. Der Kurswert pro Aktie nach Kapitalerhöhung ist 4 240 000 (Unternehmungswert nach Kapitalerhöhung) dividiert durch 11 000 (Anzahl der Aktien nach Kapitalerhöhung) = 385,45. Das Bezugsrecht hat daher einen Wert von (385,45 − 200)/10 = 18,55. Der Wert pro Altaktie vor Verkauf des Bezugsrechts = vor Bezugsrechtsabschlag ist 385,45 + 18,55 = 404.

Wird dagegen ein *Ausgabekurs von* 100 gewählt, so müssen 2 000 Aktien emittiert werden. Das Bezugsverhältnis ist dann 5:1. Der Wert pro Aktie nach Kapitalerhöhung ist 4 240 000/12 000 = 353,33. Das Bezugsrecht hat daher einen Wert von (353,33 − 100)/5 = 50,67. Der Wert pro Altaktie vor Verkauf des Bezugsrechts ist 353,33 + 50,67 = 404.

Der Ausgabekurs beeinflußt somit bei den zugrundeliegenden Prämissen nicht den Wert einer Aktie vor Kapitalerhöhung; denn der Wert des Bezugsrechts und der Wert einer Aktie nach Durchführung der Kapitalerhöhung ergänzen sich stets zur gleichen Summe. Der Ausgabekurs ist irrelevant.

Welche Aspekte können den *Ausgabekurs für junge Aktien relevant machen*? *Transaktionskosten* sind von Einfluß, wenn sie nicht nur von dem durch die Aktienemission aufgebrachten Kapitalvolumen, das ja vom Ausgabekurs nicht abhängt, sondern auch vom Nominale abhängen. C.p. ist dann ein möglichst hoher Bezugskurs (= Tagespreis der Aktien) optimal, weil dadurch die Anzahl der auszugebenden Aktien und damit die Transaktionskosten minimiert werden. Ein wahrscheinlich zu vernachlässigender Aspekt, der eher niedrigere Ausgabekurse vorteilhaft macht, ist in bilanzrechtlichen Vorschriften begründet: Soweit der Ausgabekurs für junge Aktien auf das Nominale entfällt, ist er am Grundkapitalkonto auszuweisen; der Rest (Agio) ist der gesetzlichen Rücklage zuzuweisen. Falls später wieder Kapitalherabsetzungen erfolgen sollen, müssen die auf Rücklage gebuchten Beträge in Grundkapital umgewandelt werden (vereinfachte Kapitalerhöhung), was Transaktionskosten verursachen kann.

Die *steuerlichen Regelungen* in Deutschland heben die Irrelevanz des Ausgabekurses junger Aktien insofern auf, als die Ausgabekosten (Transaktionskosten) nur insoweit von der Bemessungsgrundlage der Gewinnsteuern abzugsfähig sind, als sie nicht aus dem Agio gedeckt werden können. Daher ist ein Ausgabekurs in Höhe des Nominales, bei dem die gesamten Ausgabekosten steuerlich abgesetzt werden können, c.p. optimal.

Zwischen Festsetzung des Ausgabekurs und tatsächlichem Bezug der jungen Aktien ist ein time lag. Wenn in dieser Zeit der Aktienkurs so stark sinkt, daß er unter den Ausgabekurs zu liegen kommt, mißlingt die Kapitalerhöhung und man verliert die bisher aufgewendeten Transaktionskosten. Dieses Risiko ist umso geringer, je geringer der Ausgabekurs ist – wie dies gleichzeitig *Heinkel Schwartz* [1986] und *Kruschwitz* [1986] durch Anwendung der Optionsbwertungstheorie gezeigt haben. Dies spricht für niedrige Ausgabekurse. Auch wenn man sich gegen dieses Plazierungsrisiko versichern kann, ist der Ausgabekurs nicht irrelevant: Die Versicherungsprämie wird umso niedriger sein, je niedriger der Ausgabekurs und damit das Risiko des Mißlingens ist.

Als Fehlschluß ist das häufig in der Literatur anzutreffende Argument zu qualifizieren, daß niedrigere Bezugskurse für den Anteilseigner den Vorteil bieten, daß er eher in der Lage ist, die bisherige Beteiligungsquote aufrechtzuerhalten. Denn bei niedrigeren Bezugskursen muß der Anteilseigner entsprechend mehr Anteile kaufen als bei höheren Bezugskursen, um die Beteiligungsquote aufrechtzuerhalten. So müssen in Beispiel 15 bei einem Bezugskurs von 200 0,10 Anteile (Kapitalbedarf = 20) und einen Bezugskurs von 100 0,20 Anteile (Kapitalbedarf = 20) beschafft werden, damit ein Anteilseigner nach wie vor mit 1/10000 beteiligt ist. Diese Argumentation ist daher nicht für die Höhe des Ausgabekurses, sondern für das Ausmaß der Eigenfinanzierung überhaupt von Interesse.

Vor allem in der Wirtschaftsjournalistik werden niedrigere Bezugskurse häufig deshalb als günstig bzw. aktionärsfreundlich bezeichnet, weil sie mit niedrigeren Bezugskursen die Hoffnung verbindet, daß die Ausschüttungsquote steigt. Hält nämlich die Unternehmung den Dividendensatz je Aktie konstant, steigt die Dividendensumme um so mehr an, je niedriger der Bezugskurs junger Aktien ist, weil dann die Anzahl der jungen und damit insgesamt ausgegebenen Aktien höher ist. Wenn man dieses Argument aber hinterfragt, so sieht man, daß es auf der Annahme eines *Gegensatzes* zwischen Unternehmungsleitung und Kapitalmarkt (Aktionären) beruht, der dazu führt, daß die Unternehmung glaubt, sich selbst zu nützen und den Aktionären zu schaden, wenn sie möglichst wenig Dividenden ausschüttet. Da hier grundsätzlich von Interessengleichklang zwischen Unternehmungsleitung und Eigentümern ausgegangen wird, ist diese Argumentation nicht relevant, abgesehen davon, daß die Unternehmungsleitung auch bei Wahl niedriger Bezugskurse die Dividendensumme durch Anpassung des Dividendensatzes entsprechend beeinflussen kann.

4.3.2 Irrelevanz oder Relevanz der Dividendenpolitik?

Wie bei Sicherheit ist auch bei Unsicherheit und vollkommenem Kapitalmarkt, homogener Information und gegebener Unternehmungspolitik – insbesondere gegebenem Investitionsvolumen – die *Dividendenpolitik irrelevant*. Dies haben formal *Miller Modigliani* [1961] bewiesen. Der Beweis verläuft wie folgt:

Eine Unternehmung hat zu $t = 1$ einen bestimmten, durch Eigenkapital zu deckenden Kapitalbedarf von X. Er dient der Finanzierung des gegebenen Investitionsvolumens. X kann durch Einbehaltung des Gewinns zu $t = 1$ (G_1) und/oder durch eine Kapitalerhöhung zu Tageskursen aufgebracht werden. Der Kapitalwert der Unternehmung für die Anteilseigner zu $t = 0$ (nach Dividendenausschüttung) ist:

$$K_0 = \left(D_1 + N_0 \frac{K_1}{N_1}\right)(1+\bar{r})^{-1}$$

N_t = Anzahl der bis zum Zeitpunkt t ausgegebenen Anteile
N_t^* = Anzahl der zum Zeitpunkt t zum Kurs von K_1/N_1 (Tageskurs) emittierten Anteile
K_t = erwarteter Kapitalwert der Unternehmung für die Anteilseigner zu t (nach Dividendenausschüttung).

Der Kapitalwert der Unternehmung für die Anteilseigner zu $t = 0$ ergibt sich daher aus den Dividenden zu $t = 1$ (D_1) plus dem erwarteten Wert der zu $t = 0$ vorhandenen Anteile zu $t = 1$, abgezinst für ein Jahr.

Nun ist der Kapitalwert zu $t = 1$ gleich dem Wert der vor $t = 1$ emittierten Anteile plus dem Wert der zu $t = 1$ emittierten Anteile:

$$K_1 = N_0 \frac{K_1}{N_1} + N_1^* \frac{K_1}{N_1}.$$

Daher kann umformuliert werden:

$$K_0 = \left(D_1 + K_1 - N_1^* \frac{K_1}{N_1}\right)(1+\bar{r})^{-1}.$$

Da der Betrag von X durch Gewinneinbehaltung oder/und Kapitalerhöhung aufgebracht wird, gilt:

$$X = G_1 - D_1 + N_1^* \frac{K_1}{N_1}.$$

G_t ist der in Periode t erzielte Gewinn.

Dieser Ausdruck wird nach D_1 aufgelöst, und es wird für D_1 in die Formel für K_0 eingesetzt:

$$K_0 = (G_1 - X + K_1)(1+\bar{r})^{-1}.$$

Der Kapitalwert der Unternehmung für die Anteilseigner zu $t = 0$ ist somit unabhängig davon, durch welche Kombination aus Gewinneinbehaltung und Kapitalerhöhung das zu $t = 1$ benötigte Eigenkapital aufgebracht wird. Durch Weiterführung der Umformung kann weiter gezeigt werden, daß K_0 bzw. K_1 auch von der Art der Eigenfinanzierung zu $t = 2$, $t = 3$ usw. unabhängig sind. (Da – wie in Abschnitt 4.3.1 gezeigt wurde – der Ausgabekurs irrelevant ist, wird die Beweisführung nicht durch die Annahme beeinträchtigt, daß die neuen Aktien zu Tageskursen ausgegeben werden).

Natürlich können *Transaktionskosten* und *Steuern* zu einem Dividendenoptimum führen. Eine Doppelbesteuerung der Gewinne von Kapitalgesellschaften etwa macht eine volle Gewinneinbehaltung vorteilhaft, falls der Körperschaftsteuersatz für einbehaltene und ausgeschüttete Gewinne gleich ist und Kapitalgewinne gegenüber Dividenden ermäßigt besteuert werden. Bei ermäßigtem Körperschaftsteuersatz für ausgeschüttete Gewinne hängt es vom Einkommensteuersatz der Anteilseigner und den Transaktionskosten ab, ob Einbehaltung oder Gewinnausschüttung vorzuziehen ist. Dennoch kann die Dividendenentscheidung einer einzelnen Unternehmung irrelevant sein, wenn die Investoren die (ihnen bekannte) Dividendenpolitik der Unternehmung bei ihren Anlageentscheidungen berücksichtigen. Dies wurde in Abschnitt 3.2 ausführlich abgeleitet und braucht daher hier nicht wieder aufgerollt zu werden.

Ein Modell zur Optimierung der Dividendenpolitik bei einer besonderen Form der *Kapitalmarktbeschränkung* hat in der Entwicklung der Finanzierungstheorie eine wichtige Rolle gespielt. Es wurde von *Gordon* [1962, S. 43 ff.] entwickelt und war Ausgangspunkt zahlreicher Arbeiten zur Dividendenpolitik der Unternehmung. *Gordon* unterstellt, daß Eigenmittel *nur* durch Gewinneinbehaltung, nicht durch Kapitalerhöhung aufgebracht werden können. Unter dieser Annahme ist eine Gewinneinbehaltung stets dann günstig, wenn die Eigenmittel (unter Berücksichtigung der zusätzlich aufzubringenden Fremdmittel) eine höhere Rendite erzielen lassen als die von den Anteilseignern bei dem gegebenen Risiko geforderte Mindestrendite.

Gordon geht von folgender Formel für den Unternehmenswert aus:

$$K_0 = \sum_{t=0}^{\infty} \bar{D}_t (1+\bar{r})^{-t} .$$

Es werden folgende *Annahmen* gemacht: $\bar{G}_t$, der erwartete Jahresgewinn, ist konstant, wenn in keinem Jahr Gewinne einbehalten werden. b ist der zu optimierende Anteil des einbehaltenen Gewinns am Jahresgewinn; b ist im Zeitablauf konstant. $\bar{q}$, die erwartete interne Rendite, mit der eigene Mittel investiert werden können, ist im Zeitablauf konstant und unabhängig von b. Unter diesen Prämissen gilt:

$$\bar{G}_1 = \bar{G}_0 + \bar{q}b\bar{G}_0 = \bar{G}_0(1+\bar{q}b) .$$

Der Gewinn des Jahres 1 ist daher gleich dem Gewinn des Jahres 0 plus dem Gewinn, der durch Investition eines Teils des Gewinns des Jahres 0 ($b\bar{G}_0$) erzielt werden kann. Analog ist:

$$\bar{G}_2 = \bar{G}_1 + \bar{q}b\bar{G}_1 = \bar{G}_1(1+\bar{q}b) = \bar{G}_0(1+\bar{q}b)^2$$

$$\bar{G}_t = \bar{G}_0(1+\bar{q}b)^t.$$

Die Dividenden zu t ergeben sich aus dem Gewinn zu t mal der Ausschüttungsquote $(1-b)$:

$$\bar{D}_t = (1-b)\bar{G}_0(1+\bar{q}b)^t$$

Eingesetzt in die Formel für K_0 ergibt sich:

$$K_0 = \sum_{t=0}^{\infty}(1-b)\bar{G}_0(1+\bar{q}b)^t(1+\bar{r})^{-t}.$$

Bei stetiger Schreibweise ist:

$$K_0 = \int_0^{\infty}(1-b)\bar{G}_0 e^{t(\bar{q}b-\bar{r})}dt.$$

Die Integration ergibt, falls $\bar{q}b < \bar{r}$:

$$K_0 = (1-b)\bar{G}_0/(\bar{r}-\bar{q}b).$$

Eine Maximierung von K_0 würde bei diesem einfachen Modell zu dem Resultat führen, daß entweder eine volle Ausschüttung oder eine volle Einbehaltung des Gewinns optimal ist. Eine teilweise Einbehaltung des Gewinns kann nur optimal sein, wenn – was von *Gordon* und anderen Autoren untersucht wurde – $\bar{q}$ und/oder $\bar{r}$ als Abhängige von b ausgedrückt werden. Im letzteren Fall ist aber das Risiko nicht mehr konstant. Einschränkend ist auch die Annahme einer konstanten Ausschüttungsquote. Die schwerwiegendste Einschränkung in der Aussagefähigkeit erhält das Modell aber durch die im allgemeinen zur Realität divergente Prämisse, das Eigenkapital nur durch Einbehaltung von Gewinnen beschafft werden kann. Kapitalerhöhungen sind ja im Modell nicht vorgesehen (siehe dazu vor allem *Lehmann* [1978]). – Es sei aber angemerkt, daß *Gordon* seine These in der Zwischenzeit einigermaßen in Richtung auf die Irrelevanzthese verschoben hat (vgl. *Gordon Gould* [1978]). – Ein „weicheres" Szenario unterstellen *Haugen Senbet Talmor* [1986]: Sie zeigen, daß Dividenden trotz steuerlicher Nachteile Bestandteile eines Kapitalmarktgleichgewichts sein können, wenn sie die Vollständigkeit des Marktes erhöhen.

4.3.3 Irrelevanz oder Relevanz der Emission von Optionen und von Vorzugsaktien?

Kann durch die Ausgabe von Optionen auf zu emittierende Aktien (im Amerikanischen als warrants bezeichnet) der Unternehmungswert erhöht werden? Der gegenwärtige Aktienkurs sei 200, es wurden bisher

1 000 Aktien emittiert. Die Unternehmung gibt nunmehr 100 Optionen aus, die dazu berechtigten, in 3 Monaten je eine Aktie zum Preis von 220 zu kaufen. Gleichzeitig wird eine bedingte Kapitalerhöhung im Ausmaß von 100 Aktien beschlossen. (Es handelt sich also hier nicht um den Verkauf von Optionen auf bereits ausgegebene Aktien − in Amerika als options bezeichnet; solche Optionen sind keine Maßnahme der Unternehmensfinanzierung.) Wovon hängt der erzielbare Preis für die Optionen ab? Erstens von der Wahrscheinlichkeit, mit der der Aktienkurs in drei Monaten einen über 220 liegenden Wert haben wird; und zweitens von der Risikoneigung der möglichen Käufer. Es ist ersichtlich, daß der Kauf von Optionen eine sehr riskante Anlage ist; mit hoher Wahrscheinlichkeit lohnt sich die Ausübung der Option nicht und der gesamte Investitionsbetrag ist verloren. Daher spielt die Risikoneigung bzw. der am Markt herrschende Risikopreis eine große Rolle. Die in Abschnitt 3.4 dargestellte Optionspreistheorie von *Black Scholes* kann zur Bewertung auch von warrants herangezogen werden.

In einem Gleichgewichtszustand − bei Gültigkeit der Prämissen von *Modigliani Miller* − kann der Unternehmenswert durch die Ausgabe von Optionen nicht verändert werden. All das, was den Optionen Wert verleiht − nämlich die Möglichkeit, zu einem späteren Zeitpunkt günstig zu einer Aktie zu kommen, verursacht einen gleich großen Nachteil für die bisherigen Aktionäre. Sie müssen künftige Dividenden und Liquidationserlöse an hinzukommende Aktionäre abtreten, ohne daß die Unternehmung den zum Zeitpunkt der Kapitalerhöhung herrschenden Gleichgewichtspreis erhält. Für diesen Vorteil − und zur Abgeltung des Nachteils der bisherigen Aktionäre − leisten die Optionskäufer den Optionspreis. Die *Modigliani-Miller*-Theorie ist ja, wie *Ross Westerfield* [1988, S. 375 ff.] dies ausdrücken, eine „Kuchentheorie" (pie theory). Alle verteilten Kuchenschnitten, so bizarr sie auch geschnitten sind, ergeben insgesamt immer nur den gleichen Kuchen. Eine besondere Art, den Kuchen zu teilen, kann nur dann von Wert sein, wenn der Markt dadurch vollständiger wird; wenn also die Investoren ein Rendite-Risiko-Profil angeboten erhalten, das sie präferieren und das sie auf andere Weise nicht zusammenstellen können.

Analoges gilt für die Emission von *Vorzugsaktien*, die einen Vorzug an Dividenden und/oder Liquidationserlös gewähren und die stimmberechtigt sind. Der Vorzug dieser Aktien ist der Nachteil der Stammaktien. Bei homogener Information wird die Wertverlagerung von Stamm- zu Vorzugsaktionären von allen Beteiligten gleich bewertet und etwa im Wert des Bezugsrechts für Vorzugsaktien berücksichtigt. Es kann daher keine Unternehmungswertsteigerung durch die Emission solcher Vorzugsaktien erzielt werden.

Warrants wie Vorzugsaktien können aber den Unternehmungswert positiv oder negativ beeinflussen, falls heterogene Information vorliegt und daher Agency-Probleme nicht auszuschließen sind. Wir werden auf diese Instrumente daher im Abschnitt 5 zurückkommen, wobei der Frage des Stimmrechts bzw. der Stimmrechtslosigkeit von Vorzugsaktien eine besondere Relevanz einzuräumen sein wird.

4.4 Fremdfinanzierungsprobleme

4.4.1 Langfristiges versus kurzfristiges Fremdkapital

4.4.1.1 Die term structure

Bei *Sicherheit und vollkommenem Markt* muß gelten, daß ein Investor, der zu $t = 0$ zu einem für zwei Jahre fixierten Zinssatz anlegt, zu $t = 2$ den gleichen Betrag erhält wie ein Investor, der zunächst für ein Jahr zum Zinsfuß für das erste Jahre und dann den Endbetrag zu $t = 1$ zum Zinssatz für das zweite Jahre anlegt. Analoges gilt für ein Unternehmen, daß zwischen einem Zweijahreskredit zu fixiertem Zinssatz oder einer Folge von zwei Einjahreskrediten zu wählen hat. Es muß also gelten:

$$(1 + {_0}r_1)(1 + {_1}r_2) = (1 + {_0}r_2)^2$$

${_0}r_1$ ist der Zinssatz für das 1. Jahr (von $t = 0$ bis $t = 1$); man nennt diesen Zinssatz auch spot rate. ${_1}r_2$ ist der Zinssatz für das 2. Jahr (von $t = 1$ bis $t = 2$); er wird als *forward rate* bezeichnet. ${_0}r_2$ ist der ab $t = 0$ für zwei Jahre gültige Jahreszinssatz (spot rate für zwei Jahre).

Falls diese Relation nicht gelten würde, wäre Arbitrage möglich.

Gilt nun eine analoge Beziehung zwischen Zinssätzen für kurz- und langfristige Fremdkapitaltitel auch bei *Unsicherheit und vollkommenem Markt*? Dies ist das Problem der Term-structure-Diskussion. Im folgenden werden zunächst unkündbare Titel ohne Ausfallsrisiko unterstellt; auch gibt es keine Inflation bzw. die künftigen Inflationsraten sind sicher. Unsicher ist somit nur der reale Zinsfuß. Drei Theorien bzw. drei Theoriegruppen wurden hinsichtlich der term structure entwickelt: die expectations theory, die liquidity preference theory und die preferred habitat theory. Die *expectations theory* gibt es in vier, im allgemeinen zu unterschiedlichen Ergebnissen führenden Ausprägungen (vgl. dazu *Ingersoll* [1987]; *Cox Ingersoll Ross* [1981]. Wir wählen, wie auch *Brealey Myers* [1991, S. 569 ff.] folgende Fassung:

$(1+{}_0r_1)[1+E({}_1r_2)] \ldots [1+E({}_{n-1}r_n)] = (1+{}_0r_n)^n$.

Der Zinssatz für eine langfristige Anlage (spot rate für den Zeitraum von $t = 0$ bis $t = n$) entspricht somit dem Durchschnitt aus den erwarteten Jahreszinssätzen (forward rates) in den Perioden Null bis n. Eine approximative Formulierung dieser Fassung der expectations theory ist:

$${}_0r_n = [{}_0r_1 + E({}_1r_2) + \ldots + E({}_{n-1}r_n)]/n .$$

Eine andere Fassung der expectations theory wäre z. B.:

$$E[(1+{}_0r_1)(1+{}_1r_2) \ldots (1+{}_{n-1}r_n)] = (1+{}_0r_n)^n .$$

Bei Gültigkeit der expectations theory ist der Zinssatz für einen langfristigen Kredit nur dann höher als der Zinssatz für einen kurzfristigen Kredit, wenn ein Anstieg der Zinsen für kurzfristige Anlagen erwartet wird. Im anderen Fall ist der Zinssatz für langfristige Kredite niedriger als derjenige für einen kurzfristigen Kredit (inverse Zinsstruktur).

Beispiel 16:

Der Zinssatz für die Periode 1 ist 7%. Für die nächsten beiden Perioden werden Zinssätze von 9% bzw. 11% erwartet. Bei Gültigkeit obiger Fassung der expectations theory müßte sich ein Zinssatz für eine Anlage von drei Perioden, bei der auch die angesammelten Zinsen erst zu $t = 3$ entnommen werden, wie folgt einstellen:

$(1{,}07)(1{,}09)(1{,}11) = (1+x)^3$

$x = 0{,}08988$.

Approximativ ergibt sich die spot rate für drei Jahre mit:

$(0{,}07 + 0{,}09 + 0{,}11)/3 = 0{,}09$.

Der Zinssatz von 8,988% gilt aber nur für einen Kredit, der nur eine einzige Zahlung, und zwar zu $t = 3$ vorsieht. Sollen Zinsen oder Teile der Rückzahlung bereits zu $t = 1$ und/oder $t = 2$ ausbezahlt werden, so ist für diese Zahlungen nur ein Zinssatz von 7% bzw. von ${}_0r_2$ anzuwenden. x ist dann ein gewogener Wert aus 7%, ${}_0r_2$ und ${}_0r_3$, der, wenn wir Zinszahlungen jeweils am Jahresende und Rückzahlung zu $t = 3$ unterstellen, aus folgendem Ansatz errechnet werden kann:

$(1{,}07)(1{,}09)(1{,}11) = x \cdot 1{,}09 \cdot 1{,}11 + x \cdot 1{,}11 + (1+x)$

$x = 0{,}08876$.

x ist hier keine spot rate mehr, sondern ein Effektivzinssatz, der sich als Mischzinssatz aus verschiedenen spot rates ergibt.

Wenn Gläubiger und/oder Schuldner einen Kredit unter bestimmten Bedingungen kündigen können, wird die Ermittlung eines der expectations theory entsprechenden Kreditzinssatzes weiter kompliziert. Es soll im folgenden nur die wichtigere Kündigungsmöglichkeit des Schuldners untersucht werden. Der Schuldner wird eine Kündigung erwägen, wenn der Marktzinssatz unter den vereinbarten Zinssatz (bezogen auf den Rückzahlungskurs) gesunken ist. Durch Kündigung der bestehenden Kredite und Neuaufnahme von Krediten kann die Zinsbelastung gemindert werden. Kündbare Forderungstitel werden allerdings nur abgesetzt werden können, wenn die Gläubiger für das Risiko der vorzeitigen Kündigung und die damit verbundenen Zinsverluste ein entsprechendes Entgelt im vereinbarten Zinsfuß erhalten.

Beispiel 17:

Zu $t = 0$ wird eine Anleihe mit einer Laufzeit von 10 Jahren und einer einmaligen Kündigungsmöglichkeit durch den Emittenten zu $t = 5$ ausgegeben. Ausgabe- und Rückzahlungskurs ist 100%. Der für die nächsten fünf Jahre erwartete durchschnittliche Zinssatz kurzfristiger Kredite ist 0,08. Man rechnet, daß zu $t = 5$ für den Zeitraum von $t = 5$ bis $t = 10$ durchschnittliche Zinssätze für Kredite mit einjähriger Laufzeit von 0,07, 0,08 und 0,09 mit einer Wahrscheinlichkeit von je 0,33 erwartet werden. Im ersten Fall würde der Emittent die Anleihe mit Sicherheit kündigen. Mit welchem Zinsfuß ist die Anleihe auszustatten, damit sie einer unkündbaren Anleihe mit einem Zinsfuß von 0,08 mindestens entspricht?

Für die Käufer der kündbaren Anleihe, die eine erwartete Rendite von 0,08 fordern, ist folgender Ansatz aufzustellen, der davon ausgeht, daß bis $t = 5$ mit Sicherheit und ab $t = 5$ mit einer Wahrscheinlichkeit von 0,67 Zinsen in Höhe eines Satzes von x, mit einer Wahrscheinlichkeit von 0,33 ab $t = 5$ Zinsen in Höhe des Satzes von 0,07 erzielt werden:

$$100 = 100x(1{,}08^{-1} + 1{,}08^{-2} + \ldots + 1{,}08^{-5})$$
$$+ 0{,}67 \cdot 100x(1{,}08^{-6} + 1{,}08^{-7} + \ldots + 1{,}08^{-10})$$
$$+ 0{,}33 \cdot 7(1{,}08^{-6} + 1{,}08^{-7} + \ldots + 1{,}08^{-10})$$
$$+ 100 \cdot 1{,}08^{-10}$$
$$100 = 399{,}71x + 0{,}67 \cdot 271{,}74x + 0{,}33 \cdot 7 \cdot 2{,}7174 + 100 \cdot 0{,}4632$$
$$100 = 581{,}78x + 52{,}60$$
$$x = 0{,}08148.$$

Die kündbare Anleihe muß somit mit einem Mindestzinsfuß von 0,08148 ausgestattet sein, damit sie einer unkündbaren Anleihe mit einer Laufzeit von 10 Jahren und einem Zinsfuß von 0,08 vergleichbar ist.

Wenn der Emittent einer Anleihe, die mit einem Zinsfuß von 0,08148 ausgestattet ist, zu $t = 5$ nicht nur bei einem zu diesem Zeitpunkt herrschenden Zinssatz von 0,07, sondern auch bei einem Zinssatz von 0,08 kündigen würde, müßte eine höherer Zinsfuß als 0,08148 festgelegt werden.

Bis jetzt wurde davon ausgegangen, daß Ausgabekurs und Rückzahlungskurs eines Kredits gleich sind. Das Kündigungsrisiko wird aber um so geringer, je höher die positive Differenz zwischen Rückzahlungskurs und Ausgabekurs ist. Anleihe *A* mit einem Ausgabekurs von 100, einem Rückzahlungskurs von 100, einem Zinsfuß von 0,08 und einer Laufzeit von 10 Jahren weist ohne Beachtung der Kündigungsmöglichkeit die gleiche Rendite auf wie eine Anleihe mit einem Ausgabekurs von 100, einem Rückzahlungskurs von 107,24, einem Zinsfuß von 0,075 und einer Laufzeit von 10 Jahren. Das Kündigungsrisiko der zweiten Anleihe ist jedoch bedeutend geringer. Eine Kündigung einer solchen Anleihe ist erst von Vorteil, wenn der Marktzinsfuß so stark sinkt, daß der Kurs der Anleihe auf über 107,24 zu wachsen droht (*Wildhagen* [1967, S. 311 ff.]).

Eine weitere Komplikation ergibt sich, wenn zusätzlich ein Ausfallsrisiko zu beachten ist. Diesbezügliche Zinssatzberechnungen erfolgen in Abschnitt 5 im Rahmen der Behandlung des Insolvenzproblems. In Konkurrenz zu den verschiedenen Ausprägungen der expectations theory stehen die liquidity preference theory und die preferred habitat theory. Die *liquidity preference theory* geht davon aus, daß längerfristige Anlagen für Investoren riskanter sind als kürzerfristige Titel. Letztere erlauben nämlich, überraschende Konsumbedürfnisse billiger (ohne Transaktionskosten, ohne Kreditaufnahmen usw.) zu decken, profitable Anlagemöglichkeiten auszunutzen usw. Deshalb werden Investoren nur dann langfristig anlegen, wenn der Zinsfuß für langfristige Anlagen *höher* ist als der erwartete Zinsfuß bei jeweils kurzfristiger Anlage über den entsprechenden Zeitraum. Der Zinsfuß für langfristige Anlagen muß daher eine Risikoprämie bzw. Liquiditätsprämie enthalten.

Die *preferred habitat theory* (als eine spezielle Theorie der Marktsegmentierung) postuliert, daß Investoren, entsprechend ihren individuellen Konsumplänen, bevorzugte Anlagefristen haben, jedoch gegen entsprechende Prämien im Zinssatz bereit sind, auch kürzer- bzw. längerfristig anzulegen. Wie *Ingersoll* [1987, S. 401 f.] feststellt, ist die liquidity preference theory eine spezielle Form der preferred habitat theory: Alle bzw. der Großteil der Investoren präferieren langfristige Anlagen. (Vgl. zu den bisher veröffentlichten empirischen Tests dieser Theorien *Van Horne* [1990].)

Die preferred habitat theory geht somit davon aus, daß das Risiko aus Zinsänderungen für einen Anleger dann am geringsten ist, wenn er Kapital so anlegt, daß es jeweils zu den Zeitpunkten fällig ist, zu denen es konsumiert werden soll. Wenn der Investor das anzulegende Kapital erst in drei Jahren konsumieren möchte, ist sowohl der Kauf von Papieren mit einer Laufzeit von einem Jahr als auch der Kauf von Papieren mit einer Laufzeit von fünf Jahren riskant. Im ersten Fall trägt er das Risiko, die nach einem Jahr erzielten Beträge zu einem heute noch nicht feststehenden Zinssatz anlegen zu müssen. Im zweiten Fall besteht das Risiko darin, daß er zu $t = 3$ Papiere mit einer Restlaufzeit von 2 Jahren zu einem heute unbekannten Kurs veräußern muß (vgl. *Stützel* [1970]).

Erschwerend kommt dazu, daß der Investor häufig die Anlagedauer der Mittel nicht mit Sicherheit kennt. Die tatsächliche Anlagedauer kann sowohl von privaten Lebensumständen des Investors (Krankheit, Entstehen intensiver Konsumwünsche usw.) als auch von dem Auftreten sehr günstiger alternativer Anlagemöglichkeiten abhängen. Ob in einer solchen Situation eine kurz- oder langfristige Anlage der Mittel für den Investor risikoärmer ist, hängt von der Wahrscheinlichkeitsverteilung der Investitionsdauer ab. Wie in diesem Fall die risikoärmere von 2 alternativen Anlagen ermittelt werden kann, soll das folgende Beispiel 18 zeigen.

Beispiel 18:

Ein Investor stehe vor dem Problem, 100 Geldeinheiten in kurzfristigen Titeln (Laufzeit ein Jahr) oder in längerfristigen Titeln (Laufzeit zwei Jahre) anzulegen. Der im nächsten Jahr herrschende Zinssatz für kurzfristige Titel wird 0,06 betragen, der für das zweite Jahr erwartete Zinssatz für kurzfristige Titel wird mit einer Wahrscheinlichkeit von je 0,50 und 0,04 oder 0,08 sein. Der Zinssatz für Wertpapiere mit einer Laufzeit von zwei Jahren entspricht dem während dieser Zeit erwarteten durchschnittlichen Zinssatz für kurzfristige Anlagen und ist somit ebenfalls 0,06. Der Investor rechnet damit, die Mittel mit einer Wahrscheinlichkeit von 0,75 bzw. 0,25 nach einem Jahr oder nach zwei Jahren zu benötigen. Er wird sie nach einem Jahr benötigen, wenn etwa sein Arzt einen Kuraufenthalt für dringend notwendig erachtet. Ansonsten würde er den Kuraufenthalt nach 2 Jahren konsumieren. Der Kuraufenthalt koste 100. Um die Rechnung zu vereinfachen, wird angenommen, daß die zu $t = 1$ in allen Fällen erzielten Zinsen von 6 entnommen werden; sie werden nicht weiter beachtet.

Erwartungswert des Endwertes zu $t = 2$ und Varianz des Endwertes bei *kurzfristiger Anlage*:

Mit einer Wahrscheinlichkeit von 0,25 wird der Investor die zu $t = 1$ erhaltenen 100 Geldeinheiten reinvestieren. Er wird daher mit einer Wahrscheinlichkeit von je 0,125 zu $t = 2$ Einnahmen von 108 oder 104 erhalten. Nach Deckung der Kosten des Kuraufenthalts verbleiben 8 oder 4 Geldeinheiten. Sein Reinvermögen zu $t = 2$ aus dieser Anlage ist daher 0 (mit einer Wahrscheinlichkeit von 75% fällt der Kuraufenthalt bereits zu $t = 1$ an und daher können zu $t = 2$ keine Zinsen vereinnahmt werden) oder 8 ($W = 0,125$) oder 4 ($W = 0,125$). Der *Erwartungswert* des Reinvermögens ist 1,5 Geldeinheiten, das *Risiko* (gemessen an der *Varianz*) 7,75.

Erwartungswert des Endwertes zu $t = 2$ und Varianz des Endwertes bei *langfristiger Anlage*:

Mit einer Wahrscheinlichkeit von 0,25 wird der Investor die zu $t = 0$ gekauften Papiere bis $t = 2$ behalten und zu diesem Zeitpunkt, nach Deckung der Ausgaben für den Kuraufenthalt, ein Reinvermögen von 6 Geldeinheiten besitzen. Mit einer Wahrscheinlichkeit von 0,75 wird der Kuraufenthalt aber bereits zu $t = 1$ für nötig erachtet. Um die Erwartungswerte in beiden Fällen konstant zu halten, sei angenommen, der Investor würde in diesem Fall einen Kredit von 100 zu $t = 1$ aufnehmen. Der Kredit würde entweder Zinsen von 0,08 oder von 0,04 erfordern. Das Reinvermögen zu $t = 2$ ist in diesem Fall 6 ($W = 0{,}25$), $6 - 8$ (Zinsen) $= -2$ ($W = 0{,}375$) oder $6 - 4$ (Zinsen) $= 2$ ($W = 0{,}375$), der *Erwartungswert* des Endvermögens ist wieder 1,5, die *Varianz* beträgt aber 9,75!

Die kurzfristige Anlage ist somit in diesem Fall die risikolosere.

(Vereinfachend wurden bei der Risikomessung weder die Kovarianzen mit den anderen Anlagen des Investors, noch eventuelle Kovarianzen zwischen der Zinsentwicklung und dem Preisniveau für Kuraufenthalte einbezogen.)

Die vorangehenden Überlegungen zeigen, daß sich, falls die expectations theory gilt, die gesamte Nachfrage nach festverzinslichen Titeln auf bestimmte Art und Weise auf Titeln unterschiedlicher Fristigkeit verteilen wird. Wenn nun das Angebot an festverzinslichen Titeln hinsichtlich der Struktur der Fristigkeiten der Nachfrage genau entspricht, wird die reine expectations theory auch zutreffen.

Es ist aber durchaus möglich, daß die Emittenten festverzinslicher Titel eine andere Kombination von Fristigkeiten präferieren als die Nachfrager. Wenn sie mehr langfristige Titel ausgeben wollen als die Nachfrage bei Zinssätzen, die der reinen expectations theory entsprechen, beschaffen würden, müssen sie den Zinsfuß für langfristige Anlagen durch eine entsprechende Risikoprämie (Liquiditätsprämie) aufstocken. Das langfristige Kapital ist dann durchschnittlich teurer als das kurzfristige.

Kann diese Situation – langfristiges Kapital ist im Durchschnitt teurer als kurzfristiges – noch mit der These von der Irrelevanz der Kapitalstruktur verträglich sein? Dies ist möglich. Falls nämlich Zinssatzänderungen mit dem nicht diversifizierbaren Marktrisiko korreliert sind, kann die Aufnahme festverzinslicher, langfristiger Titel das von den Eigentümern zu tragende Unternehmungsrisiko mindern (siehe *Van Horne* [1990, S. 113 f.]). Dafür können sie bereit sein, eine Risikoprämie zu bezahlen. Diese Risikoprämie wieder ist notwendig, um dem Anleger das zusätzliche Risiko aus einer Anlage im nicht präferierten Habitat abzugelten.

4.4.1.2 Das Konzept der durchschnittlichen Fristigkeit (duration) und seine Implikationen für die term structure

An dieser Stelle sei das Konzept der *durchschnittlichen Fristigkeit (duration)* eingeführt und untersucht, welche Implikationen es für potentielle Käufer festverzinslicher Wertpapiere mit festem Konsumplan haben könnte.

Die *duration* wurde von *Macauley* (siehe *Ingersoll Skelton Weil* [1978]) eingeführt, um einen Indikator für die Fristigkeit eines Zahlungstroms zu erhalten. Ihr liegt die Überlegung zugrunde, daß die durchschnittliche Fristigkeit eines Kredites nicht nur von der Laufzeit, sondern auch davon abhängt, ob während der Laufzeit Zinsen bzw. Rückzahlungen anfallen. Bei flacher Zinskurve ($r_t = r$; der Zinssatz für kurzfristige Anlagen ist daher gleich jenem für langfristige Anlagen) ist die duration:

$$\text{Dur} = [\sum tX(t)(1+r)^{-t}]/[\sum X(t)(1+r)^{-t}]$$

Dur = duration (durchschnittliche Fälligkeit)

$X(t)$ = Zahlungen zu t.

Beispiel 19:

Es ist die durchschnittliche Fristigkeit des folgenden Kredits von 1000 zu errechnen: Laufzeit 3 Jahre, Zinssatz 8%, Rückzahlung zu je 500 zu $t = 2$ und $t = 3$:

$$\text{Dur} = [1 \cdot 80 \cdot 1{,}08^{-1} + 2 \cdot 580 \cdot 1{,}08^{-2} + 3 \cdot 540 \cdot 1{,}08^{-3}]/$$
$$[80 \cdot 1{,}08^{-1} + 580 \cdot 1{,}08^{-2} + 540 \cdot 1{,}08^{-3}]$$
$$= 2{,}355 \text{ (Jahre)}.$$

Die duration hat mehrere interessante Eigenschaften. Sie kann erstens als *Risikomaß* dienen. Bei einer Zinssatzerhöhung fällt der Kapitalwert (Barwert) eines Wertpapiers; bei einer Zinssatzsenkung steigt er. Es kann nun gezeigt werden, daß die Wertänderung eines Wertpapiers bei einer Zinssatzänderung proportional zur duration ist: Bei doppelter duration ist die prozentuelle Änderung des Wertes eines Papiers doppelt so hoch. Diese Eigenschaft kann etwa eine Bank oder eine Leasinggesellschaft dazu benutzen, das Zinsänderungsrisiko der Vermögensanlagen dadurch zu hedgen, daß für Aktiv- und Passivseite der Bilanz, also Investition und Finanzierung, die gleiche duration geschaffen wird (vgl. *Brealey Myers* [1991, S. 634]).

Die zweite Eigenschaft der duration läßt sich als *Immunisierungswirkung* bezeichnen. Ein Investor, der eine Anlagefrist von n Jahren im

Auge hat, kann den zu n konsumierbaren Betrag dadurch gegen Zinsänderungen schützen, daß er heute ein Portefeuille mit einer duration von n wählt. Er muß also nicht etwa in einer Null-Kupon-Anleihe anlegen, die genau zu n fällig ist, bei der es also nur eine von Zinsänderungen unbeeinflußte Zahlung zu n gibt. Er kann jedes beliebige Portefeuille wählen, sofern es eine duration von n hat. Jedes andere Portefeuille mit der duration n bringt bei Zinssatzänderung nach oben oder unten einen *höheren* Endwert als eine Null-Kupon-Anleihe. Voraussetzungen sind allerdings wieder eine flache Zinskurve, die auch bei Zinsänderung flach bleibt und der Eintritt nur einer Zinsänderung. Letztere Bedingung ist aber nicht einschränkend, weil nach jeder Zinsänderung das Portefeuille in Hinblick auf die erwünschte Restlaufzeit ab Zinsänderung erneut immunisiert werden kann (vgl. dazu und zu Immunisierungsstrategien bei nicht flachen Zinskurven insbesondere *Uhlir Steiner* [1991, S. 70 ff.]).

Beispiel 20:

Ein Anleger möchte heute 100 anlegen und zu $t = 2$ den Endwert konsumieren. $r = 8\%$. Verglichen werden folgende Anlagen mit gleicher duration:

1) Investition A von 100 zu $t = 0$ bis $t = 2$. Sie liefert einschließlich Zinsen einen Endbetrag von 116,64 zu $t = 2$.
2) Investition B von 100 zu $t = 0$, die in Rückzahlungen und Zinsen von 54 zu $t = 1$ und 62,9856 zu $t = 3$ resultiert. Der Kapitalwert, bezogen auf $t = 2$, ist ebenfalls 116,64.

Sofort nach Entscheidung für eine der Varianten tritt eine Erhöhung des Zinssatzes um 1% auf $r = 9\%$ ein. Die Investition A ist davon unberührt, ihr Endwert zu $t = 2$ bleibt 116,64. Der auf $t = 2$ bezogene Wert der Investition B beträgt aber:

$$54 \cdot 1{,}09 + 62{,}9856 \cdot 1{,}09^{-1} = 116{,}645 > 116{,}64 \ .$$

Bei einer sofortigen Zinssatzsenkung auf 6% wäre der Endwert von Investition A wieder nicht beeinträchtigt. Der Endwert von Investition B würde aber betragen:

$$54 \cdot 1{,}06 + 62{,}9856 \cdot 1{,}06^{-1} = 116{,}66 > 116{,}64 \ .$$

Würde die durch das Beispiel demonstrierte Immunisierungsaussage generell zutreffen, so erhielte man das paradoxe Resultat, daß ein Kapitalbedarf zu $t = n$ *eben nicht* durch eine zu $t = n$ fällige Kapitalanlage zu decken wäre, sondern besser durch ein Portefeuille mit unterschiedlichen Fristigkeiten, aber einer duration von n Jahren. Nun muß aber bedacht werden, daß obige Immunisierungsaussage im engeren Sinn nur für flache Zinsstrukturen und additive Zinssatzänderungen gilt. In der Realität mögen auch andere Zinsstrukturen bzw. -änderungen vorliegen. Außerdem verursachen Umstrukturierungen des Portefeuilles Transaktionskosten, von denen hier abstrahiert wurde. Es wird daher im folgenden die Annahme aufrechterhalten, daß ein zu $t = n$ gegebener Kapitalbedarf am risikolosesten durch eine genau zu $t = n$ fällige Kapitalanlage gedeckt werden kann.

4.4.1.3 Unsichere Inflationsraten und term structure

Bis jetzt wurde unterstellt, daß die reale Rendite unsicher, die künftigen Inflationsraten jedoch sicher sind. In diesem Abschnitt wird das Szenario umgedreht: Die reale Rendite sei sicher, die künftigen Inflationsraten, die sich gemäß der *Fisher*-These voll im Zinssatz niederschlagen mögen, seien unsicher. In diesem Fall können kurzfristige Anlagen sowohl aus der Sicht der Investoren, die erst in langer Frist konsumieren wollen, als auch aus der Sicht der Schuldner weniger riskant sein als langfristige Anlagen (*Brealey Schaefer* [1977], *Cornell* [1978]). Es sei dies – in Anlehnung an *Brealey Myers* [1991, S. 573 ff.] – an einem Beispiel gezeigt.

Beispiel 21:

Anleger Z möchte zu $t = 2$ eine Urlaubsreise unternehmen, die 1 081,60 kosten wird, und zu $t = 0$ dafür ansparen. Die sichere Realrendite beträgt 4%. Ist die Inflationsrate Null, müßte Z zu $t = 0$ 1 000 anlegen: $1\,000 \cdot 1{,}04^2 = 1\,081{,}60$.

Nun ist jedoch die Inflationsrate im ersten Jahr mit Sicherheit 4%, der Zinssatz daher 8,16%. Im zweiten Jahr kann die Inflationsrate mit gleicher Wahrscheinlichkeit 4%, 6% oder 8% betragen, der Zinssatz somit 8,16, 10,24 oder 12,32. Auch der Preis der Urlaubsreise wird sich mit der Inflationsrate erhöhen: Im ersten Fall (Inflationsrate in beiden Jahren 4%) wird der Preis $1\,081{,}60(1{,}04)^2 = 1\,169{,}86$, bei einer Inflationsrate von 6% im zweiten Jahr 1 192,36 etc. betragen.

Das sind aber genau die Beträge, die man bei Anlage in kurzfristigen Titeln zu $t = 2$ erhält. Wenn z.B. die Inflationsrate im zweiten Jahre 8% beträgt, stellen sich im ersten (zweiten) Jahr Zinssätze von 8,16% (12,32%) ein. Der Investor erzielt somit ein Endvermögen von $1\,000(1+0{,}0816)(1+0{,}1232) = 1\,214{,}85$.

Legt der Investor jedoch langfristig an, so wird der Zinssatz im zweiten Jahr die *erwartete* Inflationsrate widerspiegeln und daher 10,24 betragen. Mit dem dann erzielten Betrag wird der Anleger zwar bei einer Inflationsrate im zweiten Jahre von 4% und 6% die Urlaubsreise finanzieren können, nicht aber bei einer Inflationsrate von 8%. Obwohl es sich um die Finanzierung eines langfristigen Konsumwunsches handelt, wird die Unsicherheit durch die Anlage in kurzfristigen Titeln minimiert.

	Inflationsrate in Periode 2		
	0,04	0,06	0,08
Zinssatz in Periode 1	0,0816	0,0816	0,0816
Zinssatz in Periode 2	0,0816	0,1024	0,1232
Kapitalanlage zu $t=2$ bei kurzfristiger Anlage	1 169,86	1 192,36	1 214,85
Kapitalanlage zu $t=2$ bei langfristiger Anlage	1 192,36	1 192,36	1 192,36
Preis der Urlaubsreise	1 169,86	1 192,36	1 214,85

Ähnliches kann aber auch für *Schuldner* gelten. Langfristig fixierte Zinsen bei mit der Inflationsrate korrelierten Produkterlösen, Löhnen etc. können höhere Gewinnschwankungen verursachen als jeweils an die Inflationsrate angepaßte Zinsen für kurzfristige Kredite. Kreditaufnehmende Unternehmungen ziehen daher in diesem Szenario ebenfalls die Aufnahme kurzfristiger Kredite vor. Wenn somit nur die Inflationsrate, nicht jedoch die reale Rendite unsicher wäre, würde der Markt für langfristige, festverzinsliche Titel weitgehend austrocknen; es könnten nur kurzfristige Titel oder langfristige Titel mit variabler, inflationsangepaßter Verzinsung überleben (floaters). In der Realität dürften aber sowohl die reale Verzinsung als auch die Inflationsrate unsicher sein. In diesem Fall können beide Anlageformen nebeneinander bestehen. Es ist aber nicht verwunderlich, daß in Perioden hoher Inflationsraten die Emission langfristiger, festverzinslicher Fremdkapitaltitel zurückgeht.

4.4.1.4 Die term structure bei unvollkommenem Markt

Insbesondere Steuern und Transaktionskosten können Effekte auf die term structure und damit auf die Wahl der Fristigkeit der Verbindlichkeiten haben. Hinsichtlicher der *Steuern* ist festzustellen, daß langfristige Verbindlichkeiten zu 50% der Bemessungsgrundlage der Gewerbekapitalsteuer und Zinsen auf langfristige Verbindlichkeiten zu 50% der Bemessungsgrundlage der Gewerbeertragsteuer hinzurechnen sind. Dies impliziert, daß für die Unternehmungen c.p. kurzfristige Kredite günstiger sind als langfristige und daher die Nachfrage nach kurzfristigen Krediten c.p. höher ist. Da beim Fiskus die begreifliche Tendenz besteht, jeweils erneuerte kurzfristige Kredite als langfristig zu interpretieren, sind der Substitution von langfristigen durch kurzfristige Kredite jedoch Grenzen gesetzt. *Brick Ravid* [1985] und *Brick Ravid* [1991] vertreten die Auffassung, daß langfristige Kredite dann steuerlich günstiger sind, wenn die risikoangepaßten Zinssätze für langfristige Kredite höher sind als für kurzfristige Kredite; die erwarteten steuerlichen Vorteile sind dann größer. Dagegen argumentiert *Lewis* [1990], daß es bei Unsicherheit ein Optimum für die Zinszahlungen jedes Jahres gibt. Durch welche Kombination zwischen kurz- und langfristigen Titeln das Optimum erreicht wird, ist jedoch irrelevant.

Hinsichtlich der *Transaktionskosten* ist festzustellen: Falls die Transaktionskosten für langfristiges Kapital pro Periode niedriger sind als diejenigen für kurzfristiges Kapital, wird dies die Nachfrage nach langfristigem Kapital erhöhen. Je nachdem, wer die Transaktionskosten „trägt" und wer sie bezahlt, werden sich unterschiedliche Wirkungen auf die term structure ergeben. Um dies zu verdeutlichen, nehmen wir an, daß ohne Transaktionskosten die expectations theory und eine flache Zinskurve gelten würde: Der Zinssatz für lang- und kurzfristige Anlagen bzw. Kredite wäre gleichermaßen 6%. Die Transaktionskosten betragen pro Jahr 0,5% bei langfristigen Krediten (falls die Titel vom Ersterwerber bis zur Fälligkeit behalten werden) und 1% bei kurzfristigen Krediten. Folgende Extremfälle sind zu unterscheiden:

a) Die Schuldner tragen und zahlen die Transaktionskosten. In diesem Fall bleibt der Zinssatz und die Rendite der Gläubiger für kurz- und langfristige Titel bei 6%. Die Kosten der Schuldner (Zinsen plus Transaktionskosten) für langfristige Kredite steigen auf 6,5%, diejenigen für kurzfristige Kredite auf 7%.
b) Die Schuldner tragen die Transaktionskosten, die Gläubiger bezahlen sie. Hier steigt der Zinssatz für langfristige Kredite auf 6,5% und derjenige für kurzfristige Kredite auf 7%. Von den Zinserträgen haben die Gläubiger die Transaktionskosten zu tragen, so daß ihnen netto 6% verbleiben.
c) Die Gläubiger tragen die Transaktionskosten, die Schuldner bezahlen sie. In diesem Fall sinkt der Zinsfuß für langfristige Anlagen auf 5,5% und derjenige für kurzfristige Anlagen auf 5%, so daß die Kosten der Schuldner unter Berücksichtigung der Transaktionskosten stets 6% betragen.
d) Die Gläubiger tragen die Transaktionskosten und bezahlen sie auch. Hier bleibt der Zinssatz unabhängig von der Fristigkeit 6%. Die Rendite der Gläubiger nach Transaktionskosten sinkt für kurzfristige Anlagen auf 5%, für langfristige Anlagen auf 5,5%.

Wenn man somit bei unterschiedlichen Transaktionskosten für lang- und kurzfristige Papiere etwa die Gültigkeit der expectations theory untersuchen möchte, muß man erstens entscheiden, ob man diese Theorie auf die Zinssätze einschließlich oder ausschließlich Transaktionskosten bezieht. Zweitens muß man erkunden, ob die Transaktionskosten bereits im Zinssatz enthalten sind (wie in obigen Fällen b) und d)) oder nicht. Die Klärung letzterer Frage wird dadurch erschwert, daß es nicht sehr wahrscheinlich ist, daß in der Realität einer der Fälle a) bis d) in seiner reinen Form vorliegen wird. Es ist eher die Existenz eines „Mischfalles" anzunehmen: Die Transaktionskosten werden teils vom Schuldner, teils vom Gläubiger getragen und auch bezahlt. Am ehesten scheint ein Mischfall zwischen c) und d) praktisch relevant zu sein. Die Schuldner (Banken) zahlen einen Teil der Transaktionskosten und überwälzen sie auf die Gläubiger. Ein anderer Teil der Transaktionskosten wird von den Gläubigern direkt gezahlt und getragen (z. B. Spesen bei Kauf von Anleihen). Auf diese Weise entstehen bedeutendere Unterschiede in den Zinserträgen (z. B. Sparzinsen) für kurz- und langfristige Anlagen, aber nur dann, wenn langfristige Papiere, wie z. B. Anleihen, tatsächlich langfristig gehalten werden. Bei Verkauf von langfristigen Papieren entstehen ja zusätzliche Transaktionskosten, die es nicht vorteilhaft machen, den höheren Zinssatz von Anleihen für kurzfristige Anlagen auszunutzen. Aus der Sicht der Schuldner (d. h. wenn man Zins- und Transaktionskosten zusammenrechnet) mag daher die expectations theory (oder auch die liquidity preference theory mit geringer Risikoprämie) gelten. Aus der Sicht der Sparer, d. h. aus der Sicht der Zinserträge nach Transaktionskosten, dürfte aber höchstens die liquidity preference theory mit relativ hoher Risikoprämie zutreffen.

4.4.2 Finanzierungsleasing versus Investitionskredit

In Abschnitt 2.3.1.1.4 wurde herausgestellt, daß das Finanzierungsleasing einem Kauf gegen Kredit gleichkommt, da die Zahlungen des Leasingnehmers, denen er sich nicht durch Kündigung entziehen kann, eine volle Refundierung des Anschaffungspreises des Leasingobjekts und der Zinsbelastung implizieren. Im folgenden wird davon ausgegangen, daß die Finanzierungsform keine Einflüsse auf den Zahlungsstrom aus dem Investitionsprojekt (z. B. hinsichtlich Wartungskosten, Versicherungskosten etc.) hat, und es wird zunächst vom Ausfallsrisiko abgesehen.

Einen wesentlichen Einfluß auf die relative Vorteilhaftigkeit des Leasing versus Kauf gegen Kredit haben die *steuerlichen Bedingungen*. Daher ist auf sie näher einzugehen. Zunächst ist zu klären, unter welchen Voraussetzungen der Leasingnehmer steuerlich überhaupt als Mieter (und nicht als Käufer) betrachtet wird. Denn nur dann kann er die

Mietraten steuerlich geltend machen. Wird dagegen der Gegenstand dem Leasingnehmer als wirtschaftlichem Eigentümer steuerlich zugerechnet, kann der Leasingnehmer nicht die Mietraten, sondern nur Abschreibungen und (errechnete) Zinskosten geltend machen. In diesem Fall unterscheiden sich die steuerlichen Bedingungen des Leasing nicht von denjenigen bei Kauf unter Kreditaufnahme. Gemäß Urteil des BFH vom 26. 1. 1970 und des dieses Urteil interpretierenden „Leasingerlasses" des Bundesministers der Finanzen vom 19. 4. 1971 sind Leasinggegenstände beim Vollamortisationsverfahren dann dem Vermieter zuzurechnen, wenn folgende Bedingungen gegeben sind (hinsichtlich Teilamortisationsleasing gilt der Erlaß aus 1975 – siehe *Tacke* [1993, S. 230]):

a) es darf sich nicht um Spezialobjekte handeln, die sinnvollerweise nur vom Leasingnehmer genutzt werden können;
b) die Grundmietzeit muß zwischen 40% und 90% der betriebsgewöhnlichen Nutzungsdauer liegen;
c) wenn eine Kaufoption vereinbart ist, muß der Kaufpreis mindestens dem linearen Buchwert oder dem niedrigeren gemeinen Wert des Gegenstandes entsprechen.
d) wenn eine Verlängerungsoption vereinbart ist, muß die Anschlußmiete mindestens den Wertverzehr des Leasing-Gegenstands decken, der sich auf der Basis des linearen Buchwerts oder des niedrigeren gemeinen Werts und der Restnutzungsdauer des Gegenstandes ergibt.

Im folgenden sei davon ausgegangen, daß diese Bedingungen zutreffen, also die Leasingraten als Mietraten steuerlich anerkannt sind. In diesem Fall gilt, daß die Mietraten nicht nur von der Einkommensteuerbasis bzw. Körperschaftsteuerbasis, sondern im Regelfall auch zur Gänze von der Basis der Gewerbeertragsteuer abzugsfähig sind, während Zinsaufwendungen zur Hälfte der Bemessungsgrundlage der Gewerbeertragsteuer hinzuzurechnen wären. Analoges gilt für die Gewerbekapitalsteuer: Der Wert der Leasinggüter zählt nicht zum Einheitswert. Die „günstige" gewerbesteuerliche Behandlung von Leasingraten beim Leasingnehmer würde aber dann keinen Vorteil für das Leasing bedeuten, wenn der Fiskus die vom Leasinggeber aufgenommenen Kredite als Dauerschulden betrachtete. In diesem Fall würde nämlich der Leasinggeber die Gewerbesteuerbelastung seiner Kredite in den Leasingraten weitergeben. Nun gibt es aber Möglichkeiten für den Leasinggeber, die Hinzurechnung seiner Verbindlichkeiten zur Gewerbesteuerbasis zu vermeiden. Bis 1990 konnten die Leasinggesellschaften, die Bankentöchter waren, das „Bankenprivileg" nach § 19 GewStDV ausnutzen. Nach der Neufassung von § 19 GewStDV kann der gleiche Zweck durch Forfaitierung der Forderungen aus Leasingraten erreicht werden (vgl. *Gabele Kroll* [1992, S. 128 ff.]). Durch Leasing kann also insgesamt, auf Kosten des Fiskus, Gewerbesteuer gespart werden. Dadurch entsteht ein steuerliches Einigungspotential zwischen Leasinggeber und Leasingnehmer. Diese und andere kleinere steuerliche Auswirkungen von Leasingverträgen gegenüber Investitionskrediten werden im folgenden Beispiel demonstriert. Schon jetzt sei aber hervorgehoben, daß folgendes, oft gehörte Argument irreführend ist: Leasing mit kurzen Grundvertragszeiten sei deshalb steuerlich vorteilhaft, weil es durch die daraus resultierenden hohen Mietraten möglich sei, das betreffende Objekt in kürzerer Zeit steuerlich abzusetzen als bei Kauf. Dieses Argument ist deshalb irreführend, weil die hohen Aufwendungen (= Mietraten) des Leasingnehmers gleichzeitig hohe steuerpflichtige Erlöse des Leasinggebers implizieren. Bei kurzen Grundvertragszeiten werden somit die Steuern des Leasinggebers vorverlagert, die er dem Leasingnehmer auch in entsprechend höheren Leasingraten verrechnen wird. Daraus kann somit nur dann ein relativ geringfügiger Vorteil entstehen, wenn der Leasinggeber niedrigeren Steuersätzen unterliegt als der Leasingnehmer.

Beispiel 22:

Ein Aggregat hat einen Anschaffungspreis von 100.000, eine Nutzungsdauer von 4 Jahren und eine steuerliche Abschreibungsdauer (= „betriebsgewöhnliche" Nutzungsdauer) von 5 Jahren. Der Restwert ist Null. Das Aggregat könnte mittels eines Kredites von 100.000, Zinssatz $k = 0,10$, Annuitätentilgung, finanziert werden. Es ist die Leasingrate zu ermitteln, bei der Kauf gegen Kredit und Leasing gleich günstig sind.

Einkommen- bzw. Körperschaftsteuersatz: $s_k = 0,50$
Gewerbeertragsteuersatz: $s_{ge} = 0,05$ mal Hebesatz von 400% = 0,20
Gewerbekapitalsteuersatz: $s_{gk} = 0,002$ mal Hebesatz von 400% = 0,008
Vermögensteuersatz: $s_v = 0,06$ mal 0,75 = 0,045
steuerliche Abschreibung: degressiv mit 30%, mit Übergang zu linearer Abschreibung ab dem 3. Jahr (§ 7 Abs. 2 EStG)
Vermögensteuerlicher „Anhaltewert": 30% des Anschaffungspreises

	$t = 0$	$t = 1$	$t = 2$	$t = 3$	$t = 4$
1 Annuitäten		31.547	31.547	31.547	31.547
2 davon Zinsen		10.000	7.845	5.475	2.868
3 davon Tilgung		21.547	23.702	26.072	28.679
4 Restschuld Jahresende	100.000	78.453	54.751	28.679	0
5 Abschreibung		30.000	21.000	16.333	32.667
6 Buchwert/Anhaltewert	100.000	70.000	49.000	32.667	30.000

	$t=0$	$t=1$	$t=2$	$t=3$	$t=4$
7 Gewerbeertrag- und Gewerbekapitalsteuer von Zinsen und Kapital: 0,50 (0,20+0,08) Z.2		1.400	1.098	767	401
8 Gewerbekapitalsteueränderung: 0,008 (Z.6−Z.4), jeweils Vorjahr		0	−68	−46	−32
9 Vermögensteueränderung: 0,0045 · (Z.6−Z.4), jeweils Vorjahr		0	−38	−26	−18
10 Gewinnsteuerersparnis: −0,58333 · (Z.2+Z.5+Z.7+Z.8)		−24.150	−17.427	−13.142	−20.954
11 Nettobelastung: (Z.1+Z.7+Z.8+Z.9+Z.10)		8.797	15.112	19.100	10.954
12 Barwert der Nettobelastung ($k_s = 0,039666$)	48.814				
13 äquivalente Leasingrate nach Steuern		13.437	13.437	13.437	13.437
14 äquivalente Leasingrate vor Steuern: Z.13/(1−0,58333)		32.249	32.249	32.249	32.249

Das Beispiel sei im folgenden erläutert. Zunächst sei erklärt, warum eine Leasingdauer gewählt wurde, die kleiner ist als die steuerliche Abschreibungsdauer: Nur in diesem Fall ist das Leasing als solches „anerkannt". Die tatsächliche Nutzungsdauer wurde der Leasingdauer angeglichen, um das Beispiel nicht durch die Ausübung einer Kaufoption etc. zu komplizieren. In Zeile 7 ist berücksichtigt, daß 50% der (Dauerschuld-)Zinsen der Bemessungsgrundlage der Gewerbeertragsteuer und 50% der Dauerschulden der Bemessungsgrundlage der Gewerbekapitalsteuer hinzugerechnet werden müssen. In den Zeilen 8 und 9 sind jene kleinen substanzsteuerlichen Wirkungen erfaßt, die sich bei Kauf gegen Kredit dann ergeben, wenn Kreditnominale und Wert gemäß Bewertungsgesetz auseinanderfallen. Beim Leasingverfahren können solche Differenzen nicht auftreten. In Zeile 10 sind die Gewinnsteuerersparnisse ermittelt, die sich aus Abschreibungen, Zinsen, substanzsteuerlichen Differenzen und der Hinzurechnungspflicht von Zinsen und Kapital ergeben. Der aus Gewerbeertragsteuer und Körperschaftsteuer kombinierte Gewinnsteuersatz ergibt sich aus $s = s_{ge}/(1+s_{ge}) + s_k[1-(s_{ge}/1+s_{ge})] = 0,5833$. Zeile 11 zeigt die Zahlungen aus dem Kauf gegen Kredit abzüglich der Steuerersparnisse. In Zeile 12 wird der Barwert der Nettozahlungen aus dem Kauf gegen Kredit ermittelt. Dabei ist ein Zinssatz nach Steuern heranzuziehen. Wie *Mellwig* [1985] nachgewiesen hat (vgl. auch *Wilhelm* [1985]), ist der adäquate Nettozinssatz:

$$k_s = [k+0,50(k \cdot s_{ge}+s_{gk})](1-s)-s_{gk}(1-s)-s_v$$
$$= 0,039666 \ .$$

Bei Ermittlung dieses Nettozinssatzes für Fremdkapital ist berücksichtigt, daß die gewerbesteuerlichen Hinzurechnungen wieder von der Gewinnsteuerbasis abzugsfähig sind, und daß die Aufnahme einer Geldeinheit Fremdkapital die Bemessungsgrundlage der Substanzsteuern mindert. In Zeile 13 ist – mittels des gleichen Zinssatzes – die äquivalente Leasingrate nach Steuern ermittelt, bei der sich ebenfalls ein Barwert von 48.814 ergeben würde. Die Netto-Leasingrate von 13.437 wurde durch Multiplikation des Barwerts von 48.814 mit dem Annuitätenfaktor für den Zinssatz von 0,039666 ermittelt. In Zeile 14 ist die Leasingrate nach Steuern in die kritische Leasingrate vor Steuern hochgerechnet.

Aus der Lösung des Beispiels ist ersichtlich, daß die dem Kredit äquivalente Leasingrate (= kritische Leasingrate) mit 32.249 höher ist als die Kreditannuität von 31.547. (Zum Konzept der kritischen Leasingraten siehe *Haberstock* [1982/83] und *Mellwig* [1985]). Der Betrag von 32.249 entspricht einem internen Zinsfuß von 11,025%. Leasing kann somit wegen des Wegfalls der gewerbesteuerlichen Hinzurechnungspflicht teurer sein als ein Kredit. Allerdings darf der Leasinggeber im obigen Fall dem Leasingnehmer nicht den gesamten gewerbesteuerlichen Vorteil belasten, d.h. einen Zinssatz von $0{,}10 + 0{,}50 \cdot 0{,}10 \cdot 0{,}20 + 0{,}50 \cdot 0{,}008 = 0{,}114$ fordern. Das Leasingverfahren hat nämlich im obigen Beispiel für den Leasingnehmer den Nachteil, daß er die Vorzüge der degressiven Abschreibung – also eine besonders hohe Steuerminderung im ersten Jahr – und auch substanzsteuerliche Vorteile verliert. Daher enthält die kritische Leasingrate nur Zinsen in Höhe von ca. 11%. Dies impliziert jedoch keine Gewinnminderung für den Leasinggeber, da ja er – als Käufer der Anlage – nunmehr in den Genuß der degressiven Abschreibung und der substanzsteuerlichen Vorteile kommt. Überdies entfällt, wie oben festgestellt, beim Leasinggeber die gewerbesteuerliche Hinzurechnung von Kapital und Zinsen. Dafür hat er neben den Kapitalkosten möglicherweise sonstige Kosten (Verwaltungskosten), die die Kosten einer Bank überschreiten können. Man könnte nun auch für den Leasinggeber eine kritische Leasingrate ermitteln, die er fordern muß, um seine Kapitalkosten und (variablen) sonstigen Kosten zu decken. Ist die kritische Leasingrate aus der Sicht des Leasingnehmers größer als diejenige aus der Sicht des Leasinggebers, existiert ein Einigungsbereich.

Von welchen Einflußgrößen hängt der Einigungsbereich ab? Der Einigungsbereich kann zunächst von Differenzen in den Steuerregelungen (siehe oben hinsichtlich Gewerbesteuer) und in geringerem Ausmaß von Differenzen in den Steuersätzen abhängen. Letzteres wird von *Franke Hax* [1990, S. 463 f.] und *Kruschwitz* [1991] untersucht. Investitionsbegünstigungen beeinflussen den Einigungsbereich nicht, falls Leasinggeber und Leasingnehmer gleichen steuerlichen Regelungen und gleichen Steuersätzen unterliegen: Je großzügiger die steuerliche Investitionsbegünstigung ist, die der Leasingnehmer bei Kauf ausnützen könnte, aber bei Leasing verliert, desto geringer wird seine kritische

Leasingrate sein. Der Leasinggeber kann aber mit entsprechend niedrigeren Leasingraten auskommen, da er ja nun in den Genuß der Investitionsbegünstigungen kommt. Bei großzügigen steuerlichen Investitionsbegünstigungen (wie z. B. in Österreich) kann dies dazu führen, daß die kritischen Leasingraten einen negativen internen Zinsfuß aufweisen, also die Summe der Leasingraten geringer ist als der Anschaffungspreis des Objektes. Der Einigungsbereich wird aber dann größer, wenn der Leasinggeber höheren Steuersätzen unterliegt als der Leasingnehmer, insbesondere aber dann, wenn der Leasingnehmer in einer Verlustposition oder überhaupt steuerbefreit ist und daher von Investitionsbegünstigungen keinen Gebrauch machen kann, der Leasinggeber jedoch schon. Dies ist ein in der amerikanischen Literatur viel diskutierter Fall (vgl. *Cooper Franks* [1983], *Franks Hodges* [1987]).

Wenn keine (bedeutsamen) Investitionsbegünstigungen gewährt werden, wird Leasing in einer Verlustposition eher uninteressanter. Dies zeigt folgende Variation des Beispiels 22:

Beispiel 23:

Es werden die Angaben zu Beispiel 22 so variiert, daß der Leasingnehmer in einer langfristigen Verlustposition ist und daher weder Körperschaftsteuer noch Gewerbeertragsteuern bezahlt. Die Lösung des Beispiels würde sich wie folgt verändern:

		$t=0$	$t=1$	$t=2$	$t=3$	$t=4$
1	Annuitäten		31.547	31.547	31.547	31.547
2	davon Zinsen		10.000	7.845	5.475	2.868
3	davon Tilgung		21.547	23.702	26.072	28.679
4	Restschuld Jahresende	100.000	78.453	54.751	28.679	0
5	Abschreibung		30.000	21.000	16.333	32.667
6	Buchwert/Anhaltewert	100.000	70.000	49.000	32.667	30.000
7	Gewerbekapitalsteuer von Kredit: 0,50 (0,008) Z.4, jeweils Vorjahr		400	314	219	115
8	Gewerbekapitalsteueränderung: 0,008 (Z.6−Z.4), jeweils Vorjahr		0	−68	−46	−32
9	Vermögensteueränderung: 0,0045 (Z.6−Z.4), jeweils Vorjahr		0	−38	−26	−18
10	Nettobelastung: (Z.1+Z.7+Z.8+Z.9)		31.947	31.755	31.694	31.612
11	Barwert der Nettobelastung ($k_s = 0{,}0915$)	102.568				
12	Äquivalente Leasingrate		31.764	31.764	31.764	31.764

Der Nettozinssatz ist jetzt 9,15%, da in der obigen Formel für den Nettozinssatz s und s_{ge} wegfallen.

Die kritische Leasingrate in Beispiel 23 ist wesentlich niedriger als in Beispiel 22 und entspricht einem Zinssatz von 10,32%. Dies ist darin begründet, daß infolge der Verlustposition die Hinzurechnungspflicht für Dauerschuldzinsen wegfällt. Ist die Verlustposition so leicht, daß zwar keine Körperschaftsteuer anfällt, jedoch wegen der Hinzurechnung Gewerbeertragsteuer zu zahlen ist, wäre die kritische Leasingrate wieder höher. Ist der Leasingnehmer überhaupt steuerbefreit, würde die kritische Leasingrate im obigen Beispiel mit der Annuität zusammenfallen und nur mehr einen internen Zinssatz von 10% aufweisen. Es stimmt also nicht, daß – abgesehen von Investitionsbegünstigungen – der Einigungsbereich dann besonders groß wird, wenn der Leasingnehmer steuerbefreit ist – also z. B. eine Kommune ist. Eher ist das Gegenteil der Fall. Mit dieser Frage, aber auch mit dem Einfluß der Ausübung von Kauf- und Verlängerungsoptionen auf den Einigungsbereich beschäftigt sich außerordentlich gründlich *Mellwig* [1985].

Wie Leasingraten bei unterschiedlichen Steuer- und Zinssätzen von Leasingnehmer und Leasinggeber optimal *zu gestalten* sind, wird von *Buhl Erhard* [1991] untersucht. Ein weiterer wichtiger steuerlicher Aspekt wird von *Buhl* [1989] beigesteuert. Er weist nach, daß das Herstellerleasing gegenüber Verkauf an den Nutzer und auch gegenüber Bankenleasing dann von Vorteil ist, wenn der Verkaufspreis des Projekts größer als die Herstellkosten ist. Bei einem Verkauf müßte der Gewinn sofort realisiert und besteuert werden, beim Herstellerleasing dagegen erfolgt die Gewinnrealisation erst im Verlaufe der Leasingdauer! Die steuerlichen Bedingungen beim Leasingnehmer bleiben davon unberührt. In Staaten mit bedeutsamen steuerlichen Investitionsbegünstigungen ist das Herstellerleasing dagegen c.p. nachteilig: Es kann dann weder der Hersteller noch der Leasingnehmer etwa eine Investitionsprämie erhalten.

In obigen Beispielen wurde Leasing mit einem Investitionskredit verglichen, ohne etwaige Risikodifferenzen zu beachten. Wenn aber zu einigen Zeitpunkten, bedingt durch die Verteilung der Leasingraten und Kreditrückzahlungen, das ausstehende Fremdkapitalvolumen bei den verglichenen Alternativen unterschiedlich ist, ist es auch das Kapitalstrukturrisiko der Anteilseigner. Für diesen Fall haben etwa gleichzeitig *Lewellen Long McConnell* [1976], *Miller Upton* [1976] und *Myers Dill Bautista* [1976] bewiesen, daß bei Gültigkeit der Prämissen des *Modigliani-Miller*-Theorems (*keine* differenzierenden Steuern etc.) Leasing *irrelevant* ist (siehe auch die überaus gründliche Arbeit von *Gebhard* [1990]). Risikoaspekte schlagen sich natürlich in den Leasingraten und in den Kapitalkostensätzen der Anteilseigner nieder.

4.4.3 Strukturierung des Fremdkapitals bei kurzfristig schwankendem Kapitalbedarf

Kurzfristig schwankender Kapitalbedarf resultiert aus schwankenden Beständen des Umlaufvermögens. Die Schwankungen der Bestände des Umlaufvermögens können stochastischer oder voraussehbarer (saisonaler) Natur sein. Stochastisch schwankende Bestände werden im Vordergrund der Diskussion stehen; zur Finanzierung saisonal schwankender Bestände wird anschließend Stellung genommen.

Der Kapitalbedarf für das Umlaufvermögen kann in grober Form in Kapitalbedürfnisse für liquide Mittel (Sicherheitsbestände), Forderungen, Fertigerzeugnisse, Halberzeugnisse und Material (Roh-, Hilfs- und Betriebsstoffe) gegliedert werden. Schwankungen stochastischer Art können sich bei allen Beständen ergeben. Sie sind durch die Zahlungsweise der Kunden, die Bestellweise der Unternehmung (z. B. durch die Losgrößen und die Bestelltermine), die Liefertermine der Lieferanten, Schwankungen im Produktionsvolumen, im Absatz usw. bedingt. Zu beachten ist jedoch, daß sich Schwankungen zum Teil kompensieren werden: So bewirkt eine Forderungszunahme infolge verstärkten Absatzes eine Abnahme der Fertigerzeugnisbestände (bezüglich der Ursachen und Ausprägungsformen von Schwankungen des Umlaufkapitalbedarfs vgl. vor allem *Gutenberg* [1980, S. 5 ff.]).

Stochastische Schwankungen des Kapitalbedarfs können zum Teil durch Kreditformen bewältigt werden, deren Ausmaß mit dem Kapitalbedarf korreliert ist. Auf solche Kreditinstrumente (Lieferantenkredit, Factoring) soll gegen Ende dieses Abschnitts eingegangen werden. Weitere Mittel, die zunächst im Vordergrund der Diskussion stehen, sind die Vereinbarung eines Kontokorrentkredits und die Aufnahme eines betraglich fixierten Kredits, der – soweit er nicht zur Deckung der Kapitalbedürfnisse für die Vorräte und Forderungen herangezogen werden muß – in Form liquider Mittel, Bankguthaben oder Wertpapiere die finanziellen Reserven der Unternehmung verstärkt.

Die zwei folgenden Beispiele zeigen, wie eine optimale Kombination aus den beiden zuletzt genannten Mitteln – Vereinbarung eines Kontokorrentkredits und Aufnahme eines betraglich fixierten Kredits zur Stärkung der finanziellen Reserven – ermittelt werden kann. Die Methodik (nicht die Problemstellung) entspricht der von *Tschumi* [1969] angewandten. Es handelt sich im wesentlichen um eine Minimierung der Summe aus laufenden Zinskosten, Transaktionskosten und Steuern.

Beispiel 24:

Über die Finanzierung des Mindestkapitalbedarfs einer Unternehmung ist bereits entschieden, es geht um die Deckung des den Mindestkapitalbedarf übersteigenden Bedarfs von mindestens 0 und maximal F_S. Folgende Alternativen stehen der Unternehmung offen, um den Kapitalbedarf von maximal F_S zu decken:

1) Die Unternehmung kann ein grundbücherlich oder z. B. durch Wertpapierlombardierung gesichertes Darlehen für einen Betrag gleich/kleiner F_s aufnehmen und diesen Betrag auf ein Kontokorrentkonto einzahlen, das je nach Bedarf in Anspruch genommen wird. Für das Darlehen sind Zinsen zum Satz von k_d zu leisten, für das Kontokorrentguthaben erzielt die Unternehmung Zinsen zum Satz von k_g. Das Ausmaß des Darlehens sei mit F_D bezeichnet. Das Darlehen ist formell kurzfristig, soll jedoch jeweils vor Ablauf der Fristigkeit prolongiert werden.

2) Die Unternehmung kann für den Teil von F_S, der nicht durch F_D beschafft wird, einen gleichermaßen gesicherten und ebenfalls kurzfristigen und ständig zu erneuernden Kontokorrentkredit aufnehmen. Der vereinbarte Höchstbetrag des Kontokorrentkredits ist $F_K = F_S - F_D$. Der Kontokorrentkredit verursacht Zinskosten (gerechnet vom jeweiligen Kreditbetrag) zum Satz von k_k, zudem eine Bereitstellungsprovision (gerechnet vom Kreditlimit) zum Satz von k_b; letztere kann als fixe, einmal pro Periode zu entrichtende Transaktionskosten interpretiert werden.

Überziehungsprovisionen werden zunächst ausgeschlossen. – Kontoführungsspesen und Umsatzprovision (soweit sie von den Kontenumsätzen berechnet werden) fallen bei jeder Kombination von F_K und F_D in gleichem Ausmaß an und können daher vernachlässigt werden.

Der Satz k_d muß die Gewerbeertragsteuer auf die Zinsen des Bankdarlehens und die Gewerbekapitalsteuer auf den Darlehensbetrag enthalten, falls dieses Darlehen zu den Dauerschulden zählt. Beim Kontokorrentkredit ist zu beachten, daß der – einige Zeit bestehende – Mindestschuldbetrag gewerbekapitalsteuerpflichtig ist bzw. die für diesen Mindestschuldbetrag errechneten Zinsen der Gewerbeertragsteuer unterliegen. In diesem Beispiel wird angenommen, daß bei beiden Alternativen keine Gewerbesteuer anfällt.

Zur Lösung des Problems muß bekannt sein, an wie vielen Tagen eines Jahres mit einem Kapitalbedarf (zusätzlich zum Mindestkapitalbedarf) von 0, 1, 2, 3 ... F_S Geldeinheiten gerechnet werden muß. Die untenstehende Skizze zeigt eine beispielhafte Häufigkeitsverteilung des Kapitalbedarfs (V). An 18 Tagen ist der Kapitalbedarf 0, an $160 - 90 = 70$ Tagen ist der Kapitalbedarf ca. $2/7$ von F_S. Diese Tage müssen *nicht* hintereinander liegen, sie sind nur in der untenstehenden Häufigkeitsverteilung (Abbildung 6) hintereinander angeordnet.

Zur leichteren Berechnung des Optimums wird von einer stetigen Häufigkeitsverteilung V – vgl. Abbildung 7 – ausgegangen: $V = F_S t^y$ (t = Zeit in Jahren; V bei $t = 1$ ist somit gleich F_S; V bei $t = 0$ ist 0; y = Konstante).

Es wird nun gesetzt:

$F_D = o F_S$

$F_K = (1-o) F_S$.

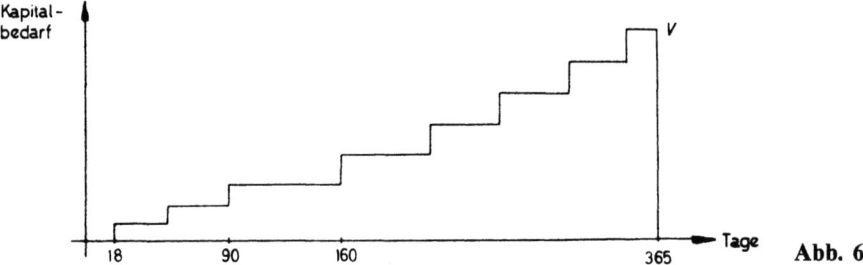

Abb. 6

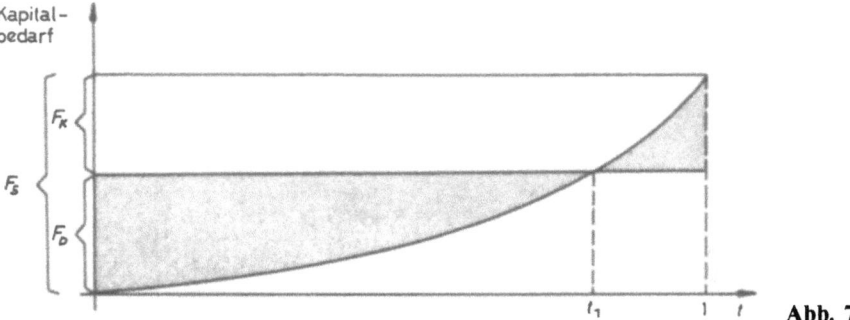

Abb. 7

Gemäß Abbildung ist:

$$F_S t_1^y = F_D = oF_S$$
$$t_1 = o^{1/y} \; .$$

Nun könnten die Kosten bei Aufteilung von F_S in F_K und F_D berechnet werden. Erstens entstehen Zinskosten für das Darlehen von

$$Z_D = k_d F_S o \; .$$

Zweitens entstehen Zinskosten für den Kontokorrentkredit von

$$Z_K = \int_{t=t_1}^{1} k_k F_S t^y dt - k_k F_S o(1-t_1) \; .$$

Nach Integration unter Beachtung der Beziehung $t_1 = o^{1/y}$ ergibt sich:

$$Z_K = k_k F_S \left[\frac{1}{1+y}(1+yo^{(y+1)/y}) - o \right] \; .$$

Drittens entstehen Bereitstellungsprovisionen für den Kontokorrentkredit von

$$B_K = k_b F_S (1-o) \; .$$

Und schließlich entstehen Zinserträge aus einem positiven Saldo des Kontokorrentkontos von

$$Z_G = k_g F_S o t_1 - \int_{t=0}^{t_1} k_g F_S t^y dt$$

$$Z_G = k_g F_S \frac{y}{y+1} o^{(y+1)/y} .$$

Insgesamt ergeben sich daher Kosten von $Z = Z_D + Z_K + B_K - Z_G$.

Um die optimale Aufteilung von F_S auf F_D und F_K zu erhalten, muß Z nach o differenziert und die Ableitung Null gesetzt werden:

$$Z = k_d F_S o + k_k F_S \left[\frac{1}{1+y} (1 + y o^{(y+1)/y}) - o \right] + k_b F_S (1-o) -$$

$$- k_g F_S \frac{y}{y+1} o^{(y+1)/y}$$

$$\frac{\partial Z}{\partial o} = k_d F_S + k_k F_S o^{1/y} - k_k F_S - k_b F_S - k_g F_S o^{1/y} = 0$$

$$o^* = \left(\frac{k_k + k_b - k_d}{k_k - k_g} \right)^y . \qquad (17)$$

Bei den Daten $y = 1$ (linearer Verlauf), $k_d = 0{,}07$, $k_k = 0{,}05$, $k_b = 0{,}03$ und $k_g = 0{,}01$ ergibt sich folgendes optimales o^*:

$$o^* = \frac{0{,}05 + 0{,}03 - 0{,}07}{0{,}05 - 0{,}01} = 0{,}25 .$$

Es ist somit am günstigsten, ein Darlehen im Ausmaß von 25% und einen Kontokorrentkredit im Ausmaß von 75% des Höchstschuldbetrags F_S zu vereinbaren. Die bei dieser Politik entstehenden minimalen Kosten pro Periode sind gemäß Formel (17) $0{,}0537 F_S$.

Eine Kombination von F_D und F_K ist nur vorteilhaft, wenn sowohl der Zähler als auch der Nenner dieses Bruchs positiv oder negativ sind. Falls der Zähler negativ ist (bei positivem Nenner), ist der gesamte Kapitalbedarf durch den Kontokorrentkredit zu decken. Falls der Nenner negativ ist (bei positivem Zähler), ist der gesamte Kapitalbedarf durch das Darlehen zu decken.

Nun werden häufig Kontokorrentkredite gewährt, die keine vom Kreditrahmen abhängige Kreditprovision, jedoch einen höheren Zinssatz vorsehen. In diesem Fall fällt in Formel (17) k_b weg. o^* wäre etwa bei $k_k = 0{,}10$, $k_b = 0$ und sonst unveränderten Daten $0{,}33$.

Die in Beispiel 24 angewandte Methodik ist auch anwendbar, wenn der stochastisch fluktuierende Kapitalbedarf zum Teil durch Kontenüberziehungen gedeckt werden kann. Dies demonstriert Beispiel 25.

Fremdfinanzierungsprobleme

Beispiel 25:

Es ist die gleiche Problemstellung wie in Beispiel 24 zu behandeln, jedoch unter Einbeziehung der Möglichkeit von Überziehungen des Soll- oder/und des Habenkontokorrentkontos. Beide Kontokorrentkonten zusammen mögen im Maximalausmaß von 10% des maximalen Kapitalbedarfs F_S überzogen werden können. (Die gleiche Methodik könnte auch angewandt werden, wenn z. B. nur der Kontokorrentkredit in Abhängigkeit von F_K überzogen werden dürfte.) Der Teil des Kapitalbedarfs F_S, der durch Überziehung gedeckt werden soll, wird mit $F_{\ddot{U}}$ bezeichnet. Der Zinssatz für überzogene Beträge beträgt $k_{\ddot{u}}$ (k_k plus Überziehungsprovision).

Bei der Lösung des Problems wird so vorgegangen, daß vorerst die Überziehungsbeschränkung auf $0,10\,F_S$ nicht beachtet wird. Zeigt die optimale Lösung, daß die maximale Überziehung ohnehin geringer als $0,10\,F_S$ ist, ist das Optimum gefunden. Ist gemäß Lösung die optimale Überziehung größer als $0,10\,F_S$, so wird sie mit $0,10\,F_S$ festgesetzt.

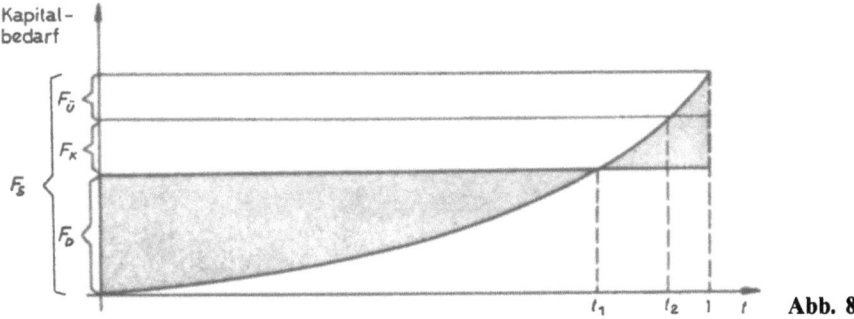

Abb. 8

Abbildung 8 soll das Verständnis der Entwicklung des Lösungsansatzes erleichtern:

Es wird nun gesetzt:

$F_D = o F_S$

$F_K = d F_S$

$F_{\ddot{U}} = (1-o-d) F_S$.

Gemäß Abbildung 8 ist:

$F_S t_1^y = F_D = o F_S$

$t_1 = o^{1/y}$

$F_S t_2^y = F_D + F_K = (o+d) F_S$

$t_2 = (o+d)^{1/y}$.

Die Zinskosten für das Darlehen sind:

$Z_D = k_d F_S o$.

142 Finanzierungsoptima bei Unsicherheit

Die Zinskosten für den Kontokorrentkredit sind:

$$Z_K = \int_{t=t_1}^{1} k_k F_S t^y dt - k_k F_S o(1-t_1) - \left[\int_{t=t_2}^{1} k_k F_S t^y dt - k_k F_S(o+d)(1-t_2) \right]$$

$$Z_K = k_k F_S \left\{ \frac{y}{y+1} [o^{(y+1)/y} - (o+d)^{(y+1)/y}] + d \right\}.$$

Die Kreditprovision für den Kontokorrentkredit ist:

$$B_K = k_b F_S d.$$

Die Zinskosten für den Überziehungskredit sind:

$$Z_Ü = \int_{t=t_2}^{1} k_ü F_S t^y dt - k_ü F_S (o+d)(1-t_2)$$

$$Z_Ü = k_ü F_S \left\{ \frac{1}{y+1} [1 + y(o+d)^{(y+1)/y}] - o - d \right\}.$$

Die Zinserträge aus dem Kontokorrentguthaben betragen:

$$Z_G = k_g F_S o t_1 - \int_{t=0}^{t_1} k_g F_S t^y dt$$

$$Z_G = k_g F_S \frac{y}{y+1} o^{(y+1)/y}$$

Um die optimale Strukturierung des Fremdkapitals zu erhalten, ist $Z = Z_D + Z_K + B_K + Z_Ü - Z_G$ nach o und d differenzieren, und es sind beide Ableitungen Null zu setzen:

$$Z = k_d F_S o + k_k F_S \left\{ \frac{y}{y+1} [o^{(y+1)/y} - (o+d)^{(y+1)/y}] + d \right\} + k_b F_S d$$

$$+ k_ü F_S \left\{ \frac{1}{y+1} [1 + y(o+d)^{(y+1)/y}] - o - d \right\} - k_g F_S \frac{y}{y+1} o^{(y+1)/y}$$

$$\frac{\partial Z}{\partial o} = k_d F_S + k_k F_S [o^{1/y} - (o+d)^{1/y}] + k_ü F_S [(o+d)^{1/y} - 1] - k_g F_S o^{1/y} = 0$$

$$\frac{\partial Z}{\partial d} = k_k F_S [-(o+d)^{1/y} + 1] + k_b F_S + k_ü F_S [(o+d)^{1/y} - 1] = 0$$

Durch Gleichsetzung von $\frac{\partial Z}{\partial o}$ und $\frac{\partial Z}{\partial d}$ erhält man:

$$k_d F_S + k_k F_S (o^{1/y} - 1) - k_g F_S o^{1/y} = k_b F_S$$

$$o^* = \left(\frac{k_k + k_b - k_d}{k_k - k_g}\right)^y \tag{18}$$

Wenn für o in $\frac{\partial Z}{\partial d} = 0$ eingesetzt wird, erhält man:

$$d^* = \left(\frac{k_{\ddot u} - k_k - k_b}{k_{\ddot u} - k_k}\right)^y - o^*.$$

Falls die in Beispiel 9 angenommenen Zahlen, ergänzt um $k_{\ddot u} = 0{,}09$, eingesetzt werden, ergibt sich $o^* = 0{,}25$ und $d^* = 0{,}25$. Da der Überziehungskredit $F_S(1-o-d)$ ist, wären 50% des Maximalkapitalbedarfs durch Überziehungskredite zu decken. Dies widerspricht den Angaben. Daher ist der Überziehungskredit mit dem Maximum von $0{,}10\,F_S$ anzusetzen. o^* ist unverändert mit 0,25 und d^* daher mit 0,65 festzulegen. (Man sieht aus der Lösung, daß der Anteil des Darlehens an F_S bei der gegebenen Struktur dieses Falls von der Einbeziehung des Überziehungskredits nicht beeinflußt wird. Formel (17) und Formel (18) für den optimalen Anteil des Darlehens sind identisch. Dies kann durch folgende Erwägung erklärt werden: Der Übergang von der Darlehensaufnahme zur Vereinbarung eines Kontokorrentkredits findet dort statt, wo die Wahrscheinlichkeit des Bedarfs an zusätzlichen finanziellen Mitteln so gering ist, daß es vorteilhaft wird, für den weiteren Kapitalbedarf nur mehr eine Kreditaufnahmemöglichkeit in Form eines Kontokorrentkredits zu vereinbaren. Diese kritische Schwelle ist aber unabhängig davon, ob und in welchem Ausmaß der aufzunehmende Kontokorrentkredit überzogen werden soll.)

Die Kosten bei $o = 0{,}25$, $d = 0{,}65$ und $(1-o-d) = 0{,}10$ betragen 0,05095, sie sind somit niedriger als ohne Inanspruchnahme des Überziehungskredits.

Bis zu diesem Stadium wurde untersucht, in welcher Weise ein Kontokorrentkredit und ein betraglich fixierter Kredit, der einem aktiven Kontokorrentkonto gutgeschrieben wird, kombiniert werden können, um einen stochastisch schwankenden Kapitalbedarf optimal zu finanzieren. Weiter könnte noch erwogen werden, den durch das Darlehen erzielten Kreditbetrag zum Ankauf von *Wertpapieren* zu verwenden, die im Bedarfsfall zu veräußern wären. Höheren Zinserträgen stünden höhere Transaktionskosten gegenüber.

Eine Einbeziehung der *Lieferantenkredite* in die zu kombinierenden Finanzierungsmaßnahmen müßte in zweifacher Hinsicht erwogen werden. Erstens wäre zu untersuchen, ob eine generelle Inanspruchnahme der Lieferantenkredite vorteilhaft ist. Dazu müßte ermittelt werden, welche Häufigkeitsverteilung der bei einer generellen Inanspruchnahme der Lieferantenkredite verbleibende Kapitalbedarf hat. Für den ungedeckten Kapitalbedarf wäre die optimale Finanzierung etwa durch Kontokorrentkredit und Darlehen zu finden. Die Kosten für Kontokorrentkredit, Darlehen und Lieferantenkredit (Skontoentgang) sind dann den

Kosten bei ausschließlicher Finanzierung durch Kontokorrentkredit und Darlehen gegenüberzustellen, um die Vorteilhaftigkeit der generellen Inanspruchnahme des Lieferantenkredits beurteilen zu können. Meist wird eine generelle Inanspruchnahme des Lieferantenkredits – infolge der hohen entgehenden Skontoerträge – nicht vorteilhaft sein.

Zweitens wäre zu untersuchen, ob es vorteilhaft ist, einen Teil des Spitzenkapitalbedarfs durch Lieferantenkredite zu decken. Hier tritt der Lieferantenkredit nur in Konkurrenz zum Kontokorrentkredit bzw. Überziehungskredit. Durch Vergleich mit den Kosten einer Überziehung eines Kontokorrentkredits kann festgestellt werden, ob der Lieferantenkredit anstelle einer Kontenüberziehung oder zusätzlich zur maximal gestatteten Kontenüberziehung in Zeiten hohen Kapitalbedarfs in Anspruch genommen werden soll. Die Berechnungen werden dadurch erschwert, daß die Zinsen für Lieferantenkredite nicht kontokorrentmäßig abgerechnet werden.

In gleicher Weise wie eine generelle Inanspruchnahme des Lieferantenkredits kann das *Factoring* auf seine Vorteilhaftigkeit untersucht werden. Bei Eingehen eines Factoring-Vertrags ergibt sich eine Häufigkeitsverteilung des durch das Factoring nicht abgedeckten Kapitalbedarfs, für den die optimale Finanzierung durch Kontokorrentkredit, Darlehen und eventuell Lieferantenkredit errechnet werden kann. Die Kosten des Factoring und der genannten Kredite sind dann mit den Kosten zu vergleichen, die bei optimaler Deckung des Kapitalbedarfs ohne Inanspruchnahme des Factoring entstehen. Folgendes Beispiel, das sich einer vereinfachten Methodik bedient, soll dieses Wahlproblem erläutern.

Beispiel 26:

Der Kapitalbedarf für Rohstoffe, Halbfertigfabrikate, Fertigfabrikate, Forderungen betrug 1989

    an 45 Tagen 100000,
    an 60 Tagen 110000,
    an 60 Tagen 120000,
    an 50 Tagen 130000,
    an 40 Tagen 140000,
    an 40 Tagen 150000,
    an 40 Tagen 160000 und
    an 30 Tagen 170000.

Für 1990 wird mit einer gleichen Verteilung gerechnet. Der Kapitalbedarf für Forderungen ist stets 25% des gesamten Kapitalbedarfs. Folgende Finanzierungsmöglichkeiten stehen zur Verfügung:

1) Ein Factoring-Institut bietet an, sämtliche Forderungen nach Rechnungsstellung aufzukaufen und der Unternehmung 90% der Forderungsbeträge sofort gutzuschreiben und 10% auf ein unverzinsliches Sperrkonto zu überweisen. Der Sperrbetrag wird nach Eingang der Forderungen der Unternehmung zur Verfügung gestellt.
   - An Kosten würde das Institut eine feste Gebühr von 1% des Forderungsbetrages und 7% Zinsen p.a. vom kreditierten Betrag (= 90% des Forderungsbetrages) verrechnen. Das Factoring würde dem Betrieb Verwaltungskosten im Ausmaß von 0,50% des Umsatzes ersparen. Das Ausfallsrisiko soll nicht übernommen werden. Der Einfachheit halber wird unterstellt, daß das von den Kunden in Anspruch genommene Zahlungsziel unabhängig vom Factoring durchwegs 2 Monate ist.
2) Es kann ein durch Mantelzessionsvertrag gesicherter Kontokorrentkredit mit einem Kreditrahmen bis zu 170000 aufgenommen werden. An Spesen würden auflaufen: Kreditprovision 3% p.a. vom gewählten Kreditrahmen, Zinsen 5% p.a. vom jeweilig ausstehenden Betrag. (Buchungsspesen und Umsatzprovision werden nicht berücksichtigt, weil sie bei allen Finanzierungsalternativen im gleichen Ausmaß anfallen.)
3) Es kann ein durch Globalzessionsvertrag gesichertes Bankdarlehen bis zu 170000 aufgenommen werden. An Zinsen würden 6% verrechnet werden. Jeweils nicht benötigte Beträge werden einem Habenkontokorrentkonto gutgeschrieben (Zinsertrag 1% p.a.).

Alle Zinssätze enthalten eventuelle steuerliche Belastungen.

Es ist die optimale Kombination der Finanzierungsmaßnahmen zu ermitteln.

Bei der Lösung dieses Beispiels wird in Stufen vorgegangen. Vorerst wird die optimale Kombination zwischen Kontokorrentkredit und Darlehen ermittelt, unter der Annahme, daß das Factoring nicht in Anspruch genommen wird. Sodann wird die Vorteilhaftigkeit des Factoring überprüft.

1. Schritt:

	Kreditkosten bei Finanzierung durch	
	Kontokorrentkredit	Darlehen
für die ersten 100000	8000	6000
für weitere 10000 (sie werden an 365 − 45 = 320 Tagen benötigt)	$300 + \frac{320}{365} \cdot 500$ $= 738$	$600 - \frac{45}{365} \cdot 100$ $= 588$

(Die Zinskosten beim Kontokorrentkredit ergeben sich aus der Kreditprovision plus den Zinsen für 320 Tage. Die Zinskosten beim Darlehen ergeben sich aus den Zinskosten für 365 Tage minus der Zinsgutschrift von 1% für 45 Tage.)

für weitere 10000 (sie werden an 365 − 105 = 260 Tagen benötigt)	$300 + \frac{260}{365} \cdot 500$ $= 656$	$600 - \frac{105}{365} \cdot 100$ $= 571$

146   Finanzierungsoptima bei Unsicherheit

	Kreditkosten bei Finanzierung durch	
	Kontokorrentkredit	Darlehen
für weitere 10000 (sie werden an 365−165 = 200 Tagen benötigt)	$300 + \dfrac{200}{365} \cdot 500$ $=574$	$600 - \dfrac{165}{365} \cdot 100$ $=555$
für weitere 10000 (sie werden an 365−215 = 150 Tagen benötigt)	$300 + \dfrac{150}{365} \cdot 500$ $=506$	$600 - \dfrac{215}{365} \cdot 100$ $=541$
für weitere 10000 (sie werden an 365−255 = 110 Tagen benötigt)	$300 + \dfrac{110}{365} \cdot 500$ $=451$	$600 - \dfrac{255}{365} \cdot 100$ $=530$
für weitere 10000 (sie werden jeweils an 365−295 = 70 Tagen benötigt)	$300 + \dfrac{70}{365} \cdot 500$ $=396$	$600 - \dfrac{295}{365} \cdot 100$ $=519$
für weitere 10000 (sie werden an 365−335 = 30 Tagen benötigt)	$300 + \dfrac{30}{365} \cdot 500$ $=341$	$600 - \dfrac{335}{365} \cdot 100$ $=508$

Es zeigt sich somit, daß ein Darlehen von 130000 aufgenommen und ein Kontokorrentkredit von 40000 vereinbart werden soll. (Zusätzlich könnte noch untersucht werden, ob ein niedrigerer Kontokorrentkredit mit Überziehungsmöglichkeit noch günstiger wäre.) Die Kosten bei dieser Politik sind 6000+588+571+555+506+451+396+341 = 9408.

2. Schritt:
Wenn das Factoring in Anspruch genommen wird, so werden 22,5% der Kosten von 9408 (= 2117) erspart. Denn 25% des Kapitalbedarfs entfällt auf Forderungen, und 90% der Forderungen werden bevorschußt[1].

Um die Kosten des Factoring zu ermitteln, müssen die pro Jahr entstehenden Forderungen errechnet werden. Sie ergeben sich aus dem durchschnittlichen Forderungsbestand, multipliziert mit der Umschlagshäufigkeit von 6 pro Jahr.

---

[1] Falls die Forderungen nicht ein konstanter Anteil des jeweiligen Umlaufvermögens sind, könnte nicht so einfach gerechnet werden. Es müßte dann für den Kapitalbedarf für das Umlaufvermögen minus Forderungen eine neue Häufigkeitsverteilung und deren optimale Finanzierung durch Kontokorrentkredit und Darlehen ermittelt werden, um über die Inanspruchnahme des Factoring entscheiden zu können.

$$\left(25\,000 \cdot \frac{45}{365} + 27\,500 \cdot \frac{60}{365} + 30\,000 \cdot \frac{60}{365} + 32\,500 \cdot \frac{50}{365} + 35\,000 \cdot \frac{40}{365}\right.$$
$$\left. + 37\,500 \cdot \frac{40}{365} + 40\,000 \cdot \frac{40}{365} + 42\,500 \cdot \frac{30}{365}\right) \cdot 6 \approx 197\,000$$

Es ergeben sich daher feste Gebühren minus Verwaltungseinsparungen von $0{,}005 \cdot 197\,000 = 985$ und Zinskosten von $0{,}07 \cdot 0{,}90 \cdot 197\,000/6 = 2069$. Den Ersparnissen durch das Factoring von 2117 stehen daher Kosten des Factoring von 3054 gegenüber. Das Factoring ist in diesem Fall ungünstig.

Bis jetzt wurde auf den Fall stochastisch schwankenden Kapitalbedarfs abgestellt. Die Strukturierung des Fremdkapitals bei *saisonal schwankendem Kapitalbedarf* für Bestände des Umlaufvermögens kann selbstverständlich mittels der gleichen Methode wie bei stochastisch schwankendem Kapitalbedarf ermittelt werden. Bei saisonal schwankendem Kapitalbedarf kommen jedoch weitere Möglichkeiten zur Deckung des Spitzenbedarfs in Frage, die zusätzlich zu beachten sind. Da die Kapitalbedarfsentwicklung voraussehbar ist, kann der Spitzenkapitalbedarf eher durch Vereinbarung von Diskont- oder (echter) Wertpapierlombardkredite gedeckt werden. Während es somit bei stochastisch schwankendem Kapitalbedarf oft günstig sein wird, für einen Teil des maximalen Kapitalbedarfs ein Darlehen aufzunehmen und es auf einem Habenkontokorrent zu niedrigem Zinsfuß anzulegen (siehe oben), wird man bei saisonal schwankendem Kapitalbedarf häufig vorziehen, ein Darlehen zu vereinbaren, dessen Erlös für den Kauf von Wertpapieren verwendet wird, die im Zeitraum des Spitzenkapitalbedarfs belehnt oder veräußert werden. Der Grund dafür ist, daß bei saisonalen Kapitalbedarfsschwankungen mit niedrigeren Transaktionskosten zu rechnen ist (da Transaktionen seltener vorgenommen werden) als bei stochastischen Kapitalbedarfsschwankungen und infolge der Vorhersehbarkeit der Kapitalbedarfsentwicklung rechtzeitig Kreditvereinbarungen getroffen werden können. (Eine Wertpapierlombardierung ist vor allem in jenen Situationen interessant, wo Wertpapiere ohnehin gehalten werden; so bei Beteiligungsabsicht, oder in Österreich infolge der Bestimmung, daß eine Abfertigungsrücklage mit steuerlicher Wirkung nur dann dotiert werden darf, wenn festverzinsliche Wertpapiere in bestimmtem Ausmaß gehalten werden.)

4.4.4 Optimierung des Termins für die Emission von Anleihen und Aktien

Die Terminwahl für Finanzierungsmaßnahmen ist vor allem für wachsende Unternehmungen von Interesse, da hier laufend zusätzliches Kapital zugeführt werden muß. Die folgende Diskussion orientiert sich daher primär an solchen Unternehmungen.

Einflußgrößen der Terminoptimierung sind einerseits *fixe Transaktionskosten*, die es angezeigt erscheinen lassen, Finanzierungsmaßnahmen nicht kontinuierlich, sondern in zeitlichen Abständen zu setzen; andererseits *heterogene Erwartungen* seitens der Unernehmungsleitung bzw. des Kapitalmarkts über die künftige Zins- und/oder Kursentwicklung. In diesem Kapitel wird nur die erste Einflußgröße zum Tragen kommen. Auf die Auswirkungen heterogener Information auf den Termin von Aktienemissionen wird erst in Abschnitt 5 eingegangen.

Zunächst werden Anleiheemissionen in enger Anlehnung an *Bierman* [1970, S. 14 ff.] untersucht. Daran schließen sich einige Ergänzungen der Gedankengänge von *Bierman* und es wird auch auf Aktienemissionen eingegangen.

Es sind fixe und proportionale Emissionskosten von Anleihen zu unterscheiden. Soweit die Emissionskosten variabel, aber nicht proportional sind, mögen sie mit hinreichender Genauigkeit in einen fixen und in proportionale Bestandteile aufgeteilt werden können. Proportionale Emissionskosten fallen unabhängig davon an, auf wieviele Emissionstermine das Anleihevolumen aufgeteilt wird; sie interessieren daher hier nicht. Die bei jeder Anleiheemission anfallenden fixen Kosten sind dagegen eine wichtige Einlfußgröße für die Bestimmung des optimalen Anleihebetrags. Ein durch Anleiheemissionen zu deckender Kapitalbedarf von 100 000 000 kann z. B. durch 2 Emissionen à 50 000 000 oder durch eine Emission à 100 000 000 aufgebracht werden. Im ersteren Fall werden doppelt so viele fixe Emissionskosten entstehen als im letzteren Fall, die proportionalen Transaktionskosten werden sich in beiden Fällen gleichen. Zu den fixen Transaktionskosten zählen Verwaltungskosten, Werbungskosten, von der Emissionsbank berechnete fixe Gebühren usw.

Es wird davon ausgegangen, daß die (wachsende) Unternehmung einen zusätzlichen, durch Anleiheemissionen aufzubringenden Kapitalbedarf von F_0 pro Jahr hat. Der zusätzliche Kapitalbedarf verteilt sich gleichmäßig auf das Kalenderjahr. Man kann nun erstens jedesmal, wenn die Einnahmen aus der letzten Anleiheemission verausgabt sind, eine neue Anleihe auflegen. Der Erlös dieser Anleihe wird sukzessiv verwendet, die noch nicht benötigten Beträge werden z. B. in Wertpapie-

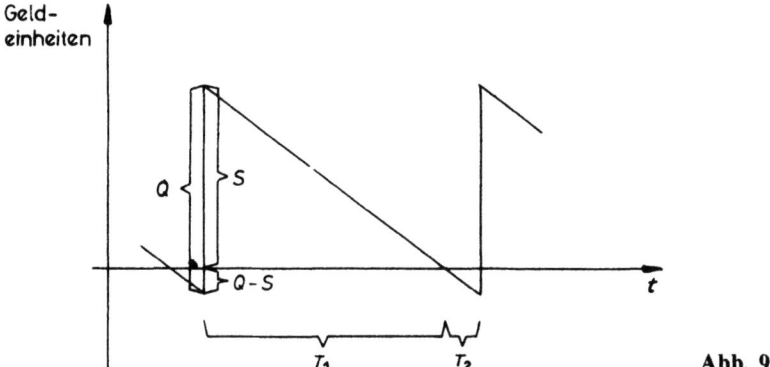

Abb. 9

ren angelegt. Eine solche Vorgangsweise führt dazu, daß man neben Transaktionskosten auch Anleihezinsen für diejenigen Teile der Anleihe bezahlen muß, die noch nicht benötigt werden. Diesen Anleihezinsen stehen aber Erträge aus der zwischenzeitlichen Anlage der noch nicht benötigten Mittel gegenüber. Zweitens könnte auch folgendermaßen vorgegangen werden: Ergibt sich ein zusätzlicher Kapitalbedarf, so wird er so lange durch Bankkredit gedeckt, bis der Bankkredit die Höhe des vorgesehenen Anleihebetrags erreicht hat. Zu diesem Zeitpunkt wird eine Anleiheemission vorgenommen, deren Erlös zur Rückzahlung des Bankkredits dient. Der in der Zukunft entstehende zusätzliche Kapitalbedarf wird erneut durch Bankkredite gedeckt usw. Neben den fixen Transaktionskosten entstehen bei dieser Vorgangsweise dann Mehrkosten, wenn die Bankkredite höhere Kreditkosten verursachen als Anleihen. Drittens können die Vorgangsweisen 1 und 2 kombiniert werden, wie es in Abbildung 9 zum Ausdruck kommt: Der Anleiheerlös wird erstens zur Deckung des zuvor aufgenommenen Bankkredits $(Q-S)$ verwendet, der Rest des Anleiherlöses wird zwischenzeitlich in Wertpapieren angelegt (S). Wenn der Anleiheerlös aufgebraucht ist, d.h. die Wertpapiere wieder veräußert sind, wird bis zur nächsten Anleiheemission Bankkredit in Anspruch genommen.

F_0 = Jahresbedarf an durch Anleihen aufzubringenden Beträgen
Q = Emissionsvolumen
S = maximaler Wertpapierbestand
k_1 = Anleihezinsfuß (unter Berücksichtigung des Ausgabe- und Rückzahlungsdisagios und der proportionalen Transaktionskosten)
k_2 = Zinsfuß für den Bankkredit
k_3 = Wertpapierrendite (abzüglich Transaktionskosten aus Kauf und Verkauf von Wertpapieren)
k_4 = fixe Transaktionskosten

Es gilt: $k_2 > k_1 > k_3$. (Falls $k_1 \geqslant k_2$, dann sollten statt Anleihen stets Bankkredite gewählt werden.)

$T_Q = T_1 + T_2$ = zeitlicher Abstand zwischen zwei Anleiheemissionen (in Jahren).

Die für die Optimierung *relevanten Kosten* sind jene Kosten, die *zusätzlich* zu den Anleihezinsen bei kontinuierlicher Anleiheaufnahme anfallen.

Die relevanten Kosten während T_Q sind:

$$k_4 + (S/2)(k_1 - k_3)T_1 + [(Q-S)/2](k_2 - k_1)T_2 \ .$$

Die relevanten Kosten würden nicht anfallen, wenn man täglich den jeweils benötigten Anleihebetrag emittierte und keine fixen Transaktionskosten anfielen. Der Ausdruck $(S/2)(k_1 - k_3)T_1$ erklärt sich so, daß während T_1 durchschnittlich nicht benötigte $S/2$ Geldanleihen vorhanden sind, für die Anleihezinsen zu k_1 bezahlt, aber Wertpapierzinsen zu k_3 erzielt werden. Während T_2 dagegen müssen, da der Anleihebetrag verbraucht ist, durchschnittlich $(Q-S)/2$ Geldeinheiten Bankkredite aufgenommen werden, die Mehrkosten von $k_2 - k_1$ je Geldeinheit verursachen.

Nun ist:

$$T_1/S = T_Q/Q \rightarrow T_1 = (S/Q)T_Q$$
$$T_2 = T_Q - T_1 = [(Q-S)/Q]T_Q \ .$$

Eingesetzt für T_1 und T_2 ergeben sich folgende relevante Kosten während T_Q:

$$k_4 + (S^2/2Q)(k_1 - k_3)T_Q + [(Q-S)^2/2Q](k_2 - k_1)T_Q \ .$$

Die Kosten während der Periode T_Q können durch Multiplikation mit F_0/Q in Jahreskosten umgewandelt werden. Denn F_0/Q ist die Anzahl der Anleiheemissionen pro Jahr. Dabei ist zu beachten, daß $(F_0/Q)T_Q$ 1 (Jahr) ist. Die *relevanten Jahreskosten* sind daher:

$$(F_0/Q)k_4 + (S^2/2Q)(k_1 - k_3) + [(Q-S)^2/2Q](k_2 - k_1) \ .$$

Um S und Q zu optimieren, werden die relevanten Jahreskosten nach S und Q abgeleitet und die Ableitungen werden Null gesetzt:

Erste Ableitung der relevanten Jahreskosten nach S:

$$(S/Q)(k_1 - k_3) - [(Q-S)/Q](k_2 - k_1) = 0$$
$$S = Q(k_2 - k_1)/(k_2 - k_3) \ .$$

Erste Ableitung der relevanten Jahreskosten nach Q:

$$-(F_0/Q^2)k_4-(S^2/2Q^2)(k_1-k_3)$$
$$+\langle[4(Q-S)Q-2(Q-S)^2]/4Q^2\rangle(k_2-k_1) \ .$$

Nach Umformungen und Einsetzen für S erhält man:

$$Q = \sqrt{2F_0 k_4(k_2-k_3)/(k_2-k_1)(k_1-k_3)} \ .$$

Zur Demonstration sei ein Zahlenbeispiel durchgerechnet:

Beispiel 27:

Der jährlich durch Anleiheemissionen zu deckende Kapitalbedarf sei 50 000 000. Die fixen Transaktionskosten k_4 betragen 100 000. $k_1 = 7\%$, $k_2 = 8\%$, $k_3 = 6\%$.

$$Q = \sqrt{2 \cdot 50\,000\,000 \cdot 100\,000 \cdot 0{,}02/0{,}0001} \sim 45\,000\,000$$
$$S \sim 45\,000\,000 \cdot 0{,}01/0{,}02 \sim 22\,500\,000 \ .$$

Es ist somit in Abständen von ca. 11 Monaten eine Anleihe für 45 000 000 zu emittieren. Zur Hälfte ist der Anleiheerlös zur Rückzahlung von Bankkrediten ($S-Q = 22\,500\,000$) zu verwenden, die zweite Hälfte des Anleiheerlöses ist zinsbringend anzulegen und wird während ca. 5,5 Monaten verbraucht. Danach ist bis zur nächsten Anleiheemission ein Bankkredit von maximal 22 500 000 aufzunehmen.

Die relevanten Jahreskosten bei dieser Politik sind:

$$\frac{50}{45} 100\,000 + (22\,500\,000^2/90\,000\,000)0{,}01 + (22\,500\,000^2/90\,000\,000)0{,}01 \sim 224\,000 \ .$$

Zu Vergleichszwecken soll nun noch das optimale Q für den Fall ermittelt werden, in dem die Möglichkeit der Aufnahme eines Bankkredits zur Überbrückungsfinanzierung ausgeschlossen ist, somit nur die zwischenzeitliche Anlage in Wertpapieren verbleibt.

Die relevanten Kosten während T_Q ergeben sich dann aus:

$$k_4+(Q/2)(k_1-k_3)T_Q \ .$$

Die relevanten Jahreskosten erhält man wieder durch Multiplikation der Kosten während T_Q mit F_0/Q:

$$(F_0/Q)k_4+(Q/2)(k_1-k_3) \ .$$

Durch Ableitung nach Q und Nullsetzen der Ableitung erhält man eine der üblichen Losgrößenformel entsprechende Formel:

$$Q = \sqrt{2F_0 k_4/(k_1-k_3)} \ .$$

152 Finanzierungsoptima bei Unsicherheit

Beispiel 28:

Für die Daten des Beispiels 27 ergibt sich:

$$Q = \sqrt{2 \cdot 50\,000\,000 \cdot 100\,000 / 0{,}01} \sim 32\,000\,000$$

Die Jahreskosten betragen:

$$(50/32)\,100\,000 + 16\,000\,000 \cdot 0{,}01 \sim 316\,000 \ .$$

Infolge des Ausschlusses des Bankkredits sind kleinere Anleiheemissionen optimal und es entstehen bedeutend höhere Mehrkosten.

Soweit die *Bierman* folgende Analyse. Von *Bierman* werden jedoch zwei weitere Einflußgrößen des Problems nicht behandelt, die sich aus der Fristigkeit der Verbindlichkeiten ergeben. *Bierman* beachtet erstens nicht, daß sich zu den Rückzahlungsterminen von Anleihen die Notwendigkeit ergibt, eine neue Anleihe aufzulegen, wenn der gleiche Verschuldungsgrad aufrechterhalten werden soll. Für die Diskussion der sich daraus ergebenden Fragen werden zwei Fälle unterschieden. Im ersten Fall möge die Unternehmung zum Zeitpunkt der Anleiherückzahlung nicht mehr wachsen, im zweiten Fall möge das Wachstum unvermindert anhalten. Im ersten Fall sind daher nur mehr Anleiheemissionen notwendig, um die Mittel für die Rückzahlung von fälligen Anleihen aufzubringen. Die Rückzahlung kann in Raten oder zu einem Termin erfolgen. Wenn von dem einfachsten Fall der Rückzahlung zu einem Termin ausgegangen wird, so sieht man, daß jeweils zum Fälligkeitstermin einer Anleihe eine neue Anleihe aufgelegt werden muß. Es entstehen dann Emissionskosten, aber keine Mehrkosten aus zwischenzeitlicher Anlage der Mittel oder vorläufiger Aufnahme eines Barkredits, da ja der Anleiheerlös zur Gänze für die Rückzahlung der fälligen Anleihe verwendet wird. In diesem einfachen Fall sieht man deutlich, daß man in der Zukunft um so öfter Anleihen emittieren muß, je öfter man in der Vergangenheit Anleihen emittiert hat. Hat man also zu $t = 0$, $t = 2$ usw. Anleihen mit einer Laufzeit von 10 Jahren emittiert, so werden Anleiheemissionen zu $t = 10$, $t = 12$ usw. notwendig. Hat man jedoch Anleihen mit einem entsprechend geringeren Volumen zu $t = 0$, $t = 1$, $t = 2$ usw. emittiert, so wird sich auch die Anzahl der Nachfolgeemissionen verdoppeln. Eine Anleiheemission zu $t = 0$ erfordert daher nicht nur Emissionskosten zu $t = 0$, sondern auch Emissionskosten zu $t = 10$, $t = 20$ usw. Um die optimale Anleihegröße zu ermitteln, ist daher zu k_4 der Barwert aller künftigen Emissionskosten für die Anleihen, die jeweils zur Deckung des Rückzahlungsbedarfs notwendig werden, hinzuzurechnen. Falls eine Anleihe in Jahresraten rückzuzahlen ist, wird die Ermittlung des Optimums schwieriger.

Bei wachsenden Unternehmungen liegt eine andere Situation vor. Hier werden in Zukunft ohnehin Anleiheemissionen zur Finanzierung des erhöhten Kapitalbedarfs notwendig sein. Das Emissionsvolumen muß dann so groß sein, daß es nicht nur den zusätzlichen Kapitalbedarf, sondern auch das Rückzahlungserfordernis für fällige, in der Vergangenheit emittierte Anleihen deckt. In dieser Situation fallen somit keine oder meist vernachlässigbare zusätzliche fixe Transaktionskosten für die Deckung des Rückzahlungsbedarfs fälliger Anleihen an. k_4 braucht daher nicht angepaßt zu werden.

Weiter wurde von *Bierman* nicht erwähnt, daß die fixen Transaktionskosten *pro Jahr* nicht nur durch die Anleihegröße Q, sondern auch durch die Fristigkeit der Anleihen beeinflußt werden. Je höher die fixen Transaktionskosten im Verhältnis zum Anleihebetrag sind, desto eher wird man an einer Erstreckung der Fristigkeit der Anleihe zur Minderung der Transaktionskosten pro Jahr interessiert sein. Daher müßte die Fristigkeit von Anleihen und die Anleihegröße simultan bestimmt werden.

Die Vorgangsweise für die Optimierung der *Termine für Aktienemissionen* ist ganz analog. Wieder kann bis zur Aktienemission der Kapitalbedarf durch (kurzfristige) Kredite gedeckt und zunächst überschüssiges Eigenkapital zur Rückzahlung kurzfristiger Kredite bzw. zur Anlage in Wertpapieren verwendet werden. Schwierigkeiten bereitet der für das Eigenkapital anzusetzende Zinsfuß $\bar{r}$ (statt k_1 im Fall der Anleiheemission). Es muß gelten: $k_2 > \bar{r} > k_3$. Man muß beachten, daß der Zinsfuß für Bankkredite (k_2), die über den optimalen Verschuldungsgrad hinausgehen, einschließlich der anzusetzenden Risikoprämie größer sein muß als $\bar{r}$. Andernfalls wäre der optimale Verschuldungsgrad noch gar nicht erreicht!

Unternehmungen müssen gewöhnlich *sowohl langfristige Verbindlichkeiten als auch Eigenkapital* in bestimmten „Losen" aufnehmen. Wie anhand folgender Abbildungen demonstriert werden kann, ist es nicht möglich, die Emissionstermine für langfristige Kredite und Aktien isoliert zu optimieren.

In Abbildung 10 ist angenommen, daß Aktien- und Anleiheemissionen zum gleichen Termin vorgenommen werden [Variante a)]. (Dabei wird ein gleiches Volumen für Aktien- und Anleiheemissionen unterstellt, was aber für die Beweisführung nicht notwendig ist.) Weiter wird angenommen, daß der jeweils durch die Aktien- und Anleiheemission aufgebrachte Betrag zu 50% für die Rückzahlung von kurzfristigen Krediten verwendet und zu 50% zwischenzeitlich in Wertpapieren angelegt wird. Die Wertpapiere werden bei steigendem Kapitalbedarf fortlaufend verkauft (bis zum Zeitpunkt $t = 1$). Der sich ab $t = 1$ bis $t = 2$

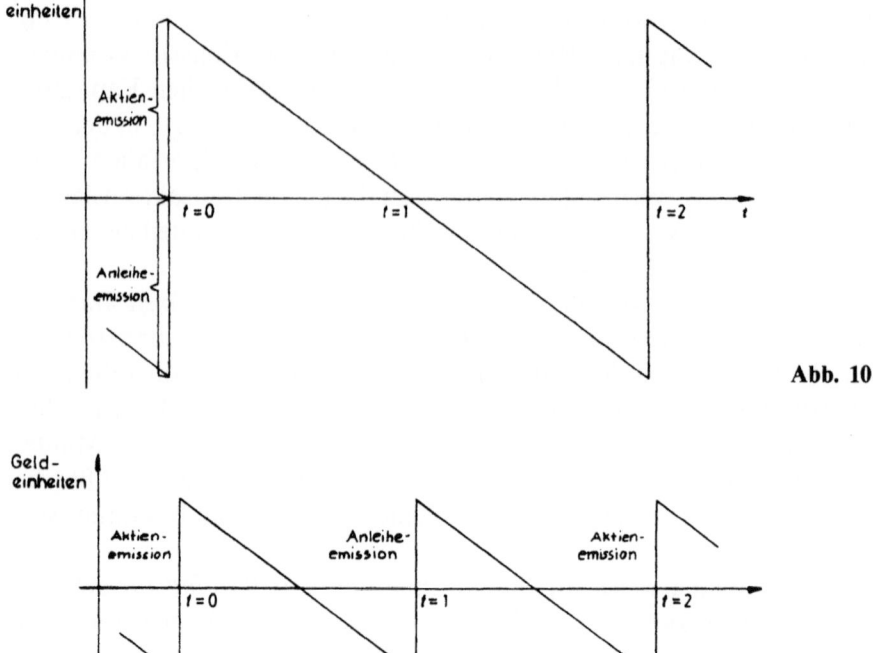

Abb. 10

Abb. 11

ergebende zusätzliche Kaptialbedarf wird durch die Aufnahme von Bankkrediten gedeckt, die bei der nächsten Emission rückgezahlt werden usw.

In Abbildung 11 wird dagegen davon ausgegangen, daß die Aktien- und Anleiheemissionen zeitversetzt erfolgen [Variante b)]. Man sieht, daß die zur Überbrückungsfinanzierung benötigten Bankkredite und angeschafften Wertpapierdepots entsprechend geringer sind. Die Mehrzinsen für Bankkredite bzw. die Verluste aus der zwischenzeitlichen Anlage von Mitteln in Wertpapierdepots sind daher bei Variante b) halb so groß wie bei Variante a). Die fixen Transaktionskosten werden in beiden Fällen etwa gleich sein. Die gleichzeitige Aktien- und Anleiheemission in Variante a) läßt vielleicht eine gewisse Degression der Werbekosten erreichen. Sie wird jedoch einige Mehrkosten gegenüber der Variante b) infolge der ungleichmäßigen Auslastung der Finanzabteilung der Unternehmung und infolge des Umstands, daß der Kapitalmarkt zu einem Termin doppelt so stark als bei Variante b) in Anspruch genommen wird, verursachen. Insgesamt gesehen könnten somit auch die fixen Transaktionskosten der Variante b) etwas geringer sein. Der Schluß aus dieser Analyse ist eindeutig: Eine zeitversetzte Emission von Aktien und langfristigen Verbindlichkeiten ist in aller Regel von Vorteil.

4.4.5 Wandelanleihen

Wandelanleihen sind eigentlich Mischformen zwischen Fremd- und Eigenfinanzierung. Wegen ihres vornehmlichen Fremdkapitalcharakters werden sie aber unter den Fremdfinanzierungsmitteln abgehandelt. Eine andere Mischform zwischen Eigen- und Fremdfinanzierung ist die *Optionsanleihe*. Da die beiden Bestandteile der Optionsanleihe – die Anleihe und die Option – getrennt handelbar und daher auch getrennt bewertbar sind, braucht sie nicht gesondert diskutiert zu werden. Ihr Wert setzt sich aus Anleihen- und Optionswert (siehe die betreffenden Abschnitte) zusammen.

Die Charakteristika von Wandelanleihen wurden in Abschnitt 2.3.1.2.3 besprochen. Die *Inhaber einer Wandelanleihe* sehen sich der Situation gegenüber, daß Wandelanleihen ihnen – im Verhältnis zum Kurswert – geringere Zinsen erbringen als andere Anleihen. Sie gewähren jedoch die Chance, zum Zeitpunkt des Umtausches einen Kursgewinn zu erzielen. Dies ist der Fall, wenn zum Zeitpunkt des Umtausches der Umwandlungswert höher ist als der Rückzahlungsbetrag. Wenn man z. B. für zwei Anleihestücke mit einem Rückzahlungsbetrag von je 100 und eine Zuzahlung von 40 eine Aktie erhält, die mit 360 notiert, so wird man umwandeln und pro Anleihestück einen „Umwandlungsgewinn" von $360/2 - 120 = 60$ erzielen. Falls der Umwandlungswert jedoch geringer ist als der Rückzahlungsbetrag, wird man Rückzahlung fordern.

Bei vollkommenem Markt bei Unsicherheit und homogener Information kann die Ausgabe einer Wandelanleihe den Unternehmungswert nicht beeinflussen. Würde die Ausgabe einer Wandelanleihe etwa den Unternehmungswert erhöhen, so würde der Aufkauf eines prozentuellen Anteils aller Finanzierungstitel einer Unternehmung und eine Umstrukturierung risikolose Arbitragegewinne ermöglichen. Wenn das Capital Asset Pricing Model gilt, kann die Irrelevanz der Ausgabe von Wandelanleihen auch so gezeigt werden: Bei Gültigkeit dieses Kapitalmarktgleichgewichtsmodells ist ja ein Investor mit gleichem Prozentsatz an allen Finanzierungstiteln der Volkswirtschaft beteiligt. Es kann ihm daher gleichgültig sein, ob eine Gesellschaft nur Aktien, Aktien und Anleihen, oder Aktien, Anleihen und Wandelanleihen ausgibt. In allen drei Fällen erhält er einen bestimmten Anteil am gesamten Bruttogewinn, also stets den gleichen Betrag. Die These der Irrelevanz der Ausgabe von Wandelanleihen kann drittens auch dadurch demonstriert werden, daß jeder Investor durch eine Kombination eines Optiongeschäfts mit dem Kauf eines Anleihestücks die gleiche Wahrscheinlichkeitsverteilung künftiger Einnahmen erreichen kann wie durch den

Kauf eines Wandelanleihestücks. Infolge der diesbezüglichen Arbitragemöglichkeiten steht der Kurs von Wandelanleihen in engem Zusammenhang mit Anleihe- und Aktienkursen. Dies zeigt folgendes Beispiel.

Beispiel 29:

Ein zu $t = 1$ (ohne Zuzahlung) in eine Aktie wandelbares Wandelanleihestück mit einem Rückzahlungswert von 100 notiert zu $t = 0$ mit 115,75. Der Kurs ergibt sich aus der Annahme, daß der Aktienkurs zu $t = 1$ mit einer Wahrscheinlichkeit von 1/3 150, 120 oder 90 betragen wird und die Inhaber der Wandelanleihe mit einem Zinsfuß von 10% rechnen. Außerdem ist zu beachten, daß die Wandelanleihe Zinsen zum Satz von 4% erbringt. Bei einem Kurs von 90 zu $t = 1$ wird natürlich nicht gewandelt, sondern für Rückzahlung optiert:

$$K_W = (150 \cdot 1/3 + 120 \cdot 1/3 + 100 \cdot 1/3 + 4)/1{,}10 = 127{,}33/1{,}10 = 115{,}75 \ .$$

Der Anleihezinsfuß ist 6%. Der Investor kann nun die gleiche Erwartungsstruktur der Zahlungen erreichen, wenn er zu $t = 1$ fällige Anleihestücke zum Nominale von $104/106 = 98{,}11$ und eine Option zum Kauf einer Aktie zu $t = 1$ zum Preis von 100 um $115{,}75 - 98{,}11 = 17{,}64$ erwirbt. Denn dann stehen Ausgaben von 115,75 zu $t = 0$ Einnahmen von 104 zu $t = 1$ gegenüber, wovon 100 für den Kauf einer Aktie ausgegeben werden, falls deren Kurs 150 oder 120 beträgt.

Marktunvollkommenheiten werden eher gegen Wandelanleihen sprechen. *Transaktionskosten* fallen nämlich eventuell zweimal an: bei Emission *und* bei Wandlung. Auch sind Wandelanleihen *steuerlich* inferior gegenüber Anleihen, falls die Fremdfinanzierung überhaupt steuerliche Vorzüge hat: Die Zinsen und damit die steuerlichen Vorteile sind bei Wandelanleihen geringer.

Die zusätzlichen positiven und negativen Aspekte, die sich hinsichtlich Wandelanleihen wie auch Optionen aus heterogener Information ergeben, werden in Abschnitt 5 diskutiert.

4.4.6 Gewährung von Pensionszusagen in Verbindung mit der Bildung von Pensionsrückstellungen

Pensionszusagen schaffen Verpflichtungen und damit Fremdkapital. Arbeitnehmer mit Pensions- und ähnlichen Rechten sind damit auch Gläubiger der Unternehmung. Um die Effekte von Pensionszusagen zu analysieren, wird in zwei Stufen vorgegangen. In der ersten Stufe wird der Frage nachgegangen, unter welchen Bedingungen Pensionszusagen von Vorteil sind, falls keine Pensionsrückstellungen mit steuerlicher

Wirkung gebildet werden dürfen. In der zweiten Stufe wird der Effekt der Bildung von steuerlich anerkannten Pensionsrückstellungen untersucht.
Wenn keine Pensionsrückstellungen mit steuerlicher Wirkung gebildet werden dürfen, sind Pensionszusagen dann irrelevant, falls folgende Prämissen gegeben sind:

1) Pensionszusagen treten an Stelle von Gehaltserhöhungen im Ausmaß des Barwertes der erwarteten Pensionszahlungen.
2) Unternehmung und Arbeitnehmer rechnen mit dem gleichen Zinssatz nach Steuern. Bei gleichen Steuersätzen von Unternehmung und Arbeitnehmern müssen somit die Bruttozinssätze gleich sein. Bei unterschiedlichen Steuersätzen müssen auch die Bruttozinssätze unterschiedlich sein.
3) Die Pensionszusagen werden mit Sicherheit eingehalten.

Um dies zu demonstrieren, sei folgende Situation unterstellt: Ein Arbeitnehmer der Unternehmung Z ist noch eine Periode aktiv und die nächste Periode im Ruhestand. Die Unternehmung Z – Steuersatz = 50%, Zinssatz = 10% – erwägt, eine der folgenden Varianten zu wählen.

Variante A: Zahlung eines Aktivgehalts von 200 zu $t = 0$ und einer Pension von 200 zu $t = 1$.
Variante B: Zahlung eines Aktivgehalts von $200 + 200(1,05)^{-1} = 390,48$ zu $t = 0$.

Die Unternehmung ist zwischen beiden Varianten indifferent da der Barwert der Zahlungen nach Steuern gleich ist: $200(1-0,50) + 200(1-0,50)(1,05)^{-1} = 390,48(1-0,50) = 195,24$. 5% ist der Zinssatz nach Steuern.

Für den Arbeitnehmer, der mit gleichem Zinssatz rechnet, aber möglicherweise einem unterschiedlichen Steuersatz (z.B. $s = 30\%$) unterliegt, gilt ebenfalls Indifferenz: $200(1-0,30) + 200(1-0,30)(1,05)^{-1} = 390,48(1-0,30) = 273,33$. Der Arbeitnehmer muß somit in diesem Fall ungünstigere Anlagemöglichkeiten als die Unternehmung haben. Bei seinem Steuersatz von 30% muß der Bruttozinssatz $0,05/(1-0,30) = 7,14\%$ betragen – gegenüber 10% bei der Unternehmung –, damit er zwischen den beiden Varianten indifferent ist.

Aus dieser Indifferenzüberlegung kann man folgende Schlüsse ableiten: Auch wenn Pensionszusagen steuerlich nicht rückgestellt werden können, sind sie gegenüber entsprechend höheren Gehaltszahlungen von Vorteil, wenn

a) bei gleichem Zinssatz der Steuersatz der Unternehmung niedriger ist als der Steuersatz des Arbeitnehmers; in diesem Fall ist der Nettozinssatz der Unternehmung höher als derjenige des Arbeitnehmers;
b) bei gleichem Steuersatz der Zinssatz des Arbeitnehmers niedriger ist als derjenige der Unternehmung; auch in diesem Fall ist der Nettozinssatz der Unternehmung höher als derjenige des Arbeitnehmers.

Weiter werden Pensionszusagen von Vorteil, wenn sie – z. B. in Deutschland durch den Pensionssicherungsverein – für die Arbeitnehmer sicher, für die Unternehmung jedoch unsicher sind, und wenn die an den Pensionssicherungsverein zu zahlende Prämie das Risiko nicht voll abdeckt. Falls die Prämie das Risiko überdeckt, sind Pensionszusagen c.p. unvorteilhaft. Da die Prämien das spezielle Unternehmensrisiko nicht berücksichtigen, sondern für alle Unternehmungen prozentuell gleich sind, treten beide Fälle ein (siehe *Grünbichler* [1991]).

Pensionszusagen und die daraus folgenden Pensionsverrechnungen verursachen natürlich auch Verwaltungskosten. Sie ersparen aber den Dienstnehmern entsprechende Aufwendungen für die Eigenvorsorge. Auch muß berücksichtigt werden, daß Pensionszusagen Agency-Probleme verursachen oder bestehende Agency-Probleme verschärfen bzw. mildern können. Letzterer Aspekt wird aber erst in Abschnitt 5 behandelt.

In der zweiten Stufe der Diskussion werden die *Auswirkungen der steuerlichen Rückstellungsmöglichkeit einbezogen*. Steuerlich wirksame Rückstellungen bewirken, daß die Steuerersparnisse bei der Unternehmung zu einem großen Teil nicht erst bei der Zahlung der Pensionen, sondern während der Aktivzeit der Pensionsempfänger entstehen. Die begünstigten Arbeitnehmer müssen die Pensionen aber erst bei Zufließen besteuern. Die zeitliche Vorverlagerung der steuerlichen Abzugsmöglichkeit bei der Unternehmung bewirkt natürlich, daß Pensionszusagen im Vergleich zu höheren Gehaltszahlungen während der Aktivzeit vorteilhafter werden. Voraussetzung ist allerdings, daß nicht auch der Arbeitnehmer die Möglichkeit hat, entsprechend steuersparend private Pensionsversicherungsverträge abzuschließen.

Um dies zu demonstrieren, sei an obigen Fall angeknüpft, wo bei gleichen Zins- und Steuersätzen für Unternehmung und Arbeitnehmer Indifferenz zwischen einerseits einer Gehalts- und Pensionszahlung zu $t = 0$ bzw. $t = 1$ von je 200 und andererseits einer Gehaltszahlung zu $t = 0$ von 390,48 bestand. Es kann gezeigt werden, daß bei der Bildung einer steuerlich relevanten Pensionsrückstellung diese Indifferenz nicht mehr besteht.

Variante A: Zahlung eines Aktivgehalts von 200 zu $t = 0$ und einer Pension von 200 zu $t = 1$; Bildung einer Pensionsrückstellung im Ausmaß von $200(1+0,06)^{-1} = 188,68$ zu $t = 0$. (6% sei der steuerlich vorgeschriebene Zinssatz zur Berechnung von Pensionsrückstellungen.)
Barwert der Belastung aus der Sicht der Unternehmung:
$200 - 0,50(200 + 188,68) + [200 - 0,50(200 - 188,68)](1 + 0,05)^{-1} = 190,75$

Variante B: Zahlung eines Aktivgehalts von 390,48 zu $t = 0$.
Barwert der Belastung aus der Sicht der Unternehmung = 195,24 (siehe oben).

Infolge der steuerlich anerkannten Rückstellungsbildung ist die Pensionszusage für die Unternehmung die günstigere Variante. Der Arbeitnehmer ist bei den oben angeführten Prämissen nach wie vor indifferent.

Es kann also festgestellt werden, daß infolge der steuerlichen Rückstellungsmöglichkeit Pensionszusagen auch dann günstiger sein können als erhöhte Gehaltszahlungen, wenn z. B. bei gleichen Zinssätzen die Steuersätze der Arbeitnehmer geringer sind als diejenigen der Unternehmung (*Krahnen Meran* [1991]). Das folgende Beispiel 30 zeigt, daß die steuerlichen Auswirkungen im Extremfall so bedeutsam sein können, daß die durch die Pensionszusage bewirkten Pensionszahlungen zur Gänze aus den Zinsen auf die während der Rückstellungdauer erzielten Steuerminderungen geleistet werden können. In diesem Extremfall würden Pensionszusagen Vorteile für die Arbeitnehmer bewirken, ohne der Unternehmung etwas zu kosten.

Beispiel 30:

Einem zu Beginn des Geschäftsjahres 1 45jährigen Angestellten wird eine gleichbleibende Jahresrente von 1 200 ab Erreichen des 65. Lebensjahres (und bei Invalidität) zugesagt. Der Begünstigte erreiche ein Lebensalter von 75. Der Einfachheit halber wird angenommen, daß keine Witwenrente zugesagt wird. Aus folgender Tabelle ist die Entwicklung der Pensionsrückstellung für diesen Arbeitnehmer auf Basis eines Zinssatzes von 5,5% zu ersehen. Eine Umrechnung auf den gegenwärtig üblichen Zinssatz von 6% würde die Zahlen nur unwesentlich ändern.
Bei einem Zinsfuß von 5% ist der Barwert der durch die Pensionszusage bewirkten Zahlungen 3 630; bei einem Zinsfuß von 4% ist der Barwert 83, also nahe Null. Da es sich bei den abgezinsten Beträgen um Beträge nach Steuern handelt, muß auch der Zinsfuß ein Zinsfuß nach Steuern sein. 5% nach Steuern entspricht bei den gegenwärtigen Steuersätzen einem Vor-Steuer-Zinssatz für einen langfristigen Kredit von 10,55%: Wenn man nämlich zu 10,55% die Gewerbekapitalsteuerbelastung (50% von 0,008) und

160   Finanzierungsoptima bei Unsicherheit

Geschäfts-jahr	Alter des Begünstigten	Rückstellungs-dotierung	Rück-stellung	Durch die Pensionszusage bewirkte Zahlungen	
				Steuer-ersparnisse ($s = 0{,}5833$)	Pensions-zahlungen (nach Steuern)
1	46	339[a]	339[a]	198	
2	47	361	700	211	
3	48	371	1071	216	
4	49	350	1421	204	
5	50	437	1858	255	
6	51	438	2296	256	
7	52	437	2733	255	
8	53	437	3170	255	
9	54	437	3607	255	
10	55	438	4045	256	
11	56	546	4591	319	
12	57	438	5029	256	
13	58	546	5575	319	
14	59	547	6122	319	
15	60	547	6669	319	
16	61	655	7324	382	
17	62	656	7980	383	
18	63	875	8855	510	
19	64	874	9729	510	
20	65	1203	10932	702	
21	66	−360	10572	−210	−500[c]
22	67	−360	10212	−210	−500
23	68	−372	9840	−217	−500
24	69	−360	9480	−210	−500
25	70	−372	9108	−217	−500
26	71	−360	8748	−210	−500
27	72	−360	8388	−210	−500
28	73	−360	8028	−210	−500
29	74	−348	7680	−203	−500
30	75	−7680[b]	0	−4480	−500

[a] Die Zahlen wurden auf Basis der Berechnungsgrundlagen im *Wirtschaftsprüferhandbuch* [1968, S. 1956 ff.] ermittelt und zeigen kleine, auf Rundungen zurückgehende Unregelmäßigkeiten. Bei genauer Rechnung müßten die jährlichen Dotierungen stets ansteigen.
[b] Auflösung infolge Todesfall des Begünstigten.
[c] Die Pensionszahlungen von 1200 pro Jahr sind steuerlich abzugsfähig, die anteilige Auflösung der Rückstellungen ist als Ertrag zu versteuern.

die Gewerbeetragsteuerbelastung (rd 20% von der Hälfte der Zinsen, d.s. $0{,}20 \cdot 0{,}0528 = 0{,}01056$ rechnet, erhält man einen Zinssatz von 12%. Nach Abzug der Gewerbesteuer zum Satz von $0{,}20/1{,}20$ und der Körperschaftsteuer zum Satz von 0,50 (der kombinierte Gewinnsteuersatz ist 0,5833) gewinnt man einen Nettozinssatz von 5%.

Drukarczyk [1990] hat sehr detailliert untersucht, bei welcher Kombination von Anwartschaftszeit und Lebensdauer nach Pensionierung die Pensionszahlungen zur Gänze aus den angelegten Steuerersparnissen finanziert werden können. Dabei trifft er die wohl in den meisten Fällen durchaus adäquate Annahme, daß die Dotierung von Pensionsrückstellungen weder das Investitionsvolumen bzw. -programm noch die Kapitalstruktur beeinflußt, sondern lediglich die Zusammensetzung des Fremdkapitals. Je höher die Pensionsrückstellungen sind, desto niedriger ist das sonstige Fremdkapital. Bei seinen Berechnungen berücksichtigt er, daß Pensionsrückstellungen gewerbesteuerlich nicht zu den Dauerschulden zu zählen sind, ebenso wie die (hypothetischen) Zinsen auf die Pensionsrückstellungen nicht zu den Dauerschuldzinsen zählen. Er kommt beispielsweise zu dem Ergebnis, daß bei einer Anwartschaftsphase von 30 Jahren und einer Rentenphase von 15 Jahren ein Fremdkapitalzinssatz (vor Steuern) von 7,67% ausreicht, damit die steuerlichen Vorteile die Pensionszahlungen voll finanzieren. Dabei wird ein Einkommensteuersatz der Anteilseigner von 50% angenommen. Bei einer Anwartschaftsphase von 20 Jahren und einer Rentenphase von 10 Jahren müßte der Kreditzinssatz 10,13 betragen (vgl. auch *Haegert* [1987]).

Bisher wurde in der Diskussion folgender Gesichtspunkt nicht beachtet. Für die Berechnungen, inwieweit die Zinsen auf Steuerminderungen die Pensionszahlungen finanzieren, wurden konstante Gehälter bzw. Pensionen und damit eine Inflationsrate von Null unterstellt. Zinssätze von 7,67% oder 10,13% sind aber nur realistisch, wenn man von positiven Inflationsraten ausgeht. Bei positiven Inflationsraten besteht aber das Problem der Anpassung der Pensionsrückstellungen. Anpassungen sind aber nur über einen kürzeren Zeitraum möglich als die ursprünglichen Dotierungen. So führen Gehaltserhöhungen etwa im letzten Jahr vor Antritt der Rentenphase zu einer vollen Adaptierung der Pensionsrückstellung in einem Jahr. Welche Auswirkungen positive Inflationsraten und/oder reale Gehaltserhöhungen auf die steuerlichen Auswirkungen von Pensionszusagen haben, wird in *Bogner Swoboda* [1994] untersucht.

5. Finanzierungsentscheidungen unter Einbeziehung von Agency-Problemen

5.1 Unter Ausschluß von Agency-Problemen im Rahmen von Insolvenzen

Agency-Probleme, die bei oder im unmittelbaren Vorfeld von Insolvenzen auftreten und die die Entscheidung zwischen Liquidation und Fortführung beeinflussen, werden infolge ihrer Bedeutung für die Kapitalstrukturdiskussion einem eigenen Abschnitt zugewiesen (Kapitel 5.2). In diesem Abschnitt werden somit Agency-Probleme bei aufrechter Unternehmung behandelt. Natürlich wird die Möglichkeit von Insolvenzen als Sanktionsmittel zur Vermeidung von Agency-Problemen auch in diesem Abschnitt relevant sein. Wir werden uns aber erst in Abschnitt 5.2 mit der Frage beschäftigen, welche Abschreckungswirkung der Möglichkeit von Insolvenzen, insbesondere Konkursen, tatsächlich zukommt.

5.1.1 Charakterisierung von Agency-Problemen

Für das Vorliegen einer Principal-Agent-Beziehung werden in der Literatur sehr unterschiedliche Voraussetzungen genannt. Es erscheint zweckmäßig, auf die sehr weite Umschreibung von *Arrow* [1985] abzustellen. Nach *Arrow* liegt ein Principal-Agent-Problem dann vor, wenn eine Person (Personengruppe) – der Agent – eine Aktion unter alternativ möglichen auswählt und damit nicht nur den eigenen Nutzen, sondern auch denjenigen einer anderen Person (Personengruppe) beeinflußt. Dabei hat der Principal das Recht, die Aufteilungsregeln des Ergebnisses der Aktion vorzuschreiben bzw. zumindest zu beeinflussen. Auf eine bestimmte rechtliche Beziehung zwischen Agent und Principal (z. B. Anstellungsverhältnis, Beauftragung etc.) wird in dieser Definition *nicht* abgestellt.

Ökonomisch rrelevante Probleme entstehen aus einer Principal-Agent-Beziehung aber nur dann, wenn *heterogene* Information vorliegt bzw. die Beschaffung von Informationen Kosten verursacht. Bei homogener Information kennen Principal und Agent in gleicher Weise die Aktionsmöglichkeiten des Agent, seine Präferenzen und die tatsächliche gewählte Aktion einschließlich deren Ergebnis. Es kann daher eine paretooptimale Strategie sowie Aufteilung des Ergebnisses vertraglich fixiert (First-best-Vertrag) und kontrolliert werden, ohne daß Informationskosten entstehen. Probleme aus der Principal-Agent-Beziehung (in dem Sinn, daß es schwierig oder unmöglich ist, eine First-best-Lösung zu finden – im folgenden *Agency-Probleme* genannt) entstehen daher erst dann, wenn die Aktionsmöglichkeiten bzw. die tatsächlich gewählte Aktion des Agent dem Principal nicht in gleicher Weise bekannt bzw. dieser Informationsvorsprung des Agent durch den Principal nur unter Inkaufnahme von Kosten aufholbar ist. Ein Principal wird sich eines Agent ja oft gerade deswegen bedienen, weil dieser besondere Kenntnisse und Informationen besitzt.

Nach der Art des Informationsvorsprungs des Agent gegenüber dem Principal unterscheidet *Arrow* [1985] zwei Formen von Agency-Problemen: *Hidden information* liegt dann vor, wenn der Agent seine Aktionsmöglichkeiten, seine Präferenzen (einschließlich charakterliche Eigenschaften) besser kennt als der Principal. *Hidden action* ist dadurch charakterisiert, daß der Principal die vom Agent gewählte Aktion bzw. deren Ergebnis nicht mit Sicherheit erfährt. Diese beiden Formen von Agency-Problemen werden im folgenden immer wieder angesprochen werden. Häufig werden sie in kombinierter Form vorliegen.

Spremann [1991 S. 621 ff.] trennt den Fall der hidden information in drei Unterfälle (vgl. auch *Müller* [1993]):

a) Bei Unsicherheit über die *Fähigkeiten* des Agent spricht er von Qualitätsunsicherheit. *Blickle Liebersbach* [1990, S. 16] gebraucht den Ausdruck „hidden characteristics". Qualitätsunsicherheit kann zu *adverse selection* führen (*Akerlof* [1970]): Da der Markt, da er Qualitätsunterschiede nicht feststellen kann, die Preise an einer durchschnittlichen Qualität ausrichtet, werden die Produzenten (Verkäufer) besserer Qualitäten den Markt verlassen. Dadurch senken sich Durchschnittsqualität und erzielbare Preise so lange, bis möglicherweise nur mehr die Verkäufer der schlechtesten Qualität übrig bleiben.

b) Die Unsicherheit über die *Fairness* (also über charakterliche Eigenschaften) des Agent charakterisiert er mit dem Ausdruck *Holdup* und weist ihre Behandlung dem Stakeholder-Ansatz (*Cornell Shapiro* [1987]) zu. Stakeholders einer Unternehmung sind Arbeiter, Kunden, Lieferanten und dergleichen, also Personen, die etwas „at stake" haben, deren Ansprüche von einem fairen oder unfairen Verhalten der Unternehmungsleitung abhängen. Z. B. hängt der Wert des PC, den ein Käufer von einer EDV-Firma gekauft hat, davon ab, wieviel Geld die Unternehmung in die Entwicklung der Software investiert. In diesem Zusammenhang wird auch der Aufbau von Reputation durch eine Unternehmung diskutiert (*Spremann* [1988]; *Grünbichler* [1989]).

c) Nur die Unsicherheit über den *Fleiß bzw. die Sorgfalt* des Agenten – bezeichnet mit *moral hazard* – wird von *Spremann* als Gegenstand der Agency-Theorie gesehen. Unter moral hazard versteht man die Änderung des Verhaltens etwa nach einem Vertragsabschluß, z. B. nach Abschluß eines Versicherungsvertrags (*Spremann* [1991, S. 93]).

Diese enge Fassung der Agency-Problematik und damit die von *Spremann* gewählte Dreiteilung halte ich für unzweckmäßig: Erstens weil die Unsicherheit über Fleiß (Sorgfalt) schwer von der Unsicherheit über Fairness bzw. Fähigkeiten trennbar ist. Und zweitens, weil für sehr ähnliche Probleme drei unterschiedliche Theoriegebäude errichtet werden müßten.

Eine engere Fassung der Principal-Agent-Beziehung vertritt auch Schneider [1992, S. 614 ff., bes. S. 618]: Es muß ein Beauftragungsverhältnis und ein Anspruch auf Gegenleistung des Agent vorliegen. Daher ist nach *Schneider* die Beziehung zwischen Fiskus und Steuerzahler kein Principal-Agent-Problem. Nach der hier vertretenen weiten Auffassung von *Arrow* handelt es sich dabei sehr wohl um eine Principal Agent-Beziehung, auch wenn sie vorweg in Abschnitt 3 und 4 behandelt wurde: Der Principal gibt die Regeln für die Aufteilung des Unternehmungsergebnisses vor und kontrolliert den Agent = Steuerzahler. Der Steuerzahler sucht seinen Nutzen durch die Wahl der Rechtsform, der Finanzierung etc. zu maximieren (vgl. *Swoboda* [1987a, S. 51–53]; *Elschen* [1987]).

Das Principal-Agent-Problem kann wie folgt formal dargestellt werden (*Holmström* [1979], *Laux* [1990]):

$$\text{Max}: E[U(\text{Principal})] = E[U_p((1-a)G(I^*)-S)]$$

unter den Nebenbedingungen:

$$E[U(\text{Agent})] = E[U_a(aG(I^*)+S,I^*)] \geq \text{Referenznutzen Agent}$$

$$E[U_a(aG(I^*)+S,I^*)] = \underset{I}{\text{Max}}: E[U_a(aG(I)+S,I)]$$

Es ist somit der Nutzen U_p zu maximieren, den der Principal aus seinem Anteil am Gewinn oder Vermögen erzielt. Vom Gewinn erhält der Agent einen fixen Bestandteil, S, und einen variablen Bestandteil $aG(I)$. Der Gewinnbeteiligungsprozentsatz a kann von der Gewinnhöhe, aber auch sonstigen Zustandsparametern abhängen. Der Principal erhält daher $(1-a)G-S$. Die erste Nebenbedingung besagt, daß der Agent, sofern er die für ihn optimale Aktion I^* wählt, mindestens den Nutzen erzielen muß, den er bei anderweitiger Anlage seiner Mittel oder Einsatz seiner Arbeitskraft erzielen kann (= Referenznutzen). Die zweite Nebenbedingung bringt zum Ausdruck, daß der Agent jene Aktion I^* wählt, die seinen Nutzen – bei gegebener Form der Gewinnverteilung – maximiert. Dabei ist berücksichtigt, daß der Nutzen des Agent nicht nur von seinem Einkommen $aG+S$ abhängen kann, sondern auch von der gewählten Aktion. Dies ist insbesonders dann der Fall, wenn es sich um einen Manager handelt, bei dem die gewählte Aktion auch das Anstrengungsniveau und/oder den Konsum am Arbeitsplatz tangiert.

Die Fälle der hidden information und der hidden action können wie folgt mit dieser Modellformulierung verbunden werden. Hidden information liegt vor, wenn der Principal die Nutzenfunktion des Agent und/oder seine Aktionsmöglichkeiten bzw. deren Erfolgswahrscheinlichkeiten nicht kennt. Hidden action liegt vor, wenn I, also die gewählte Aktion und/oder deren Ergebnis G nicht eindeutig beobachtbar ist. Eine wichtige Variation des Falles der hidden action ist: Das Gesamtergebnis G ist zwar beobachtbar, es ist aber nicht beobachtbar, durch welche Kombinationen von Einzelaktionen (z.B. welche Anstrengung des Managers, welche Produktionspolitik, welche Zahlungsausfälle von Kunden etc.) es im einzelnen zustandegekommen ist; in einem solchen Fall kann man den Gewinnanteil des Agent z.B. nicht an sein Anstrengungsniveau, sondern nur etwa an den Gewinn knüpfen.

Natürlich kann auch heterogene Information vorliegen, ohne daß von einem Informationsvorsprung eines intensiver mit einer Unternehmung befaßten Managers oder Insiders gesprochen werden kann. Gleichermaßen vom Unternehmensgeschehen entfernte Anleger können unterschiedliche Erwartungen über technische Entwicklung, Eintritt von Kriegszuständen etc. haben. Welche Möglichkeiten sich daraus eröffnen, sei an folgendem Fall gezeigt. Eine Unternehmung soll gegründet werden. Einige Anleger, A-Anleger genannt, erwarten von der Unternehmung einen sicheren jährlichen Einzahlungsüberschuß von 40. Sie wären bereit, einen Kredit von maximal 500 zu gewähren, würden sich also mit einer für sicher gehaltenen Rendite von 8% zufriedengeben. Andere Anleger, B-Anleger genannt, erwarten aber, daß der jährliche Einzahlungsüberschuß sämtlicher Jahre entweder $200(W=0,5)$ oder Null $(W=0,5)$ beträgt. Ihr Kalkulationszinsfuß inklusive Risikoprämie ist 10%. Sie wären daher bereit, müßten sie die gesamte Unternehmung finanzieren, Kapital in der Form von Eigenkapital von $(0,5 \cdot 200)/0,10$ = 1 000 bereitzustellen. Der Unternehmungswert für alle Kapitalgeber kann in diesem Fall dadurch maximiert werden, daß Obligationen von 500 und Aktien von 800 emittiert werden. Erstere würden von den *A*-Anlegern, letztere von den *B*-Anlegern erworben werden. Auch unter Berücksichtigung der Anleihenausgabe würden die *B*-Anleger noch 800 für die Anteile zahlen. Sie rechnen ja damit, daß nunmehr mit gleicher Wahrscheinlichkeit ein jährlicher Verlust von 8% von 500 = 40 (der sie ob der beschränkten Haftung nicht tangiert) oder ein jährlicher Gewinn von 200 − 40 = 160 eintritt; (0,50 · 160)/0,10 ist aber 800. Der Gesamtwert der Unternehmung kann somit von 500 (wenn man nur die *A*-Anleger zur Finanzierung heranzieht) bzw. 1 000 (wenn nur die *B*-Anleger herangezogen werden) auf 1 300 erhöht werden, wenn man die beiden Anlegergruppen mit heterogenen Erwartungen geschickt kombiniert.

Natürlich kann nur maximal eine der beiden Erwartungsstrukturen zutreffen, wobei man sich bewußt sein muß, daß ex post of nicht gesagt werden kann, welche Erwartungen „richtig" gewesen sind: Kann in der Einschätzung des *A* (*B*) der Gewinn von Null bis 200 (100 bis 300) betragen und tritt ein Gewinn von 150 ein, so läßt sich auch ex post nicht entscheiden, wer die zutreffenderen Informationen gehabt hat.

Bezieht man Leerverkäufe in die Analyse ein, wird zweifelhaft, ob ein Unternehmungswert von 1 300 in obigem Fall Bestandteil einer Gleichgewichtslösung sein kann. Die *A*-Anleger, in deren Augen die Aktien nichts wert sind, werden an Leerverkäufen der Aktien interessiert sein. Die *B*-Anleger, die wieder die Anleihen für überbewertet halten, da ihrer Meinung nach die Gläubiger mit einer Wahrscheinlichkeit von 50% Verluste erleiden werden, werden Anleihen leerverkaufen. (Hinsichtlich von Bedingungen für das Einspielen einer Gleichgewichtslösung vgl. *Swoboda* [1982a].) Im folgenden sei auf diese Form heterogener Information nicht mehr näher eingegangen. Wir wollen uns nur mehr mit einem Informationsvorsprung von Managern bzw. Insidern befassen.

5.1.2 Agency-Probleme zwischen Anteilseignern, Managern und Gläubigern

5.1.2.1 Agency-Probleme zwischen Eigentümer-Manager und sonstigen Anteilseignern

In diesem Abschnitt sollen jene Probleme betrachtet werden, die sich daraus ergeben, daß ein Eigentümer (oft Mehrheitseigentümer) gleichzeitig der Manager der Unternehmung ist und in dieser Rolle für seine

Interessen und auf Kosten der Interessen der übrigen Anteilseigner agieren kann. Der Eigentümer-Manager ist der Agent, die übrigen Anteilseigner sind die Principals.

Wir wollen diesen Abschnitt mit der Nacherzählung der *Spremannschen* Geschichte von Bill beginnen [1991, S. 262 f.]: Bill, bisher Einzelunternehmer, braucht zusätzliches Eigenkapital, um die Wachstumschancen der Unternehmung wahrzunehmen. Er hält Ausschau nach einem stillen Gesellschafter. Um möglichst günstige Bedingungen auszuhandeln, löst er zunächst alle stillen Reserven auf. Ein hoher Bilanzgewinn erscheint. Der Erfolg stellt sich ein: Er erhält eine relativ hohe Einlage gegen die zugestandene Gewinnbeteiligung von 30% (*a*). Eine Verlustbeteiligung wurde ausgeschlossen. In den nächsten Jahren hat er natürlich kein Interesse mehr, Gewinne auszuweisen (*b*). Auch erlahmt seine Initiative etwas. Er muß ja jetzt 30% der Ergebnisse aus in Büro und auf Geschäftsreisen verbrachten Abenden und Wochenenden dem „Stillen" weitergeben. Die Mühen und einen eventuellen Verlust hat er selbst zu tragen (*b*). Der stille Gesellschafter sieht dies und möchte kündigen. Bill möchte ihn natürlich nur am Buchwert der Beteiligungen, nicht an den stillen Reserven beteiligen. Außerdem bewertet er die stillen Reserven, d. h. den Etragswert der Unternehmung nunmehr viel pessimistischer als bei Aufnahme des stillen Gesellschafters (*a*).

Wir finden in dieser Geschichte die Formen von Agency-Beziehungen wieder, die wir oben unterschieden haben: Die Unsicherheit über die Handlungsmöglichkeiten, d. h. die Qualität von Unternehmung und Manager (verstärkt durch die Bilanzpolitik vor Vertragsbeginn), einschließlich der Unsicherheit über die Nutzenfunktion und den daraus erwachsenden optimalen Einsatz des Managers (hidden information; oben mit (*a*) gekennzeichnet); und die Unsicherheit über die tatsächlichen Aktionen bzw. das Ergebnis – hervorgerufen durch die Bilanzpolitik seit Vertragsdauer, die auch die Vertragsauflösung beeinflußt (hidden action, oben mit (*b*) bezeichnet).

Mit dem Einfluß der Beteilungsquote auf den Konsum am Arbeitsplatz (fringe benefits) und den daraus sich ergebenden Agency-Wirkungen haben sich *Jensen Meckling* [1976] in einem berühmt gewordenen Aufsatz befaßt. Sie gehen davon aus, daß ein Alleineigentümer-Geschäftsführer erwägt, einen Teil der Unternehmung zu verkaufen. Bereits als Alleineigentümer hat er ein gewisses Interesse an einem schönen Büro, einem großen Auto etc., also an Konsum am Arbeitsplatz gehabt. Je größer der Konsum am Arbeitsplatz war, desto kleiner war der Gewinn bzw. das Endvermögen. In untenstehender Abbildung 12 (entnommen aus *Zechner* [1982]) ist auf der Ordinate der Wert der Unternehmung V, auf der Abszisse der Konsum am Arbeitsplatz C

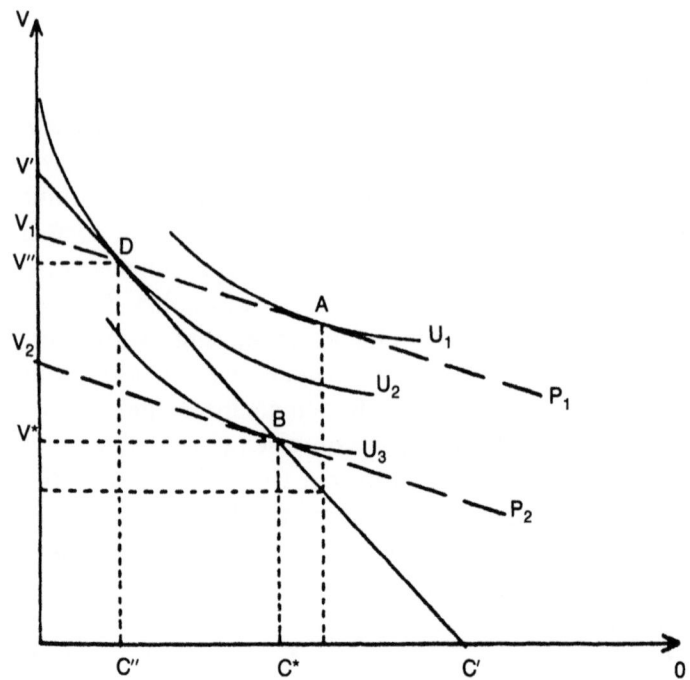

Abb. 12. V = Wert der Unternehmung; C = Ausmaß des Konsums an fringe benefits; $U_j (j = 1, 2, 3)$ = Nutzenindifferenzkurven

aufgetragen. Ist der Konsum am Arbeitsplatz 0, ist der Wert der Unternehmung V'. Ist $C = C' = V'$, so ist $V = 0$. Die Verbindungslinie zwischen V' und C' (= Vermögenslinie) gibt somit den tradeoff zwischen Wert der Unternehmung und Konsum am Arbeitsplatz wieder. Punkt $D(V'', C'')$ zeigt das der Nutzenfunktion des Alleineigentümer-Managers entsprechende Optimum an.

Der Manager möge nun $(1-a)$ seiner Anteile verkaufen wollen. Würden die Käufer annehmen, daß der Manager seinen Konsum am Arbeitsplatz nicht ändert, würden sie $V''(1-a)$ bezahlen. Der Manager hat aber Interesse daran, seinen Konsum am Arbeitsplatz zu erhöhen. Jede Geldeinheit Konsum am Arbeitsplatz kostet ihn nur mehr a Geldeinheiten. $(1-a)$ Geldeinheiten tragen die hinzutretenden Anteilseigner. Der Nutzen an den fringe benefits verändert sich jedoch nicht. Die Steigung der Geraden $\overline{V_1 P_1}$ bzw. $\overline{V_2 P_2}$ gibt den nunmehrigen trade off zwischen Vermögenseinsatz und Konsumausgaben (= die Vermögenslinie) des Eigentümer-Managers wieder. Punkt B kennzeichnet das neue Optimum. Der Konsum am Arbeitsplatz wird auf C^* gesteigert, der Gesamtwert der Unternehmung sinkt auf V^*. Der Gleichgewichtspunkt

B muß auf der ursprünglichen Vermögenslinie liegen; denn sie kennzeichnet das tatsächlich vorhandene und damit zu verteilende Vermögen.

Die hinzutretenden Anteilseigner werden das Verhalten des Eigentümer-Managers aber voraussehen und daher nur $(1-a)\,V^*$ für die Beteiligung zahlen. Dies impliziert, daß die Nachteile aus der Erhöhung des Konsums am Arbeitsplatz zur Gänze vom Eigentümer-Manager getragen werden.

Dies wieder erweckt beim Eigentümer-Manager das Interesse, den hinzutretenden Anteilseignern glaubhaft zu versprechen, sein Verhalten nicht zu ändern, um dadurch einen höheren Preis für die Anteile zu erzielen. Dies kann durch eine vertragliche Festlegung der fringe benefits mit entsprechenden Kontrollmöglichkeiten der übrigen Gesellschafter, z. B. durch Einschaltung von Wirtschaftsprüfern, erreicht werden. Allerdings entstehen dadurch Vertrags- und Kontrollkosten. Diese Kosten, zusammen mit den Nachteilen aus den durch Vertrag und Kontrolle nicht ausschaltbaren Verhaltensänderungen des Eigentümer-Managers, werden als *Agency-Kosten* bezeichnet. Auch lassen sich die Agency-Wirkungen durch eine gewinnabhängige Entlohnung des Eigentümer-Managers für seine Manager-Tätigkeit beeinflussen (siehe nächster Abschnitt).

Das Interesse des Managers am Konsum am Arbeitsplatz und damit die Agency-Kosten werden umso größer sein, je geringer sein Anteil an der Unternehmung ist. Bereits *Jensen Meckling* [1976] leiten daraus Auswirkungen auf die Investitionspolitik ab: Möchte ein bisheriger Alleineigentümer deshalb neue Gesellschafter aufnehmen, um zu expandieren, so müssen die ins Auge gefaßten Investitionsprojekte auch die mit dem Investitionsvolumen progressiv ansteigenden Agency-Kosten tragen (vgl. auch *Zechner* [1982]).

5.1.2.2 Agency-Probleme zwischen Manager und Anteilseignern

Wenn im eben diskutierten *Jensen Meckling* Modell die Beteiligungsquote des bisherigen Alleineigentümers gegen Null geht, erhalten wir den in diesem Abschnitt besprochenen Fall des nicht beteiligten Managers als Agent und der Anteilseigner als Principals. Natürlich ist auch und gerade in diesem Fall der *Konsum am Arbeitsplatz* ein wichtiges Problem und auf die gleiche Weise analysierbar wie im vorangegangenen Kapitel. Der Schwerpunkt der Literatur liegt aber hier in der Ableitung der optimalen bzw. einer befriedigenden Form der *Managerent-*

lohnung (*Holmström* [1979], *Laux* [1990], *Laux* [1991]), ausgehend von der Überlegung, daß der Arbeitseinsatz des Managers von seiner erwarteten Entlohnung abhängt. Da viele Anwendungen der Agency-Theorie auf Finanzierungsprobleme die Managerentlohnung miteinbeziehen, soll im folgenden auf einige grundlegende Erkenntnisse zu diesem Fragenkreis eingegangen werden.

Dazu wiederholen wir zunächst die in Abschnitt 5.1.1 vorgestellte Formulierung des Principal-Agent-Problems:

$$\text{Max}: E[U(\text{Principal})] = E[U_p((1-a)G(I^*)-S)]$$

unter den Nebenbedingungen:

$$E[U(\text{Agent})] = E[U_a(aG(I^*)+S, I^*)] \geq \text{Referenznutzen Agent}$$

$$E[U_a(aG(I^*)+S, I^*)] = \underset{I}{\text{Max}}: E[U_a(aG(I)+S, I)]$$

Unter I ist hier das Anstrengungsniveau des Managers zu verstehen. Sein Gehalt bzw. Gewinnanteil verschafft dem Manager einen positiven Nutzen, sein Anstrengungsniveau einen negativen Nutzen. Er wird somit sein Anstrenungsniveau nur erhöhen, wenn der Nutzen aus einer Gehaltssteigerung den negativen Nutzen aus der zusätzlichen Anstrengung übersteigt.

Für einfache Fälle lassen sich aus obigem Grundmodell explizite Lösungen ableiten, die auch verdeutlichen können, wo die Lösungen für komplexere Fälle liegen mögen. Wir gehen von folgenden Annahmen aus. I sei, wie oben festgestellt, das Anstrengungsniveau des Managers. Der erwartete Gewinn ist eine lineare Funktion von $I(bI, b>0)$ und ist unsicher. I sei nicht beobachtbar, wohl aber G. Die Formulierung lautet jetzt:

$$\text{Max}: E[U(\text{Principal})] = E[U_p((1-a)bI^*-S)]$$

unter den Nebenbedingungen:

$$E[U(\text{Agent})] = E[U_a(abI^*+S, I^*)] \geq \text{Referenznutzen Agent}$$

$$E[U_a(abI^*+S, I^*)] = \underset{I}{\text{Max}}: E[U_a(abI+S, I)] \ .$$

Betrachten wir zunächst den Fall, daß Principal und Agent risikoneutral sind. In diesem Fall ist $a = 1$ optimal, also ein Gewinnanteil des Agent von 100%. Der optimale Arbeitseinsatz wird somit durch eine Beteiligung von 100% am Grenzprodukt der Arbeit erreicht. Damit der Principal am Zustandekommen des Vertrags interessiert ist, muß S, die fixe Entlohnungskomponente, negativ sein. Praktisch heißt dies, daß der Agent die Unternehmung gegen den fixen Betrag S vom Principal kaufen und das gesamte Risiko übernehmen muß. Oder daß der Principal die Rolle eines gesicherten Kreditgebers mit fixen Ansprüchen spielen muß. Es ist gerade aus diesem Fall ersichtlich, wie nahe die Probleme der optimalen Entlohnung und der optimalen Finanzierung einander sind!

Wenn der Agent risikoavers, der Principal aber risikoneutral ist, und der Agent das Risiko nicht diversifizieren kann, wird es nicht mehr optimal sein, daß der Agent 100% des Risikos trägt. Bei homogener Information würde das Optimum dadurch charakterisiert sein, daß der Agent eine ausschließlich fixe Entlohnung erhält und der Principal das gesamte Risiko trägt. Bei heterogener Information ist dies deshalb nicht optimal, weil dann der Agent, um seinen Nutzen zu maximieren, ein äußerst niedriges Anstrengungsniveau wählen würde. Es muß daher abgewogen werden zwischen den positiven Effekten einer Gewinnbeteiligung des Agents auf sein Anstrengungsniveau und den negativen Effekten aus der Risikotragung. Man kommt also bei heterogener Information zu einem anderen Entlohnungsoptimum als bei homogener Information; es wird somit nur eine Second-best-Lösung erreicht.

Ist nicht nur der Agent, sondern auch der Principal risikoavers, wird sich die optimale Erfolgsbeteiligungsquote des Agent erhöhen: Eine höhere Erfolgsbeteiligungsquote des Agent hat hier den zusätzlichen Vorteil, das Risiko des Principal zu mindern (vgl. *Laux* [1990, S. 117]). Die Erfolgsbeteiligung kann auch in Form von Optionen, Gratisaktien, phantom stocks etc. gewährt werden (vgl. *Haugen Senbet* [1981]).

Die Lösung kann verbessert werden, wenn nicht nur G beobachtbar ist, sondern es auch andere Indikatoren für das Anstrengungsniveau I gibt, die der Entlohnung zugrundegelegt werden können (z.B. Umsatz; Kosteneinsparungen in bestimmten Bereichen; gewährte Patente etc.). Mit dem Einbau solcher Kontrollindikatoren in das Modell beschäftigen sich zahlreiche Arbeiten (vgl. dazu *Laux* [1990, S. 145ff.]).

Praxis und Literatur haben aber auch andere Ansätze entwickelt, um die Agency-Problematik zwischen Manager und Anteilseignern in den Griff zu bekommen. Schon *Alchian Demsetz* [1972] verweisen auf die sowohl interne als auch externe Konkurrenz zwischen Managern und „would-be"-Managern als Disziplinierungsmittel für den Manager. *Fama* [1980] zeigt die Bedingungen für volles *„ex post settling"* auf. Ex post settling und damit die Eliminierung der Agency-Problematik wird erreicht, wenn der *Managermarkt* vorhandene und künftige Informationen so benützt, daß es sich für den Manager nicht lohnt, von der First-best-Lösung abzuweichen. *Fama* diskutiert aber auch die Rolle des *Aufsichtsrats* und von *take overs.* Letzteres Mittel der Disziplinierung von Managern wird vor allem durch *Manne* [1981] und *Adams* [1990] betont: Falls sich für die Aktionäre die Ausübung der Kontrolle nicht mehr lohnt, „... gewährt der Markt für Unternehmenskontrolle den Aktionären ... die Möglichkeit, konsumbetontes, machthungriges, phantasieloses, uninteressiertes oder auf andere Weise unfähiges Management von den Schalthebeln des Unternehmens entfernen zu können" (*Adams* [1990, S. 2]). In den letzten Jahren haben take overs in Form von Leverage-Buy-Outs (LBOs) und/oder Management-Buy-Outs (MBOs) nicht nur das Wirtschaftsgeschehen belebt, sondern auch das Interesse der Finanzierungstheorie gefunden (vgl. *Drukarczyk* [1993b, S. 637ff., 1993c], *Gröner* [1992], *Jensen* [1993], *Ronen* [1991], *Schneider* [1992, S. 642ff.]). Im Gegensatz zu vielen wirtschaftspolitischen Wertungen ist die Einstellung der Finanzierungstheorie zu LBOs und MBOs zumeist positiv. So meint *Jensen* [1993], daß feindliche Übernahmen (etwa Nabisco) notwendige Schrumpfungen von Unternehmungen bzw. Branchen erleichtern.

Auf (Signalisierungs-)Ansätze, die Agency-Probleme zwischen Managern und Anteilseignern mittels Kapitalstrukturierung bekämpfen wollen, wird erst in Abschnitt 5.1.3 eingegangen.

5.1.2.3 Agency-Probleme zwischen Anteilseignern und Gläubigern

Wir beginnen die Analyse an Hand eines mit einigen kleinen Änderungen von *Franke Hax* [1990, S. 356ff.] entlehnten Demonstrationsbeispiels. Die Anteilseigner bzw. die deren Interesse vertretenden Manager einer Unternehmung haben zwischen folgenden Investitionsalternativen zu wählen, die bei reiner Eigenfinanzierung durch folgende Zahlungen charakterisiert sind:

	Anschaffungspreis	Einzahlungsüberschuß	
		Zustand 1	Zustand 2
Alternative I	−100	60	150
Alternative II	−100	110	110

Die Zustände haben eine Eintrittswahrscheinlichkeit von je 50%. Bei reiner Eigenfinanzierung und bei Risikoneutralität − und erst recht bei Risikoaversion − ist Alternative II die günstigere (= First-best-Investitionsprogramm). Sie ist durch ein sicheres Ergebnis von $110-100 = 10$ charakterisiert. Alternative I weist dagegen ein erwartetes Ergebnis von $210/2-100 = 5$ auf.

Nun seien die Angaben insofern variiert, als die Eigentümer nur eigenes Kapital von 20 investieren wollen. 80 soll durch Kredit aufgebracht werden. Der Zinssatz für sichere Anlagen ist 8%. Wir untersuchen für diesen Fall, in Anlehnung an *Franke Hax* [1990, S. 358 ff.] einige Vertragsvarianten.

Variante 1: Die Gläubiger halten die Kreditgewährung für sicher und verlangen einen Zinssatz von 8% (ohne Sicherheiten, ohne Einwirkungsrechte). In diesem Fall sind die Zahlungsströme für die Anteilseigner:

	Anschaffungspreis	Einzahlungsüberschuß	
		Zustand 1	Zustand 2
Alternative I	-20	0	$150-86{,}4 = 63{,}6$
Alternative II	-20	$110-86{,}4 = 23{,}6$	$23{,}6$

Dabei ist angenommen, daß, falls Alternative I gewählt wird und Zustand 1 eintritt, die Unternehmung in Konkurs geht. Infolge Haftungsbeschränkungen haften die Anteilseigner nicht mit ihrem Privatvermögen. Für risikoneutrale Anteilseigner ist es nun klar günstiger, Alternative I (erwarteter Gewinn 31,8) zu wählen. Aus der Agency-Beziehung zwischen Eigentümern und Gläubigern ergibt sich somit ein Anreiz, das Risiko des Investitions-, Produktions- etc. programms zu erhöhen (Risikoanreizwirkung). In unserem Fall wirkt sich dies so aus, daß statt eines sicheren ein gleich teures unsicheres Projekt gewählt wird. Es kann aber auch sein, daß zum First-best-Investitionsprogramm eine sehr unsichere Anlage hinzukommt, die bei reiner Eigenfinanzierung nicht gewählt worden wäre. Man spricht dann von einem Überinvestitions-Problem. Oder es kann aus dem First-best-Investitionsprogramm eine sichere oder wenig unsichere Anlage gestrichen werden. Dann liegt ein Unterinvestitions-Problem vor, das später noch genauer vorgestellt wird. Die Risikoanreizwirkung der Fremdfinanzierung kann, wie in unserem Fall, so weit gehen, daß Investitionsprojekte bevorzugt werden, deren erwartete Rendite kleiner ist als der sichere Zinssatz! Die Geschädigten sind die Gläubiger. Sie verlangen nur einen Zinssatz für sichere Kredite, tragen aber ein erhebliches Ausfallrisiko: Im Zustand 1 erhalten sie nur 60 anstelle der vertraglich zugesagten 86,40.

Variante 2: Die Gläubiger halten die Kreditgewährung nicht für sicher und verlangen neben einem Zinssatz von 8% Sicherheiten, z. B. private Bürgschaften der Anteilseigner. In diesem Fall wird das Firstbest-Investitionsprogramm, Alternative II, gewählt. Das gleiche Resultat würde eintreten, wenn die Gläubiger das Kreditvolumen auf z. B. 55 beschränkten und die Anteilseigner ein Eigenkapital von 45 einsetzten.

Variante 3: Die Gläubiger gewähren einen Kredit zu 8%. Die Realisierung von Investitionsalternative II wird vereinbart bzw. wird durch Mitwirkungsrechte der Gläubiger erreicht.

Variante 4: Die Gläubiger nehmen an, daß bei einer Kreditgewährung von 80 die Unternehmung das Projekt I wählen wird. Sie verlangen daher einen Zinssatz, der ihnen einen erwartete Rendite von zumindest 8% bietet.

In unserem Fall müßten die Gläubiger einen Zinssatz von $k = 41\%$ verlangen:

$$60 \cdot 0,5 + (80 + 80k) \cdot 0,5 = 86,40$$
$$k = 0,41 \ .$$

Bei diesem Zinssatz ergeben sich folgende Zahlungsströme für die Anteilseigner:

	Anschaffungspreis	Einzahlungsüberschuß	
		Zustand 1	Zustand 2
Alternative I	−20	0	150−112,8 = 37,2
Alternative II	−20	110−112,8 = −2,8	−2,8

Hier ist wieder die Alternative I die günstigere. Allerdings werden in diesem Fall die Anteilseigner dennoch kein Interesse an ihr haben: Das erwartete Ergebnis ist negativ ($-20 + 0,5 \cdot 37,20 = -1,40$). Aber selbst wenn Alternative I für die Anteilseigner noch interessant wäre, würde von der First-best-Lösung abgewichen werden: Eine Verrechnung der Agency-Effekte im Zinssatz vermag zwar, die Gläubiger vor Verlusten zu bewahren; die Verluste werden jedoch auf die Anteilseigner übertragen.

Variante 5: Die Gläubiger machen den Zinssatz von dem gewählten Investitionsprogramm abhängig (bei Investitionsprogramm I 41%, bei Investitionsprogramm II 8%). In diesem Fall ist klar das First-best-Projekt, Alternative II, günstiger und Agency-Effekte werden vermieden.

Anschließend sei das oben erwähnte Unterinvestitions-Problem genauer vorgestellt. Wie *Myers* [1977] erstmals gezeigt hat, werden Investitionen mit hohem Sicherheitsgrad bei hoher Verschuldung deshalb uninteressant, da ihre Erträge wesentlich den Gläubigern zugutekommen. Es sei angenommen, die Rendite für sichere Investitionen sei in einer Volkswirtschaft 4%. Eine voll eigenfinanzierte Unternehmung würde daher eine sichere Investition von 100 mit einer Rendite von 5% jedenfalls unternehmen. Eine Unternehmung mit einem Fremdkapitalanteil von 80%, die mit einer Wahrscheinlichkeit von 5% zu $t = 1$ liquidiert wird – wobei in diesem Fall die Anteilseigner leer ausgehen – würde dieses Investitionsprojekt ablehnen. Sie würde eine anteilige Rückzahlung der Mittel an Kreditgeber und Anteilseigner vorziehen. Die Anteilseigner würden im Falle der Nichtvornahme der Investition zu $t = 0$ 20 erhalten, die bis zu $t = 1$, angelegt zu 4%, auf 20,80 anwachsen würden. Im Falle der betrieblichen Investition würden sie mit einer Wahrscheinlichkeit von 95% zu $t = 1$ ein Vermögen von 21, mit einer Wahrscheinlichkeit von 5% ein Vermögen von 0 (zusätzlich zum sonstigen betrieblichen Vermögen) besitzen. Der Erwartungswert aus diesem Projekt ist nur $0,95 \times 21 = 19,95$.

Bei der obigen Argumentation wurde angenommen, daß Kapitalrückzahlungen bei Nichtvornahme von Investitionen – die bei reiner Eigenfinanzierung vorteilhaft wären – anteilig an Eigen- und Fremdkapitalgeber rückgezahlt werden. Dennoch ergibt sich bereits in diesem Fall eine Benachteiligung der Gläubiger aus der Änderung der Investitionspläne. Bedeutend größer ist der Schaden für die Gläubiger, wenn nicht investierte Mittel zur Gänze an die Anteilseigner retourniert werden, die Reduzierung des Investitionsvolumens somit mit einer Erhöhung des Verschuldungsgrades verbunden ist. Im Extremfall kann das Vermögen der Unternehmung zur Gänze an die Anteilseigner ausgeschüttet bzw. zurückgezahlt werden, somit eine weitere Investitions- und Produktionstätigkeit zur Gänze durch Desinvestitionen substituiert werden.

Aus der Besprechung der obigen Vertragsformen ist ersichtlich, daß sich die Gläubiger gegen sie benachteiligende Investitionsentscheidungen der Unternehmung (und auch gegen Benachteiligung aus künftigen Finanzierungsentscheidungen, wie Ausschüttungen oder weiteren Kreditaufnahmen) *vertraglich* auf verschiedene Art schützen können. Der Abschluß und die Kontrolle der Einhaltung von Verträgen verursacht aber Kosten. *Smith Warner* [1979a] sprechen daher von einer „costly contracting hypothesis". Im folgenden seien einige dem Gläubigerschutz dienende *Vertragsklauseln* näher besprochen (vgl. auch *Franke Hax* [1990, S. 335ff.]; *Schmidt* [1981]).

a) Kreditsicherheiten. Den Gläubigern werden Aus- und Absonderungsrechte an konkreten Vermögensgegenständen im Falle der Insolvenz gewährt. Sicherheiten hindern den Schuldner an der Verwertung der Sicherungsgüter und insofern an einer Änderung der Investitionspolitik bzw. an Auszahlungen an die Anteilseigner (vgl. *Swoboda* [1982c], *Drukarczyk* [1984], *Rudolph* [1985]) und die in Abschnitt 5.2 angegebene Literatur). Zu beachten ist aber, daß durch nachträgliche Sicherheiten die Ausbeutung von Principals, die keine Sicherheiten verlangen können, möglich ist. So können die Gläubiger durch Sicherheiten die Garantiezusagen an die Kunden entwerten. Dies kann wieder Agency-Kosten in Form von vorzeitigen Liquidationen hervorrufen (siehe Abschnitt 5.2).

b) Die Festlegung der Mindesteigenkapitalquoten. Häufig findet sich in Kreditverträgen die Verpflichtung des Schuldners, Mindesteigenkapitalquoten einzuhalten. *Dothan Williams* [1982] ermitteln die minimale Deckungsquote des Fremdkapitals (solvency ratio), die die Anreize zu ineffizientem Verhalten eliminiert. *Ewert* analysiert die Abhängigkeit der Agency-Probleme des Fremdkapitals von der Finanzierung von Erweiterungsinvestitionen durch Eigen-, Fremd- oder eine Mischung aus Eigen- und Fremdkapital (*Ewert* [1986]). Auch die Ansätze, die *collaterals* in die Diskussion miteinbeziehen, sind hier einzuordnen (*Milde* [1980]); *Stiglitz Weiss* [1981]; *Bester* [1985]). Sofern nämlich die collaterals sich nicht nur auf das mittels eines Kredits beschaffte Investitionsprojekt beziehen, sondern zusätzliche Vermögensgegenstände erfassen, impliziert dies die Forderung nach Einbringung von Eigenkapital (vgl. auch *Kalay* [1982]).

Die eben besprochenen Maßnahmen bekämpfen die Agency-Probleme des Fremdkapitals durch den Einsatz von Eigenkapital, von dem angenommen wird, daß es *keine* Agency-Probleme hervorruft! Dies steht in Gegensatz zu den in Abschnitt 5.1.2.1 behandelten Problemen.

In diesem Zusammenhang sei auch kurz zu den sogenannten *Finanzierungsregeln* Stellung bezogen. Man unterscheidet horizontale und vertikale Finanzierungsregeln. Erstere heißen auch Kapitalbindungs-, letztere Kapitalstrukturregeln (*Schneider* [1992, S. 577 ff.]). *Horizontale Finanzierungsregeln* fordern bestimmte Zusammenhänge zwischen Vermögens- und Kapitalstruktur bezüglich der Fristigkeit der Vermögensgegenstände und Kapitalteile: Langfristig gebundenes Vermögen ist durch eigene Mittel (bei strenger Auffassung) oder durch eigene Mittel plus langfristige Kredite (bei weniger strenger Auffassung) zu decken, kurzfristig gebundenes Vermögen kann durch kurzfristige Kredite finanziert werden. Zum langfristig gebundenen Vermögen werden das Anlagevermögen, oft auch die langfristig gebundenen Bestände des Umlaufvermögens gezählt. Letztere werden etwa in der „banker's rule" mit 50% des Umlaufvermögens festgesetzt. Im „acid test" werden alle Umlaufvermögensbestände außer den liquiden Mitteln, den Wechseln und den Debitoren zum langfristig gebundenen Vermögen gerechnet.

Vertikale Finanzierungsregeln normieren das Verhältnis Eigen- zu Fremdkapital (z. B. 2:1 oder 1:1), ohne die Vermögensstruktur zu beachten. Weiter gibt es Regeln, die das Eigenkapital indirekt nach unten begrenzen, indem sie formulieren, daß die Zinsaufwendungen einen bestimmten Prozentsatz des erwarteten oder in den letzten Jahren erzielten Jahresgewinns oder die Verbindlichkeiten ein bestimmtes Vielfaches des durchschnittlichen Cash-flow nicht übersteigen dürfen.

Die Finanzierungsregeln knüpfen somit im wesentlichen nur an eine *einzige* von vielen Möglichkeiten an, Agency-Probleme aus der Fremdfinanzierung zu mildern. Sie sind daher notwendigerweise ein sehr rudimentäres Kriterium. Sie können aber, wie *Schneider* [1992, S. 580 ff.] betont, durchaus die Funktion haben, dem Kapitalmarkt, insbesondere auch den stakeholders, Wohlverhalten und damit Sicherheit ihrer Ansprüche zu signalisieren. Allerdings ist die Kehrseite eines solchen Aufbaus von Reputation, daß man in Gefahr geraten kann, in das Visier von Leverage-Buy-Out-Spezialisten zu geraten.

c) Beschränkungen von Auszahlungen an die Anteilseigner. In einer Reihe von Arbeiten werden die Möglichkeiten untersucht, durch Dividendenbeschränkungen die Unternehmung zu motivieren, den Risikograd der Investitionen nicht zu erhöhen bzw. das Unterinvestitions-Problem nicht aufkommen zu lassen. Dividendenbeschränkungen beeinflussen natürlich die Eigenkapitalquoten und sind insofern der Festlegung von Mindesteigenkapitalquoten sehr ähnlich. Auf der anderen Seite muß man aber sehen, daß Gewinneinbehaltungen die Gefahr bieten, daß Investitionen mit zu niedrigen Renditen durchgeführt werden (siehe Abschnitt 5.1.2.2; vgl. *Wagner* [1987]; *Niedernhuber* [1988]).

d) Verhaltensbeschränkungen des Schuldners. Gläuber können Mitentscheidungsrechte bei Investitionsvorhaben und weiteren Finanzierungen vereinbaren, oft auch einen Sitz im Aufsichtsrat. Sie können weiter dem Schuldner Versicherungen (z. B. Betriebsunterbrechungsversicherungen), Wartungsverträge und dgl. auferlegen.

e) Kündigungsklauseln; Fristigkeit. Je kurzfristiger der Gläubiger, aber auch der Schuldner kündigen darf, desto geringer sind die Möglichkeiten, Gäubiger durch die Investitions- und Finanzierungspolitik zu benachteiligen (vgl. *Thatcher* [1985]; *Barnea Haugen Senbet* [1985, S. 86 ff.]). Hinsichtlich des Kündigungsrechts der Gläubiger ist dies sofort einsichtig. Aber es gilt auch für das Kündigungsrecht des Schuldners: Falls sich nämlich die Situation des Schuldners in dessen Augen zu $t = 1$ bessern wird, er dies aber dem Gläubiger zu $t = 0$ nicht glaubhaft machen kann, ist für den Schuldner die Aufnahme kurzfristiger Kredite vorteilhaft und führt zu effizienteren Investitionsentscheidungen. Daraus läßt sich die These ableiten, daß eine Zunahme des Verschuldungsgrades mit einer Abnahme des Prozentsatzes, eventuell auch des absoluten Ausmaßes echt langfristiger Verbindlichkeiten verbunden ist (vgl. auch *Flannery* [1986]; *Wiggins* [1990]).

Man muß sehen, daß alle diese Vertragsklauseln *nicht notwendig* sind, falls homogene Information gegeben ist und auch die sonstigen Prämissen des Irrelevanztheorems von *Modigliani Miller* gelten. Jede geplante Abweichung von der gesamtwertmaximalen Politik, die z.B. zu einer Begünstigung von Anteilseignern und einer Benachteiligung von Gläubigern führt, könnten Kapitalmarktteilnehmer zum Anlaß nehmen, alle Eigen- und Fremdkapitaltitel der Unternehmung aufzukaufen und das Management zu zwingen, die gesamtwertmaximale Politik durchzuführen. Die Aufkäufer würden dadurch einen Arbitragegewinn erzielen. Falls zusätzlich zu den Prämissen des Irrelevanztheorems auch diejenigen für das Capital-Asset-Pricing-Modell gelten, fällt sogar jedes Interesse an gläubigerschädigenden Maßnahmen weg: Da alle Anleger mit einem gleichen Prozentsatz an allen riskanten Titeln (einschließlich Gläubigerpapieren) beteiligt sind, ist es sinnlos, Gläubiger zugunsten von Anteilseignern zu schädigen. Es handelt sich ja um die gleichen Personen.

Eine fundamentale Kritik an obigen Analysen der Agency-Wirkungen der Fremdfinanzierung üben *John Senbet* [1990]. Bei obigen Erörterungen wurden nämlich, wie bisher in der Literatur, das bei voller Eigenfinanzierung optimale Invetitionsprogramm als first-best angesehen und es wurde untersucht, welche Verzerrungen durch Fremdfinanzierung entstehen. *John Senbet* [1990] dagegen stellen richtig fest, daß die beschränkte Haftung von Kapitalgesellschaften bereits ein Überinvestitions-Problem aus der Sicht der Volkswirtschaft verursacht. Diese Behauptung ist sicherlich richtig, wie das folgende Beispiel zeigt. Die Autoren behaupten ferner, daß dieses Problem durch die Aufnahme von Verbindlichkeiten gemildert bzw. eliminiert werden kann und daß deshalb die steuerliche Förderung der Fremdfinanzierung sinnvoll sein kann. Diese zweite Behauptung stimmt aber nur bei ihren sehr speziellen Annahmen, wie auch wieder im folgenden Beispiel demonstriert wird. Es ist auch schwer einzusehen, warum die Aufnahme von Fremd-

kapital etwas an den Effekten der beschränkten Haftung ändern sollte. Im Konkursfall wird immer gleich viel (oder wenig) verloren, unabhängig davon, ob das Geld von Eigentümern oder Gläubigern stammt. Weder Eigentümer noch Gläubiger müssen bei beschränkter Haftung zuzahlen.
Der Gedankengang von *John Senbet* [1990] wird im folgenden an einem Beispiel demonstriert.

Beispiel 31:

Es sei angenommen, daß die Errichtung eines Atomkraftwerkes oder die Aufnahme der Produktion eines Medikaments folgende Zahlungsströme bewirken kann:

	Anschaffungspreis	Einzahlungsüberschuß	
		Zustand 1	Zustand 2
Alternative I	−100	130	−15.000 ($W = 0,001$)
Alternative II	−100	120	−15.000 ($W = 0,0001$)

Die Alternativen ergeben sich aus unterschiedlichen Sicherheitsvorkehrungen: Bei der zweiten Alternative wird ein größerer Teil des Anschaffungspreises für Sicherheitsvorkehrungen verwendet. Die Katastrophenwahrscheinlichkeit ist bei Alternative I 0,1%, bei Alternative II 0,01%. Dafür ist die Leistung bei Alternative II geringer. Vereinfachend gilt Risikoneutralität und $r = 0$.
Aus *gesamtwirtschaftlicher Sicht* ist klar Alternative II vorzuziehen. Die Kapitalwerte der Alternativen betragen:

Alternative I: $130 \cdot 0,999 - 15.000 \cdot 0,001 - 100 = 14,87$;
Alternative II: $120 \cdot 0,9999 - 15.000 \cdot 0,0001 - 100 = \underline{18,488}$.

Bei *reiner Eigenfinanzierung und beschränkter Haftung* ist dagegen Alternative I interessanter:

Alternative I: $130 \cdot 0,999 - 0 \cdot 0,001 - 100 = \underline{29,87}$;
Alternative II: $120 \cdot 0,9999 - 0 \cdot 0,0001 - 100 = 19,988$.

Da im Falle einer Katastrophe die Schäden auf die Bevölkerung insgesamt abgewälzt werden, ist nun die riskantere Alternative vorteilhaft.
Selbst *volle Fremdfinanzierung* würde daran nichts ändern. Wir nehmen an, daß die Kreditgeber einen zustandsabhängigen Zinssatz fordern. Falls Alternative I gewählt wird, verlangen sie einen Zinssatz (Risikoprämie) von 0,1%. Er errechnet sich aus:

$(100+k) \cdot 0{,}999 = 100$
$k = 0{,}001$

Bei Wahl der Alternative II würden sich die Kreditgeber mit einem Zinssatz von 0,01 % begnügen.
Die Kapitalwerte der Investitionsprojekte stellen sich dann wie folgt dar:

Alternative I: $(130-100{,}1) \cdot 0{,}999 = \underline{29{,}87}$;
Alternative II: $(120-100{,}01)0{,}9999 = 19{,}988$.

Entgegen der Behauptung von *John Senbet* ändert sich in diesem Fall überhaupt nichts am Vorteil des gesamtwirtschaftlich ineffizienten Projekts I!

Es bleibt aber das Verdienst von *John Senbet* [1990], eindringlich gezeigt zu haben, daß die Haftungsbeschränkung bei modernen Publikumsaktiengesellschaften zu Verzerrungen der Investitionspolitik führen kann (vgl. auch *Adams* [1991]).

5.1.2.4 Zum Property-rights-Ansatz

Die Anwendung des Property-rights-Ansatzes zur Erklärung zunächst der Existenz von Unternehmungen und in weiterer Folge der Finanzierung und der Organisation geht davon aus, daß Unternehmungen – gegenüber Individualwirtschaften – Transaktionskostenersparnisse ermöglichen (*Coase* [1937]; *Williamson* [1988]) und/oder die Teamproduktion in Unternehmungen technologische Vorteile realisieren läßt (*Alchian Demsetz* [1972]). Es sei an den zweiten Erklärungsversuch angesetzt. Die Teamproduktion bringt nun den Nachteil mit sich, daß die Grenzproduktivitäten der Beteiligten nur unter Schwierigkeiten gemessen werden können. „Shirking", das Ausnutzen des Einsatzes anderer zum eigenen Vorteil, ist daher schwieriger zu verhindern. In dieser Situation ist es – so argumentieren *Alchian Demsetz* – wirtschaftlich, Grenzproduktivitäten durch die Beobachtung des Verhaltens der Beteiligten – also durch ein hierarchisches Anweisungs- und Kontrollsystem innerhalb einer Unternehmung – zu schätzen. Es bleibt aber dann das Problem, wie der oberste Manager überwacht werden soll. Es wird dadurch gelöst, daß dem Topmanager die Gewinnansprüche und das Recht übertragen werden, die Unternehmung zu verwerten. Der Anreiz aus diesen Ansprüchen ersetzt die Kontrollnotwendigkeit. Die „klassische kapitalistische Firma" wird daher nach *Alchian Demsetz* charakterisiert durch

a) Teamproduktion;
b) mehrere Eigner von Produktionsfaktoren (Arbeitnehmer, Kapitalgeber, Energielieferanten etc.);
c) eine Partei, die sämtliche Verträge mit allen anderen Eignern von Produktionsfaktoren abschließt (der Eigentümer-Unternehmer);
d) die das Recht hat, den Vertrag mit einem anderen Eigner eines Produktionsfaktors zu ändern, unabhängig von allen übrigen Verträgen;
e) die den alleinigen Anspruch auf Gewinn hat;
f) die das Recht hat, ihre Ansprüche an der Unternehmung zu verkaufen.

Die Unternehmung (Firma) ist in diesem Sinn einfach eine Rechtskonstruktion in verschiedenen Ausprägungen, die es erlaubt, das Geflecht von Verträgen zwischen den Faktoreignern in gewissen Beziehungen als Einheit zu behandeln, und die zumeist die „zentrale Partei" gegenüber den anderen Faktoreignern vertritt.

Mit dem insbesondere von *Alchian Demsetz* geprägten Bild der Unternehmung findet man das Auslangen, wenn es nur *einen* Eigentümer-Unternehmer gibt, der als zentrale Partei fungiert, und wenn die Ansprüche aller anderen Eigner von Produktionsfaktoren ergebnisunabhängig sind, somit mit Sicherheit abgedeckt werden können. Das Unternehmungsrisiko wird daher allein vom Eigentümer-Unternehmer getragen. Kredite mit gewinnunabhängigen, sicheren Ansprüchen stören somit die Konstruktion nicht.

Nun ist es aber die Regel, daß das Gesamtrisiko der Unternehmung nicht von einer Person getragen werden kann, vor allem, wenn die Vorteile der Teamproduktion immer größere und kapitalintensivere Einheiten nahelegen.

Wie *Schneider* [1987a, S. 350 ff.] nachweist, war lange Zeit die einzig mögliche Verhaltensweise zur Realisierung der Vorteile der Teamproduktion die Beteiligung vollhaftender Gesellschafter, und zwar weil Haftungsbeschränkungen von Gesellschaftern durch die Rechtsordnung bis in das 19. Jahrhundert nicht zugelassen waren und Kreditfinanzierungen infolge des kanonischen Zinsverbots sich nicht entwickeln konnten. Natürlich brachte dies das von *Jensen Meckling* [1976] behandelte Problem der Ausbeutung der nicht geschäftsführenden Gesellschafter durch die mächtigen, geschäftsführenden und damit rechnungslegenden Gesellschafter mit sich (agency costs), wie eine bei *Schneider* [1987a, S. 351] aus *B. Greiff* „Das Tagebuch des Lucas Rem aus den Jahren 1494–1541", Augsburg 1861, S. 91 f. entnommene Textstelle zeigt: „So klagt die Augsburger ‚Chronica newer Geschichten'

1519: ‚Es waren viel reicher Burger, die Kaufleut waren. Die hetten gross gesellschaften mit ainander und waren reich. Aber etlich waren unter ainander untreu, sie beschissent ainander umb vil tausend guldin. Darumb so wurden die Öbresten in den gesellschaften, die die *rechnong* machten, fast reich, weder die andern, die *nicht* bei der rechnung waren ... das wol zu glaben ist, das grösser dieb nicht sein, dann die Öbristen in etlichen gesellschaften'."

Reaktion darauf waren die Einführung von Mitsprache-, Kontroll- und auch Kündigungsrechten von Gesellschaftern, die als Sanktionen gegen die Geschäftsführung eingesetzt werden konnten – siehe etwa die Zusammensetzung der Gesellschafterrechte bei der OHG (vgl. dazu insbesondere *Schmidt* [1986]. In weiterer Folge wurden Rechtskonstruktionen zur Haftungsbeschränkung entwickelt, um die Verlustmöglichkeiten von nicht oder wenig kontroll- und mitspracheberechtigten oder -interessierten Gesellschaftern einzuschränken.

Die Erklärung der Existenz von *(Publikums-)Aktiengesellschaften* hat die Property-rights-Literatur besonders intensiv beschäftigt; kann doch die Funktionsfähigkeit der höchsten Managementebene hier nicht mehr mit der Einheit von Management, Gewinnanspruch und Verkaufsrecht der Ansprüche erklärt werden (vgl. besonders *Berle Means* [1932]).

Hierzu sei vor allem auf die Arbeiten von *Fama Jensen* [1983a, 1983b] verwiesen. Ihre erste These ist, daß eine Trennung von Risikotragung und Management begleitet sein muß von einer Trennung von Entscheidungsmanagement und -kontrolle (im Sinne von Ratifizierung und Nachprüfung). Eine solche Organisationsform und damit Publikumskapitalgesellschaften werden sich umso eher durchsetzen, je größer die Vorteile der Risikoteilung und des spezialisierten Managements, je größer der Kapitalbedarf, je komplexer die Unternehmung und je niedriger die Kosten der Trennung von Entscheidung und Kontrolle sind. Die zweite These lautet: Die Zuordnung sowohl der wesentlichen Entscheidungen als auch ihrer Kontrolle an einige wenige Personen wird einhergehen mit der Übertragung der Residualansprüche an diese Personen. Solche Gesellschaftsformen (z. B. OHG oder personenbezogene GmbH) werden dann effizient sein, wenn das notwendige Wissen in nicht komplexen Unternehmungen auf einige wenige Personen verteilt ist.

Die Versuche, die Effizienz von Publikumskapitalgesellschaften und damit die Trennung von Risikoübernahme und Management zu erklären, finden einen charakteristischen Niederschlag in der Forderung von *Fama* [1980], den in die Irre führenden Begriff des Eigentums an einer Unternehmung über Bord zu werfen: Eine Unternehmung habe keine Eigentümer; Eigentum kann man nur an den *Ansprüchen* an eine Unternehmung haben (z. B. an Aktien, Forderungen, Patentrechten etc.).

Dagegen vertreten *Steinmann Schreyögg Dütthorn* [1983, bes. S. 18) und *Steinmann Schreyögg* [1984] die Auffassung, daß „das für die liberalkapitalistische Wirtschaftsordnung konstitutive Prinzip" die „Einheit von Risiko, Kontrolle und Erfolg" ist. Sie sehen es durch die von ihnen festgestellte weitgehende Trennung von Management und Eigentum an Aktien bzw. das Nichtausüben (-können) von Mitsprache- und Kontrollrechten gefährdet; es bestünde daher die Gefahr der Mißallokation von Ressourcen (vgl. dazu die berechtigte Kritik von *Picot Michaelis* [1984]).

Bis jetzt wurde, wie meist in der früheren Property-rights-Literatur, ohne explizite Einbeziehung der Kreditgeber und Arbeitnehmer argumentiert. Dies ist berechtigt, solange Kreditgeber wie Arbeitnehmer sicheres Kontrakteinkommen erzielen, das gesamte Risiko somit von der „zentralen Partei", der der Residualgewinn zusteht, abgefangen wird. Wenn dies nicht mehr der Fall ist, wenn entweder die vereinbarten Faktorentgelte ergebnisabhängig sind oder eine positive Ausfallwahrscheinlichkeit fix vereinbarter Entgelte besteht, entstehen zusätzliche Probleme. Dann bestehen nämlich Anreize für ein Managment, das die Interessen der „zentralen Partei" vertritt, die übrigen Faktoreigner zu schädigen, wie dies im vorangegangenen Kapitel gezeigt wurde.

Gesetzgebung und Wirtschaft haben auf diese negativen Anreize aus der Existenz riskanter Kredite vielfältig reagiert: Erstens durch die Entwicklung von Sanktionsdrohungen in Form des Insolvenzrechtes, das zusätzlich eine adäquate Entscheidung zwischen Fortführung und Liquidation und im Falle der Liquidation eine geordnete Abwicklung ermöglichen soll; zweitens durch die Formulierung von Gläubigerschutzbestimmungen im Gesellschaftsrecht (Ausschüttungssperren bei Kapitalherabsetzung usw.); drittens durch die Vereinbarung von sehr unterschiedlichen Vertragsklauseln in Finanzierungsverträgen (siehe Abschnitt 5.1.2.3).

Aber auch die *Arbeitnehmer* tragen in zunehmendem Ausmaß einen Teil des Gesamtrisikos der Unternehmung, zumal die Vertragsdauern eher länger bzw. der gesetzliche oder vertragliche Kündigungsschutz im Laufe der Zeit verstärkt wurden. Ähnlich wie die Gläubiger können auch Arbeitnehmer durch Entscheidungen des Managements im Interesse der Bezieher des Residualeinkommens geschädigt werden, z. B. durch den Übergang zu riskanten Investitionen. Es ist daher konsequent, daß Arbeitnehmer auf das zu tragende Risiko durch die Forderung nach Mitbestimmung reagieren.

Man muß auch sehen, daß die Übergänge zwischen Arbeitnehmer und Kapitalgeber sehr fließend sind. Pensionszusagen sowie gesetzliche und freiwillige Abfertigungsansprüche sind Arbeitsentgelte, die mit zeitlichem Verzug ausbezahlt werden und damit Verbindlichkeiten (vgl. *Scholes* [1991]).

Die These von *Knight* [1921, bes. S. 294], daß es letztlich keine Trennung von Risikoübernahme und Herrschaftsanspruch bzw. Kontrolle gibt, wird durch die zunehmenden Mitbestimmungsrechte der risikotragenden Gläubiger wie Arbeitnehmer eindrucksvoll bestätigt. Je riskanter etwa Kredite werden, je weniger sie gesichert werden können, desto sorgsamer überwachen die Kreditgeber die Entwicklung der Unternehmung und desto stärker greifen sie in die Geschäftsführung ein. Selbst wenn sie keine vertraglichen Mitspracherechte besitzen, können sie solche durch die Drohung mit der Rückziehung ihres Engagements erzwingen. Diese Entwicklung ist völlig konsequent. Sie wird auch, wenn auch wahrscheinlich noch nicht in ausreichendem Umfang, von der Gesetzgebung bzw. Rechtsprechung reflektiert: So kann ein beherrschender Kreditgeber in die Rolle des den übrigen Kreditgebern haftenden Eigenkapitalgebers hineinwachsen (siehe § 419 BGB), und im Insolvenzrecht kommt die Entscheidung zwischen Fortführung (Vergleich) und Liquidation (Konkurs) den primär risikotragenden Kreditgebern, den ungesicherten Gläubigern zu. (Die Anteilseigner tagen ja deswegen kaum mehr Risiko, da der Wert ihres Anteiles, zumindest im Liquidationsfall, auf Null gesunken ist.)

Die Unternehmung stellt sich somit in dieser Sicht als Geflecht von vertraglichen Regelungen dar, bei denen nicht nur der klassische Alleineigentümer-Unternehmer oder eine Anzahl gleichberechtigter Anteilseigner, sondern eine Vielzahl von Kapitalgebern und Arbeitnehmern das Risiko trägt. Jedes Finanzierungsinstrument verkörpert ein Bündel von Ansprüchen finanzieller Art, von Kündigungsrechten, von Informations- und Mitspracherechten, von Aus- und Absonderungsrechten im Insolvenzfall und von Verhaltensbeschränkungen des Schuldners, wobei der Anspruch eines Finanziers mit Ansprüchen anderer Finanziers und von Eignern anderer Inputfaktoren in Konflikt stehen kann. Die eine Vertragspartei, die ohne Zustimmung der anderen Partei beliebig Verträge abschließen und ändern darf, kann es daher nicht mehr geben, da viele Vertragsänderungen andere Verträge tangieren. Alle risikotragenden Anspruchsberechtigen werden sich vor einer Entwertung ihrer Ansprüche durch Handlungsbeschränkungen des Managements bzw. direkte Mitspracherechte zu schützen versuchen.

5.1.2.5 Zur Konstruktion optimaler Verträge

Ein Zweig der Literatur beschäftigt sich nicht so sehr mit der Erforschung der Effekte bestehender Finanzierungsformen oder Kapitalstrukturen, sondern mit der Konstruktion optimaler Finanzierungsverträge auf Basis eines Prämissensystems bzw. mit der Erkundung von Prämissensystemen, bei denen bestehende Finanzierungsformen sich als optimal erweisen (*Security-design Ansätze*). Im folgenden soll ein kurzer Überblick über einige wichtige diesbezügliche Ansätze geboten werden.

Gale Hellwig [1985] beweisen die Optimalität des Standardkreditvertrages für folgende Prämissen: a) Es gibt nur eine Form von heterogener Information und zwar über das erzielte Ergebnis. b) Der Konkurs verursacht Kosten mit bestimmter Struktur. Der Standardkreditvertrag ist deshalb optimal, weil der Gläubiger im Falle der Solvenz des Schuldners voll befriedigt wird, und im Fall der Insolvenz den Schuldner kontrollieren kann.

Zender [1991] zeigt, daß es – unter gewissen Prämissen – optimal ist, einem Investor (einer Investorengruppe) einen Festbetragsanspruch und einem anderen Investor (einer anderen Investorengruppe) die Residualansprüche zuzuordnen. Der Investor mit dem Festbetragsanspruch bekommt das Herrschaftsrecht, falls zu einem Zeitpunkt eine ungünstige (öffentliche) Information eintrifft; andernfalls bekommt (behält) der Investor mit dem Residualanspruch das Entscheidungsrecht. Damit ist gewährleistet, daß stets das first-best Investitionsprogramm realisiert wird. Das Prämissensystem läßt also nur risikoloses Fremdkapital und Eigenkapital, aber kein riskantes Fremdkapital zu.

Kalay Zender [1993] unterstellen einen Informationsvorteil des Managements, der der Qualität der Investitionsentscheidungen zugutekommt. Andererseits bewirkt Kapital von außen Agency Effekte. Der optimale Vertrag sieht Regelungen vor, in welchen Situationen die Unternehmensherrschaft von den Managern auf die Kapitalgeber übergeht.

Chang [1992] bezieht sowohl Kapitalstruktur als auch Managerentlohnung in die Ableitung des optimalen Kontrakts ein. Der optimale Kontrakt sieht Eigen- und Fremdkapital vor, wobei wieder das Fremdkapital als Konkursauslöser in ungünstigen Situationen und damit als Signal für den Übergang des Herrschaftsrechtes auf die Gläubiger dient.

Ravid Spiegel [1992] gehen – sehr zutreffend – davon aus, daß jede Unternehmung eine unbeschränkte Anzahl schlechter Projekte realisieren könnte. Folgende Reihenfolge ist optimal, falls die Unternehmung relativ profitable Projekte hat und das Management nicht sehr risikoavers ist: Der Manager stellt erstens eigenes Kapital zur Verfügung, nimmt zweitens risikoloses Fremdkapital in maximalem Umfang auf und finanziert drittens den Rest mit Eigenkapital von außen.

5.1.2.6 Die Agency-Problematik an Hand der Innovationsfinanzierung

Innovationsprojekte zeichnen sich durch folgende Eigenschaften aus (vgl. *Cooper Carleton* [1979], bes. S. 518):

a) sie haben einen langen Planungshorizont
b) sie sind besonders riskant
c) sie fordern eine sukzessive Finanzierung
d) sie können in verschiedenen Stadien gestoppt werden bzw. in ihrer Ausrichtung geändert werden.

Es wird häufig gefordert, Innovationen wegen des hohen Risikograf mittels Eigenkapital zu finanzieren und es sind auch, vor allem in den USA, aber auch in Europa, zahlreiche Venture-Capital-Firms (Wagnisfinanzierungsgesellschaften) entstanden. Auf der anderen Seite existieren auch viele spezielle Kreditaktionen zur Finanzierung von Innovationsprojekten. Im folgenden wird gezeigt, daß sowohl reine Eigenfinanzierung, als auch reine Fremdfinanzierung von Innovationen entscheidende Schwächen haben kann, und daß selbst eine gemischte Finanzierung nicht alle Ineffizienzen ausräumen kann. Dabei soll von einer für ein spezielles Innovationsprojekt zu gründenden Unternehmung ausgegangen werden, um nicht die Zahlungsströme von Innovationsprojekten mit sonstigen Zahlungsströmen zu mischen.

Zunächst ist darauf einzugehen, welche möglichen negativen Anreize sich ergeben, wenn Innovator und Finanzier nicht die gleichen Personen sind.

Ex ante, d.h. vor Beginn des Projekts, bzw. bei jeder Entscheidung über die Fortsetzung und weitere Finanzierung des Projekts, bestehen folgende *Anreize für den Innovator*:

1) Er wird ein insgesamt unrentables Projekt durchführen bzw. weiterführen wollen, wenn die Ergebnisverteilung eine adäquate Honorierung seines (weiteren) Arbeitseinsatzes verspricht.
2) Er wird ein insgesamt rentables Projekt stoppen wollen, wenn die Ergebnisverteilung keine adäquate Honorierung seines (weiteren) Arbeitseinsatzes verspricht.

3) Sein Arbeitseinsatz für die Vervollkommnung des Projekts wird umso geringer sein, je geringer er an den Grenzerfolgen beteiligt ist.
4) Er wird dazu neigen, die Erfolgsaussichten des Projektes möglichst günstig darzustellen, um günstigere Finanzierungsverträge zu erlangen.

Ex post, d. h. bei Beendigung des Projekts, ist der Innovator daran interessiert,

5) ungünstige Forschungsergebnisse vorzutäuschen, wenn er dadurch den Anteil des Finanziers am Ergebnis verringern kann. Ein extremer Fall ist folgender: Der Innovator täuscht Ergebnislosigkeit vor und vergleicht sich mit den Finanziers; in der Folge verkauft er die in Wahrheit wertvolle Entwicklung anderweitig.

Für den *Finanzier* ergeben sich folgende negativen Anreize:

6) Er wird ein insgesamt rentables Projekt stoppen wollen, wenn – infolge der Regelungen des Finanzierungsvertrages – sein erwarteter Ergebnisanteil keine adäquate Honorierung der (zusätzlichen) Finanzierungsleistungen verspricht.
7) Er wird ein insgesamt unrentables Projekt fortführen wollen, wenn – infolge der Regelungen des Finanzierungsvertrages – sein erwarteter Ergebnisanteil eine adäquate Honorierung der (zusätzlichen) Finanzierungsleistungen verspricht.

Die Probleme 1), 2), 4), 6) und 7) ergeben sich bei hidden information, die Probleme 3) und 5) bei hidden action.

Wir wollen uns in Abschnitt 5.1.2.5.1 mit den Anreizen 1), 2), 6) und 7) befassen, also den Auswirkungen von Finanzierungsverträgen auf die Stop- oder Go-Entscheidung. Danach wird die Auswirkung von Finanzierungsverträgen auf den Arbeitseinsatz des Innovators und seine Informationsbereitschaft untersucht (Aspekt 3), 4) und 5)).

5.1.2.6.1 Auswirkungen alternativer Finanzierungsformen auf die Go- oder Stop-Entscheidung

Wir wollen an Hand folgender beispielhafter Situation argumentieren:
Die Innovationsdauer bis zur Produktionsphase beträgt 2 Jahre. Der Kapitaleinsatz zu $t = 1$ hängt vom Fortgang der Innovationsaktivitäten in der ersten Periode ab und kann 55, 88 und 165 betragen. Die Kapitaleinsätze enthalten bereits Zinsen im Ausmaß der Renditeforderungen des Finanziers bis $t = 2$.

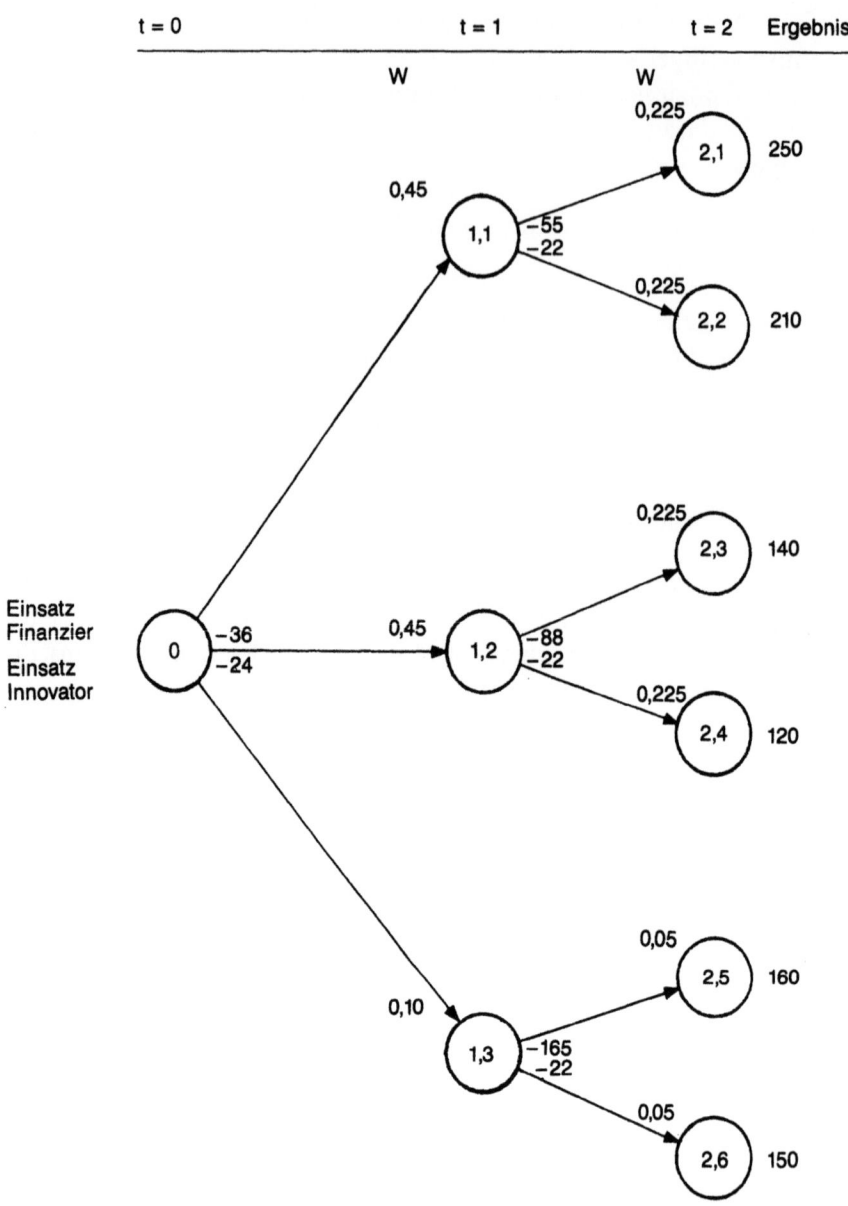

Der Arbeitseinsatz des Innovators, bewertet mit den von ihm erzielbaren Gehalt, beträgt 24 zu $t = 0$ und 22 zu $t = 1$ (ebenfalls inklusive Zinsen bis $t = 2$). Falls die Idee des Innovators veräußerbar ist, wäre der anderweitig erzielbare Kaufpreis zum Einsatz des Innovators zu $t = 0$ zu zählen.

Es sei Risikoneutralität des Innovators und des Finanziers unterstellt. Risikoaversion des Innovators und/oder Finanziers würde die Ergebnisse der folgenden Analysen nicht entscheidend beeinflussen.

Zunächst interessiert, ob das Projekt, falls Innovator und Finanzier ein- und dieselbe Person wären, überhaupt in Angriff genommen werden und ob es in bestimmten Zuständen gestoppt werden sollte. Nun ist offensichtlich, daß es zu $t = 1$ in Zustand (1, 3) nicht lohnt, 165 an Kapital und 22 an Arbeitskraft zusätzlich einzubringen, da das Ergebnis nur 150 oder 160 beträgt. Das Projekt wäre also in Zustand (1, 3) zu stoppen und in allen anderen Zuständen zu $t = 1$, falls einmal begonnen, fortzuführen. Das gilt auch für den Zustand (1, 2), in dem die möglichen Ergebnisse (120, 140) kleiner sind als die Gesamteinsätze $(36+88+24+22 = 170)$. Wenn man sich aber einmal in Zustand (1, 2) befindet, ist eine Fortsetzung des Projekts, d. i. ein weiterer Einsatz von $88+22 = 110$ vorteilhaft. Er wird durch die möglichen Ergebnisse überdeckt.

Es kann nun entschieden werden, ob das Projekt unter diesen Vorentscheidungen (Stop im Zustand (1, 3), Fortführung in den Zuständen (1, 1), (1, 2)) insgesamt vorteilhaft ist, ob es also begonnen werden soll. Diese Frage ist zu bejahen, denn es gilt:

$$-36-55\cdot 0{,}45-88\cdot 0{,}45-24-22\cdot 0{,}90+(250+210+140+120)$$
$$\cdot 0{,}225 = 17{,}85 > 0$$

Eine effiziente Finanzierung des Innovationsprojekts zeichnet sich nun dadurch aus, daß beide Parteien, der Innovator und der Finanzier, zu jedem Zeitpunkt das Projekt gleichermaßen stoppen oder fortführen wollen. Es wird im folgenden gezeigt, daß sowohl reine Eigenfinanzierung als auch reine Fremdfinanzierung im allgemeinen *keine* effizienten Finanzierungsformen sind. Das gilt, wie anschließend gezeigt wird, auch für zustandsunabhängige Mischfinanzierungen.

Reine Fremdfinanzierung ist durch fixierte Rückzahlungs- und Zinsansprüche des Finanziers charakterisiert. Reichen die Ergebnisse nicht aus, die Ansprüche des Finanziers abzudecken, tritt Konkurs ein. Übersteigen die Ergebnisse die Ansprüche des Finanziers, fällt der Überschuß allein dem Innovator zu.

Reine Eigenfinanzierung ist dadurch charakterisiert, daß der Innovator fix entlohnt wird. Die restlichen Ergebnisse fallen voll dem Finanzier zu.

Betrachten wir den Zustand (1, 2). Bei *reiner Fremdfinanzierung* würde der Finanzier das Projekt fortsetzen wollen. Er muß noch 88 einsetzen und das Projekt bringt entweder 120 oder 140. Der Innovator wird jedoch stoppen wollen. Denn er erhält erwartungsgemäß $0{,}5\cdot(140-36-88)+0{,}5\cdot \text{Max}(0; 120-36-88) = 8$ – sein Arbeitseinsatz ist jedoch 22.

Bei *reiner Eigenfinanzierung* würde der Finanzier stoppen, der Innovator fortsetzen wollen. Der Innovator würde zu $t = 2$ sicher 46 erhalten, der Finanzier entweder 94 oder 74, erwartungsgemäß daher 84. Sein (zusätzlicher) Kapitaleinsatz wäre aber 88.

Nun können effiziente Entscheidungen sowohl des Finanziers als auch des Innovators in Zustand (1, 2) durch eine Mischform zwischen Fremd- und Eigenfinanzierung bewirkt werde. Die Fremdfinanzierung muß in der Sicht des Finanziers in diesem Fall *mindestens 88* betragen. Bei diesem Ausmaß an Fremdfinanzierung würde auch der Innovator fortsetzen wollen. Denn er erhält noch erwartungsgemäß $0,5 \cdot \text{Max}(46; 140-88) + 0,5 \cdot \text{Max}(46; 120-88) = 39$, also bedeutend mehr als die Kosten seines zusätzlichen Arbeitseinsatzes von 22. Das *Maximalausmaß der Fremdfinanzierung* errechnet sich aus $0,5 \cdot \text{Max}(46; 140-x) + 0,5 \cdot \text{Max}(46; 120-x) = 22$ und beträgt $\underline{x = 108}$. Dabei ist davon ausgegangen, daß der Innovator nicht am Restgewinn (nach Tilgung des Fremdkapitals und Deckung seiner „Gehaltsansprüche") beteiligt ist (vgl. *Cooper Carleton* [1979, S. 527]).

Betrachten wir nun den Knoten (1, 3). Die effiziente Entscheidung ist hier zu stoppen. Bei einem Fremdkapitalausmaß von mindestens 88 und maximal 108 würde aber der Innovator *nicht stoppen wollen*. Es kann somit kein konstantes Fremdkapitalvolumen gefunden werden, das in allen Zuständen zu $t = 1$ zur richtigen Entscheidung führt.

Eine effiziente Finanzierung kann daher im allgemeinen nur durch die Vereinbarung *zustandsabhängiger* Beteiligungsquoten gefunden werden. Sowohl Innovator als auch Finanzier erhalten Quoten am Endergebnis, wobei im allgemeinen die Quoten nicht unabhängig vom Zustand sein dürfen.

Den Bereich der möglichen Lösungen erhält man durch die Formulierung eines Gleichungssystems, das gewährleistet, daß Beginn, Fortführung und Stop des Projekts insgesamt vorteilhaft ist, wenn Innovator und Finanzier gleichmaßen beginnen, fortführen oder stoppen wollen. Wir bezeichnen:

x_1 = Ergebnisanteil des Innovators in den Zuständen (2, 1) und (2, 2). (Zwischen (2, 1) und (2, 2) braucht nicht differenziert zu werden, da zu $t = 2$ keine Entscheidungen mehr erfolgen).
x_2 = Ergebnisanteil des Innovators in den Zuständen (2, 3) und (2, 4).
x_3 = Ergebnisanteil des Innovators in den Zuständen (2, 5) und (2, 6).

Für den *Innovator* gilt:

a) $230 x_1 \geq 22$ (um Fortführung in Zustand (1, 1) zu gewährleisten)
$x_1 \geq 0,096$

Der Anteil an dem in Zustand (1, 1) erwarteten Ergebnis muß somit größer sein als der Arbeitseinsatz von 22.
b) $130x_2 \geq 22$ (um Fortführung im Zustand (1, 2) zu gewährleisten)
   $x_2 \geq 0,169$
c) $155x_3 \leq 22$ (um Stop im Zustand (1, 3) zu gewährleisten)
   $x_3 \leq 0,142$
d) $230x_1 \cdot 0,45 + 130x_2 \cdot 0,45 \geq 24 + 22 \cdot 0,9$ (um den Beginn des Projekts im Zustand 0 zu gewährleisten)
   $103,5x_1 + 58,5x_2 \geq 43,8$

Die erwarteten Ergebnisanteile müssen somit den erwarteten Arbeitseinsatz des Innovators überdecken. Es ist zu beachten, daß der Innovator in der 2. Periode nur mehr mit einer Wahrscheinlichkeit von 0,90 tätig ist. Diese vier Ungleichungen stecken den Lösungsbereich für den Innovator ab.

Für den *Finanzier* gilt analog:
a) $230(1-x_1) \geq 55$
   $x_1 \leq 0,761$
b) $130(1-x_2) \geq 88$
   $x_2 \leq 0,323$
c) $155(1-x_3) \leq 165$
   $x_3 \geq -0,064$
d) $230(1-x_1) \cdot 0,45 + 130(1-x_2) \cdot 0,45 \geq 36 + 55 \cdot 0,45 + 88 \cdot 0,45$
   $230x_1 + 130x_2 \leq 137$

Spezielle Lösungen erhält man durch Annahme expliziter Zielfunktionen. Wenn der erwartete Gewinn des Innovators maximiert werden soll, lautet die Zielfunktion:

$$\text{Max}: 0,45 \cdot 230x_1 + 0,45 \cdot 130x_2 = \text{Max}$$

Gibt es nun andere Standardfinanzierungsformen – außer reines Eigenkapital, reines Fremdkapital oder ein Eigen-Fremdkapital-Mix, um effiziente Go- oder Stop-Entscheidungen zu erreichen? In der Literatur werden zur Lösung von Agency-Problemen häufig *Optionen* herangezogen (vgl. *Barnea Haugen Senbet* [1985]). So könnte der Finanzier das erforderliche Kapital gegen eine Kombination aus Fremdkapital (fixer Tilgungs- und Zinsanspruch) und einer Calloption zur Verfügung stellen, um den Innovator im Zustand (1, 2) an einer Fortführung zu interessieren. Es könnte etwa vereinbart werden, daß nur 85% der Kapitaleinsätze einschließlich aufgelaufene Zinsen zurückgezahlt werden müssen, daß aber der Finanzier dafür eine Option erhält, 60% der Unternehmung zu $t = 2$ zu einem Preis (für die gesamte Unternehmung) von 160 zu kaufen. Diese Option hätte nur in den Zuständen (2, 1) und (2, 2) einen positiven Wert. Bei einer solchen Konstruktion hätte das Projekt einen positiven Wert für den Finanzier (unter der Voraussetzung, daß es im Zustand (1, 3) gestoppt wird):

$$-36 - 0{,}45(55 + 88) + 0{,}45 \cdot 0{,}85(91 + 124) + 0{,}45 \cdot 0{,}60(230 - 160) = 0{,}79$$

Die Lösung würde auch gewährleisten, daß der Innovator im Zustand (1, 2) an einer Fortführung interessiert wäre. Auch würden Innovator wie Finanzier im Zustand (1, 3) die Nichtfortführung vorziehen.

Optionen ermöglichen deshalb die Konstruktion effizienterer Finanzierungen, weil sie eher als Eigen- und Fremdkapital zustandsabhängige Zahlungen herbeiführen lassen: Optionen haben in manchen Zuständen einen positiven Wert, in anderen sind sie wertlos. Dennoch kann aus der Lösbarkeit obigen Problems nicht geschlossen werden, daß unter Zuhilfenahme von Call- und Putoptionen stets eine effiziente Finanzierung gefunden werden kann. Die Optionslösungen zeigen aber, daß eine effiziente Finanzierung gegenüber der Fremdfinanzierung impliziert, daß der Finanzier in ungünstigen Zuständen Ansprüche in Austausch zu Mehransprüchen in guten Zuständen aufgeben muß.

Den Optionslösungen ähnlich ist eine Kombination von fixen Ansprüchen und vermögens- bzw. ergebnisabhängigen *Abschichtungsbeträgen*.

5.1.2.6.2 Auswirkungen alternativer Finanzierungsformen auf den Arbeitseinsatz des Innovators und seine Informationsbereitschaft

Wir wollen nun die bislang gemachte Unterstellung aufgeben, daß der *Arbeitseinsatz* des Innovators gegeben ist, also eine von der Finanzierung unabhängige Wahrscheinlichkeitsverteilung von Investitionsausgaben und Ergebnissen vorliegt. Falls keine anderen Möglichkeiten zur Disziplinierung des Innovators angewendet werden, wird er seinen Arbeitseinsatz solange steigern, solange das Grenzleid durch den erwarteten Grenzerfolg überdeckt ist. Reine Eigenfinanzierung bei fixer Entlohnung des Innovators ist in dieser Sicht eine äußerst ungünstige Form der Ergebnisaufteilung. Jeder Anreiz für den Innovator, das Ergebnis über sein Entlohnungsfixum zu steigern, fällt weg. Reine Fremdfinanzierung ist in Hinblick auf den Arbeitseinsatz des Innovators insofern optimal, als das Grenzergebnis, falls die Tilgung und Verzinsung des Femdkapitals gesichert ist, voll dem Innovator zufällt. Fremdfinanzierung ist nur in jenen Zuständen ungünstiger als Eigenfinanzierung, in denen der Innovator auch bei hoher Anstrengung die volle Schuldentilgung nicht mehr erreichen kann. Ein Mix aus Eigen- und Fremdkapital, zustandsabhängige oder zustandsunabhängige Beteiligungsquoten sowie die Optionslösungen nehmen hinsichtlich der Wirkungen auf den Arbeitseinsatz des Innovators Zwischenlösungen ein: Sie mindern den Arbeitseinsatz des Innovators gegenüber dem optimalen Arbeitseinsatz deshalb, weil sie den Innovator nur zum Teil am Grenzerfolg seiner Arbeit beteiligen.

Die Neigung des Innovators, die Erfolgsaussichten des Projekts *ex ante* möglichst günstig darzustellen, ist an sich unabhängig davon, ob Eigen- oder Fremdkapital oder ein Mix zur Innovationsfinanzierung herangezogen wird. Je günstiger die Erfolgserwartungen der Finanziers sind, desto günstigere Finanzierungsverträge werden sie anbieten (geringere Fremdkapitalzinsen, geringere Gewinnanteile).

Die Neigung des Innovators, *ex post* richtig zu informieren, ist bei *Fremdfinanzierung* am größten. Alle über die Tilgungs- und Zinserfordernisse hinausgehenden Ergebnisse sind ja ohnehin dem Innovator zuzurechnen, so daß er, falls er in der Lage und bereit ist, die Ansprüche des Kreditgebers voll zu befriedigen, kein Interesse an einer Fehlinformation hat. Eine Fehlinformation ist für ihn nur dann von Interesse, wenn es ihm dadurch gelingt, Ergebnisse der Innovationstätigkeit zu verheimlichen, sie anderweitig zu verkaufen, und im Rahmen eines Insolvenzverfahrens die Ansprüche der Gläubiger zu schmälern.

5.1.2.6.3 Zusammenfassung

Erscheinen die Ineffizienzen aus einer Variation des Arbeitseinsatzes des Innovators und aus einer Verfälschung der Ergebnisse der Innovationstätigkeit nicht bedeutsam, weil anderweitig kontrollierbar, ist bei der Innovationsfinanzierung primär auf effiziente Entscheidungen hinsichtlich Fortsetzung bzw. Stop des Projektes Rücksicht zu nehmen. Es sind dann Finanzierungen mit *zustandsabhängigen* Beteiligungsquoten vorzusehen. Man erreicht sie in manchen Fällen durch ein Mix von Eigen- und Fremdkapital und in zahlreichen Fällen durch eine Hinzufügung von Kaufoptionen für den Finanzier und/oder Verkaufsoptionen für den Innovator.

Sind jedoch die Ineffizienzen aus einer Variation des Arbeitseinsatzes des Innovators und aus einer Verfälschung der Ergebnisse der Innovationstätigkeit von Bedeutung, wachsen die Vorzüge der reinen Fremdfinanzierung. Sie bewirkt, daß in den günstigen Zuständen der Arbeitseinsatz des Innovators optimal ist, da der gesamte Grenzerfolg ihm zusteht, und daß er in diesen Zuständen kein Interesse an einer Ergebnisverfälschung hat. In so ungünstigen Zuständen, daß ein Stop für Innovator sowie Finanzier von Vorteil ist, tritt Konkurs ein, und der Finanzier kann das ihm zustehende Ergebnis nachprüfen. In Zuständen, in denen zwar eine Fortsetzung des Projekts insgesamt vorteilhaft ist, der Innovator aber infolge des durch die Fremdfinanzierung gegebenen Vorrangs des Finanziers nicht mehr genügend motiviert ist, können Verhandlungen zur Neuregelung der Quoten (z. B. im Rahmen eines Vergleichs) stattfinden. Es stellt sich also heraus, daß Innovationsfinanzierung vor allem kleinerer Unternehmungen, die keine Diversifikationsmöglichkeiten besitzen, vielfach Fremdfinanzierung sein sollte (anderer Auffassung ist *Hartmann-Wendels* [1987]).

Ganz gleich wie die Finanzierung erfolgt: Der Finanzier von Innovationen übernimmt ein relativ hohes Risiko. Er braucht daher seinerseits entweder entsprechende Diversifikationsmöglichkeiten oder hohes Risikokapital (Eigenkapital). Auch ist der Aufbau von spezialisierten Beurteilungs- und Kontrollpotentialen von Vorteil, was zu Venture-Capital-Gesellschaften führen kann (vgl. *Hartmann-Wendels* [1987]). Diesbezüglich stellt *Albach* [1983, S. 73] fest: „Durchschnittlich wird erwartet, daß zwei bis drei von zehn Investments als völlige Verluste abzuschreiben sind, der Hauptteil der Investments zwar überlebt, aber hievon drei bis sechs von zehn Investments nicht die gewünschte außergewöhnliche Entwicklung erfahren. Lediglich ein oder zwei Investments von zehn Anlagen werden zu echten Erfolgen." Die Diversifikationsmöglichkeiten des Finanziers dürfen zudem nicht überschätzt werden: Die Überprüfung der Ergebnisprognose sowie die Überwachung der Arbeitsintensität des Innovators setzt entsprechenden Sachverstand voraus, den man natürlich nicht auf allen innovationsverdächtigen Gebieten gleichermaßen kultivieren kann. Spezialisierung mindert aber die Möglichkeiten der Diversifikation.

5.1.3 Agency-Probleme und Kapitalstrukturierung

5.1.3.1 Theorien zur optimalen Kapitalstruktur unter Berücksichtigung von Agency-Problemen

Die in diesem Abschnitt behandelten Theorien lassen sich grob in *Ad-hoc-Theorien* und *Signalisierungstheorien* trennen. Die *Ad-hoc-Theorien* – behandelt in den Abschnitten 5.1.3.1.1 bis 5.1.3.1.5 – sind dadurch charakterisiert, daß Elemente von Agency-Wirkungen und häufig auch empirische Hinweise zur Formulierung einer Theorie verwendet werden, ohne diese aus einem Prämissensystem abzuleiten bzw. zu zeigen, daß sie zu einem Gleichgewicht am Kapitalmarkt führt. *Signalisierungstheorien* – behandelt in den Abschnitten 5.1.3.1.7 bis 5.1.3.1.12 – dagegen bauen darauf auf, daß Unternehmungen gerade durch Kapitalstrukturentscheidungen ihre Qualität signalisieren und dadurch Agency-Probleme ganz oder teilweise vermeiden können. Sie sind aus Prämissen abgeleitet und in ein Kapitalmarktgleichgewicht eingebettet (vgl. auch die Überblicksartikel von *Harris Raviv* [1991] und *Thakor* [1989]).

5.1.3.1.1 Die Theorie von Jensen Meckling

Jensen Meckling [1976] formulieren folgende These: Bei gegebener Beteiligung des Managers an der Unternehmung steigen die Agency-Kosten des Eigenkapitals mit zunehmendem Eigenkapital progressiv. Die Agency-Kosten des Fremdkapitals sinken degressiv mit zunehmendem Eigenkapitalanteil. Die Agency-Kosten insgesamt verlaufen daher u-förmig und es existiert ein Kapitalstrukturoptimum.

Zwei wichtige Schwächen der These sind: Erstens ist sie nur auf Unternehmungen anwendbar, bei denen der Manager beteiligt ist. Wenn der Manager nicht beteiligt ist und fix entlohnt wird, sind die Agency-Kosten des Eigenkapitals bei jeder Kapitalstruktur gleich; es wäre dann maximale Eigenfinanzierung optimal. Zweitens fehlt eine Begründung für die angenommenen Verläufe der Agency-Kosten.

5.1.3.1.2 Trade-off-Theorien hinsichtlich der steuerlichen Vorteile und der Agency-Kosten des Fremdkapitals

Der Ausdruck „Trade-off"-Theorie stammt von *Myers* [1990]. Es sind dies Theorien, die darauf aufbauen, daß das Fremdkapital gegenüber dem Eigenkapital steuerliche Vorteile, aber Nachteile hinsichtlich der Agency-Kosten hat. Eine dieser Theorien, die die Nachteile des Fremdkapitals in Konkurskosten sieht, wird in Abschnitt 5.2 nachgetragen werden. Eine andere Theorie stammt von *Haugen Senbet* [1981]. Sie beziehen Agency-Kosten des Fremdkapitals in ein *Miller*-Gleichgewicht ein. Die Agency-Kosten des Fremdkapitals bewirken, daß für jede Unternehmung ein individuelles Kapitalstrukturoptimum existiert. Es ergibt sich unter Berücksichtigung von Körperschaftsteuer, der Höhe des Zinssatzes am Kapitalmarkt und progressiv steigenden Agency-Kosten des Fremdkapitals. Am Kapitalmarkt wird sich infolge der Agency-Kosten des Fremdkapitals ein niedrigerer Gleichgewichtszinsfuß einspielen. Da die Unternehmung stets die Möglichkeit hat, Eigenkapital – das annahmegemäß keine Agency-Kosten verursacht – zur Finanzierung heranzuziehen, tragen die Gläubiger mit niedrigen Einkommensteuersätzen die Agency-Kosten. Besondere Schwächen dieser Theorie sind die fehlende Quantifizierung der Agency-Kosten und die Annahme, daß nur Fremdkapital Agency-Kosten verursacht.

Nach *Myers* [1990] sprechen die empirischen Befunde gegen die Trade-off-Theorien; vor allem die Erfahrung, daß gerade Unternehmungen bzw. Branchen mit hohen Gewinnen und daher niedrigen Konkurs- bzw. Agency-Kosten des Fremdkapitals niedrig verschuldet sind.

5.1.3.1.3 Die Pecking-order-Theorie von Myers

Die von *Myers* [1990] erneut dargestellte, jedoch schon früher entwickelte Pecking-order-Theorie ist nicht eigentlich eine Kapitalstrukturtheorie, sondern eine Theorie über die Reihenfolge („Hackordnung"), in der Finanzierungsinstrumente gewählt werden: Es wird interne Finanzierung der externen Finanzierung vorgezogen; innerhalb der externen Finanzierung ist die Reihenfolge: risikolose Fremdfinanzierung; riskante Fremdfinanzierung; Mischformen zwischen Fremd- und Eigenfinanzierung; Eigenfinanzierung. Begründet wird diese Theorie durch Agency-Erwägungen, insbesondere das Unterinvestitions-Problem und die Theorie von *Myers Majluf* [1984] (siehe Abschnitt 5.1.3.2.2). Die von *Shyam-Sunder Myers* [1992] durchgeführten Tests bestätigen eher die Pecking-order-Theorie als die Trade-off-Theorien.

5.1.3.1.4 Die organisatorische Theorie von Myers

Die organisatorische Kapitalstrukturtheorie wird von *Myers* [1990] als einzig ernst zu nehmender Konkurrent der Pecking-order-Theorie bezeichnet. Sie basiert auf dem Interessengegensatz zwischen Manager und Kapitalgebern, insbesondere der Tendenz von Managern, Gewinne einzubehalten, auch wenn sie nicht mit ausreichender Rendite angelegt werden können. Daher wird der Ersatz von Eigen- durch Fremdkapital – bei dem die Gefahr von Fehlinvestitionen geringer ist – vom Kapitalmarkt als gutes Zeichen gewertet. Auch die Tendenz zu Leverage Buy

Outs, d. h. zum Aufkauf stark eigenfinanzierter Unernehmungen unter Aufnahme von Verbindlichkeiten, kann als eine gewisse Bestätigung dieser nach *Myers* allerdings noch wenig entwickelten Theorie gesehen werden.

5.1.3.1.5 Die Verschleierungstheorie von Campbell

Die Verschleierungstheorie von *Campbell* [1979] steht insofern im Gegensatz zu allen anderen hier besprochenen Theorien, als der Informationsvorsprung des Managers nicht negativ, sondern positiv gesehen wird. *Campbell* geht von dem Fall aus, daß der Manager über künftige Monopolgewinne Bescheid weiß. Eine Kapitalerhöhung ist mit der Gefahr verbunden, entweder den Kapitalmarkt und damit auch die Konkurrenz zu informieren und dadurch die Monopolgewinne zu gefährden; oder die Aktien zu zu niedrigen Kursen verkaufen zu müssen. Daher ist die Fremdfinanzierung vorzuziehen; die Gläubiger können auf Grund ihrer Verschwiegenheitspflicht informiert werden. Wichtige Schwächen dieser Theorien sind die Nichtbeachtung des möglichen Informationseffekts der Fremdfinanzierung; die Nachteile für diejenigen Anteilseigner, die in nächster Zeit verkaufen wollen und zu niedrige Kurse akzeptieren müssen; und die Annahme, daß der Manager stets im Interesse der Anteilseigner handelt.

5.1.3.1.6 Einführung in Signalisierungsgleichgewichte

Bevor Kapitalstrukturtheorien erläutert werden, die in ein Signalisierungsgleichgewicht eingebettet sind, erscheint es zweckmäßig, eine Einführung in das Signalisieren bzw. in Signalisierungsgleichgewichte zu geben. Ich stütze mich dabei auf die eindrucksvolle Darstellung bei *Spremann* [1991, S. 649 ff.]. Es ist dissipatives Signalisieren (Signalisieren mit Kosten) und nichtdissipatives Signalisieren (kostenloses Signalisieren) zu unterscheiden.

Voraussetzungen für *dissipatives Signalisieren* sind:

a) ein Signal muß von einer guten Unternehmung kostengünstiger produziert werden können als von einer schlechten;
b) es muß sich für die gute Unternehmung lohnen, das Signal zu produzieren;
c) es darf sich für die schlechte Unternehmung nicht lohnen, auch das Signal zu produzieren, um damit einen gepoolten Markt zu erhalten.

Das Zustandekommen eines Signalisierungsgleichgewichts bei dissipativem Signalisieren sei an folgendem Beispiel erläutert: Es gibt eine risikoneutrale Bank und t schlechte Kunden mit wahrscheinlichen Ausfallkosten von k und $(1-t)$ gute Kunden mit einer Ausfallwahrscheinlichkeit von Null. Bei gepooltem Markt müßte der Zinssatz für alle $r_n + tk$ sein.

Um sich als gut darzustellen, muß eine gute Unternehmung Kosten c_g und eine schlechte Unternehmung c_s an Signalkosten ausgeben. Damit die guten Kunden signalisieren und die schlechten nicht, muß gelten:

$tk > c_g$ und $(k - tk) < c_s$

oder: $k(1-t)/c_s < tk/c_g$

oder: $c_g/c_s < t/(1-t)$

$k - tk$ sind die Mehrkosten, die schlechte Kunden in einem differenzierten Markt gegenüber einem gepoolten Markt in Kauf zu nehmen haben. Ein Signalisierungsgleichgewicht kann sich in diesem einfachen Fall somit dann einstellen, wenn es ein Signal gibt, für das obige Bedingung zutrifft. Wenn es wenig Schlechte gibt, müssen die Signalisierungskosten der Guten schon um vieles niedriger sein als diejenigen der Schlechten, damit ein solches Gleichgewicht entstehen kann.

Nichtdissipatives Signalisieren liegt nach *Spremann* [1990a, S. 652] dann vor, wenn das Signal zwar etwas kostet, aber einen Ertrag bringt, der die Kosten kompensiert (z. B. Aufbau einer Finanzorganisation). *Hartmann-Wendels* [1990, S. 233] charakterisieren dagegen kostenloses Signalisieren dadurch, daß potentielle Transferzahlungen zwischen besser und schlechter Informierten anfallen, die sich gesamtwirtschaftlich kompensieren, wobei es charakteristisch ist, daß im Signalisierungsgleichgewicht die Transferzahlungen vermieden werden.

5.1.3.1.7 Die Signalisierungstheorie von Ross

Ross [1977] verbindet in diesem frühen Modell die Signalisierung mit dem Anreiz des Managers zu optimalem Handeln. Wie in allen weiter unten besprochenen Theorien wird auch von *Ross* unterstellt, daß – abgesehen von Agency-Problemen – die Kapitalstruktur irrelevant ist. Grundidee des Ansatzes ist es, den Manager durch ein adäquates Entlohnungssystem einerseits zu einer unternehmungswertmaximalen Unternehmenspolitik und andererseits zu richtiger Information anzureizen. Dabei wird in der Variante des Modells, die an der Kapitalstruktur als Informationsmittel ansetzt, das Ausmaß der Entlohung mit dem aufgenommenen Fremdkapital positiv und mit der Konkurswahrscheinlichkeit negativ korreliert, und zwar auf eine Weise, daß der Verschuldungsgrad den Gesamtwert der Unternehmung signalisiert. In einem zweiperiodigen Modell beträgt die auf $t = 1$ bezogene Managerentlohnung G:

$$G = y_0 V_0 (1+i) + y_1 \begin{Bmatrix} V_1, & \text{wenn} & V_1 \geq F_0(1+k) \\ V_1 - L, & \text{wenn} & V_1 < F_0(1+k) \end{Bmatrix}$$

F_0 = Kredit; k = Kreditzinssatz; V_t = Gesamtunternehmungswert zu t
i = Zinssatz des Managers
L = Abzug von der Bemessungsgrundlage der Entlohung zu $t = 1$
y_0, y_1 = Koeffizienten > 0; $y_1 L$ = „Pönale".

y_0, y_1 und L sind so festzusetzen, daß durch die Wahl von F_0 einerseits die erwartete Managerentlohnung maximiert wird und marktkonform ist, und andererseits richtig über V informiert wird. Es soll sich für den Manager z. B. nicht lohnen, durch ein höheres F_0 einen zu hohen Wert für V_0 zu signalisieren, um damit den Gehaltsbestandteil $y_0 V_0 (1+i)$ zu erhöhen; der von y_1 abhängige Gehaltsbestandteil muß sich bei einer solchen Verschuldungs- und damit Informationspolitik infolge der Zunahme der Wahrscheinlichkeit eines Konkurses bzw. Pönales in stärkerem Ausmaß verringern.

Eine gewichtige Schwäche der Theorie von *Ross* ist, daß der Kapitalmarkt, um aus dem Verschuldungsgrad auf den Unternehmungswert schließen zu können, über das Risiko richtig informiert sein muß. Auch darf das Risiko nicht vom Manager beeinflußt werden.

Ähnlich dem Ansatz von *Ross* sind diejenigen von *Campbell Kracaw* [1980] und *Lee Thakor Vora* [1983], die Banken als Prüfer = Informanten einsetzen. Aus den Kreditkonditionen kann der Kapitalmarkt auf die Qualität der Unternehmung schließen.

5.1.3.1.8 Die Signalisierungstheorie von Leland Pyle

Leland Pyle [1977] gehen im Gegensatz von *Ross* davon aus, daß die Anteilseigner richtig informiert sind bzw. unterstellen einen Alleineigentümer = Manager. Heterogene Information gibt es aber im Verhältnis zu den Gläubigern. Die Gläubiger werden durch das Ausmaß an eingebrachtem Eigenkapital informiert: Je mehr Eigenkapital eingebracht wird, desto höher ist der Wert der Unternehmung. Als Signalisierungskosten dienen hier die verminderten Diversifikationsmöglichkeiten der Anteilseigner. Wieder liegt, abgesehen von den speziellen Annahmen, eine bedeutsame Schwäche des Ansatzes im Risikoaspekt: Die Gläubiger sind nicht nur am Wert der Unternehmung, sondern auch am Ausfallsrisiko interessiert. Bei gleichem Unternehmungswert kann das Risiko aber sehr unterschiedlich sein.

5.1.3.1.9 Die Signalisierungstheorie von Brennan Kraus bzw. von Hartmann-Wendels

Es wird hier zunächst der Darstellung von *Hartmann-Wendels* [1990] gefolgt, der jedoch Elemente älterer Theorien – wie die von *Brennan Kraus* [1987], aber auch *John* [1987] – verwendet. Auf die Arbeit von *Brennan Kraus* wird in einem zweiten Schritt Bezug genommen. *Hartmann-Wendels* leitet ein kostenloses Signalisierungsgleichgewicht sowohl für den Fall der hidden action als auch für den Fall der hidden information ab. Falls beide Probleme jedoch gleichzeitig auftreten, existiert im allgemeinen Fall kein kostenloses Signalisierungsgleichgewicht.

Bei diesem wie den folgenden Modellen wird eine Einzelkritik unterlassen. Vorweg sei festgestellt, daß die Prämissen meist insofern sehr eng sind, als nur bestimmte Agency-Aspekte Berücksichtigung finden. Daher ist die Erklärungskraft der Modelle beschränkt. Dennoch erscheint mir die Skizzierung grundlegender Signalisierungsansätze wichtig, um einen adäquaten Eindruck vom gegenwärtigen Forschungsstand übermitteln zu können.

Das Hidden-information-Problem: Hier wird angenommen, daß die Aktivitäten I bereits feststehen. Lediglich hinsichtlich der möglichen Auswirkungen von I (gegeben durch die Information Y) liegt heterogene Information vor. Zielsetzung der Unternehmungsleitung ist, externes Kapital mit solchen Bedingungen (gekennzeichnet durch X) auszugeben, daß der Ausgabepreis maximiert wird. Dabei wird davon ausgegangen, daß die Kapitalstruktur – abgesehen vom Signalisierungseffekt – irrelevant ist. Die Zielsetzung der Insider lautet somit:

$$\max\,[V(X)-V_0(Y,I,X)]\,(\text{über alle } X)$$

$V(X)$ ist der erzielbare Preis für die neuen Finanzierungstitel, V_0 ist ihr Wert.

Ein Signalisierungsgleichgewicht ist in dieser Situation dadurch gekennzeichnet, daß jeder Finanzierungskontrakt jeweils von der Unternehmung ausgegeben wird, bei der dieser Kontrakt den geringstmöglichen Wert hat (*Hartmann-Wendels* [1990, S. 237]). Es muß also gelten:

$$V(X) = \min\,V_0(Y,I,X)\,(\text{über alle } Y)\,.$$

Nur dann nämlich kann aus der Beobachtung von X eindeutig auf Y geschlossen werden.

Durch welche Finanzierungskontrakte kann nun Y signalisiert werden? Sie können aus der Überlegung gewonnen werden, daß der Marktwert des Fremdkapitals – z. B. bei Normalverteilung der Überschüsse – eine fallende Funktion der Varianz, derjenige von Optionen eine steigende Funktion der Varianz ist. Für eine bestimmte Kombination von Fremdkapital und Optionen gibt es ein Unternehmungsrisiko, bei der diese Kombination einen minimalen Wert besitzt. Bei Unternehmungen mit geringem Risiko wird z. B. eine Kombination von Optionen mit einem geringen Ausübungspreis und Fremdkapitaltiteln mit einer niedrigen Verzinsung weniger wertvoll sein als für Unternehmungen mit hohem Risiko – bei denen der Wert einer Option mit niedrigem Ausübungspreis sehr hoch sein wird. Zur Signalisierung kann daher eine Kombination von Anleihen und Calloptionen auf Aktien, z. B. auch in Form von Wandelanleihen, herangezogen werden.

Das Hidden-action-Problem: Beim Hidden-action-Problem sind alle Marktteilnehmer gleichermaßen über die möglichen Aktionen und zustandsabhängigen Erträge (Y) informiert. Die Investoren wissen aber nicht, welche Aktionen die Unternehmungsleitung wählt und können sie daher auch nicht festschreiben; sie wissen allerdings, daß die Wahl der Aktion von der Finanzierungsweise X abhängt. Die Zielsetzung für die Insider lautet nun:

$$\max \left[M(Y,I) - V(Y,I,X) + V(X) \right] \text{(über alle } I, X\text{)}$$

Der Marktwert der Unternehmung hängt nun von der gewählten Aktion I ab und ist daher einzubeziehen. Die Insider werden eine Finanzierung X und daraufhin eine Aktion I wählen, die den Marktwert der Unternehmung minus dem Teil des Marktwertes, der auf die neuen Kapitalgeber entfällt [$V(Y,I,X)$], plus dem Preis, den die neuen Finanziers zahlen [$V(X)$], maximiert.

Die neuen Finanziers werden aber genau den Betrag zahlen, der dem Wert ihrer Anteile bei der für die Eigentümer optimalen Politik entspricht:

$$V(X) = V(Y,I,X)$$

$I = I^*$ (aus der Sicht der Insider)(Y,X).

Nun können natürlich die Anteilseigner freiwillig die unternehmungswertmaximale Aktion I wählen. Wenn sie dies aber den neuen Finanziers nicht glaubhaft machen können, wäre das für sie von Nachteil. Die neuen Finanziers zahlen ja nur einen Preis, der sich aus einer Aktion

I ergibt, die dem individualistischen Interesse der Insider entspricht. Für den Fall normalverteilter Unternehmungserträge mit durch die Aktionen der Unternehmungsleitung nicht beeinflußbarem Mittelwert, aber beeinflußbarer Varianz zeigt *Hartmann-Wendels* [1990], daß es hier ein ähnliches kostenloses Signalisierungs-Gleichgewicht gibt wie im Falle der hidden information: Es ist wieder eine Kombination von Krediten und Kaufoptionen auf Aktien zu emittieren, bei der die Insider angereizt werden, die gesamtwertmaximale Politik zu wählen. *Fischer Zechner* [1990] haben die Bedingungen für eine solche Lösung ausführlich abgeleitet. Zu vermerken ist, daß es sich auch hier um kostenloses Signalisieren handelt. Jede Abweichung vom Gleichgewicht würde aber zu Kosten (Ineffizienzen in der Investitionsentscheidung) führen.

Ein Beispiel für eine Situation, in der ein Hidden-action-Problem durch die Wahl der Finanzierung gelöst werden kann, bringen *Brennan Kraus* [1987]. Sie zeigen, wie oben festgestellt, daß ein kostenloses Signalisierungsgleichgewicht es erfordert, daß das emittierte Finanzierungspaket so bewertet wird, als ob es von der Unternehmung ausgegeben worden wäre, für die es den niedrigsten wahren Wert hat. Welches Finanzierungspaket (welche Kapitalstruktur) diese Bedingung erfüllt, hängt von den speziellen Charakteristiken des Problems ab. Folgendes Beispiel zeigt die Konstruktion solcher Finanzierungspakete:

Beispiel 32: (entnommen aus *Brennan Kraus* [1987, S. 1234 f.])

Die Zahlungen zu $t = 1$, die von der Investitionspolitik, vom Eintritt des Zustands A oder B, und vom Eintritt des Zustands C oder D abhängen, sind in folgender Tabelle gegeben. Ob A oder B eintritt, wird noch vor der Finanzierungs- und Investitionsentscheidung den Insidern bekannt. Ob C oder D eintritt, wird allen gleichermaßen am Ende der Periode bekannt. Vereinfachend wird Risikoneutralität und $r = 0$ angenommen.

Verteilung der Zahlungen zu $t = 1$

	Zustand C ($W = 0{,}50$)	Zustand D ($W = 0{,}50$)	Erwarteter Wert
Ohne Investition	100	140	120
Mit Investition von 10			
in Zustand A	100	200	150
in Zustand B	80	195	137,5

Die Unternehmung hat bisher Fremdkapital von 100 und 40 Aktien ausgegeben. Es ist ersichtlich, daß die Investition in jedem Fall von Vorteil ist. Bei homogener Information könnte man sie mit neuen Aktien finanzieren, deren Ausgabepreis davon abhängt, ob Zustand A oder B eintritt.

Bei heterogener Information würde folgende „worst case"-Finanzierungspolitik zu einem vollständig informierenden Gleichgewicht führen. Falls Zustand A eintritt, wird das Fremdkapital rückgezahlt, und es werden 110 Aktien zum Kurs von 1 ausgegeben. Falls Zustand B eintritt, werden 10,67 Aktien zum Kurs von 0,937 emittiert. Diese Preise sind adäquat. Denn der erwartete Wert der Aktien im Zustand A ist $(200+100)/2 = 150$, verteilt auf nunmehr 150 Aktien. Im Zustand B ist der erwartete Gesamtwert der Unternehmung 137,5. Davon entfallen auf die Gläubiger $0,50 \cdot 100 + 0,50 \cdot 80 = 90$, auf die Anteilseigner daher 47,5. Der Wert pro Aktie ist daher $47,5/50,67 = 0,937$. Gleichzeitig kann gezeigt werden, daß die Unternehmung kein Interesse daran hat, den Kapitalmarkt zu täuschen. Falls Zustand B eintritt, wird man keinesfalls den Kredit rückzahlen und Aktien zum Preis von 1 ausgeben wollen: Der Aktienpreis zu $t = 1$ ist dann erwartungsgemäß nur $137,5/150 = 0,9167 < 0,937$. Und falls Zustand A eintritt, wird man keinesfalls 10,67 Aktien zum Preis von 0,937 verkaufen wollen, um den Zustand B vorzutäuschen. Der erwartete Wert einer Aktie zu $t = 1$ ist dann nämlich $(150-100)/50,67 = 0,9868 < 1$.

5.1.3.1.10 Die Signalisierungstheorie von Narayanan

Narayanan [1988] vertritt folgende These: Bei hidden information über die Qualität der Unternehmung ist die Fremdfinanzierung – auch wenn sie nicht risikolos ist – vorteilhafter als Eigenfinanzierung. Dies ist so, weil Fremdfinanzierung für schlechtere Unternehmungen weniger attraktiv ist und daher bei Fremdfinanzierung die schlechtesten Unternehmungen den Markt verlassen. Dadurch wird die durchschnittliche Qualität der überlebenden Unternehmungen erhöht.

Er beweist dies wie folgt:
Der Output (Wert) einer Unternehmung ist gegeben durch folgende Relation:

$$V = f(n, I) + e$$

V = Output
I = Investition; ist bekannt, unabhängig von der Finanzierung und für alle Unternehmungen gleich
e = Zufallsterm mit einem Erwartungswert von Null; ist für alle Unternehmungen gleich
n = Qualität der Unternehmung (ist den Investoren unbekannt)
$w < I$ = Kapital der Insider; ist für alle Unternehmungen gleich

Bei *Eigenfinanzierung* (Kapitalerhöhung) im Ausmaß von $I - w$ gilt, daß eine Unternehmung dann eine Kapitalerhöhung durchführen wird, falls gilt:

$$P_s(f) \geq f(n, I)[1-(I-w)/f_s]-w$$

f_s ist der Wert, den der Markt einer Unternehmung zuweist. Da der Markt die Qualität n einer Unternehmung nicht beurteilen kann, ergibt sich f_s aus dem durchschnittlichen Qualitätsparameter der im Markt verbleibenden Firmen und ist für alle Unternehmungen der Gruppe gleich. Im Markt verbleiben alle Unternehmungen, für die $P_s(f) \geq 0$ ist. Natürlich ergeben sich die im Markt verbleibenden Unternehmungen erst simultan mit der Lösung der Gleichungen für $P_s(f)$.

$f(n, I)$ mal dem Ausdruck in der eckigen Klammer ist daher der Unternehmenswert, der auf die alten Anteilseigner entfällt.

Es ist plausibel und wird von *Narayanan* nachgewiesen, daß – infolge des relativ hohen Ausgabekurses für neue Aktien schlechter Firmen – auch einige „Lemons" im Markt bleiben, also Unternehmungen, die bei richtigen Emissionskursen aus dem Markt ausscheiden würden.

Bei *Kreditfinanzierung* gilt:

$$P_d(f) = \int_B (y-B) \, dG_n(y)$$

$G_n(y)$ ist die Wahrscheinlichkeitsverteilung des Outputs der Unternehmung mit der Güteklasse n.

B, die vereinbarte Kreditrückzahlung ergibt sich auf Basis einer durchschnittlichen, im Markt verbleibenden Unternehmung:

$$I-w = F = \int_{n^*} \left[\int_0^B y \, dG_n(y) + \int_B B \, dG_n(y) \right] dn$$

n^* bezeichnet die Güteklassen von Unternehmungen, die im Markt bleiben. Wieder wird ein Zinssatz von 0 und Risikoneutralität angenommen.

Narayanan zeigt nun, daß im Falle der Kreditfinanzierung weniger schlechte Unternehmungen im Markt bleiben als im Fall der Eigenfinanzierung. Dies ist plausibel, da ja im Falle eines Konkurses das gesamte Vermögen an die Kreditgeber geht, im Falle einer Eigenfinanzierung immerhin ein Teil des Vermögens den alten Anteilseignern verbleibt. Schlechte Unternehmungen wären daher – im Gegensatz zu guten – an Eigenfinanzierung interessiert. Wenn sie aber Eigenfinanzierung betreiben, würden sie sich als schlecht deklarieren. Es ist also für sie günstiger, auszuscheiden, es sei denn, Fremdfinanzierung ist für sie interessanter als auszuscheiden.

Eine ähnliche Problemstellung behandeln *Noe* [1988] und *Bogner* [1993]. Im Modell von *Bogner* ist jedoch auch das Investitionsvolumen variabel. Unter bestimmten Voraussetzungen haben in seiner Lösung auch Eigenfinanzierung (für schlechte Unternehmungen) und Mischformen Platz. Rein fremdfinanzierte Unternehmungen investieren zu wenig, rein eigenfinanzierte Unternehmungen zu viel.

Heinkel Zechner [1990] gelingt es, für spezielle Annahmen, das Überinvestitions-Problem von *Narayanan* dadurch zu lösen, daß zu $t = 0$ Fremdkapital mit Vorrang und $t = 1$ Fremdkapital mit Nachrang ausgegeben wird. Ersteres verursacht ein Unterinvestitions-Problem, letzteres ein Überinvestitions-Problem, die sich gegenseitig kompensieren, so daß eine first-best Lösung erreicht wird.

5.1.3.1.11 Kapitalstrukturtheorien, die auf der Free-cash-flow-These von Jensen aufbauen

Jensen [1986] formuliert die These, daß Manager in Hinblick auf ihre Karriere stärker am Wachstum der Unternehmung als am Gewinn interessiert sind. Dies führt zur Neigung, Gewinne eher unrentabel zu investieren als auszuschütten bzw. – wie *Harris Raviv* [1990] meinen – eine unrentable Unternehmung eher fortzuführen als zu liquidieren. Diesen Tendenzen könnte durch eine stärkere Fremdfinanzierung entgegengewirkt werden. Rückzahlungs- und Zinsverpflichtungen bewirken nämlich, daß kein oder weniger freie finanzielle Mittel entstehen. Darauf aufbauend, entwickeln *Ravid Sarig* [1991] eine Signalisierungstheorie, in der angenommen wird, daß sowohl Dividenden als auch Zinsen die Entstehung „freier" finanzieller Mittel verhindern. Im Gleichgewicht sind bessere Unternehmungen höher verschuldet und zahlen höhere Dividenden als schlechtere Unternehmungen (vgl. auch *Stulz* [1990]).

5.1.3.1.12 Optimale Kapitalstruktur und Kosten der Einflußnahme

Milgrom Roberts [1992] betonen die Bedeutung von Kosten der Einflußnahme für die Effizienz bzw. Organisation von Unternehmungen. Unter den Kosten der Einflußnahme (influence costs) sind alle jene Bemühungen zu verstehen, die Beschäftigte einer Unternehmung aufwenden, um ihren (persönlichen) Interessen zum Durchbruch zu verhelfen. *Bagwell Zechner* [1993] haben die erste Kapitalstrukturtheorie entwickelt, die sich auf die Kosten der Einflußnahme stützt. Die Manager der unteren Hierarchien werden versuchen, ihre Abteilungen vor Stillegungen in ungünstigen Situationen zu bewahren, um die Vorteile aus ihrer Stellung zu erhalten. Sie können z. B. so spezifisch investieren, daß sie unentbehrlicher werden; oder sie können durch unoptimale Investitions- und Produktionsentscheidungen Zahlungen von der Zukunft in die Gegenwart verlagern, damit ihre Abteilung rentabler erscheint. Die Autoren untersuchen nun, wie durch Kapitalstrukturentscheidungen dieses Verhalten beeinflußt werden kann bzw. welches Kapitalstrukturoptimum sich daraus ergibt. Z. B. kann kurzfristige Verschuldung zur Folge haben, daß im Falle einer ungünstigen Situation eine Abteilung mit viel höherer Wahrscheinlichkeit abgestoßen wird. Das würde beeinflussende Maßnahmen des unteren Managements interessanter machen. Langfristige Fremdfinanzierung, bei der vereinbart wird, daß keine Stillegungen (Veräußerungen) vorgenommen werden dürfen, würde dagegen die Kosten der Einflußnahme eher reduzieren.

5.1.3.2 Die Eigenfinanzierung unter Berücksichtigung von Agency-Problemen

Gerade hinsichtlich der Eigenfinanzierung gibt die Praxis zahlreiche Rätsel auf, die vor Einführung der Agency-Problematik überhaupt nicht erklärt werden konnten. In diesem Abschnitt werden uns folgende Rätsel und mögliche Auflösungen beschäftigen:

1. Rätsel:

Warum werden Dividenden bezahlt, wenn dies steuerlich unvorteilhaft ist? Warum werden Gewinne einbehalten, wenn eine Ausschüttung steuerlich vorteilhafter wäre? Warum sind Dividenden stabil?

2. Rätsel:

Warum sind Aktienemissionen ein schlechtes Signal? Warum werden bei Erstemissionen im Durchschnitt zu niedrige Preise erzielt?

3. Rätsel

Warum notieren Vorzugsaktien trotz ihres Vorzugs oft niedriger als Stammaktien?

5.1.3.2.1 Zur Dividendenpolitik

In Abschnitt 3 wurde abgeleitet, daß unter dem klassischen Doppelbesteuerungssystem die Auszahlung von Dividenden inferior ist. Dennoch werden Dividenden ausbezahlt. Auch ist festzustellen, daß Unternehmungen eine Tendenz verfolgen, Dividenden stabil zu halten. Woran liegt dies? Schon früh wurde versucht, die scheinbar unoptimale Dividendenpolitik durch das Bestreben des Managements zu erklären, den Kapitalmarkt über die Ertragsaussichten (und deren Änderungen) zu informieren. Es blieb aber offen, warum nicht andere, weniger kostspielige Informationsmöglichkeiten gewählt wurden (vgl. *Franke Hax* [1990, S. 468ff.]; *Hakansson* [1982]).

Ein frühes Modell zur Erklärung der Auszahlung von Dividenden trotz steuerlicher Nachteile stammt von *Bhattacharya* [1979], der ein Signalisierungsgleichgewicht für Dividendenankündigungen vorstellt. Die steuerlichen Nachteile dienen als Signalisierungskosten. Eine Täuschung durch zu hohe Dividendenankündigungen wird durch die Annahme von Mehrkosten für die dann notwendige Überbrückungsfinanzierung verhindert.

Am bekanntesten wurde der Erklärungsversuch von *Miller Rock* [1985]. Allerdings abstrahieren *Miller Rock* von steuerlichen Nachteilen der Dividendenausschüttung, so daß bei homogener Information die Dividendenpolitik irrelevant wäre. Als Signalkosten dienen daher nicht steuerliche Nachteile, sondern – wie weiter unten ersichtlich – Minderinvestitionen.

Miller Rock gehen davon aus, daß Dividenenankündigungen infolge einer positiven Korrelation zwischen den Gewinnen aufeinanderfolgender Jahre einen Ankündigungseffekt haben. Im zweiten Schritt wird gezeigt, daß Insider daher ein Interesse haben, durch hohe Dividendenankündigungen den Aktienkurs in die Höhe zu treiben, um Kursgewinne zu erzielen. Es wird daher im dritten Schritt nach einer konsistenten (informierenden) Politik gesucht. Sie wird durch die Maximierung einer „social welfare function" gefunden, d.h. die Maximierung eines gewichteten Mittels aus dem Wert der Untenehmung für die verkaufenden und die verbleibenden Aktionäre. Im entwickelten Signalisierungsgleichgewicht investieren alle Unternehmungen – außer der schlechtesten – weniger als optimal. Erweitert wurde die Arbeit von *Miller Rock* [1985] durch *Ambarish John Williams* [1987], die ein Signalisierungsgleichgewicht mit zwei Signalen – nämlich Dividenden als positives Signal und Kapitalerhöhungen als negatives Signal – entwickeln. Als Signalkosten dienen wieder die steuerlichen Nachteile von Dividendenausschüttungen.

Ein Signalisierungsmodell mit umgekehrter Zielrichtung stellen *John Kalay* [1985] vor. Unternehmungen mit besseren Investitionsmöglichkeiten signalisieren dies durch geringere Dividenden. Die anderen Unternehmungen können dies nicht nachahmen, weil sie dann zu viel investieren müßten, was zu Mehrkosten führt.

Insgesamt muß man wohl feststellen, daß auch die Berücksichtigung von Agency-Wirkungen die von den Unternehmungen geübte Dividendenpolitik noch nicht befriedigend erklärt.

Auf einer ganz anderen, nämlich psychologischen Ebene liegt der Erklärungsversuch von *Shefrin Statman* [1984] (vgl. auch *Gosh* [1993]): Die Anleger nehmen die Steuern auf Dividenden deshalb in Kauf, weil sie aus Gründen der Selbstkontrolle die Auffassung vertreten, daß man wohl Dividenden, nicht aber Erlöse aus Aktienverkäufen konsumieren darf; und/oder weil man sich Verluste solange nicht eingestehen muß, solange die Unternehmung Dividenden zahlt, auch wenn die Kurse noch so sehr gesunken sind.

5.1.3.2.2 Zur Signalwirkung von Aktienemissionen

Empirische Untersuchungen haben vielfach gezeigt, daß die Ankündigung von Kapitalerhöhungen vom Kapitalmarkt als schlechtes Signal aufgefaßt wird, also in Kursrückgängen resultiert. *Myers Majluf* [1984] entwickelten einen sehr eindrucksvollen, auf heterogener Information basierenden Erklärungsversuch für dieses „rätselhafte" Ergebnis. Sie zeigen: Unternehmungen, deren Manager besser informiert sind als die Aktionäre, werden gerade dann häufig keine Kapitalerhöhung durchführen, falls sie gute Informationen haben, die der Markt nicht teilt. Der Markt würde für neue Aktien so wenig bezahlen, daß eine Kapitalerhöhung für die Altaktionäre ungünstig ist. Das Investitionsprojekt wird in diesem Fall trotz positiven Kapitalwerts fallengelassen, falls eine Finanzierung mittels Fremdkapital oder finanzieller Reserven nicht möglich ist. Da die Kapitalmarktteilnehmer wissen, daß vor allem Unternehmungen mit ungünstigen Erwartungen Kapitalerhöhungen durchführen, wird eine Kapitalerhöhung als schlechtes Signal aufgefaßt. Die Ankündigung einer Kapitalerhöhung senkt daher den Kurs.

Die These von *Myers Majluf* [1984] wird anhand von Daten demonstriert, die aus *Daniel Titman* [1990] entnommen sind.

Zu $t = 0$ sind Manager und Anteilseigner gleichermaßen informiert. Ihre Information ist:

	Auszahlung zu $t = 0$	Wert in Zustand A $W = 0{,}10$	Wert in Zustand B $W = 0{,}90$	Erwarteter Wert
vorhandene Anlage		100	50	55
Investitionsprojekt (I)	-20	30	30	30
vorhandene Anlage plus I		130	80	85

Bei homogener Information würde zu $t = 0$ jedenfalls eine Kapitalerhöhung stattfinden. Der „Mehrwert" von 10 würde den Altaktionären zufallen.

Es wird aber angenommen, daß zu $t = 0+$, knapp vor Durchführung der Kapitalerhöhung und der Investition, die Manager informiert werden, daß zu $t = 1$ entweder Zustand A oder Zustand B eintritt. Der Markt wird erst nach Durchführung der Kapitalerhöhung und der Investition informiert. Nehmen wir zunächst an, die Manager erhalten die Information, daß Zustand A eintreten wird. Dann ist eine Kapitalerhöhung *für die (Alt-)Aktionäre nicht mehr vorteilhaft.* Denn die (angenommener Weise risikoneutralen, $r_n = 0$) neuen Anteilseigner würden, da für sie der Erwartungswert der Unternehmung zu $t = 1$ 85 beträgt, für eine Einzahlung von 20 einen Anteil von $20/85 = 0,2353$ am erwarteten Unternehmenswert fordern. Für die Altaktionäre ist aber der verbleibende Anteil von $(65/85)130 = 99,41$ geringer als der Unternehmungswert ohne Investition von 100.

Umso vorteilhafter ist natürlich die Aktienemission, falls die Manager vom Eintritt des schlechten Zustands B informiert werden. Wieder müßten sie den neuen Anteilseignern einen Anteil von $20/85 = 0,2353$ bieten. Den Altaktionären verbleibt ein Anteil von $65/85$. Im Zustand B hat dieser Anteil einen Wert von $(65/85)80 = 61,18$. Dies ist mehr als der Wert der Unternehmung ohne Investition von 50.

Es ist nun anzunehmen, daß der Kapitalmarkt diese Zusammenhänge durchschaut und annimmt, daß eine Unternehmung, die eine Kapitalerhöhung durchführt, schlechte Nachrichten erhalten hat. Wenn dies so ist, werden die neuen Aktionäre überhaupt ein Beteiligungsmaß von $20/80 = 0,25$ fordern; 80 ist der Wert der Unternehmung im ungünstigen Zustand B. Eine Kapitalerhöhung ist auch dann noch für die Altaktionäre vorteilhaft, falls tatsächlich Zustand B eintritt. Ihr Anteil am Unternehmenswert zu $t = 1$ ist $0,75 \cdot 80 = 60 > 50$, also größer als der Wert der Unternehmung ohne Kapitalerhöhung und ohne Investition. Wir erhalten daher ein Gleichgewicht (separating equilibrium), in dem Unternehmungen mit ungünstiger Information Kapitalerhöhungen durchführen und die anderen Unternehmungen nicht. (Je nach Ausprägung der Zahlen gibt es auch Fälle, in denen Unternehmungen sowohl bei günstiger wie auch ungünstiger Information Kapitalerhöhungen durchführen (pooling equilibrium) oder sogar Fälle mit sowohl einem Pooling- als auch einem Separating-Gleichgewicht (vgl. *Daniel Titman* [1990, S. 7f.]).

Der Ausweg, den *Myers Majluf* [1984] weisen, ist die Kreditfinanzierung bzw. die Finanzierung aus finanziellen Reserven und die eventuelle Nachholung von Aktienemissionen in Perioden homogener Information. *Daniel Titman* [1990] weisen einen anderen Weg. Sie zeigen, daß die selbst auferlegte Verpflichtung, Geld „zu verbrennen", „zu vernichten", zu einem Signalisierungsgleichgewicht führen kann. Das „Verbrennen" von Geld erscheint ungewöhnlich, ist aber nicht neu: Steuern auf Dividenden in Doppelbesteuerungssystemen oder erstmalige Aktienemissionen zu Unterpreisen können als solche „Verbrennungsaktionen" aufgefaßt werden.

Andere Auswege weisen bzw. Kritik äußern *Bradford* [1987], *Dybvig Zender* [1988], *Noe* [1933] und *Viswanath* [1993], *Bradford* [1987] weist nach, daß der *Myers-Majluf*-Effekt dadurch gemildert werden kann, daß die Insider Aktien der eigenen Unternehmung während der Kapitalerhöhung kaufen bzw. verkaufen dürfen. *Dybvig Zender* [1988] argumentieren, daß der *Myers-Majluf*-Effekt – wie auch andere Auswirkungen von heterogener Information – durch eine geeignete Managerentlohnung verhindert werden kann. So müßte die Entlohnung eine Komponente enthalten, die proportional ist zum Wert eines Portefeuilles aus alten und neuen Aktien. *Peterson* [1993] weist jedoch nach, daß diese Lösung nicht zeitkonsistent ist.

Korajczyk Lucas McDonald [1992] haben das *Myers-Majluf*-Problem in interessanter Weise erweitert. Sie nehmen an, daß der Kapitalmarkt von Zeit zu Zeit informiert wird, so daß zu diesen Zeitpunkten Informationssymmetrie herrscht. Zwischen diesen Zeitpunkten nimmt die Informationsasymmetrie zu. Außerdem unterstellen sie, daß sich die Investitionschancen bei Zuwarten mit einer gewissen Wahrscheinlichkeit verschlechtern. Das Signalisierungsgleichgewicht ist dadurch gekennzeichnet, daß die Unternehmungen dazu tendieren, unmittelbar nach Information des Marktes zu investieren bzw. Aktien auszugeben und frühere Investitionsprojekte daher aufzuschieben. Nur die schlechteren Unternehmungen werden jederzeit investieren.

Ein besonderes Problem sind die *Erstemissionen* von Aktien. Sowohl in den USA als auch etwa in der BRD zeigen empirische Arbeiten generell ein *Underpricing* (für die BRD z. B. *Schmidt* [1988a] und *Uhlir* [1989]). Als Erklärung wird häufig auf eine Arbeit von *Rock* [1986] verwiesen. Das Argument lautet: Es gibt viele uninformierte Anleger, die bei günstigen Emissionen nur einen geringen Zuschlag, bei ungünstigen Emissionen aber einen hohen Zuschlag erhalten. Die wenigen besser informierten Anleger beteiligen sich ja vornehmlich an den günstigen Emissionen. Damit die Masse der Uninformierten überhaupt anbietet, muß sie im Durchschnitt auf ihre Rechnung kommen. Daher muß der Ausgabekurs im Durchschnitt unter dem Wert liegen.

5.1.3.2.3 Zum Wert von Vorzugsaktien

Vorzugsaktien begründen zumeist einen Prioritätsanspruch oder einen höheren Anspruch hinsichtlich des Dividendenbezugs, manchmal auch hinsichtlich des Liquidationserlöses. In den folgenden Ausführungen konzentrieren wir uns auf die am häufigsten anzutreffenden *stimmrechtslosen Vorzugsaktien mit kumulativer Mindestdividende*. Wenn man vom Stimmrecht absieht, müßten diese Vorzugsaktien höher notieren als Stammaktien: Sie bieten höhere, schlimmstenfalls gleiche Dividendenzahlungen, Bezugsrechtserlöse etc. Tatsächlich notieren sie oft niedriger. Diese Rätsel brachte *Rittershausen* [1964, S. 173] so zum Ausdruck: „Die mangelnde Beliebtheit der Vorzugsaktien scheint irgendwelche Gründe zu haben, die bisher nicht aufgespürt worden sind". *Hartmann-Wendels von Hinten* [1989] haben in einem umfangreichen Aufsatz erneut versucht, diesen Gründen unter Berücksichtigung der Principal-Agent- bzw. Property-rights-Diskussion nachzuspüren. Sie kommen zum Ergebnis: Der einzige Aspekt, unter dem Stammaktien mehr wert sein können als Vorzugsaktien, sind Unternehmensaufkäufe. Aufkäufer von Unternehmungen werden, um die Macht zu übernehmen, häufig Prämien zahlen, natürlich aber nur für stimmberechtigte Stammaktien. – Noch verwirrender wird das Bild durch die Untersuchung von *Weber Berg Kruse* [1992]. Sie zeigen, daß die Kurse deutscher Vorzugsaktien im Zeitraum 1977–1981 eher anstiegen und ab 1978 im Durchschnitt höher lagen als die Kurse von Stammaktien. Ab 1981 sanken die Kurse von Vorzugsaktien wieder und lagen 1986–1989 wesentlich unter jenen von Stammaktien. Dadurch konnten keine signifikanten Überrenditen von Vorzugsaktien gegenüber Stammaktien festgestellt werden.

5.1.3.3 Mischformen zwischen Eigen- und Fremdfinanzierung unter Berücksichtigung von Agency-Problemen

Es wurde in der Literatur mehrfach gezeigt, daß durch eine Mischung aus Fremdkapital und Optionen bzw. durch Wandelanleihen Agency Effekte eliminiert werden können (*Fischer Zechner* [1990], *Hartmann-Wendels* [1990]). Im folgenden wird dieser Effekt anhand des Demonstrationsbeispiel aus Abschnitt 5.1.2.3 gezeigt.

Die zustandsabhängigen Zahlungen bei reiner Eigenfinanzierung waren:

	Anschaffungspreis	Einzahlungsüberschuß	
		Zustand 1	Zustand 2
Alternative I	−100	60	150
Alternative II	−100	110	110

Für risikoneutrale Investoren ist Alternative II klar vorteilhaft.

Bei Fremdfinanzierung im Ausmaß von 80, wobei die Gläubiger den Kredit für risikolos halten und daher nur 8% Zinsen fordern, waren die zustandsabhängigen Zahlungen:

	Anschaffungspreis	Einzahlungsüberschuß	
		Zustand 1	Zustand 2
Alternative I	−20	0	150 − 86,4 = 63,6
Alternative II	−20	110 − 86,4 = 23,6	23,6

Für risikoneutrale Eigentümer ist nun Alternative I (erwartetes Endvermögen 31,8) klar günstiger. Analoges gilt, wenn die Gläubiger ihr Risiko in einem entsprechend hohen Zinsfuß berücksichtigen.

Der Risikoanreizeffekt − Wahl des riskanteren, ungünstigeren Investitionsprojekts I − kann durch eine Finanzierung mittels einer Wandelanleihe verhindert werden. Wir konstruieren eine Wandelanleihe, die dem Gläubiger das Recht gibt, nach Realisation der Einzahlungsüberschüsse entweder Rückzahlung einschließlich 8% Zinsen oder einen Anteil von 75% an der Unternehmung zu fordern. In diesem Fall sind die zustandsabhängigen Zahlungen für die Anteilseigner:

	Anschaffungspreis	Einzahlungsüberschuß	
		Zustand 1	Zustand 2
Alternative I	−20	0	0,25 · 150 = 37,5
Alternative II	−20	110 − 86,4 = 23,6	23,6

Wenn Alternative II gewählt wird, werden die Gläubiger nicht wandeln wollen. Bei Wandlung würden sie nur 75% von 110, d. s. 82,5 erhalten. Der Rückzahlungsanspruch beträgt aber 86,4. Die Gläubiger würden aber wandeln, falls Alternative I gewählt wird und der Zustand 2 eintritt. Diese Option macht aber die Wahl der Alternative I für die Anteilseigner uninteressant. Sie werden daher das insgesamt effizientere Projekt II wählen.

Wenn Wandel- oder Optionsanleihen, wie eben gezeigt, das Risikoanreizproblem eliminieren bzw. mildern können, entsteht die Frage, warum sie so selten von der Praxis eingesetzt werden. Die Antwort könnte daran liegen, daß Wandel- und Optionsanleihen zwar das Risikoanreizproblem mildern, aber gleichzeitig andere Agency-Wirkungen hervorrufen. Sind einmal Wandelanleihen emittiert, gibt es eine Reihe von Möglichkeiten, sie zugunsten des Eigenkapitals zu entwerten. So könnte die Unternehmungsführung versuchen, durch hohe Dividendenausschüttungen, Ausgabe von Gratisaktien, Ausgabe von Stammaktien zu niedrigen Kursen, eine Änderung der Kündigungspolitik etc. den Kurswert der Aktien zu drücken, um das Wandlungsrecht zu entwerten. *Welcker* [1968, S. 824 ff.] hat schon sehr früh dieses Problem gesehen und Klauseln für die Verhinderung solcher Unverteilungsstrategien entwickelt.

Folgendes Beispiel demonstriert dieses Agency-Problem an Hand von Wandelanleihen. (*Spatt Sterbenz* [1993] argumentieren, daß das Ausbeutungsproblem bei getrennt handelbaren Anleihen und Warrants noch größer wäre. Die Manager könnten dann einen Titel aufkaufen und durch Änderungen der Unternehmungspolitik den anderen Titel entwerten.)

Beispiel 33:

Eine Unternehmung weist zu $t = 0$ ein Grundkapital von 1 000 000 und eine Wandelanleihe zum Rückzahlungswert von 500 000 auf. Das Umtauschverhältnis ist 1:1. Rückzahlungs- oder Wandlungstermin ist $t = 1$. Man rechnet, daß die Aktienkurse zu $t = 1$ mit einer Wahrscheinlichkeit von 5% 150, mit einer Wahrscheinlichkeit von 90% 130 und mit einer Wahrscheinlichkeit von 5% 50 sein werden. Dabei ist schon berücksichtigt, daß in den ersten beiden Fällen gewandelt, im dritten Fall Rückzahlung gefordert würde.

Nun könnte die Unternehmungsleitung versuchen, durch eine Kapitalerhöhung zu einem Kurs, der unter dem Börsenkurs liegt, oder durch Gratisaktienausgabe den Kurs der Aktien in jenen Fällen, in denen sie mit 130 notieren würden, auf unter 100 zu drücken. Diesbezügliche vertragliche Kompensationsmaßnahmen mögen nicht existieren. Die Folge wäre, daß die Inhaber der Wandelanleihe in diesen Fällen 30 je Anleihestück verlieren würden, die den Aktionären zugute kämen. Die Aktien hätten dann einschließlich der vorher erzielten Bezugsrechtserlöse einen Wert von

$$130 + \frac{30 \cdot 500\,000}{1\,000\,000} = 145 \;.$$

5.1.3.4 Die Fremdfinanzierung unter Berücksichtigung von Agency-Problemen

Im Rahmen der Untersuchung der Agency-Probleme zwischen Anteilseignern und Gläubigern in Abschnitt 5.1.2.3 wurde bereits hervorgehoben, wie viele unterschiedliche Möglichkeiten bzw. Vertragsklauseln sich entwickelt haben, um Gläubiger vor einer Ausbeutung durch Anteilseigner bzw. Manager zu schützen. Eine besondere Rolle spielen dabei die Kreditsicherheiten. Dies kam bereits in Abschnitt 1 bei der Besprechung der Kreditformen zum Ausdruck, die ja häufig nach der ihr zugrundeliegenden Sicherheit benannt werden (z. B. Hypothekarkredit). Daher wird das Kreditpotential der Unternehmung sehr weitgehend durch die Fähigkeit des Vermögens bestimmt, als Kreditsicherheit herangezogen zu werden. Infolge der Bedeutung dieses Aspekts und um erneut die Vielfalt von Kreditformen in Erinnerung zu rufen, wird in untenstehender Übersicht eine Verbindung zwischen Vermögensbestandteilen, Sicherungsformen und Kreditarten hergestellt.

Im folgenden seien einige *Fremdkapitalformen* näher auf ihre Agency-Effekte untersucht. Interessante Eigenschaften haben *Kundenanzahlungen*. Insbesondere bei Großaufträgen mit langer Fertigungsdauer tragen Produzent wie Kunde große Risiken: der Produzent das Risiko der Nichtabnahme; der Kunde das Risiko einer nicht adäquaten oder auch nicht zeitgerechten Produktion. Beide Risiken können durch Kundenanzahlungen eingeschränkt werden. Hinsichtlich des Risikos des Produzenten aus einer eventuellen Nichtabnahme bzw. Nichtzahlung ist das von vorneherein klar. Aber es gilt auch für das Risiko des Auftraggebers, wenn er die Anzahlungen an den Produktionsfortschritt bindet und sie erst nach entsprechenden Qualitätskontrollen leistet.

Spezielle Agency-Aspekte wurden auch für das *Leasing* untersucht. Zunächst ist hervorzuheben, daß das beim Leasinggeber verbleibende Eigentum am Leasingobjekt eine wirksamere „Kredit"-Sicherheit darstellen kann als die beim Kreditkauf mögliche Sicherungsübereignung. Dies kann insbesondere bei hoher Verschuldung, also knappem Sicherungspotential, einen Vorteil darstellen. Eine überzeugende empirische Bestätigung, etwa in der Form, daß durch Leasing der maximale Verschuldungsgrad erhöht werden kann, liegt aber nicht vor.

Vermögensgegenstände	Sicherungsformen	Fremdkapitalformen	Fristigkeit
Anlagevermögen			
unbebaute und bebaute Grundstücke	Hypothek, Grundschuld	Hypothekarkredite, hypothekarisch gesicherte Anleihen, Schuldscheindarlehen und Kontokorrentkredite	langfristig (Kontokorrentkredit kurzfristig)
Maschinen, Betriebs- und Geschäftsausstattung	Eigentumsvorbehalt, Sicherungsübereignung	durch Sicherungsübereignung oder Eigentumsvorbehalt gesicherte Investitionskredite, Leasing	langfristig
Beteiligungen, Wertpapiere	Verpfändung	Lombardkredite	kurzfristig
gegebene Anzahlungen	–	–	–
Patente, Lizenzen	(Verpfändung)	(Lombardkredite)	kurzfristig oder langfristig
Firmenwert und ähnliche Rechte	–	–	–
Umlaufvermögen			
Roh-, Hilfs- und Betriebsstoffe, Handelswaren	Eigentumsvorbehalt (Verpfändung)	Lieferantenkredite (Lombardkredite)	kurzfristig
gegebene Anzahlungen	–	–	–
Halberzeugnisse	–	–	–
Fertigerzeugnisse	(Verpfändung) (verlängerter Eigentumsvorbehalt)	(Lombardkredite) (Lieferantenkredite)	kurzfristig
Forderungen	Zession	Zessionskredite, durch Zession gesicherte Kontokorrentkredite, Factoring mit Bevorschussung	kurzfristig
	(verlängerter Eigentumsvorbehalt)	(Lieferantenkredite)	

Vermögensgegenstände	Sicherungsformen	Fremdkapitalformen	Fristigkeit
Besitzwechsel	Indossierung	Diskontkredite (durch indossierte Besitzwechsel gesicherte Darlehen)	kurzfristig
Wertpapiere, Festgelder	Verpfändung	Lombardkredite	kurzfristig
Kassa und täglich fällige Bankguthaben	–	–	–

Zweitens verursacht das Leasing negative Agency-Wirkungen, wenn es das Interesse an Wartungsaktivitäten mindert. Das ist dann der Fall, wenn es für den Leasingnehmer nicht vorteilhaft bzw. nicht möglich ist, den betreffenden Gegenstand nach Beendigung der Vertragszeit zu kaufen bzw. zu verwerten. Der Leasingnehmer hat kein Interesse an einer Wartung, die vor allem den Erlös bei Verkauf des Objektes erhöht, d. h. dem Leasinggeber zugutekommt. Mit dieser Frage beschäftigen sich vor allem *Mellwig* [1985, S. 236f.], *Smith Wakeman* [1985] und *Krahnen* [1990]. *Krahnen* zeigt, daß dieses Agency-Problem durch folgende Vertragsvarianten aufgelöst werden kann: Vollamortisationsvertrag mit Kaufoption zu einem so niedrigen Ausübungspreis, die den Kauf durch den Leasingnehmer jedenfalls interessant macht; oder Teilamortisationsvertrag mit Andienungsrecht des Leasinggebers mit einem so hohen Preis, daß der Leasingnehmer jedenfalls mit einer Andienung rechnen muß. In beiden Fällen wird der Leasingnehmer das Leasingobjekt so warten wie eine eigene Anlage. Wie *Mellwig* [1985, S. 236f.] aber zurecht ausführt, hat ein Vollamortisationsvertrag auch mit einem sehr niedrigen Ausübungspreis für die Kaufoption den Nachteil, daß der Leasingnehmer das Aggregat überzahlt: Er hat ja bereits in den Leasingraten dem Leasinggeber den Anschaffungspreis und die Zinsen voll vergütet, und muß nun eine zusätzliche Zahlung leisten. Beim Teilamortisationsvertrag wird dagegen von vornehercin die Kaufsumme in die Gesamtbelastung eingerechnet. *Mellwig* erklärt so die heute größere Bedeutung von Teilamortisationsverträgen.

Besondere Agency-Aspekte sind mit *Pensionszusagen* (Pensionsverpflichtungen) verbunden. Pensionszusagen an Führungskräfte, die auch im Fall von Nicht-Vertragsverlängerungen bzw. Vertragsauflösungen einzuhalten sind, können einerseits bewirken, daß sich Führungskräfte nicht dem Druck mächtiger Anteilseigner zu von ihnen bevorzugten, insgesamt aber ineffizienten Aktionen beugen; andererseits können sie aber auch die Führungskräfte zu einer Minderung des Anstrengungsniveaus anreizen. Pensionszusagen an Führungskräfte wie Arbeitnehmer, die bei Vertragsauflösungen erlöschen, machen abhängiger. Dies kann dem Anstrengungsniveau zugutekommen; allerdings behindert es die Auflösung von Arbeitsverhältnissen. Ineffizientes Verhalten wird gefördert, wenn Pensionszusagen zu nicht adäquaten – weil risikounabhängigen – Prämien versichert werden können bzw. müssen, wie z. B. in Deutschland durch den Pensionssicherungsverein. Die Gewährung von Pensionszusagen und damit die Ausbeutung des Pensionssicherungsvereins ist dann für Unternehmungen mit hohem Insolvenzrisiko c. p. von besonderem Vorteil. Dieses Problem untersucht *Grünbichler* [1991]. Allerdings mag diesem Vorteil gegenüberstehen, daß die erwarteten steuerlichen Vorzüge bei Unternehmungen mit hohem Insolvenzrisiko geringer sind.

Agency-Aspekte werden auch dazu herangezogen, die Stellung der *Banken* (insbesondere der *Hausbank*) als Kreditgeber der Unternehmung zu erklären; d. h. zu begründen, warum die Unternehmungen nicht direkt an den Kapitalmarkt herantreten, sondern sich solcher Finanzintermediäre bedienen. So leiten einige Ansätze die Existenz von Banken aus ihren Spezialisierungsvorteilen in Hinblick auf die Überwachung der Unternehmungen ab (vgl. *Krahnen* [1985], *Terberger* [1987], *Rajan* [1992]). Die Überwachungsfunktion steht auch im Vordergrund des Ansatzes von *Devinney Milde* [1990], die ein Signalisierungs-Modell entwickeln, in dem Manager mit Beteiligung, sonstige Anteilseigner, Bankgläubiger und sonstige Gläubiger integriert werden. Diese Ansätze zur Erklärung der Existenz und des Verhaltens von Banken stehen im Gegensatz zu älteren, neoklassischen Ansätzen (wie z. B. *Krümmel* [1976]), die die Rolle der Banken darin sehen, unter Annahme einer bestimmten Risikoeinstellung ein effizientes Kreditportefeuille zusammenstellen, aber nicht aktiv das Verhalten der Kreditnehmer zu beeinflussen.

Spremann [1986, S. 463] und *Fama* [1990] verallgemeinern diesen Erklärungsversuch für die Rolle der Banken: Da Principals Risikoarten unterschiedlich kontrollieren können, wird jeder Kapitalgeber jene Risiken auf sich nehmen, bei denen er komparative Vorteile in der Bewältigung der Agency-Probleme hat. So könnte man die Auffassung vertreten, daß Kreditgeber eher geeignet sind, durch Sicherheiten, Kündigungsklauseln etc. den Risikograd der Investitionen einzuschränken; während die Anteilseigner eher die Innovationsfähigkeit und den Einsatz des Managements kontrollieren können. Die gleiche Idee wurde von *Mayers Smith* [1982] herangezogen, um die Einschaltung von *Ver-*

sicherungsgesellschaften als Principals, häufig auf Verlangen der Kreditgeber, zu erklären: Versicherungsgesellschaften haben komparative Vorteile bei der Überwachung der Einhaltung von Sicherheits- und Wartungsstandards (siehe nächster Abschnitt). Auch die *Projektfinanzierung* läßt sich so erklären (*Franke Hax* [1990, S. 363]): Die Risiken werden denjenigen zugeordnet, die sie am ehesten kontrollieren können: technologische Risiken den Anlagenlieferanten, das Absatzrisiko den Kunden in Form von langfristigen Abnahmeverträgen etc.

5.1.4 Agency-Probleme und Versicherung

Eine Unternehmung kann die gleiche Variabilität des Einkommens erreichen, wenn sie

1) sich gegen keine oder relativ wenige Risiken versichern läßt und einen niedrigen Verschuldungsgrad wählt, oder
2) sich gegen zahlreiche Risiken versichern läßt, aber einen hohen Verschuldungsgrad wählt.

Dies veranlaßt, den Zusammenhängen zwischen der Versicherungspolitik einer Unternehmung und Kapitalstrukturentscheidungen etwas nachzugehen. Auf Privatversicherungen wird dagegen nicht eingegangen.

Als Ausgangsbasis beginnen wir mit der Feststellung, daß der Abschluß von Versicherungen bei Gültigkeit (der Prämissen) des Capital-Asset-Pricing-Modells *irrelevant* wäre. Für Investoren, die im gleichen Verhältnis an allen Unternehmungen (auch Versicherungsgesellschaften!) beteiligt sind, ist es gleichgültig, ob eine Unternehmung sich gegen Feuer versichern läßt bzw. ob überhaupt Versicherungsgesellschaften bestehen. Die Versicherungsprämie reduziert zwar den Gewinn der versicherten Unternehmung, erhöht jedoch in gleichem Ausmaß den Gewinn des Versicherers. Analoges gilt für Schadenszahlungen (vgl. *Kromschröder* [1987a, 1987b]).

Welche Verletzungen von Bedingungen des vollkommenen Marktes können den Abschluß von Versicherungen interessant machen – wobei zunächst noch homogene Information unterstellt werden soll?

Erstens können *Transaktionskosten* für den Kauf von Anteilspapieren und/oder Kapitalmarktrestriktionen dazu führen, daß die Portefeuilles vieler Investoren relativ klein sind, so daß doch noch ein gewichtiger Teil des diversifizierbaren, unsystematischen Risikos verbleibt. In diesem Fall können zwar Anteile an Investmentfonds beschafft werden, was aber ebenfalls erhöhte Transaktionskosten verursacht. Eine Versicherung gegen Großrisiken (Feuer; Betriebsunterbrechung) kann das unsystematische Risiko eines kleinen Portefeuilles erheblich mindern und daher von Vorteil sein. Dazu sei auf die empirische Erhebung von *Mayers Smith* [1990, bes. S. 38] hingewiesen. Sie untersuchen Versicherungsabschlüsse von Versicherungsunternehmungen, also Rückversicherungen, und stellen fest, daß jene Versicherungen stärker Rückversicherungen abschließen, die ein wenig diversifiziertes Portefeuille haben: „Thus Lloyd's reinsure most".

Den Ersparnissen an Transaktionskosten bei der Portefeuillebildung stehen allerdings *zusätzliche Transaktionskosten* aus dem Abschluß von Versicherungsverträgen und der Schadensregulierung entgegen.

Zweitens können *steuerliche Vorteile* realisiert werden. Die steuerliche Abzugsfähigkeit der Versicherungsprämie ist an sich noch kein in diesem Zusammehang relevanter Vorzug. Denn der steuerlichen Abzugsfähigkeit beim Versicherten steht die Steuerpflicht beim Versicherer gegenüber. Wenn allerdings der Versicherer nicht die gesamte Prämie versteuern muß, sondern einen Teil der Prämie einer steuerlich anerkannten Rückstellung zuführen kann, entsteht ein (Zins-)Vorteil aus Steueraufschub (so z. B. durch Schwankungsrückstellungen und Großrisikenrückstellungen, vgl. dazu *Weisse* [1974]).

Ein weiterer steuerlicher Vorteil liegt im time lag zwischen Schaden, d. h. der Aufwandsverbuchung beim Versicherten, und der Schadensregulierung. In vielen Fällen liegt zumindest ein Jahresabschluß zwischen diesen Ereignissen. Der Aufwand wird beim Versicherten wie beim Versicherer (in Form einer Rückstellung) im Jahr des Schadenseintritts verbucht. Der Ertrag beim Versicherten findet aber, auf Grund des imparitätischen Realisationsprinzips, erst im Jahr der Schadensregulierung Eingang in die Buchhaltung.

Schließlich kann der Abschluß einer Großversicherung deshalb steuerlich von Belang sein, weil ein unversicherter Großschaden zu hohen steuerlichen Verlusten führen kann, so daß die steuerliche Abzugsfähigkeit des Schadens überhaupt verloren geht oder erst in späteren Jahren — bei Aufbrauch des Verlustvortrages — realisiert werden kann. Dies kann durch den Abschluß eines Versicherungsvertrags vermieden werden. — Insgesamt dürften die steuerlichen Vorteile aus dem Abschluß von Versicherungsverträgen nicht zu bedeutsam sein.

Wenden wir uns als nächstes der Frage zu, welche *Agency-Effekte* den Abschluß von Versicherungen fördern oder hemmen können. Hier läßt sich zunächst feststellen (siehe oben), daß Versicherungen besondere Fähigkeiten in der Prüfung und Überwachung von Sicherheitsmaßnahmen haben können. Versicherungen, z. B. gegen Brandschaden, können daher Sicherstellungen aus der Sicht der Gläubiger wertvoller machen und auf diese Weise den Verschuldungsgrad erhöhen. Dem stehen allerdings negative Anreize aus Versicherungen gegenüber (moral hazard): Versicherungen verringern die Sorgfalt im Umgang mit den versicherten Gütern.

Weiter wird in der Literatur betont, daß durch den Abschluß von Versicherungen, z. B. einer Betriebsunterbrechungsversicherung oder auch nur einer Feuerversicherung, die *Konkurswahrscheinlichkeit* der Unternehmung gemindert wird und dies einen sehr positiven Effekt hat. In Abschnitt 5.2 werden wir uns näher mit der Relevanz der Konkurswahrscheinlichkeit auseinandersetzen. Schon jetzt sei aber festgestellt: Wenn die Argumentation von *Haugen Senbet* [1978] zutrifft, daß die Liquidationswahrscheinlichkeit einer Unternehmung letztlich von der Relation zwischen Fortführungswert und Liquidationswert abhängt, dann ist das Bestehen etwa einer Feuer- oder einer Betriebsunterbrechungsversicherung *irrelevant* für die Entscheidung, eine Unternehmung nach einer Katastrophe wieder aufzubauen oder nicht.

Um Versicherungen vorteilhaft zu machen, müssen somit die aufgezeigten Vorteile von Versicherungsverträgen die Nachteile überwiegen.

5.1.5 Agency-Probleme und der Zusammenhang zwischen Finanzierung und Investition

Wiewohl sich dieses Buch auf Finanzierung im Sinne von Kapitalbeschaffung konzentriert, kam in vielen Modellen, in denen Auswirkungen auf Agency-Problemen auf die Finanzierung studiert werden, ein enger Zusammenhang zwischen Finanzierung und Investition zu Tage. Aus diesem Grunde soll abschließend untersucht werden, unter welchen Voraussetzungen Investitions- und Finanzierungsentscheidungen voneinander separiert bzw. nicht separiert werden können.

Eine *Separation* ist möglich, falls die Kapitalstruktur irrelevant ist. In diesem Fall ist der Kapitalkostensatz, d. h. die Mindestrendite eines Investitionsprojekts, unabhängig von der Kapitalstruktur. Das bedeutet aber nicht, daß der Kapitalkostensatz unabhängig vom Investitionsrisiko, also von der Risikocharakteristik des Projekts ist. Dies sieht man deutlich, wenn nicht nur die Kapitalstruktur irrelevant ist, sondern auch das CAPM gilt. In diesem Fall ist gemäß Ausdruck (4) in Abschnitt 4.1.3:

$$\bar{r}_j = r_n + [(\bar{r}_m - r_n)/\sigma^2(\bar{r}_m)] \operatorname{Cov}(r_j, r_m) \tag{4}$$

Dieser für die Unternehmung abgeleitete Ausdruck gilt aber auch für jedes Investitionsprojekt. Man braucht sich ja nur vorzustellen, daß eine Unternehmung in zahlreiche Unter-Unternehmungen aufgespaltet wird, von denen jede nur ein Investitionsprojekt umfaßt. Die Mindestrendite eines Investitionsprojekts ergibt sich somit aus dem risikolosen Zinssatz plus einer Risikoprämie, die von der Covarianz des Projekts mit dem Marktportefeuille – nicht jedoch von der Covarianz mit den anderen Projekten der Unternehmung – abhängt.

Da bei obiger Gleichgewichtsrendite r_j nur die Korrelation mit dem Marktportefeuille eine Rolle spielt, nicht jedoch direkt die Korrelation mit den Investitionsprojekten anderer Unternehmungen oder der eigenen Unternehmung, gilt auch *Wertadditivität*: Der Wert der Unternehmung setzt sich aus einer Addition der Werte sämtlicher Investitionsprojekte zusammen. Voraussetzung ist allerdings, daß keine „physischen" Interdependezen zwischen den Projekten bestehen (vgl. dazu *Franke Hax* [1990, S. 269 ff.]).

Gilt das Irrelevanztheorem, nicht aber das CAPM, so sind zwar Investitions- und Finanzierungsentscheidungen weiterhin separierbar; bei der Mindestrendite, die ein Investitionsprojekt bringen muß, ist aber auf die Covarianz des Projekts mit anderen Projekten der Unternehmung Rücksicht zu nehmen.

Wenn das *Irrelevanztheorem nicht* gilt, hängen die Implikationen für die Mindestrendite von Investitionsprojekten sehr von den Ursachen für die Relevanz der Kapitalstruktur ab. Beispielhaft soll auf zwei derartige Fälle eingegangen werden. Eine mögliche Situation ist folgende: Die Fremdfinanzierung hat entscheidende steuerliche Vorteile. Daher tendiert die Unternehmung zu einem maximalen Verschuldungsgrad. Die Gläubiger fürchten aber, bei ungünstiger Entwicklung der Unternehmung zugunsten der Anteilseigner geschädigt zu werden. Sie bestehen daher auf einer Besicherung der Kredite, so daß (fast) kein Ausfallsrisiko besteht. Formal ergibt sich hier die Mindestrendite für Investitionen (Kalkulationszinsfuß) im Jahr t aus Eigenkapitalanteil mal Eigenkapitalkostensatz für das betreffende Projekt plus Fremdkapitalanteil mal Fremdkapitalkostensatz (einschließlich Besicherungskosten, abzüglich Steuerminderung). Der Fremdkapitalanteil (und damit die Eigenkapitalquote) hängt von der Besicherungsfähigkeit des betreffenden Investitionsprojekts ab. Bei Gebäuden wird man daher mit einem höheren Fremdkapitalanteil (und daher niedrigerer Mindestrendite) rechnen können als bei Spezialmaschinen. Problematisch ist natürlich die Quantifizierung des Eigenkapitalkostensatzes. Je nach dem Ausmaß, in dem das Capital-Asset-Pricing-Modell gilt, ist daher das hier zu berücksichtigende Anteilseignerrisiko von den Kovarianzen des Projekts mit dem Marktportefeuille oder weniger diversifizierten Portefeuilles abhängig.

Oder, um ein anderes Beispiel herauszugreifen: Im Signalisierungsmodell von *Narayanan* [1988] ist es auch dann vorteilhaft zu investieren, wenn die erwartete Investitionsrendite unter der erwarteten Rendite des Kreditgebers liegt. Dies liegt daran, daß der Kreditgeber nicht zwischen guten und schlechten Unternehmungen (Projekten) unterscheiden kann. Der Kapitalkostensatz liegt hier somit unter der erwarteten und auch durchschnittlich erzielten Rendite des Kapitalmarkts (der Kreditgeber).

Seitens der deutschsprachigen Betriebswirtschaftslehre wurde in der Vergangenheit ein beachtlicher Forschungsaufwand in Modelle investiert, deren Zielsetzung es ist, das optimale Investitions-, Finanzierungs-, Produktions- und Absatzprogramm von Unternehmungen simultan zu optimieren. So scharfsinnig die Modellkonstruktionen auch sein mögen, so interessante Einsichten sie hinsichtlich der Koordination des Investitions- und Produktionsprogramms in Hinblick auf Absatzrestriktionen auch eröffnen mögen, so wenig befriedigt die Einbeziehung der Finanzierungsproblematik in diese Modelle. Wesentliche Restriktionen werden nämlich durch die Annahme gewonnen, daß Eigenfinanzierung und bestimmte Kreditformen nur in exakt beschränktem Ausmaß zur Verfügung stehen. Dies steht in diametralem Gegensatz zur zumeist getroffenen Annahme der Sicherheit: Wieso sollten Kapitalmarktbeschränkungen in dieser Schärfe bei Sicherheit bestehen, wenn sie schon bei Unsicherheit nicht nachweisbar sind? Außerdem werden Kreditbedingungen (Zinssätze, Rückzahlungsquoten) willkürlich angenommen, ohne sie etwa von der Kapitalstruktur, vom Investitionsrisiko usw. abhängig zu machen; offenbar weil dadurch die Lösbarkeit der Modelle beeinträchtigt würde. Fast alles, was die Faszination der Finanzierungstheorie ausmacht – die Unsicherheit von Finanzierungstiteln, die Möglichkeiten der Reduzierung der Unsicherheit durch Portefeuillebildung beim Kapitaleigner, die nicht isolierte Bewertbarkeit von Finanzierungspositionen einer Unternehmung, die vielfältigen und elastischen Reaktionsmöglichkeiten von Gläubigern und Schuldnern – wird in diesen Modellen zugeschüttet (einen Überblick über die simultanen Modelle und ausführliche Literaturangaben bietet *Swoboda* [1981]).

5.2 Finanzierungsentscheidungen und Insolvenzproblematik

Bei ungünstiger Unternehmungsentwicklung sind die Manager/Eigentümer besonders versucht, ihre Position durch Änderungen der Unternehmungspolitik, Entnahmen etc. auf Kosten der Gläubiger zu verbessern. Auch werden Gläubiger versuchen, eventuell in Koalition mit den

Eigentümern, vorzugsweise Befriedigung zu erlangen. Es werden damit latente Agency-Probleme akut. Es ist zwar Aufgabe des Insolvenzrechts, Agency-Probleme im Fall einer negativen Unternehmungsentwicklung – sowohl im Vorfeld von Insolvenzen als auch im Rahmen eines Insolvenzverfahrens – möglichst zu entschärfen. Dies wird aber möglicherweise durch Kosten für das Insolvenzverfahren erkauft. Wenn nun die Wahrscheinlichkeit von Insolvenzverfahren von der Kapitalstruktur abhängt und Insolvenzverfahren Kosten verursachen, kann dies einen Einfluß auf die optimale Kapitalstruktur ausüben. Mit dieser Frage beschäftigt sich dieses Kapitel.

Wir gehen folgendermaßen vor: Zunächst wird die Existenz eines Konkursrechtes unterstellt, das bei bestimmten Auslösekriterien Konkurs mit Zerschlagung vorschreibt, unabhängig davon, ob eine Weiterexistenz (Sanierung) wirtschaftlich sinnvoll ist. Konkursvermeidende Maßnahmen, wie Vergleich mit den Gläubigern, zusätzliche Eigenfinanzierung etc., seien ausgeschlossen. Bei einer solchen Annahme ist die Insolvenzwahrscheinlichkeit von der Kapitalstruktur abhängig und Insolvenzen verursachen Kosten. Daher wird das Kapitalstrukturoptimum beeinflußt (Abschnitt 5.2.1). Dies gilt umso mehr, wenn die Gläubiger beliebig, ohne durch das Konkursrecht restringiert zu sein, Konkurs auslösen können und konkursvermeidende Maßnahmen bzw. Kompensationszahlungen ausgeschlossen bleiben (Abschnitt 5.2.2). Die Abschnitte 5.2.1 und 5.2.2 spiegeln die ältere Diskussion des Insolvenzproblems wider. Die Annahmen werden aber auch noch in vielen neueren Kapitalstrukturmodellen verwendet, wie dies auch in Abschnitt 5.1 zum Ausdruck kommt. In Abschnitt 5.2.3 wird das gesamte Spektrum der Maßnahmen einbezogen, die eingesetzt werden können, um die Weiterexistenz von fortführungswürdigen Unternehmungen trotz Eintritt des Insolvenzfalles zu sichern (zusätzliche Eigenfinanzierung, Aufkauf durch einen trouble shooter, verbunden mit einem Vergleich mit den Gläubigern, etc.) und gezeigt, daß unter bestimmten Bedingungen eine mit dem Verschuldungsgrad zunehmende Insolvenzwahrscheinlichkeit die Irrelevanz der Kapitalstruktur *nicht* beeinflußt. Die Beweisführung stammt von *Haugen Senbet* [1978], nachdem schon von *Swoboda* [1973] Zweifel an dem Zusammenhang zwischen Konkurs-(im Sinne von Liquidations-)Wahrscheinlichkeit und Verschuldungsgrad geäußert wurde. In Abschnitt 5.2.4 wird untersucht, welche Einflußgrößen die Irrelevanz der Insolvenzwahrscheinlichkeit für die optimale Kapitalstruktur bzw. die optimale Wahl zwischen Liquidation und Sanierung einer Unternehmung stören können, wobei unter anderem Kreditsicherungen, Sanierungskredite, Ansprüche der Arbeitnehmer, Ansprüche von Kunden und die sich daraus ergebenden Anreize für die Manager/Eigentümer in die Diskussion einbezogen werden. Den Abschluß bilden Erörterungen zu den Aufgaben des Insolvenzrechts und dem Stand der Insolvenzrechtsreform (Abschnitt 5.2.5). In den darauffolgenden Abschnitten 5.2.6 und 5.2.7 wird im Licht der vorhergegangenen Diskussion nach dem Sinn der Risikopolitik der Unternehmung, dem Anlegen von finanziellen Reserven, von Fusionen und Haftungsgemeinschaften etc. gefragt, also von Maßnahmen, die geeignet sind, die Insolvenzwahrscheinlichkeit einzuschränken. Zu Modellen, die Insolvenzkosten und steuerliche Vorteile der Fremdfinanzierung kombinieren, um ein Kapitalstrukturoptimum zu finden, wird anschließend Stellung genommen (Abschnitt 5.2.8).

5.2.1 Einfluß einer von der Kapitalstruktur abhängigen Konkurswahrscheinlichkeit auf den Unternehmungswert

Konkursgrund ist gemäß Konkursordnung für alle Unternehmungen, unabhängig von der Rechtsform, die *Zahlungsunfähigkeit*, bei einigen Rechtsformen, vor allem juristischen Personen, darüber hinaus die *Überschuldung*. Unter Zahlungsunfähigkeit wird das dauernde Unvermögen des Schuldners verstanden, seine fälligen Verbindlichkeiten zu begleichen (zur Interpretation der Zahlungsunfähigkeit vgl. insbesondere *Vodrazka* [1977]). Überschuldung liegt vor, wenn die Vermögenswerte die Verbindlichkeiten nicht mehr decken, wobei die Bewertung des Vermögens problematisch und juristisch nicht eindeutig geklärt ist (Reproduktionswerte? Liquidationswerte?). Antrag auf Konkurseröffnung kann sowohl der Schuldner als auch jeder Gläubiger stellen.

Im Vordergrund der Analysen steht die Überschuldung als Konkursgrund. In Teilabschnitten wird aber auch davon ausgegangen, daß die Gläubiger, wenn dies für sie vorteilhaft ist, z. B. durch Kreditkündigungen, Konkurs aus Zahlungsunfähigkeit herbeiführen können. In die Modelle könnte generell auch die Möglichkeit von Konkursen mangels Zahlungsfähigkeit eingeführt werden; doch würde dies die Berechnungen komplizieren, ohne neue Erkenntnisse zu bieten.

Im Konkursfall hat zunächst der Konkursverwalter über Erfüllung oder Nichterfüllung von nicht oder nicht vollständig erfüllten zweiseitigen Verträgen zu entscheiden (§ 17 Konkursordnung), und er kann Anfechtungsrechte geltend machen (§§ 29–42 Konkursordnung). Auch hat der Konkursverwalter nicht zur Masse gehörende Gegenstände herauszugeben (*Aussonderungsrechte*, wie z. B. Leasinggegenstände oder die von Lieferanten unter Eigentumsvorbehalt gelieferten Waren). Aus der so entstehenden „*Sollmasse*" sind die *Absonderungsrechte* und die sogenannten Masseforderungen zu befriedigen. Absonderungsrechte entstehen aus Pfandrechten, Sicherungsübereignungen etc. Absonderungsberechtigte Gläubiger werden aus dem Verkauf der betreffenden Gegenstände befriedigt. Falls der Verwertungserlös den Schuldbetrag übersteigt, ist die Differenz der Masse hinzuzufügen; andernfalls verbleibt den Gläubigern eine Konkursforderung. Masseforderungen sind Forderungen, die im Prinzip erst nach Eröffnung des Konkurses entstehen (Kosten der Verwaltung der Masse). Nach Befriedigung der Absonderungsrechte und Masseforderungen entsteht die sogenannte „*Teilungsmasse*" oder Konkursmasse im engeren Sinn. Sie dient zunächst der Bezahlung der bevorrechteten Konkursforderungen (z. B. Foderungen der Arbeitnehmer aus den letzten 12 Monaten). Die nach Deckung der bevorrechteten Konkursforderungen verbleibende Masse wird aliquot auf alle übrigen Konkursforderungen verteilt. (Siehe im einzelnen *Drukarczyk* [1993a, S. 421 ff.]; *Drukarczyk* [1986a, S. 166 ff.])

In folgender modellhafter Darstellung wird von einer Unternehmung ausgegangen, die zu $t = 0$ die Kapitalstruktur festlegt und während des Planungshorizonts weder die Zahlung von Dividenden und Zinsen, noch die Rückzahlung bzw. Neuaufnahme von Kapital plant. Die aufgelaufenen Zinsen sowie Dividenden werden erst nach dem Planungshorizont bezahlt. Für eine solche Unternehmung gilt bei Gültigkeit des Theorems von *Modigliani Miller*, daß der erwartete Unternehmungswert zu Ende eines Jahres gleich ist dem Unternehmungswert zu Beginn eines Jahres mal (1 plus Kapitalkostensatz i) oder mal (1 plus von den Anteilseignern bzw. dem Kapitalmarkt „geforderte" Rendite bei vollständiger Eigenfinanzierung):

$$\bar{M}_t = M_{t-1}(1+i) \ .$$

M_0 ist jener Unternehmungswert zu $t = 0$, der sich bei Gültigkeit des Theorems von *Modigliani Miller* ergeben würde. Unter Einbeziehung der Konkurswahrscheinlichkeit ist der *Unternehmungswert*, wie im folgenden zu zeigen sein wird, *geringer*.

Als *Konkurskriterium* wird Überschuldung gewählt. Die Anteilseigner haften also nicht für die Verbindlichkeiten der Gesellschaft. Überschuldung soll zu $t = 0, 1, 2 \ldots$ dann eintreten, wenn der zu $t = 0$ aufgenommene Kredit einschließlich der aufgelaufenen Zinsen den Erlös aus der Liquidation der Unternehmung übersteigt. Der Erlös aus der Liquidation der Unternehmung möge wegen der Konkurskosten und/oder der Differenz zwischen dem Unternehmungswert und den Liquidationspreisen der Vermögensgegenstände um den konstanten Betrag C_K niedriger sein als M_t. (Selbstverständlich könnte C_K auch in Abhängigkeit von M_t oder der Differenz zwischen M_t und den Buchwerten angenommen werden.) Das Konkurskriterium lautet daher: Konkurs findet zu t statt, falls zu t erstmals gilt:

$$F_0(1+k)^t \geqslant M_t - C_K$$

$$F_0(1+k)^t \geqslant M_0(1+q_1)(1+q_2)\ldots(1+q_t) - C_K .$$

k ist der als konstant angenommene Kreditzinssatz, der auch eine Prämie für das geschätzte Konkursrisiko enthalten kann. q_t ist die *tatsächlich* erzielte, auf Marktwerte bezogene Rendite in t. Der Erwartungswert von $q_t(\bar{q}_t)$ muß gleich i sein. Das Konkurskriterium könnte auch in Abhängigkeit von den Buchwerten formuliert werden. Dann benötigte man jedoch eine Prognose der Buchwerte in Abhängigkeit von q_t.

Ein Blick auf das Konkurskriterium zeigt deutlich, daß die Konkurswahrscheinlichkeit in einer Periode c.p. mit F_0 zunimmt.

Die Minderung des Unternehmungswertes durch die mit dem Verschuldungsgrad korrelierte Konkurswahrscheinlichkeit soll an einem Zahlenbeispiel näher demonstriert werden.

Beispiel 34:

$M_0 = 100$
$F_0 = 50$
$k = 0,08$
$C_K = 25$

Die Gläubiger verlangen eine erwartete Rendite r von 0,07, sie fordern jedoch infolge des Konkursrisikos einen Zinssatz von 0,08.

$i_t = q_t = 0,15$ (für alle t) .

q_t beträgt mit einer Wahrscheinlichkeit von 0,30: $-0,20$, und mit einer Wahrscheinlichkeit von 0,70: 0,30.

n = Planungshorizont = 3 Jahre. Ab diesem Zeitpunkt wird nicht mehr mit einem Konkurs gerechnet.

Konkurskriterium: $50(1+0,08)^t > 100(1+q_1)\ldots(1+q_t) - 25$.

Vorerst wird zur Feststellung der Konkurswahrscheinlichkeit der Ereignisbaum gezeichnet. Da $F_0(1+k)^t$ zu $t = 1, 2$ und 3: 54, 58,32 und 62,99 beträgt, tritt zu $t = 1$, 2 und 3 Konkurs ein, falls M_t zu diesem Zeitpunkten kleiner ist als 79, 83,32 und 87,99. Der Ausdruck für M_t, bei dem Konkurs eintritt, ist fett gedruckt. Trotz Eintritts des Konkurses wird der Ereignisbaum für spätere Auswertungen weiter gezeichnet. Es sei wiederholt: M_t ist der fiktive Unternehmungswert, der sich bei Absenz des Konkursrisikos einstellen würde. Tatsächlich ist etwa im Konkursfall der Unternehmungswert: Null für die Anteilseigner plus Konkurserlös für die Gläubiger.

Wie leicht abzuzählen, tritt Konkurs zu $t = 1$ mit $W = 0$, zu $t = 2$ mit $W = 0,09$ und zu $t = 3$ mit $W = 0,126$ ein. Insgesamt besteht eine Wahrscheinlichkeit von $1 - 0,09 - 0,126 = 0,784$, daß die Unternehmung nach $t = 3$ noch besteht.

Welches ist die durch das Konkursrisiko verursachte *Minderung im Unternehmungswert*? Um die Minderung des Unternehmungswertes zu errechnen, soll davon ausgegangen werden, daß die Kreditgeber bei Ausschaltung des Konkursrisikos (durch z. B. volle Haftung der Anteilseigner) mit einer Rendite von 0,07 zufrieden wären. Das erwartete Vermögen der Anteilseigner wäre daher zu $t = 3$ $M_0 \cdot 1,15^3 - F_0 \cdot 1,07^3 = 152,09 - 61,25 = 90,84$.

Tatsächlich beträgt das erwartete Vermögen der Anteilseigner zu $t = 3$ (wenn Konkurse ab $t = 3$ ausgeschaltet sind):

0,216 (= W des Konkurses) $\cdot 0 + 3 \cdot 0,147 \cdot 135,20 + 0,343 \cdot 219,70 - 0,784$ (= W der vollen Rückzahlung der Verbindlichkeiten) $\cdot 62,99 = 85,60$.

Der erwartete Unternehmungswert für die Anteilseigner, bezogen auf $t = 3$, sinkt somit infolge der Wahrscheinlichkeit der Liquidation im Rahmen eines Konkurses um $90,84 - 85,60 = 5,24$.

Als nächstes wird ermittelt, ob der Zinsaufschlag von 1%, den die Gläubiger in Hinblick auf die Konkurswahrscheinlichkeit ansetzen, ausreicht, um ihre erwarteten Konkursverluste zu decken. Ein zu 7% verzinslicher sicherer Kredit von 50 würde den Gläubigern zu $t = 3$ 61,25 bringen. Der zu 8% verzinsliche unsichere Kredit erbringt zu $t = 3$ erwartungsgemäß:

0,784 (W der vollen Rückzahlung des Kredits) $\cdot 62,99 + 0,09(64 - 25) \cdot 1,07 + 0,126(83,20 - 25) = 60,47$.

Der Ausdruck $0,09(64 - 25) \cdot 1,07$ steht für den mit $W = 0,09$ eintretenden Fall, daß die Unternehmung zu $t = 2$ bei $M_t = 64$ in Konkurs gerät und die Gläubiger daher $64 - C_K = 64 - 25$ erhalten. Dieser Betrag muß mit der von den Gläubigern erwarteten Rendite von 7% für 1 Jahr aufgezinst werden usw. Die Gläubiger erwarten somit aus der Kreditierung an die konkursgefährdete Unternehmung zu $t = 3$, bei einem Zinssatz von 0,08, mit 60,47 einen geringeren Betrag als sie bei sicherer Anlage zu einem Zinssatz von 0,07 zu $t = 3$ erzielen könnten.

Die Wertminderung der Ansprüche der Anteilseigner (5,24) und der Gläubiger ($61,25 - 60,47 = 0,78$), zusammen 6,02, ist einerseits auf die *Konkurskosten* zurückzuführen, andererseits aber auch darauf, daß eine Unternehmung mit einer erwarteten Rendite von stets 15% in manchen Zuständen nicht weitergeführt werden kann.

Es ist aus dem Beispiel klar ersichtlich, daß die aus der Konkurswahrscheinlichkeit erwachsende Minderung des Unternehmungswertes positiv korreliert erstens mit dem Verschuldungsgrad, zweitens mit den Konkurskosten und drittens mit der Strenge des Konkurskriteriums.

5.2.2 Die optimale „Konkurspolitik" der Gläubiger

Im folgenden wird gezeigt, daß die Konkurswahrscheinlichkeit stark ansteigen kann, wenn die Gläubiger freie Hand in der Wahl zwischen Konkurs oder Nichtkonkurs einer schuldnerischen Unternehmung ha-

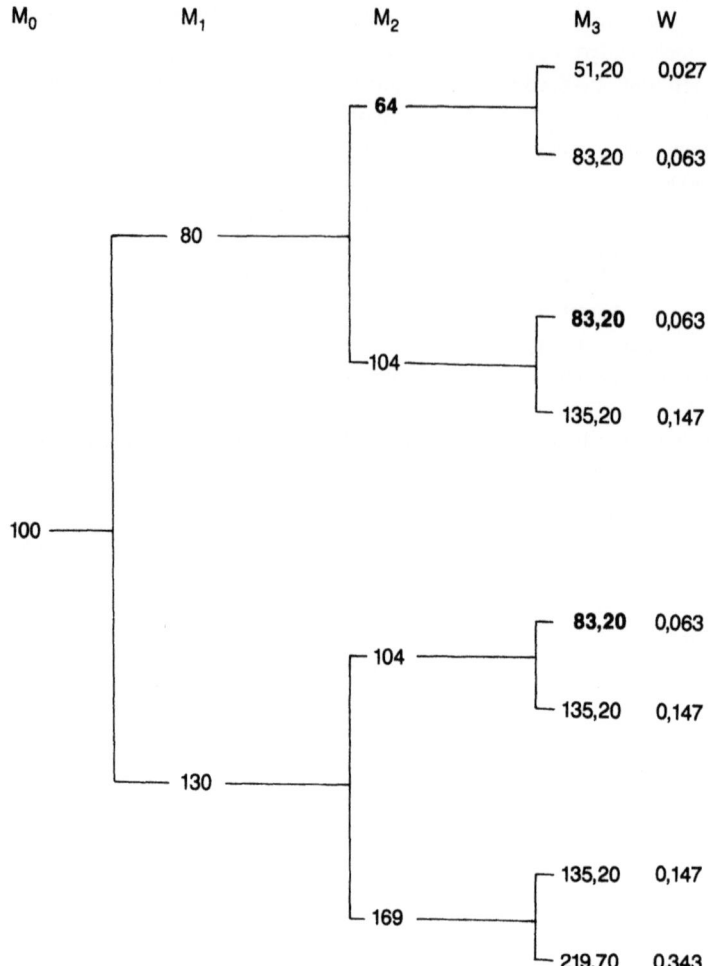

ben und wenn die anschließend zu besprechenden Maßnahmen zur Konkursvermeidung (Eigenfinanzierung, Übernahme der Unternehmung durch die Gläubiger usw.) ausgeschlossen sind.

Ein Gläubiger wird dann einen Konkurs herbeiführen, wenn – bei optimaler künftiger Gläubiger-Politik – der bei gegenwärtigem Konkurs erzielbare Betrag größer ist als der bei Nichtkonkurs erwartungsgemäß in späteren Perioden erzielte Betrag, wobei beide Beträge durch Abzinsung (Aufzinsung) auf einen gemeinsamen Zeitpunkt gleichnamig gemacht werden müssen. Die optimale Entscheidung zu t hängt davon ab, mit welcher Wahrscheinlichkeit es zu $t+1$ zu einer vollen Rückzahlung der Forderung oder zu einem Konkurs kommen wird, falls der Gläubiger zu t keinen Konkurs herbeiführt. Es liegt damit ein mittels der dynamischen Programmierung lösbares Problem vor. Die Rekursionsformel lautet:

$f_n(M) = \text{Max}\{KE; \sum f_{n-1}(M) W(M)/(1+r)\}$.

$n = 1, \ldots,$ = restliche maximale Laufzeit der Forderung bzw. Planungshorizont. $f_n(M)$ ist der maximale Barwert der Forderung, wenn sich die schuldnerische Unternehmung in Zustand M befindet und die Forderung noch eine Fristigkeit von n Jahren besitzt. Der maximale Barwert ist entweder durch den Konkurserlös des Gläubigers bei sofortigem Konkurs (KE) oder durch den Barwert der erwarteten künftigen Einnahmen bei Weiterexistenz der Unternehmung gegeben.

Zu jedem Periodenende ist daher zu entscheiden, welcher der beiden Beträge größer ist: KE oder der der Forderung bei Nichtkonkurs und zukünftiger optimaler Politik zum nächsten Periodenende zuzurechnende Erwartungswert, diskontiert für eine Periode.

Die Durchführung dieser dynamischen Programmierungsaufgabe soll durch Fortsetzung von Beispiel 34 demonstriert werden.

Beispiel 35:

Es ist für die Daten des Beispiels 34 die optimale Konkurspolitik der Gläubiger zu ermitteln. Es wird angenommen, es existiere nur ein Gläubiger und er könne nach Belieben Konkurs herbeiführen. Zu $t = 3$ müsse jedoch Konkurs stattfinden, falls $M_3 < F_0(1,08)^3 + C_K$.

Gesetzliche Regelungen stünden der Politik des Gläubigers nicht im Wege. Der Gläubiger erwarte von seinen Engagements eine Rendite von 0,07, wegen der Konkurswahrscheinlichkeit wurde im speziellen Fall ein Zinssatz von 0,08 vereinbart. Die Forderung ist zu $t = 3$ fällig.

1. Rechenschritt: Ermittlung der optimalen Entscheidungen des Gläubigers zu $t = 2$

Zu $t = 2$ wird der Gläubiger nur dann die Herbeiführung eines Konkurses erwägen, wenn $M_2 < 109{,}99$. Bei $M_3 > 109{,}99$ erhält der Gläubiger zu $t = 3$ mit Sicherheit den vereinbarten Betrag von 62,90, selbst wenn $q_3 = -0{,}20$. Daher sind alle Zustände M_2 zu untersuchen, bei denen $M_2 < 109{,}99$. Eingesetzt in die Formel

$f_n(M) = \text{Max}\{KE; \sum f_{n-1}(M) W(M)/(1+r)\}$

ergibt sich:

$f_1(M_2 = 64) = \text{Max}\{39; (0{,}30 \cdot 26{,}20 + 0{,}70 \cdot 58{,}20)/1{,}07\}$
$\qquad = \text{Max}\{39; \underline{45{,}22}\}$.

Falls zu $t = 2$ M nur 64 beträgt, erhalten die Gläubiger bei sofortigem Konkurs 39. Bei Nichtkonkurs zu $t = 2$ muß annahmegemäß in allen Zuständen zu $t = 3$ Konkurs stattfinden, da $M_3 - C_K$ kleiner ist als der vereinbarte Kreditbetrag einschließlich Zinsen. Dennoch ist, wie die Rechnung zeigt, ein Zuwarten günstig. Der zu $t = 3$ erwartete, abgezinste Konkurserlös ist größer als der Konkurserlös zu $t = 2$.

$f_1(M_2 = 104) = \text{Max}\{58{,}32; (0{,}30 \cdot 58{,}20 + 0{,}70 \cdot 62{,}99)/1{,}07\}$
$\qquad = \text{Max}\{\underline{58{,}32}; 57{,}52\}$.

Bei $M_2 = 104$ ist es günstiger, Konkurs herbeizuführen. Man erhält dann zu $t = 2$ den vollen Kreditbetrag einschließlich Zinsen (58,32).

Aus diesem ersten Rechenschritt läßt sich bereits folgende generelle Feststellung ableiten: Ist die Konkursquote sehr gering und bestehen Chancen für eine Verbesserung der wirtschaftlichen Situation, so wird der Gläubiger die weitere Existenz der Unternehmung vorziehen. Im obigen Beispiel ist das bei $M_2 = 64$ der Fall. Diese Feststellung leuchtet von vornherein für jene Situation ein, in der die Konkursquote bei sofortigem Konkurs Null wäre. Eine Weiterexistenz des Betriebs bei geringfügigsten Chancen einer positiven Entwicklung ist in dieser Lage für den Gläubiger günstiger als der Konkurs. Auch wird man gegen Konkurs entscheiden, wenn das künftige Konkursrisiko so gering ist, daß es von der in den Zinsfuß eingerechneten Risikoprämie überdeckt wird. Vorteilhaft ist eine Herbeiführung des Konkurses dagegen in den Fällen, in denen ein sofortiger Konkurs eine völlige oder weitgehende Rückzahlung der Forderung ermöglicht, eine Weiterexistenz der Unternehmung jedoch eine gewichtige Gefahr eines verstärkten Forderungsverlusts mit sich brächte.

2. Rechenschritt: Ermittlung der optimalen Enscheidungen des Gläubigers zu $t = 1$

$$f_2(M) = \text{Max}\{K E; \sum f_1(M) W(M)/(1+r)\} .$$

Die Zahlen für $f_1(M)$ sind dem ersten Rechenschritt zu entnehmen.

$$\begin{aligned}f_2(80) &= \text{Max}\{54; [0{,}30 \cdot f_1(64) + 0{,}70 \cdot f_1(104)]/1{,}07\} \\ &= \text{Max}\{54; (0{,}30 \cdot 45{,}22 + 0{,}70 \cdot 58{,}32)/107\} \\ &= \text{Max}\{\underline{54}; 50{,}83\} .\end{aligned}$$

$$\begin{aligned}f_2(130) &= \text{Max}\{54; (0{,}30 \cdot 58{,}32 + 0{,}70 \cdot 62{,}99/1{,}07)/1{,}07\} \\ &= \text{Max}\{54; \underline{54{,}86}\}\end{aligned}$$

Bei Weiterexistenz der Unternehmung wird also unterstellt, daß zu $t = 2$ die optimale Politik verfolgt wird, die im ersten Rechenschritt ermittelt wurde. Wenn also zu $t = 2$ z. B. der Zustand $M_2 = 64$ eintritt, so erfolgt zu $t = 2$ kein Konkurs und der dieser Politik zugerechnete Barwert auf Basis $t = 2$ ist $f_1(M_2 = 64) = 54{,}22$. Der Wert $62{,}99/1{,}07$ im Ausdruck $f_2(130)$ steht für den Fall, daß M_2 169 beträgt, also in Zukunft Konkurs ausgeschlossen ist. In diesem Fall wird mit Sicherheit zu $t = 3$ $62{,}99$ realisiert.

Damit steht die optimale „Konkurspolitik" des Gläubigers fest: Falls zu $t = 1$ M_1 80 beträgt, wird Konkurs herbeigeführt, andernfalls ist die Weiterexistenz der Unternehmung vorteilhaft. Zu $t = 2$ findet Konkurs statt, wenn $M_2 = 104$. Konkursverlust entsteht für den Gläubiger keiner. Daher ist bei dieser Politik der Zinsaufschlag von 1% zu hoch. Der erwartete Konkursverlust der Anteilseigner ist jedoch bei dieser Konkurspolitik infolge der höheren Konkurswahrscheinlichkeit bedeutend größer als im Beispiel 34.

Im Beispiel 35 wurde die optimale „Konkurspolitik" eines Gläubigers unter der Annahme ermittelt, eine Herbeiführung des Konkurses sei für den Gläubiger jederzeit möglich, und zwar durch Kreditkündigung oder Nichtverlängerung von Krediten. Die optimale Konkurspolitik ist mittels dynamischer Programmierung selbstverständlich auch ermittelbar, wenn die Konkursalternative nur gewählt werden kann, wenn ein bestimmtes Konkurskriterium eingetreten ist.

Als generelle Schlußfolgerung ist aus den Überlegungen abzuleiten, daß für die Gläubiger die Herbeiführung eines Konkurses mit Zerschlagung vor allem dann erwägenswert ist, wenn durch den Konkurs eine völlige oder weitgehende Rückzahlung der Forderung gewährleistet ist, eine Weiterexistenz der Unternehmung jedoch eine gewichtige Gefahr des verstärkten Forderungsverlustes mit sich brächte. Dagegen sollten sie an einem Konkurs mit geriner Konkursquote nicht interessiert sein, wenn noch einige Chancen der Verbesserung der wirtschaftlichen Situation bestehen.

5.2.3 Die These von der Irrelevanz der Insolvenzwahrscheinlichkeit für die optimale Kapitalstruktur

In diesem Abschnitt wird der Frage nachgegangen, wie relevant die in den letzten beiden Kapiteln demonstrierte Abhängigkeit der Konkurs- bzw. Liquidationswahrscheinlichkeit von der Kapitalstruktur wirklich ist: Gibt es nicht Möglichkeiten, Konkurs bzw. Liquidation und die damit verbundenen direkten und indirekten Kosten zu vermeiden, falls die Fortführung einer insolventen Unternehmung günstiger ist als ihre Liquidation? Dabei sind unter den direkten Konkurskosten die Kosten der Abwicklung (Gerichtskosten etc.) und unter den indirekten Konkurskosten die Differenz zwischen Ertragswert der fortgeführten Unternehmung und Liquidationswert zu verstehen.

Bereits im Vorgänger dieses Buches wurde darauf hingewiesen, daß es unter bestimmten Bedingungen für die Anteilseigner vorteilhaft ist, durch Einbringung zusätzlichen Eigenkapitals Konkurs abzuwenden (*Swoboda* [1973]). Aber erst *Haugen Senbet* [1978] haben die Frage, welche Maßnahmen zur Konkursabwendung existieren und ob sie in ihrer Gesamtheit – bei effizientem Markt – nicht den Konkurs mit Liquidation dominieren, gründlich durchdacht.

Auszugehen ist davon, daß eine voll eigenfinanzierte Unternehmung aus Sicht der Anteilseigner solange fortzuführen ist, wie der Ertragswert = Fortführungswert M_t größer ist als der Liquidationswert L_t. Erst wenn L_t größer ist als M_t, ist eine Liquidation günstiger, da dann der Liquidationserlös bei gleich riskanter Anlage einen höheren Ertrag erwarten läßt als eine Weiterführung der Unternehmung. Dies wurde bereits von *Buchanan* [1950] herausgestellt. *Haugen Senbet* argumentieren nun, daß diese Schlußfolgerung auch für verschuldete Unternehmungen gilt, so daß eine höhere Verschuldung die Liquidationswahrscheinlichkeit nicht erhöht.

Für den Nachvollzug der Argumentation nehmen wir an, daß M_t größer ist als L_t abzüglich Konkurskosten. F_t wird in der Regel größer als M_t sein. Ferner sei angenommen, daß für die Gläubiger Konkurs mit Liquidation die optimale Variante wäre, wenn sie nur die Auswahl zwischen Konkurs mit Liquidation und Weiterführung der Unternehmung in unveränderter Form hätten.

In diesem Fall bestehen nun folgende Möglichkeiten einer für Anteilseigner wie Gläubiger vorteilhaften Konkursabwendung. *Erstens können neue Anteilseigner hinzutreten* oder bisherige Anteilseigner weitere Einlagen tätigen und den Gläubigern soviel zahlen, wie sie bei sofortiger Liquidation erhalten würden (plus eventuell eine zusätzliche Prämie). Die hinzutretenden Anteilseigner müßten für ihre Einzahlungen entsprechend hohe Anteile erhalten. Den verbleibenden alten Anteilseignern kann ein kleiner Anteil an der Unternehmung erhalten bleiben.

Beispiel 36:

Der Forführungswert einer in Schwierigkeiten geratenen Unternehmung sei $M_0 = 52{,}73$. Er ergibt sich aus den mit gleichen Wahrscheinlichkeiten möglichen Unternehmungswerten zu $t = 1$ von 100 oder 16, diskontiert mittels eines Zinssatzes von 0,10. M_1 ist dann 100, falls die Unternehmung sich erholt und weiterexistiert. Falls hingegen die ungünstige Entwicklung anhält, wird die Unternehmung zu $t = 1$ zu einem Liquidationspreis von 16 verwertet. Der Liquidationswert zu $t = 0$, L_0, sei 46. Die Unternehmung habe Verbindlichkeiten von $F_0 = 70$, die zu 6% verzinslich sind. F_1 ist daher 74,20.

Wenn für die Gläubiger nur die Alternative besteht, die Unternehmung ein Jahr unverändert weiterexistieren zu lassen oder sie in Konkurs mit Liquidation zu treiben, werden sie Konkurs vorziehen. Sie würden dann 46 erhalten. Bei Weiterexistenz würde der Erwartungswert ihrer Forderungen zu $t = 1$ lediglich 45,10 betragen: $0{,}50(74{,}20+16)$. Der auf $t = 0$ abgezinste Wert wäre noch geringer.

Nun könnten aber hinzutretende Anteilseigner daran interessiert werden, den Gläubigern, um ihnen einen kleinen Anreiz zu bieten, die Forderungen für 47 abzulösen und dafür mindestens $47/52{,}73$ der Anteile an der Unternehmung übertragen zu erhalten. Die Gläubiger würden mehr erhalten als bei Liquidation und auf den Konkursantrag verzichten. Die bisherigen Anteilseigner würden jedenfalls gewinnen, da sie an der Unternehmung mit einer Quote von maximal $5{,}73/52{,}73$ beteiligt bleiben, im Fall eines Konkurses aber alles verlieren würden. Und die neuen Anteilseigner erzielen mindestens eine dem Risiko entsprechende Rendite. Die genauen Quoten bzw. Ablösezahlungen können natürlich nicht vorausgesagt werden. Es reicht aber aus, wenn die Gläubiger mehr als 46 und die bisherigen Anteilseigner mehr als Null erhalten, um sie an einer solchen Lösung zu interessieren. Dies ist aber durchaus erreichbar, falls $M_0 > L_0 = 46$.

Zweitens könnte ein *trouble shooter* die gesamte Unternehmung gegen Abschlagszahlungen an die Gläubiger und die bisherigen Anteilseigner aufkaufen und weiterführen. Er müßte den Gläubigern mindestens L_0 bezahlen. Die Abschlagszahlung an die bisherigen Anteilseigner und eine eventuelle Mehrzahlung an die Gläubiger darf natürlich die Differenz zwischen Fortführungs- und Liquidationspreis nicht übersteigen.

Beispiel 36a:
Aufbauend auf den Daten von Beispiel 36, könnte ein trouble shooter den Gläubigern einen Betrag von $47 > L_0 = 46$ und den Anteilseignern einen Betrag von 2 anbieten. Dann bliebe ihm immer noch ein „Arbitragegewinn" von 3,73, da er für eine Gesamtzahlung von 49 eine Unternehmung mit einem Wert von $M_0 = 52,73$ übernimmt.

Drittens kann eine insolvente Unternehmung mit einer potenten Unternehmung *fusionieren*; letztere könnte mit den Gläubigern der insolventen Unternehmung ein ähnliches Arrangement wie oben treffen und den bisherigen Anteilseignern eventuell eigene Aktien anbieten. Empirische Erhebungen zeigen, daß dieser Möglichkeit große praktische Relevanz zukommt: In einem Sample von *Shrieves Stevens* [1979] waren 15,2% der im Rahmen von Fusionen aufgenommenen Unternehmungen „konkursreif". Nebenbei bemerkt, hat eine Fusion oft den zusätzlichen Vorteil der Ausgleichsfähigkeit steuerlicher Verluste (siehe später).

Viertens könnten den *Gläubigern Unternehmungsanteile*, im Extremfall die gesamte Unternehmung, gegen eventuelle Abschlagszahlungen an die bisherigen Anteilseigner *übertragen* werden. In manchen Staaten sind auf diese Weise große Bankenkonzerne entstanden (z. B. Österreich).

Die Möglichkeiten 1 bis 3 basieren u. a. auf *außergerichtlichen Vergleichen* mit den Gläubigern der Unternehmung. Eine *fünfte* Variante besteht nun darin, einen *gerichtlichen Vergleich* gemäß Vergleichsordnung – ohne oder mit Hinzutritt neuer Anteilseigner – abzuschließen. Ein gerichtlicher Vergleich hat den Vorteil, einen rechtlichen Schutz gegen Kokursanträge und Zwangsvollstreckungsmaßnahmen von nicht dem Vergleich zustimmenden Gläubigern zu bieten und kann daher bei einer Vielzahl von Gläubigern möglicherweise leichter erreichbar sein. Ein Nachteil können höhere Kosten sein. Ein gerichtliches Vergleichsverfahren kann nur vom Schuldner beantragt werden, und zwar unter den gleichen Voraussetzungen, die zum Anlaß eines Antrags auf Konkurseröffnung genommen werden können (Zahlungsunfähigkeit und bei manchen Unternehmungsformen auch Überschuldung). Mit dem Antrag auf Eröffnung eines Vergleichsverfahrens hat der Schuldner einen Vergleichsvorschlag zu unterbreiten, der insbesondere vorsehen muß, daß die Gläubiger mindestens 35% (40%) ihrer Forderungen bei

Zahlungsfristen bis zu einem Jahr (bis zu 18 Monaten) erhalten. Aussonderungsberechtigte und absonderungsberechtigte Gläubiger, soweit die Forderungen letzterer durch die Absonderungsgüter befriedigt werden, sowie Gläubiger bevorrechtigter Forderungen nehmen am Vergleich nicht teil. Zur Annahme des Vergleichsvorschlags ist eine Kopfmehrheit der beim Vergleichstermin anwesenden Gläubiger und entweder eine 3/4-Mehrheit der stimmberechtigten Forderungen (bei einer Vergleichsquote von mindestens 50%) oder eine 4/5-Mehrheit der stimmberechtigten Forderungen (andernfalls) notwendig. Der Vergleich muß gerichtlich bestätigt werden. An Kosten erwachsen dem Schuldner insbesondere die Vergütung für den vom Gericht zu bestellenden Vergleichsverwalter und die Vergütung für den häufig gebildeten, nicht zwingend vorgeschriebenen Gläubigerbeirat. Neben dem Vergleich gemäß Vergleichsordnung besteht der *Zwangsvergleich* gemäß Konkursordnung. Einem solchen Zwangsvergleich, für den keine Mindestsätze vorgeschrieben sind und der vom Konkursgericht bestätigt werden muß, müssen die Mehrheit der im Vergleichstermin anwesenden stimmberechtigten Gläubiger und 3/4 der Gesamtsumme aller stimmberechtigten Forderungen zustimmen.

Auf weitere Modalitäten des Vergleichsverfahrens, so auf die Voraussetzungen, bei deren Vorliegen die teilweise erlassenen Verbindlichkeiten wieder aufleben, soll nicht weiter eingegangen werden.

Wichtig ist: Ein gerichtlicher oder auch außergerichtlicher Vergleich bei ansonsten unveränderter Fortführung der Unternehmung scheint *sinnlos*. Warum sollten die Gäubiger auf Ansprüche verzichten, die sie bei günstiger Entwicklung der Unternehmung erhalten würden, aber weiterhin am Risiko beteiligt sein? Ein Vergleich kann für die Gläubiger nur von Vorteil sein, wenn zusätzliche Sicherungen der Vergleichsquote eingebaut werden (so z. B. wie in Variante 1 – siehe Beispiel 36 –, wo zusätzliche Eigenkapitalgeber eintreten und die Gläubiger auszahlen; es würde auch eine entsprechende fundierte Garantie für eine spätere Zahlung einer entsprechend höheren Vergleichsquote ausreichen). Ein Vergleich kann aber unter Umständen auch schon deshalb interessant sein, weil er das Verhalten des Schuldners ändert (siehe später).

5.2.4 Mögliche Gründe für die Relevanz der Insolvenzwahrscheinlichkeit für die optimale Kapitalstruktur

5.2.4.1 Kosten von Sanierungs- und Liquidationsvarianten

Gegen die These von der Irrelevanz der Insolvenzwahrscheinlichkeit kann eingewendet werden, daß nicht nur Konkurs mit Liquidation Kosten verursachen, sondern alle der oben besprochenen Sanierungsvarianten. Solche Kosten würden bei rein eigenfinanzierten Unternehmungen nicht bzw. bei stärker eigenfinanzierten Unternehmungen mit geringerer Wahrscheinlichkeit anfallen. Auch könnte eine Liquidation einer rein eigenfinanzierten Unternehmung, falls Liquidation die beste Variante ist, billiger sein als die Liquidation im Rahmen eines Konkurses einer stark fremdfinanzierten Unternehmung. Dieser Einwand hat viel für sich. Die Insolvenzwahrscheinlichkeit ist dann insofern relevant für die Kapitalstruktur, als die jeweils beste Variante zur Lösung des Insolvenzproblems (Sanierung; Liquidation) mehr kostet als an Kosten bei rein eigenfinanzierten Unternehmungen angefallen wären. Man muß allerdings bedenken, daß bei Eintritt schlechter Umweltzustände auch eine rein eigenfinanzierte Unternehmung eventuell Gutachten einholen könnte etc., um zu entscheiden, ob und in welcher Weise fortgeführt werden soll, so daß auch hier Kosten anfallen werden.

5.2.4.2 Reaktionen von Kunden, Lieferanten, Arbeitnehmern

Das Bekanntwerden von finanziellen Schwierigkeiten im Vorfeld der Einleitung eines Insolvenzverfahrens und erst recht die Einleitung eines Insolvenzverfahrens könnte dazu führen, daß Kunden zu Konkurrenten abwandern, weil sie um die Lieferbereitschaft, die Einlösung von künftigen Garantieansprüchen etc. fürchten, gute Arbeitnehmer eine andere Position suchen, Lieferanten nur mehr gegen Barzahlung liefern etc. All dies kann die finanzielle Situation der Unternehmung noch verschlechtern, noch früher zur Einleitung eines Insolvenzverfahrens führen bzw. auch dazu führen, daß im Rahmen des eingeleiteten Konkursverfahrens die Liquidation nunmehr die bessere Variante als die Fortführung ist – obwohl dies vorher noch nicht der Fall war. Die Einleitung des Insolvenzverfahrens hat dann wie eine self-fulfilling prophecy gewirkt. Bei der Beurteilung dieses Arguments muß man sich bewußt sein, daß auch die Kunden, Lieferanten, Arbeitnehmer von rein eigenfinanzierten Unternehmungen, die in eine ungünstige wirtschaftliche Lage geraten, die gleichen Ängste haben werden. Diese Ängste entstehen *nicht aus einer befürchteten oder eingetretenen Insolvenz*, sondern aus einer *befürchteten Liquidation*. Nur wenn Kunden, Lieferanten, Arbeitnehmer annehmen, daß fremdfinanzierte Unternehmungen c.p. mit höherer Wahrscheinlichkeit zerschlagen werden, sind ihre Reaktionen von Relevanz für die Kapitalstrukturentscheidungen. Wenn aber die Argumente von *Haugen Senbet* zutreffen, warum sollten Kunden, Lieferanten und Arbeitnehmer an eine größere Zerschlagungswahrscheinlichkeit verschuldeter Unternehmungen glauben?

5.2.4.3 Die Bildung von Koalitionen, z. B. von Anteilseignern und einem Gläubiger

Bis jetzt wurde auf eine homogene Gläubigergruppe bzw. einen einzigen Gläubiger abgestellt. Ändert sich an der Argumentation etwas, wenn mehrere Gläubiger(-Gruppen) existieren, zwischen denen Interessenkonflikte herrschen können? Dieser Auffassung sind *Bulov Shoven* [1978]. Sie versuchen zu zeigen, daß einerseits die Liquidation von Unternehmungen verzögert werden kann (d. h. Unternehmungen, deren Liquidationswert den Ertragswert übersteigt, weiterbestehen), und daß andererseits Unternehmungen, deren Ertragswert den Liquidationswert übersteigt, in Konkurs gezwungen werden können. Im folgenden wird an einem Beispiel auf die Argumentation von *Bulov Shoven* näher eingegangen und dabei demonstriert, daß beide Möglichkeiten bei einigermaßen effizientem Kapitalmarkt *nicht* eintreten dürften. Die Existenz unterschiedlicher Gläubigergruppen ändert daher nichts an der Angreifbarkeit der These, daß die Konkurswahrscheinlichkeit mit dem Verschuldungsgrad positiv korreliert ist.

Beispiel 37:

a) Zunächst wird ein sinngemäß von *Bulov Shoven* behandelteter Fall dargestellt, in dem von einem Gläubiger, der dazu in der Lage wäre, kein Konkurs herbeigeführt wird, obwohl der Liquidationswert der Unternehmung höher ist als der Ertragswert. Es wird gezeigt, daß bei einem effizienten Kapitalmarkt dennoch Liquidation stattfinden müßte.

Der Ertragswert der Unternehmung A zu $t = 0$ ist unter der Voraussetzung der Weiterführung der Unternehmung bis zu $t = 1$ 450. Er ergibt sich aus den zu $t = 1$ mit gleicher Wahrscheinlichkeit erzielbaren Liquidationswerten (zu $t = 1$ wird jedenfalls liquidiert) von 850 und 140, diskontiert mit $\bar{r} = 0{,}10$. Der Liquidationswert der Unternehmung zu $t = 0$ ist 480. Unternehmung A hat zu $t = 0$ folgende Verbindlichkeiten: eine Anleihe, zur Gänze fällig zu $t = 1$, in Höhe von 250, ein Bankkredit mit jederzeitiger Fälligkeit in Höhe von 250. k ist generell 10% (der Einfachheit wird Risikoindifferenz, d. h. ein gleicher Zinsfuß für Anteilseigner und Gläubiger unterstellt). Die Zinsen für Anleihe und Bankkredit für das abgelaufene Jahr müssen jedenfalls zu $t = 0$ bezahlt werden; der Unternehmung mangelt es jedoch an finanziellen Mitteln dafür. Beide Verbindlichkeiten sind ungesichert.

Die Unternehmung steht nun vor der Entscheidung, ob sie in Konkurs gehen soll oder ob sie sich bei der Bank um einen zusätzlichen Kredit von 50 für die Zinszahlung bemühen soll. Die Bank steht im letzteren Fall vor der Entscheidung, ob sie Konkurs herbeiführen oder ob sie (und unter welchen Bedingungen) dem Kreditansuchen stattgeben soll. Nach der Argumentation von *Bulov Shoven* könnten Unternehmung und Bank – auf Kosten der Anleihegläubiger, die keinen Konkurs herbeiführen können – einen Weg finden, die Unternehmung zu ihrem Vorteil weiter-

Finanzierungsentscheidungen und Insolvenzproblematik 237

bestehen zu lassen: Die Bank borgt der Unternehmung A 50 Geldeinheiten und die Anteilseigner von A übertragen ihr dafür 4/5 sämlicher Aktien. Die Kapitalwerte zu $t = 0$ für die drei Gruppen (Anteilseigner, Bank, Anleihegläubiger) betragen für den Konkursfall bzw. für den Fall der Weiterexistenz bei obigen Bedingungen:

	Anteilseigner	Bank	Konkurs zu $t = 0$ Anleihegläubiger
	0	240	240
		Weiterexistenz bis $t = 1$	
Kreditgewährung		-50	
Zinseinnahmen zu $t = 0$		25	25
Erwartete Einzahlungen zu $t = 1$, vor Transfer der Anteile an die Bank; diskontiert mit $\bar{r} = 0{,}10$	$(0+0{,}5 \cdot 850$ $-0{,}5 \cdot 605)/1{,}1$ $= 111{,}36$	$(0{,}5 \cdot 330 \cdot 140/605$ $+0{,}5 \cdot 330)/1{,}1$ $= 184{,}71$	$(0{,}5 \cdot 275 \cdot 140/605$ $+0{,}5 \cdot 275)/1{,}1$ $= 153{,}92$
Zwischensumme	111,36	159,71	178,92
Übertragung der Anteile an Bank	$-89{,}09$	89,09	
Endsumme	22,27	248,82	178,92

Es ist klar ersichtlich, daß Anteilseigner und Bank an einer Weiterexistenz interessiert sind (erstere in jedem Fall, da sie nichts mehr zu verlieren, nur mehr zu gewinnen haben).

Bulov Shoven bedenken aber nicht, daß die Anleihegläubiger sich ebenfalls in den Verhandlungsprozeß einschalten können und der Bank für die Auslösung des Konkurses *mehr* als die Anteilseigner bieten können. Sie könnten der Bank z. B. eine Prämie von 35 zahlen, so daß die Einnahmen der Bank im Konkursfall auf 275 steigen würden. Das ist mehr als der Barwert der Einnahmen bei Weiterexistenz, selbst wenn die Anteilseigner 100% der Anteile an die Bank übertragen! Auch die Anleihegläubiger würden dadurch ihre Position stark verbessern (240 minus 35 anstelle von 178,92!). Bei entsprechenden Abmachungen muß somit jene Variante am günstigsten sein, die *insgesamt* den höchsten Unternehmungswert gewährleistet. Das ist in diesem Fall die Liquidation (der Konkurs).

b) Es wird nun der gegenteilige Fall behandelt, in dem der Ertragswert den Liquidationswert zu $t = 0$ übersteigt und für den *Bulov Shoven* zeigen, daß dennoch Konkurs im Interesse des zur Konkursauslösung Berechtigten liegen kann. Dazu werden obige Angaben nur insofern geändert, als der Liquidationswert nunmehr 420 (statt 480) betragen soll (er ist somit kleiner als der Ertragswert bei Weiterexistenz) und als 60% der Anleihe zu $t = 0$ fällig sind. Die Bank müßte somit einen Kredit von 50 (Zinsen) plus 150 (60% der Anleihe von 250) gewähren, um Konkurs wegen Zahlungsunfähigkeit abzuwenden. Das ist — wie untenstehende Rechnung dokumentiert — für die Bank unvorteilhaft. Daher wird sie eher Konkurs auslösen:

	Anteilseigner	Bank	Anleihegläubiger
		Konkurs zu $t=0$	
	0	210	210
		Weiterexistenz bis $t=1$	
Kreditgewährung bzw. -rückzahlung		−200	150
Zinszahlung		25	25
Erwartete Einzahlungen zu $t=1$, diskontiert zu $\bar{r}=0{,}10$	$(0{,}5 \cdot 850 - 0{,}5 \cdot 605)/1{,}1$ $= 111{,}36$	$(0{,}5 \cdot 495 + 0{,}5 \cdot 495 \cdot 140/605)/1{,}1$ $= 277{,}07$	$(0{,}5 \cdot 110 + 0{,}5 \cdot 110 \cdot 140/605)/1{,}1$ $= 61{,}57$
Zwischensumme	111,36	102,07	236,57

Auf den ersten Blick scheint es, als ob die Bank am Konkurs interessiert sein müßte. Falls aber die Anteilseigner z.B. 90% ihrer Anteile an die Bank übertragen und die Anleihegläubiger auf Rückzahlungen z.B. im Barwert von 10 verzichten, ist sowohl für die Bank als auch für die beiden anderen Gruppen von Kapitaleignern die Fortführung der Unternehmung von Interesse!

Umverteilung	−100,22	110,22	−10
Endsumme	11,14	212,39	226,57

Das Beispiel zeigt somit, daß – falls überhaupt ein Gläubiger bzw. eine Gläubigergruppe Konkurs auslösen kann und entsprechende Vereinbarungen zwischen Anteilseignern und Gläubigern zulässig sind – es letztlich für alle Kapitalgebergruppen, insbesondere die Gläubiger von Vorteil ist, daß eine Unternehmung, deren Ertragswert den Liquidationswert überschreitet (unterschreitet) weiterexistiert (liquidiert wird).

5.2.4.4 Die Existenz unterschiedlicher Gläubigerklassen; insbesondere die Konfrontation von gesicherten und ungesicherten Gläubigern

Mit dem *Einfluß von Kreditsicherheiten* auf Entscheidungen im Rahmen bzw. im Vorfeld eines Insolvenzverfahrens haben sich viele Autoren in den letzten Jahren intensiv beschäftigt (*Swoboda* [1982c], *Schildbach* [1983], *Rudolph* [1984], *Delfmann* [1984], *Drukarczyk* [1984, 1987a, 1991], *Schmidt* [1984], *Plaut* [1985]). Auch spielten Überlegungen zur Einschränkung von Kreditsicherheiten, um die Konkursquote der ungesicherten Gläubiger zu erhöhen, bei den Vorschlägen zur Insolvenzrechtsreform eine große Rolle.

Die Diskussion beginnt mit dem letztgenannten Gesichtspunkt. Ist das Argument, daß die Konkursquoten ungesicherter Gläubiger c.p. geringer sind, wenn ein Teil der Verbindlichkeiten gesichert ist, überhaupt von Relevanz? Es kann zunächst leicht gezeigt werden, daß dieses Argument bei vollkommenem Markt und homogener Information *irrelevant* ist. Statt einer formellen Beweisführung sei dies an dem folgenden Beispiel demonstriert:

Beispiel 38:

Eine Unternehmung nimmt zu $t = 0$ insgesamt Verbindlichkeiten von 1000 auf. Mit einer Wahrscheinlichkeit von 5% wird die Unternehmung zu $t = 1$ in Konkurs gehen. Der Konkurserlös wird 400 betragen. Mit einer Wahrscheinlichkeit von 95% wird die Unternehmung die Verbindlichkeiten zu $t = 1$ voll tilgen können.

a) Falls alle Verbindlichkeiten ungesichert sind, werden risikoneutrale Investoren bei einem herrschenden Zinssatz von 5% für sichere Anlagen einen vereinbarten Zinssatz von $0{,}95\,[1\,000\,(1+k)] + 0{,}05 \cdot 400 = 1\,050$, also $k = 8{,}42\%$ fordern.

b) Falls Verbindlichkeiten im Ausmaß von 300 plus Zinsen gesichert werden, werden die gesicherten Gläubiger mit einem Zinssatz von 5% zufrieden sein, die ungesicherten Gläubiger jedoch einen Zinssatz von $0{,}95\,[700\,(1+k)] + 0{,}05\,(400-315) = 735$, also $k = 9{,}89\%$ verlangen.

In beiden Fällen erwarten die Gläubiger eine Rendite von 5% und auch die Anteilseigner sind zwischen beiden Fällen indifferent. Im ungünstigen Zustand ist ihr Anteil jedenfalls Null, im günstigen Zustand ist die Zinsbelastung stets 84,20: im Fall a) 8,42% von 1000 = 84,20 und im Fall b) 9,89% von 700 plus 5% von 300 = 84,20.

Beispiel 38 zeigt deutlich, daß Sicherheiten nur eine andere Verteilung im Insolvenzfall bewirken, auf die sich die Gläubiger bei homogener Information einstellen können.

Gleichermaßen läßt sich zeigen, daß die Besicherung von Verbindlichkeiten unter den obigen Prämissen für die Entscheidung zwischen Fortführung und Liquidation irrelevant ist. *Rudolph* [1984] spricht diesbezüglich von einer „*Besicherungsirrelevanzthese*". Auch sie soll an einem Beispiel gezeigt werden:

Beispiel 39:

Es sei von den gleichen Daten wie in Beispiel 36 ausgegangen: Der Fortführungswert einer in Schwierigkeiten geratenen Unternehmung sei $M_0 = 52{,}73$. Er ergibt sich aus den mit gleicher Wahrscheinlichkeit möglichen Unternehmungswerten zu $t = 1$ von 100 oder 16, diskontiert mittels eines Zinssatzes von 0,10. M_1 ist dann 100, falls die Unternehmung sich erholt und weiterexistiert. Falls hingegen die ungünstige Entwicklung anhält, wird die Unternehmung zu $t = 1$ zu einem Liquidationspreis von 16 verwertet. Der

240 Finanzierungsentscheidungen unter Einbeziehung von Agency-Problemen

Liquidationswert zu $t = 0$, L_0, sei 46. Die Unternehmung habe Verbindlichkeiten von $F_0 = 70$, die zu 6% verzinslich sind. F_1 ist daher 74,20.

Abweichend zu Beispiel 36 sei nun angenommen, daß Verbindlichkeiten im Ausmaß von 10 einschließlich der Zinsen gesichert sind. Dann sind die gesicherten Gläubiger, falls ihre Alternativrendite auch 6% beträgt, *indifferent* zwischen Liquidation und Fortführung. Bei Liquidation zu $t = 0$ würden sie 10, bei Fortführung zu $t = 1$ mit Sicherheit 10,60 erhalten. Die ungesicherten Gläubiger würden nach wie vor Fortführung bevorzugen, wenn, wie in Beispiel 36 angenommen, hinzutretende Anteilseigner ihre Forderungen für 37 (= 47 minus Abfindung für gesicherte Gläubiger von 10) ablösen. Bei sofortigem Konkurs würden sie nur 36 (den Liquidationserlös von 46 minus der Tilgung der Verbindlichkeiten an die gesicherten Gläubiger von 10) erhalten.

Nun könnte der Fall eintreten, daß die Sicherung im Zeitablauf an Wert verliert. Wenn das Sicherungsgut zu $t = 1$ nur mehr einen Wert von z. B. 8 hat, wären die gesicherten Gläubiger nicht mehr indifferent, sie würden eine sofortige Liquidation vorziehen. Bei sofortiger Liquidation würden sie 10 erhalten, bei Liquidation zu $t = 1$ nur 8 plus die Konkursquote von dem ungesicherten Forderungsrest von 2,6. Die Konkursquote würde betragen: $(16-8)/(74,20-8) = 12,08\%$. Der Erwartungswert ihres Anspruchs zu $t = 1$ ist daher $0,50 \cdot 10,60 + 0,50 (8 + 2,60 \cdot 0,1208) = 9,46$ und damit sogar vor Abzinsung geringer als der gegenwärtige Konkurserlös. Dies bedeutet aber nur, daß bei dem Arrangement mit den Gläubigern, das eine insgesamt vorteilhafte Fortführung gewährleisten soll, den gesicherten Gläubigern auch in jenen Fällen, in denen das Sicherungsgut sich im Zeitablauf entwertet, eine volle Zahlung der Verbindlichkeiten bis zu dem heutigen Wert der Sicherungen plus Zinsen geboten werden muß, damit sie indifferent zwischen Fortführung und Liquidation werden.

Inwieweit können aber *Sicherungen relevant* sein, falls ein unvollkommener Markt, heterogene Information und damit auch Agency-Probleme unterstellt werden? An Vorteilen von Sicherheiten wurden in der Literatur herausgestellt:

a) Wenn zuerst gesicherte Verbindlichkeiten emittiert werden, wird der Anreiz eliminiert, die bisherigen Gläubiger durch die Ausgabe weiterer Verbindlichkeiten zu schädigen. Sicherungen sind also ein Schutz vor dieser Art Agency-Problem.
b) Sicherheiten eliminieren bzw. erschweren manche Möglichkeiten, das Investitionsprogramm zu ändern und auf diese Weise Umverteilungen von den Gläubigern zu den Anteilseignern vorzunehmen. So können Gegenstände, die im Eigentum eines Gläubigers stehen, nicht oder nur mit größeren Schwierigkeiten veräußert und der Erlös an die Anteilseigner ausgeschüttet werden. Natürlich können nicht alle Möglichkeiten der Änderung der Unternehmungspolitik durch Sicherungen ausgeschaltet werden. Eine sicherungsübereignete oder eine geleaste Maschine mag zwar nicht verkauft werden können; ihr

Einsatz für risikolose bzw. riskante Aufträge kann aber durch die Sicherungsübereignung nicht verhindert werden.
c) Sicherheiten beeinflussen die Informationskosten der Gläubiger. Es ist einsichtig, daß gesicherte Gläubiger geringere Informationsaktivitäten zu entwickeln brauchen. Dies muß aber kein Vorteil sein, falls die ungesicherten und daher durch die Existenz von Sicherungen stärker gefährdeten Gläubiger dafür umso höhere Informationskosten aufwenden müssen. Nach *Adams* [1980] wären Sicherheiten diesbezüglich ideal, wenn sie gewährleisten würden, daß im Insolvenzfall die gesicherten Gläubiger voll befriedigt und die ungesicherten Gläubiger eine Quote von Null erhielten. (Letzterem „Ideal" kommt die reale Situation in manchen Ländern sehr nahe.) Sowohl gesicherte wie auch ungesicherte Gläubiger könnten sich dann jegliche Informationskosten ersparen.
d) Sicherheiten beeinflussen die Wahrscheinlichkeit, daß Gläubiger Aktionen setzen, um bei drohendem Insolvenzfall bevorzugte Tilgung zu erhalten. Ungesicherte Gläubiger sind nicht nur daran interessiert, die Unternehmung sorgfältig zu überwachen (was die in Punkt c) behandelten Informationskosten beeinflußt), sondern können bei entsprechender Verlustgefahr Kreditkündigungen, Zwangsvollstreckungsmaßnahmen etc. einleiten. Anfechtungsregeln im Rahmen des Insolvenzrechts bieten allerdings einen gewissen Schutz gegen solche Aktivitäten. Kreditkündigungen, Zwangsvollstreckungsmaßnahmen etc. verursachen Transaktionskosten. Wenn die Wahrscheinlichkeit solcher Maßnahmen durch Sicherheiten verringert wird, weil die gesicherten Gläubiger solche Maßnahmen nicht notwendig haben und/oder weil sie für die ungesicherten Gläubiger infolge der Existenz von Sicherheiten weniger erfolgversprechend werden, ist dies ein Vorteil von Sicherheiten.
e) Ein (gesamtwirtschaftlicher) Nachteil von Sicherheiten würde vorliegen, wenn es mit ihrer Hilfe möglich sein sollte, bestimmte Gläubigergruppen, wie z. B. Kunden, zu benachteiligen – indem man ihre Gewährleistungsansprüche im Insolvenzfall entwertet; und wenn dies zu einer ineffizienten Entscheidung zwischen Konkurs mit Liquidation und Weiterführung führen sollte. Auf dieses Argument wird in Abschnitt 5.2.4.5 zurückgekommen werden.
f) Ein Nachteil von Sicherheiten sind die Kosten ihrer Bestellung.
g) Weiter sind Sicherheiten dann von Nachteil, wenn infolge eines kurzfristig zu erfüllenden Aussonderungs- bzw. Absonderungsanspruchs einer insolventen Unternehmung Gegenstände entzogen werden, die für die ins Auge gefaßte günstigste Sanierungs- bzw. Verwertungsalternative benötigt werden. Dieser Nachteil kann dadurch ausge-

räumt werden, daß dem Konkurs- bzw. Ausgleichsverwalter – bei vollem Schutz des Sicherungsnehmers – das Recht eingeräumt wird, Sicherungsgüter erst nach einer angemessenen Frist herauszugeben (Verfügungssperre).

Insgesamt dürften Sicherheiten gegenüber einer grundsätzlichen Gleichbehandlung aller Verbindlichkeiten, verbunden mit einer Bevorrechtigung mancher Verbindlichkeiten und Anfechtungsregeln, mehr Vor- als Nachteile haben. Dies gilt auch im Vergleich mit Prioritätsregeln. Bei einer Vielzahl von Krediten (Bankkrediten, Lieferantenkrediten) sind Prioritätsregeln weniger operabel und entsprechend schwierig zu kontrollieren: Wenn z. B. ein Kredit einschließlich Zinsen erste Priorität genießt, dürften keine Lieferantenkredite etc. rückgezahlt werden, bevor dieser Kredit nicht vollständig getilgt ist. Daher dürften Sicherheiten trotz ihrer Kosten effizienzsteigernd sein. Es ist daher zu begrüßen, daß nach langer Diskussion der Entwurf eines neuen Insolvenzrechts die Wirksamkeit von Sicherheiten grundsätzlich unangetastet beläßt (vgl. Abschnitt 5.2.5). Dies heißt aber nicht, daß hinsichtlich der Sicherheiten keine Reformbedürftigkeit besteht. Die in Abschnitt 2 mehrfach angeschnittenen Kollisionsprobleme (geht z. B. der verlängerte Eigentumsvorbehalt der Forderungszession vor oder umgekehrt?) könnten z. B. relativ einfach ausgeräumt werden.

5.2.4.5 Die Existenz von Kundenansprüchen

Bereits in Abschnitt 5.2.4.3 wurde ein spezielles Principal-Agent-Problem behandelt. Es wurde untersucht, ob es für den Agent (Eigentümer) günstig ist, in Koalition mit einem Principal (einem Gläubiger), durch Ausbeutung eines anderen Principals (eines weiteren Gläubigers), eine insgesamt ineffiziente Entscheidung zwischen Konkurs mit Liquidation und Fortführung zu treffen. In diesem Abschnitt wird eine andere Principal-Agent-Beziehung betrachtet. Der Agent (Eigentümer-Manager) agiert entweder allein oder in Koalition mit den Gläubigern. Die ausgebeuteten Principals sind die *Kunden*. Kunden haben Gewährleistungsansprüche. Außerdem haben viele Unternehmungen, die Investitions- und Konsumgüter mit langer Nutzungsdauer herstellen, in der Regel komparative Vorteile hinsichtlich Reparatur, Instandhaltung und der Herstellung von Ersatzteilen. Wenn somit eine solche Unternehmung liquidiert wird, erleiden Kunden Schaden. Sie verlieren Gewährleistungsansprüche und müssen Instandhaltungsleistungen bei anderen Unternehmungen teuer einkaufen. Dieses Agency-Problem kann, wie

Scott [1977] und dann *Titman* [1984] gezeigt haben, zu einer ineffizienten Entscheidung zwischen Liquidation und Fortführung führen, da das Wegfallen von Kundenansprüchen im Falle der Liquidation den Kapitalgebern zugutekommt.

Beispiel 40:

Der Fortführungswert einer Unternehmung sei 200, der Liquidationswert 220 und der Verlust der Kunden aus der Liquidation 40. In diesem Fall wäre es für alle Beteiligten günstiger, die Unternehmung fortzuführen: Anteilseigner und Gläubiger würden zwar nur 200 erhalten, die Kunden jedoch einen Verlust von 40 vermeiden. Bei Liquidation würden Anteilseigner und Gläubiger 220 erhalten, die Kunden jedoch einen Verlust von 40 erleiden. Treffen nun aber Gläubiger (und Anteilseigner) die Entscheidung und müssen sie die Kundenansprüche nicht abgelten, werden sie für die insgesamt ineffiziente Liquidation sein.

Titman [1984] versucht dieses Problem durch Kapitalstrukturierung zu lösen: Es werden sowohl Stammaktien, wie auch Vorzugsaktien (mindestens in Höhe der Verluste der Kunden aus einer Liquidation = C) und Fremdkapital (in Höhe von $L-C$, also Liquidationswert minus Kundenverluste aus der Liquidation) ausgegeben. Diese Kapitalstruktur bewirkt, daß die Kreditgeber erst Konkurs auslösen, falls der Fortführungswert M gleich $L-C$ ist (was ja bezweckt ist!). Auch die die Stammaktionäre vertretenden Manager sind nicht an einem Konkurs interessiert, falls $L = M$, da ja dann zwar die Gläubiger nur $L-C$ erhalten, den Rest jedoch die Vorzugsaktionäre.

Der Nachteil der Lösung von *Titman* liegt nun darin, daß sie Koalitionen ausschließt. Bei einer Koalition zwischen Stamm-, Vorzugsaktionären und Gäubigern ist es für sie wieder optimal, immer dann zu liquidieren, wenn der Liquidationswert größer ist als der Fortführungswert. Außerdem geht die Lösung davon aus, daß keinerlei Gläubigerverluste eintreten, da Konkurs ausgelöst wird, wenn $F = L-C$. *Swoboda* [1987b] hat daher als alternative Lösung vorgeschlagen, den Ansprüchen der Kunden – ebenso wie allen anderen stakeholders, die nicht aus eigener Entscheidung der Unternehmung Kredit geben, sondern durch die Aktionen der Unternehmung (hier durch die Produktions- und Preispolitik) zwangsläufig Gläubiger werden, wie z. B. Sozialversicherungsträger, Fiskus – erste Priorität zu geben (vgl. auch *Haugen Senbet* [1988, S. 33]). Dem entspricht z. B. auch die Usance in der Bauwirtschaft, daß die Auftraggeber 5% – 10% der Bausumme zunächst auf ein Sperrkonto einer Bank einzahlen. Die Baufirma erhält den Betrag erst nach Ablauf der Garantiefrist bzw. der Vornahme der Garantiearbeiten.

Man muß auch sehen, daß der Anreiz zu einer ineffizienten Entscheidung zwischen Liquidation und Fortführung zum Nachteil der Kunden prinzipiell nicht von der Kapitalstruktur abhängt. Er ist bei reiner Eigenfinanzierung ebenso vorteilhaft wie bei teilweiser Fremdfinanzierung. Er wird nur dann bei starker Fremdfinanzierung vorteilhafter als bei Eigenfinanzierung bzw. geringer Fremdfinanzierung, wenn man die schon bestehenden Gewährleistungsansprüche der Kunden im Liquidationsfall durch höhere Priorität der Kreditgeberansprüche wertlos machen kann. Diese Idee wird von *Scott* [1977, 1979] diskutiert, der darin einen Anreiz zu einer maximalen Besicherung von Kreditgeberansprüchen sieht. Allerdings könnten die Kunden bei hoch verschuldeten Unternehmungen und entsprechend unsicheren Ansprüchen so reagieren, daß sie nur bereit sind, geringere Preise für die Produkte zu bezahlen, was den Vorteil der Besicherung wieder wettmacht.

5.2.4.6 Langfristige Interessen bestimmter Kapitalgeber

Lieferanten, aber auch Banken werden bei der Entscheidung zwischen Weiterexistenz einer schuldnerischen Unternehmung oder ihrer Liquidation berücksichtigen, daß eine Weiterexistenz mit entsprechender Wahrscheinlichkeit künftige Geschäfte und daher zusätzliche Gewinne ermöglicht (aus Rohstofflieferungen, aus der Durchführung des Zahlungsverkehrs etc.). Diese erwarteten Vorteile erhöhen den Wert der Ansprüche der Kreditgeber im Fall der Fortführung und damit auch den Gesamtfortführungswert der Unternehmung. Im Extremfall kann der Fortführungswert der Unternehmung erst nach Berücksichtigung dieses Effekts höher werden als der Liquidationswert. Die Kreditgeber könnten dies zum Anlaß nehmen, mit einer Vergleichsquote zufrieden zu sein, die niedriger ist als der erwartete Liquidationserlös und so einen trouble shooter an einer Fortführung zu interessieren. Man muß allerdings sehen, daß dieses Argument nur dann von Relevanz ist, wenn die betreffenden Kapitalgeber Monopolgewinne aus Geschäften mit der schuldnerischen Unternehmung beziehen, für die es keine Kompensation gibt.

Auf der anderen Seite meint *Franke* [1981, S. 79], daß die Bereitschaft eines Gläubigers, einen Vergleich zu schließen, seine Verhandlungsposition in späteren, ähnlichen Situationen schmälert, weil er in den Ruf der Nachgiebigkeit kommt. Dies könnte dazu führen, daß er Konkurs mit Liquidation einem − isoliert gesehen − vorteilhafteren Vergleich vorzieht.

5.2.4.7 Steuerliche Effekte

Wenn die Liquidation im Rahmen eines Konkurses dazu führt, daß die in der Vergangenheit angesammelten steuerlichen Verluste nicht geltend gemacht werden können, eine Fortführung – z. B. im Rahmen einer Fusion mit einer gewinnerzielenden Unternehmung – jedoch den steuerlichen Verlustvortrag verwerten läßt, so erhöht dies einseitig den Fortführungswert. Die steuerliche Beschränkung des Verlustausgleichs führt dann zu einer ineffizienten Verwertungsentscheidung, falls ohne Berücksichtigung dieses steuerlichen Effekts der Liquidationswert höher ist als der Fortführungswert. Falls es jedoch gelingt, durch eine offizielle Fortführung im Rahmen einer Fusion den Verlustvortrag zu verwerten, in Wahrheit aber die betreffenden Vermögensgegenstände sukzessive zu liquidieren, wird wieder Effizienz hergestellt.

5.2.4.8 Arbeitnehmeransprüche

Arbeitnehmer werden von der Entscheidung zwischen Liquidation und Fortführung tangiert. Eine Liquidation einer Unternehmung führt zu Arbeitsplatzverlusten und entsprechenden Kosten für die Zahlung von Arbeitslosengeldern, Umschulungen, Fahrtkosten für die Inanspruchnahme entfernterer Arbeitsplätze etc. Eine Fortführung, verbunden mit Rationalisierungen, kann ebenfalls zur Freisetzung von Arbeitskräften führen. Die Nachteile für die Arbeitnehmer werden aber im allgemeinen geringer sein. Es ist für eine *gesamtwirtschaftlich* effiziente Entscheidung zwischen Liquidation und Fortführung wichtig, daß die größeren Nachteile, die den Arbeitnehmern aus einer Liquidation gegenüber der Fortführung erwachsen, auch in einer entsprechend größeren Minderung des Liquidationswerts zum Ausdruck kommen. Es ist daher richtig, daß etwa Abfertigungszahlungen, Belastungen aus Sozialplänen etc. zu den Masseforderungen bzw. bevorrechteten Forderungen zählen.

Nach Charakterisierung dieser grundsätzlichen Position sei kurz auf einige spezielle arbeitsrechtliche Regelungen eingegangen, die die Entscheidung zwischen Liquidation und Fortführung tangieren können. Hinsichtlich einer genaueren Untersuchung sei auf die Literatur verwiesen (*Drukarczyk* [1987a], *Rieger* [1988], *Marschdorf* [1984]).

Was die *Kündigungsschutzbestimmungen* gemäß Kündigungsschutzgesetz betrifft, so treffen sie die Sanierung schwerer als die Liquidation. Im Normalfall muß ja davon ausgegangen werden, daß Sanierungen mit Rationalisierungen und einer Reduzierung der Arbeitnehmerzahl verbunden sind. Kündigungsschutzprozesse werden aber bei intendierter Sanierung eine größere Erfolgswahrscheinlichkeit haben als bei Liquidation einer Unternehmung. Da Kündigungen aber stets die gleichen negativen Effekte für die betroffenen Arbeitnehmer haben, ob sie nun im Rahmen von Sanierungen oder im Rahmen von Liquidationen erfolgen, verzerrt ein besserer Kündigungsschutz bei Sanierungen die Entscheidung in Richtung auf Liquidation. Der zerschlagungsfördernde Aspekt von Kündigungsschutzbestimmungen ist umso höher, je höher die Rangordnung der bezüglichen Forderungen der Arbeitnehmer ist. Andererseits sind die *Sozialplanlasten* gemäß § 111 – 113 Betriebsverfassungsgesetz (z. B. Abfertigungszahlungen) im Falle der Liquidation größer. Eine effiziente Entscheidung zwischen Fortführung und Liquidation wird in Hinblick auf Arbeitnehmeransprüche nur dann gewährleistet, wenn Sozialplanlasten plus eventuelle Auswirkungen von Kündigungsschutzbestimmungen im Falle der Liquidation *höher* sind als im Falle der Weiterführung, und zwar um einen Betrag, der die zusätzlichen Nachteile der Arbeitnehmer aus der Liquidation richtig wiederspiegelt. Die Differenz zwischen den sozialen Lasten bei Liquidation und Fortführung kann auch durch staatliche Zuschüsse und/oder entsprechende Zugeständnisse der Gewerkschaften im Falle der Sanierung angepaßt werden, um eine gesamtwirtschaftlich effiziente Entscheidung zu erreichen.

In der Literatur werden die Auswirkungen von § 613a BGB intensiv diskutiert (*Drukarczyk* [1987a], *Rieger* [1988], *Marschdorf* [1984]). § 613a BGB sieht im Prinzip vor, daß die Arbeitnehmer aus einer Betriebsveräußerung im Ganzen keinen Nachteil erleiden dürfen, somit nicht leichter gekündigt werden dürfen etc. Außerdem muß der Betriebsübernehmer für rückständige Arbeitnehmeransprüche haften. Es sei zunächst nur der erste Gesichtspunkt, die sogenannte Bestandsschutzfunktion von § 613a BGB, betrachtet. Sie dient einer effizienten Entscheidung zwischen Fortführung und Liquidation. Würde sie nicht gelten, wären Arbeitnehmeransprüche im Falle der Fortführung durch bestimmte rechtliche Gestaltungen (Veräußerungen an einen Dritten, der unter Umständen nur ein Strohmann sein könnte) reduzierbar. Nachteile für die Arbeitnehmer würden dann nur mehr den Liquidationswert, nicht aber den Fortführungswert belasten und daher die Entscheidung zwischen Fortführung und Liquidation zugunsten der Fortführung verzerren. Daher gehen Hinweise darauf, daß § 613a die Liquidation gegenüber der Fortführung begünstigen würde, am Problem vorbei. Richtig ist vielmehr, daß die Kündigungsschutzbestimmungen (isoliert gesehen) die Liquidation begünstigen, und daß § 613a dafür sorgt, daß ihnen nicht so leicht ausgewichen werden kann. Meint man, daß die Kündigungsschutzbestimmungen trotz des Gegengewichts der Sozialplanlasten im

Durchschnitt zu einer Verzerrung der Entscheidung zwischen Liquidation und Fortführung in Richtung Liquidation führen, dann wäre an den Kündigungsschutzbestimmungen im Falle der Sanierung anzusetzen und damit indirekt auch an § 613 a, nicht aber direkt an § 613 a.

Anders ist hinsichtlich der Haftungsfunktion von § 613 a zu argumentieren. Haftet der Unternehmenserwerber für rückständige Ansprüche der Arbeitnehmer voll, während im Fall einer Liquidation bzw. eines Vergleichs die rückständigen Ansprüche als Nicht-Masse- oder nicht bevorrechtigte Forderungen nur teilweise beglichen werden müssen, so wird die Entscheidung zwischen Verkauf der insolventen Unternehmung und anderen Fortführungs- bzw. Liquidationsalternativen verzerrt.

Beispiel 41:

Für eine insolvente Unternehmung kommt nur Liquidation oder folgende Fortführungsvariante in Frage: Ein trouble shooter ist bereit, die Unternehmung für insgesamt 110 zu kaufen. Bei Liquidation würden 100 erzielt werden. Die Unternehmung habe Verbindlichkeiten von 300, davon sind 30 rückständige Arbeitsentgelte. Von den rückständigen Arbeitsentgelten zählen 10 zu den Masseforderungen, der Rest zu den Konkursforderungen. Gesicherte Forderungen mögen nicht bestehen. Die Kosten des Insolvenzverfahrens betragen in beiden Fällen 20.

Im Fall des Erwerbs muß der Erwerber gemäß § 613a die rückständigen Arbeitsentgelte voll bezahlen. Er wird daher für die Übernahme der Unternehmung nur 110 − 30 = 80 bieten. Davon sind 20 für die Kosten des Insolvenzverfahrens zu verwenden. Die Gläubiger würden daher eine Quote von (80 − 20)/(300 − 30) = 22,22% erhalten. Bei Liquidation wäre aber die Quote der Gläubiger (100 − 20 − 10)/(300 − 10) = 24,14%. Infolge der verzerrenden Wirkung der Haftungsfunktion von § 613a werden die Gläubiger die Liquidation bevorzugen, falls sie von den Arbeitnehmern nicht kompensiert werden.

5.2.4.9 Das Free-Rider-Problem

In dem Fall, in dem der Fortführungswert höher ist als der Liquidationswert, könnten einzelne Gläubiger versucht sein, sich nicht an einem Vergleich zu beteiligen, um einen besonders hohen Anteil an der Differenz zwischen Fortführungs- und Liquidationswert zu erhalten.

Beispiel 42:

Es seien der Fortführungswert 100, der Liquidationswert 70 und die Verbindlichkeiten 160. Für alle Gläubiger ist die Fortführung von Vorteil, wenn ein trouble shooter 90 bietet, auch wenn er davon 20 an Gläubiger zahlt, die zu keinem Vergleich bereit sind, und 70 an die übrigen Gläubiger, die damit eine Quote von 50% (70/140) erhalten. Bei Liquidation wäre die Quote niedriger.

Nun ist ohne weiteres ersichtlich, daß bei einer genügend großen Anzahl von free riders z. B. eine Fortführung durch Verkauf an einen trouble shooter bei einem informellen Vergleich mit den Gläubigern nicht mehr möglich ist. Wenn z. B. in Variation obigen Beispiels auch die Anteilseigner für ihre an sich wertlosen Aktien ein Entgelt von 30 wollten, würde eine Fortführung nicht in Frage kommen. Bei einem gesetzlichen Vergleich ist das Problem des free riding seitens der Gläubiger weitgehend ausgeschaltet, weil nicht Einstimmigkeit, sondern entsprechende Gläubigermehrheiten für das Zustandekommen eines Vergleichs ausreichen.

5.2.4.10 Zur Auswahl der optimalen Fortführungsvariante (Sanierungsvariante). Zur Behandlung von Sanierungsdarlehen

Die optimale Fortführungsvariante (Sanierungsvariante) ist diejenige mit dem größten Kapitalwert. Der Kapitalwert der optimalen Fortführungsvariante ist dem Liquidationswert (genauer dem maximalen Liquidationswert, wenn es mehrere Liquidationsvarianten gibt) gegenüberzustellen.

Bevor auf einzelne Sanierungsvarianten und die mit Sanierungskrediten verbundenen Probleme eingegangen wird, sei erläutert, welche Maßnahmen der sehr verschwommene Begriff der Sanierung umfassen kann. Allen Umschreibungen der *Unternehmenssanierung* dürfte gemeinsam sein, daß sie sich auf außergewöhnliche Maßnahmen beziehen, die einer in Schwierigkeiten geratenen Unternehmung helfen sollen, ihre Probleme zu überwinden. Man unterscheidet finanzwirtschaftliche und leistungswirtschaftliche Sanierung. Zur *finanzwirtschaftlichen Sanierung* zählen die Sanierung des Eigenkapitals (Einbringung neuen Eigenkapitals, Rechtsformwechsel, Herabsetzung des Grundkapitals etc.) und die Sanierung des Fremdkapitals (z. B. ein Vergleich mit den Gläubigern oder die Aufnahme von Sanierungskrediten). Die Umwandlung von Verbindlichkeiten in Eigenkapital ist eine Sanierungsmaßnahme, die sowohl Eigen- wie Fremdkapital betrifft. Die *leistungswirtschaftliche Sanierung* kann eine Änderung der Investitions-, Produktions-, Absatzpolitik oder der Organisation umfassen. Zumeist weisen Sanierungen sowohl leistungs- als auch finanzwirtschaftliche Elemente auf.

Eine Grundsatzentscheidung im Rahmen der Wahl der optimalen Sanierungsvariante besteht darin, ob *die bisherigen Eigentümer* (*Mana-

ger) *belassen* werden sollen oder nicht. Falls die Gläubiger der Auffassung sind, daß die bisherigen Eigentümer bzw. die von ihnen bestellten Manager am ehesten in der Lage sind, die insolvente Unternehmung mit Erfolg fortzuführen, infolge ihres Know-hows, der Kundenkontakte etc., wird ein Vergleich als optimale Sanierungsvariante in Frage kommen. Auch im Rahmen eines Vergleichs können durch Vereinbarungen die Mitbestimmungsrechte der Gläubiger gestärkt werden, oder es kann vereinbart werden, daß die bisherigen Eigentümer einen von den Gläubigern akzeptierten neuen Geschäftsführer einsetzen. Falls jedoch die Gläubiger der Auffassung sind, daß die bisherigen Eigentümer nicht optimal geeignet sind, die Unternehmung fortzusetzen, sollte es möglich sein, durch Ablehnung eines Vergleichs zu erreichen, daß die Unternehmung an einen trouble shooter veräußert wird, mit dem dann die Gläubiger einen entsprechenden Vergleich abschließen können.

Ein weiteres wichtiges Problem ist das von *Investitionen* im Rahmen von (leistungswirtschaftlichen) Sanierungen und ihrer *Finanzierung*. Wird die Finanzierung durch *Sanierungsdarlehen* vorgenommen, entsteht die Frage, inwieweit eine Sicherung bzw. Priorität eines solchen Darlehens zulässig sein soll bzw. von den anderen Gläubigern geduldet wird. In diese Frage soll das folgende Beispiel einführen:

Beispiel 43:

Der Liquidationswert einer insolventen Unternehmung sei 180. Das Fremdkapital sei 500, der Kreditzinsfuß sei generell 10%.

Bei unveränderter Fortführung wird mit Einzahlungsüberschüssen von je 50 für die nächsten drei Jahre gerechnet. Dann muß die Unternehmung für 100 liquidiert werden.

Ein Unternehmensberater schlägt ein Sanierungsprogramm vor, das zu $t = 0$ eine Investition von 200 erfordert. Mit einer Wahrscheinlichkeit von 90% werden dadurch die Einzahlungsüberschüsse auf jährlich 90 und mit einer Wahrscheinlichkeit von 10% auf jährlich 60 steigen. Die Lebensdauer der Unternehmung wird jedenfalls auf fünf Jahre verlängert. Der Liquidationswert der Unternehmung zu $t = 5$ wird dann 150 betragen.

Zunächst ist zu klären, welche Variante bei reiner Eigenfinanzierung (also bei Außerachtlassung eventueller Finanzierungsprobleme) die günstigste ist. Die Anteilseigner mögen ebenfalls mit einem Zinssatz von 10% rechnen.

Liquidationswert: 180

Fortführungswert ohne Sanierungsinvestition:
$$50[(1+0,10)^{-1}+(1+0,10)^{-2}+(1+0,10)^{-3}]+100(1+0,10)^{-3} = 199.$$

Fortführungswert mit Sanierungsinvestition:
im günstigen Zustand:

$-200 + 90\,[(1+0{,}10)^{-1} + (1+0{,}10)^{-2} + (1+0{,}10)^{-3} + (1+0{,}10)^{-4} + (1+0{,}10)^{-5}]$
$+ 150(1+0{,}10)^{-5} = -200 + 90 \cdot 3{,}9707 + 150 \cdot 0{,}6209 = 234;$

im ungünstigen Zustand:

$-200 + 60 \cdot 3{,}9707 + 150 \cdot 0{,}6209 = 121.$
Der (erwartete) Fortführungswert beträgt daher $0{,}90 \cdot 234 + 0{,}10 \cdot 121 = \underline{222{,}7}$.

Bei reiner Eigenfinanzierung ist die Fortführungsvariante mit Sanierungsinvestition am günstigsten. Dies gilt aber auch bei der oben angenommenen Überschuldung der Unternehmung. Die Fortführung mit Sanierungsinvestition könnte z. B. dadurch realisiert werden, daß ein trouble shooter die Unternehmung gegen Zahlung von 200 aufkauft, wovon die Gläubiger z. B. 190 und die bisherigen Eigentümer 10, also jedenfalls mehr als bei Liquidation erhalten. Der trouble shooter hätte dann noch 200 zu investieren. Der Kapitalwert seines Engagements würde 22,7 betragen.

Wenn, wegen ihrer besonderen Fähigkeiten, die alten Eigentümer die Unternehmung weiterführen sollen, jedoch keine finanziellen Mittel besitzen, um die Sanierungsinvestition zu finanzieren, kann ein *Sanierungskredit* erwogen werden. Ein Kreditgeber wird natürlich nur dann einen Sanierungskredit geben, wenn er entweder kein Risiko trägt (also voll gesichert ist) oder eine der Ausfallwahrscheinlichkeit entsprechende Prämie dem Zinssatz zuschlagen kann. Wie durch Fortsetzung des Beispiels gezeigt wird, ändert aber auch die Aufnahme eines voll gesicherten Sanierungskredits nichts daran, daß die Sanierungsvariante für alle Beteiligten die günstigste bleibt. Es könnte z. B. folgendes *Arrangement* getroffen werden:

Der Sanierungskredit wird gesichert. Der Kreditgeber erhält mit Sicherheit zu $t = 5$
$200(1+0{,}10)^5 = 322{,}10.$

Die bisherigen Gläubiger setzen ihre Verbindlichkeiten so herab, daß der Barwert ihrer erwarteten Einnahmen 210 (also mehr als bei Liquidation bzw. Fortführung ohne Sanierungsinvestition) beträgt. Um dies zu erreichen, müssen sie die weiterhin mit 10% verzinsten Forderungen auf 219,90 reduzieren. Sie würden dann im Falle der ungünstigen Entwicklung den gesamten Endwert zu $t = 5$ nach Befriedigung des gesicherten Gläubigers, d.i.

$60\,[(1+0{,}10)^4 + (1+0{,}10)^3 + (1+0{,}10)^2 + (1+0{,}10)^1 + 1] + 150 = 516{,}31 - 322{,}10$ (gesicherte Verbindlichkeiten) $= 194{,}20$, und im Falle der günstigen Entwicklung
$219{,}90(1+0{,}10)^5 = 354{,}20$
erhalten.

Der erwartete Barwert ist 210:
$(0{,}90 \cdot 354{,}20 + 0{,}10 \cdot 194{,}20)(1+0{,}10)^{-5} = 210.$

Die Anteilseigner erhalten bei ungünstiger Entwicklung nichts und im günstigen Fall den restlichen Endwert von:

$90\,[(1+0{,}10)^4 + (1+0{,}10)^3 + (1+0{,}10)^2 + (1+0{,}10)^1 + 1] + 150 = 699{,}50 - 322{,}10$
(gesicherte Verbindlichkeiten) $- 354{,}20$ (ungesicherte Verbindlichkeiten) $= 23{,}20$.

Der Barwert des Engagements ist somit:
$(0{,}90 \cdot 23{,}20 + 0{,}10 \cdot 0)(1+0{,}10)^{-5} = 12{,}90.$

Für die Anteilseigner ist daher die Fortführung mit Sanierungsinvestition ebenfalls günstig.

Im Beispiel 43 wurde gezeigt, daß auch gesicherte Sanierungskredite – falls eine Sanierung mit Investition die günstigste Variante darstellt – keinen Nachteil für die bisherigen Kapitalgeber bedeuten (siehe dazu auch *Drukarczyk* [1987a, S. 272ff., 1987b, 1991]), der auch auf die Rechtsprechung des BGH zur Sittenwidrigkeit von Sanierungskrediten kritisch eingeht).

Gesicherte Sanierungskredite können allerdings dann zur Ausbeutung der Gläubiger führen, wenn sie es ermöglichen, einen an sich angezeigten Konkurs mit Liquidation hinauszuschieben (*Drukarczyk* [1987a, S. 272ff.]). So könnten Anteilseigner gesicherte Sanierungskredite gewähren, um eine Unternehmung fortzuführen, deren Liquidationswert höher ist als der Fortführungswert. Gelingt die Fortführung, so ist dies im Interesse der Anteilseigner; gelingt sie nicht, verlieren die Anteilseigner infolge der gesicherten Sanierungskredite nicht mehr als sie bei sofortiger Liquidation verlieren; den erwarteten Verlust aus der ineffizienten Entscheidung erleiden die Gäubiger. Der erwartete Verlust wird noch größer, wenn die Anteilseigner in der gewonnenen Zeit die Unternehmung ausräumen.

5.2.4.11 Heterogene Information über Liquidations- und Fortführungswert

Die meisten der in den Abschnitten 5.2.4.1 bis 5.2.4.10 besprochenen Probleme, soweit sie nicht ohnehin Informationsprobleme waren, werden durch heterogene Erwartungen hinsichtlich Liquidationswert, Fortführungswert bei einzelnen Varianten der Fortführung, Wahrscheinlichkeit von (gläubigerschädigenden) Handlungsweisen des Managements etc. noch erschwert; zumal die Gläubiger die Interessenlage der Eigentümer bzw. des Managements richtig einschätzen können: Da Anteilseigner unabhängig von der Relation zwischen Fortführungswert und Liquidationswert an einer Fortführung interessiert sind, werden die Gläubiger Angaben der Anteilseigner über hohe Fortführungswerte mit Skepsis gegenüberstehen. Heterogene Information kann nur in seltenen Fällen aufgelöst werden: z. B. wenn der trouble shooter mit den günstigsten Erwartungen die Unternehmung aufkauft und jedem Beteiligten mehr zu zahlen bereit ist, als dieser sich bei einer anderen Alternative günstigstenfalls erhofft. Andernfalls sind Mehrheitsentscheidungen (wie zwischen Vergleich und Konkurs mit Liquidation) notwendig und gegebenenfalls sogar die Aufhebung von Gläubigerentscheidungen durch das Gericht, falls das Gericht der Meinung ist, die Gläubiger haben entgegen ihren Interessen gestimmt (im Rahmen des amerikanischen und des geplanten deutschen Reorganisationsverfahrens, siehe Abschnitt 5.2.5). In diesem Zusammenhang sei auf eine Arbeit von *Giammarino* [1988] hingewiesen. Der Autor identifiziert Gleichgewichtssituationen, in denen die Gläubiger für ein formelles Konkursverfahren plädieren, weil sie dem „offiziellen Schiedsrichter" mehr trauen als einem Vergleichsvorschlag des Schuldners.

In Hinblick auf heterogene Informationen sind Abstimmungsverfahren bzw. der Kreis der Abstimmungsberechtigten und die erforderlichen Mehrheiten von besonderem Interesse. *Franke* [1986, S. 620] versucht jene Kombination von Abstimmungsregeln bzw. -modalitäten zu finden, „die die erwarteten gesamtwirtschaftlichen Kosten von Fehlentscheidungen minimiert".

5.2.5 Zu den Funktionen des Insolvenzrechts und zur Insolvenzrechtsreform

Aufgabe des Insolvenzrechts ist es, sowohl im Vorfeld der Insolvenz als auch während des Insolvenzverfahrens Umverteilungen zu Lasten von Gläubigern zu verhindern. Dadurch werden Informations-, Kontroll- und Kampfaktivitäten erspart, und es wird eine unverzerrte Unternehmungspolitik und hier insbesondere eine effiziente Entscheidung zwischen Fortführung und Liquidation begünstigt.

Folgende Bestimmungen des Insolvenzrechts helfen diesem Ziel näherzukommen:

- *Sanktionsdrohungen* gegen Eigentümer, Manager und eventuell auch gegen mit ihnen koalierende Gläubiger für Gläubigerbegünstigung, verspätete Insolvenzauslösung etc. Es ist wohl herrschende Meinung, daß solche Sanktionsdrohungen an Personen ansetzen sollten, nicht an der Unternehmung. Die „strafweise" Liquidation einer Unternehmung im Konkursfall, unabhängig von den Fortführungschancen, würde in vielen Fällen nicht nur Eigentümer bzw. Manager bestrafen, sondern auch Arbeitnehmer oder Kunden. D.h. Sanktionen im Insolvenzrecht sollten eine effiziente Entscheidung zwischen Fortführung und Liquidation einer Unternehmung nicht behindern.
- Die *Übernahme der Kontrolle bzw. Geschäftsführung* im Insolvenzfall durch Insolvenzverwalter und/oder Gläubigerbeirat, um (weitere) gläubigerschädigende Aktivitäten des Managements zu verhindern.

- *Anfechtungsrechte* für den Insolvenzverwalter, um gläubigerschädigende Aktivitäten des Managements vor Insolvenzeröffnung rückgängig bzw. von vorneherein weniger attraktiv zu machen.
- Das *Aussetzen von Einzelvollstreckungen bzw. der Inanspruchnahme von Sicherheiten* im Insolvenzfall, um eine geordnete Fortführung bzw. Liquidation nicht zu behindern.

Neuralgische Punkte eines Insolvenzrechts sind:

- Auf Grund welcher Tatbestände (in welchem Stadium) werden Insolvenzen ausgelöst (vgl. *Franke* [1984], *Drukarczyk* [1987a, 1993a], *Kölsch* [1988])?
- Welche Sicherheiten sind im Insolvenzfall wie wirksam?
- Wie erfolgt die Entscheidungsfindung zwischen Liquidation und Fortführung?
- Welche Anfechtungsrechte bestehen?

Im folgenden soll kurz zu den ersten drei Problemen Stellung bezogen und dabei auch behandelt werden, welche Auffassungen der Regierungsentwurf der Insolvenzordnung (1991) dazu vertritt.

Hinsichtlich der *Auslösung eines insolvenzrechtlichen Verfahrens* herrscht in der betriebswirtschaftlichen Literatur die Auffassung vor, daß es ideal wäre, wenn ein Insolvenzverfahren in dem Moment eingeleitet würde, in dem der Unternehmungswert gerade gleich dem Verschuldungsvolumen ist (z. B. *H. Hax* [1985], *Marschdorf* [1984, S. 261]). Begründet wird diese Auffassung damit, daß bis zu diesem Zeitpunkt ein Gläubiger bzw. ein trouble shooter alle Anteile an der Unternehmung aufkaufen und alle (übrigen) Gläubiger voll auszahlen könnte. Würde man dieses Auslösekriterium installieren, gäbe es keine Gläubigerverluste und keine diesbezüglichen Agency-Kosten mehr. Gäubiger brauchten weder Sicherheiten noch Informationsaktivitäten, Kredite würden generell zum sicheren Zinsfuß gewährt werden. Die Folge wäre entweder eine sehr frühe und damit häufige Insolvenzauslösung mit entsprechenden Kosten und/oder eine radikale Verringerung der Verschuldungsgrade der Unternehmungen, was wieder eventuelle Vorteile der Verschuldung, z. B. steuerlicher Art, weniger ausnutzen läßt. Insofern ist fraglich, ob das als ideal angesehene Auslösekriterium wirklich ein gesamtwirtschaftliches Optimum gewährleistet. Der Regierungsentwurf einer Insolvenzordnung folgt diesen radikalen Vorschlägen nicht. Er sieht aber eine Reihe von Anreizen vor, Insolvenzverfahren früher zu eröffnen, insbesondere indem er das Interesse der Schuldner verstärkt, Insolvenzverfahren zur Lösung ihrer Probleme zu nutzen (vgl. *Drukarczyk* [1992]).

Zum Problem der Behandlung von *Sicherheiten im Insolvenzfall* wurde bereits in Abschnitt 5.2.4 ausführlich und die positiven Effekte von Sicherheiten betonend Stellung bezogen. Im Rahmen der Diskussion der Insolvenzrechtsreform wurden zahlreiche Vorschläge mit der Zielsetzung unterbreitet, die Wirksamkeit von Mobiliarsicherheiten einzuschränken. Von betriebswirtschaftlicher Seite wurde zum Teil heftige Kritik an diesen Vorschlägen geübt (*Swoboda* [1984a], *Schildbach* [1983], *Drukarczyk* [1987a]). Es ist daher zu begrüßen, daß der Regierungsentwurf die vor Insolvenz getroffenen Sicherungsvereinbarungen grundsätzlich voll respektiert. Der Insolvenzverwalter hat aber in Zukunft das Recht, die Verwertung beweglicher Sicherungsgüter, zu denen auch die unter Eigentumsvorbehalt verkauften Güter zählen, aufzuschieben, diese Güter weiter zu nutzen und selbst zu verwerten. Außerdem hat der Sicherungsnehmer die Kosten der Feststellung bzw. Verwertung des Sicherungsguts zu tragen – alles im Grunde durchaus begrüßenswerte Regelungen (vgl. *Drukarczyk* [1992]).

Besonderes Gewicht des Regierungsentwurfs liegt auf der Ermöglichung einer fundierten Entscheidung zwischen Fortführung und Liquidation. So kann die Gläubigerversammlung den Insolvenzverwalter beauftragen, einen Insolvenzplan auszuarbeiten, und zwar sowohl für eine Reorganisation als auch für eine Liquidation. Aber auch der Schuldner selbst oder auch – unter bestimmten Bedingungen – Gruppen von Gläubigern können Insolvenzpläne vorlegen. Über die Pläne ist abzustimmen, wobei Beteiligte mit gleicher Rechtsstellung zu Abstimmungsgruppen zusammengefaßt werden. Das Insolvenzgericht hat das Recht, einerseits auf Antrag eines widersprechenden Gläubigers einen beschlossenen Plan abzulehnen, wenn der widersprechende Gläubiger durch den Plan schlechter gestellt wird gegenüber der Lage ohne Plan. Andererseits ist eine gerichtliche Zustimmungsersetzung vorgesehen, falls das Gericht zur Auffassung kommt, daß eine nicht zustimmende Gruppe gemäß Plan nicht schlechter gestellt ist als ohne Plan und einige andere Bedingungen gegeben sind. Diese Regelung ist dem amerikanischen Reorganisationsverfahren nachgebildet und ist ein Mittel gegen free riders (vgl. die ausführliche und im wesentlichen zustimmende Besprechung von *Drukarczyk* [1992]).

Österreich hat in unüblicher Eile bereits 1982 ein Insolvenzrechtsänderungsgesetz beschlossen. Kennzeichen dieses Gesetzes sind:
– Die Einführung von Sperrfristen für die Erfüllung von Aussonderungs- und Absonderungsrechten (z. B. im Konkurs bis zu 90 Tagen).
– Die Einführung des sogenannten klasselosen Konkurses: neben den Masseforderungen gibt es nur mehr eine Klasse von Konkursgläubigern.

- Eine Erschwerung der Schließung der Unternehmung im Konkursfall [§ 115 (1) KO] bei Wahrung der Interessen der Konkursgläubiger: Das Konkursgericht darf die Schließung eines Unternehmens nur anordnen oder bewilligen, wenn feststeht, daß anders eine Erhöhung des Ausfalls, den die Konkursgläubiger erleiden, nicht vermeidbar ist. Eine Erhöhung des Ausfalls ist vermeidbar, wenn potente Personen gegenüber dem Gericht erklären, den Gläubigern für den Ausfall zu haften [§ 115 (2)].
- Die Förderung der Sanierung in Form des Ausgleichs (in Österreich heißt der Vergleich Ausgleich) durch die Regelung, daß Forderungen der Arbeitnehmer für die Zeit nach Ausgleichseröffnung dann zu den Ausgleichsforderungen zählen, wenn das Beschäftigungsverhältnis vor der Verfahrenseröffnung begonnen hat und entweder nach Verfahrenseröffnung durch Ausgleichsschuldner oder -verwalter wegen der Verfahrenseröffnung gekündigt oder schon vorher durch Ausgleichsschuldner oder durch den Arbeitnehmer selbst gelöst wurde (§ 23 AO). Diese Regel fördert Sanierungen und ermöglicht das Angebot einer höheren Ausgleichsquote, ohne die durch den Insolvenz-Ausfallgeld-Fonds gesicherten Arbeitnehmer zu benachteiligen.
- Die Einführung eines „Vorverfahrens" zwecks Reorganisation/Sanierung. Das Vorverfahren ist ein selbständiges Verfahren, das aber in ein Ausgleichsverfahren übergeleitet werden kann. Es ist in der Ausgleichsordnung geregelt. Es steht zahlungsunfähigen und/oder überschuldeten Unternehmungen offen, die noch in Betrieb sind. Organe sind ein vorläufiger Verwalter und ein vorläufiger Gläubigerbeirat. Im Rahmen des Vorverfahrens können Vergleiche, auch bedingter Natur, mit den Gläubigern geschlossen werden. Es kann auch versucht werden, die Forderungen von Gläubigern, die am Vergleich nicht teilnehmen wollen, aufzukaufen. Es gibt für die Vergleiche keine Mindesterfordernisse; doch hat das Ausgleichsgericht die Protokollierung des Vergleichs abzulehnen, wenn es Sonderbegünstigungen von Gläubigern feststellt. Interessanterweise wird es nicht als Sonderbegünstigung angesehen, wenn manche Gläubiger am Vergleich nicht teilnehmen und daher ihren vollen Anspruch behalten (Free-Rider-Problem!). – 12 Jahre nach Einführung des Vorverfahrens muß allerdings festgestellt werden, daß dieses Verfahren, das Marktprozessen besonders viel Spielraum geben und mit möglichst wenig rechtlichen Regelungen auskommen wollte, kein wirkliches Leben gewonnen hat. Es wird selten in Anspruch genommen.

5.2.6 Die Wahrscheinlichkeit von Notverkäufen, das Halten von Liquiditätsreserven und die optimale Kapitalstruktur

Finanzielle Schwierigkeiten, die zu einer Konkursauslösung durch die Gläubiger führen könnten, sind oft durch *Notverkäufe* oder auch nur durch das Unterlassen rentabler Investitionen abwendbar. Unter Notverkäufen wird dabei der Verkauf von Anlagegegenständen usw. verstanden, der bei reiner Eigenfinanzierung bzw. ohne finanzielle Notsituation nicht als rentabel eingestuft worden wäre. Die Möglichkeit der Vornahme solcher Notverkäufe mindert zweifellos den Unternehmungswert einer verschuldeten Unternehmung gegenüber demjenigen einer voll eigenfinanzierten Unternehmung. Dabei sind zwei Fälle zu unterscheiden. Erstens kann in dieser Situation der Ertragswert der Unternehmung höher als der Liquidationswert sein. In diesem Fall dienen die Notverkäufe der Vermeidung eines nicht optimalen Konkurses und mindern dadurch die Nachteile der Fremdfinanzierung. Zweitens können Notverkäufe zu einem Zeitpunkt stattfinden, zu dem der Liquidationswert bereits den Ertragswert überschreitet und eine voll eigenfinanzierte Unternehmung liquidiert würde. In diesem Fall gehen die Notverkäufe zu Lasten der Gläubiger; sie verstärken die Nachteile der Fremdfinanzierung.

Selbstverständlich kann die Argumentation von Haugen Senbet auch auf die Frage der „Notverkäufe" angewendet werden. Dann zeigt sich folgendes: Insofern die Zerschlagungswahrscheinlichkeit – durch die Möglichkeit zur Eigenfinanzierung, von Fusionen usw. – ohnehin nicht vom Verschuldungsgrad abhängt, kommt Notverkäufen bei Unternehmungen, deren Ertragswert den Liquidationswert übersteigt, *keine* Funktion zu. Insofern Notverkäufe dazu dienen, die Eliminierung „liquidationsreifer" Unternehmungen auf Kosten der Gläubiger hinauszuzögern, stellen sie ein Element dar, das den Wert teilweiser fremdfinanzierter Unternehmungen gegenüber demjenigen voll eigenfinanzierter Unternehmungen mindert. Die Gläubiger werden ja diese für die Anteilseigner vorteilhafte Handlungsweise bei finanziellen Schwierigkeiten voraussehen und entsprechend in ihren Zinsforderungen berücksichtigen.

Ganz ähnlich ist bezüglich der *Liquiditätsreserven* zu argumentieren. Natürlich benötigt auch eine voll eigenfinanzierte Unternehmung zum Ausgleich fluktuierender Ein- und Auszahlungen Liquiditätsreserven. Ihre Höhe kann durch Kassenhaltungsmodelle optimiert werden (vgl. den ausführlichen Überblick bei *Ballwieser* [1978]); Bestimmungsgründe sind Transaktionskosten (z. B. Liquidierung von Wertpapierbeständen) und entgangene (höhere) Renditen liquider Bestände. Wenn nun optimale Liquiditätsreserven einer verschuldeten Unternehmung höher sein sollten als diejenigen einer voll eigenfinanzierten Unternehmung, liegt darin ein Nachteil der Fremdfinanzierung. Diesen Gesichtspunkt übersehen Literaturauffassungen, die die Strukturierung von „Mobilitätsreserven" in Abhängigkeit (auch) vom Verschuldungsgrad besprechen (z. B. in ausführlicher Form *Donaldson* [1969]). Dieser Aspekt soll durch ein Beispiel verdeutlicht werden:

Beispiel 44:

Der Wert einer voll eigenfinanzierten Unternehmung beträgt 100. Wenn Fremdkapital im Ausmaß von 60 aufgenommen wird, so glaubt die Geschäftsleitung, davon 10 in Liquiditätsreserven anlegen zu müssen, um die Wahrscheinlichkeit eines Konkurses bzw. sonstiger finanzieller Schwierigkeiten auszuschalten. Da die Liquiditätsreserven nur mit geringer Rentabilität angelegt werden können, sei ihr Ertragswert nur 5. In diesem Fall ist die Substitution von Eigen- durch Fremdkapital, wenn das Fremdkapital keine sonstigen, etwa steuerlichen Vorteile hat, eindeutig ungünstig: Bei reiner Eigenfinanzierung hat die Unternehmung einen Wert von 100 für die Anteilseigner. Nach Aufnahme des Fremdkapitals kann den Eigentümern 50 (= 60 minus 10) rückgezahlt werden. Ihr Anteil an der Unternehmung hat aber nur noch einen Wert von 100 plus 5 (Liquiditätsreserven) minus 60 (Fremdkapital) ist gleich 45. Kapitalrückzahlung plus Wert der verbleibenden Anteile betragen 95 und sind somit kleiner als der Wert der Unternehmung für die Anteilseigner bei voller Eigenfinanzierung.

Wenn somit das Ausmaß der Liquiditätsreserven vom Verschuldungsgrad abhängt, so stellen die Kosten der − gegenüber reiner Eigenfinanzierung − zusätzlichen Liquiditätsreserven zusammen mit den negativen Auswirkungen einer höheren Konkurs-(Liquidations-)Wahrscheinlichkeit und den erwarteten Kosten aus Maßnahmen zur Konkursvermeidung *Nachteile* der Fremdfinanzierung dar, die mit dem Verschuldungsgrad offenbar positiv korrelieren.

Analoges gilt dann, wenn die Versicherungspolitik einer Unternehmung mit dem Verschuldungsgrad korreliert.

5.2.7 Die Konkurswahrscheinlichkeit − ein Motiv für Fusionen, Konzernbildung und Haftungsgemeinschaften?

In der älteren Finanzierungsliteratur wird als Vorzug von Fusionen und Konzentrationen neben Einsparungen im Fertigungs-, Vertriebs- und Verwaltungsbereich (Synergieeffekte) häufig auch die Minderung von Risiken angeführt. Man argumentiert, daß die Vereinigung von Unternehmungen mit unterschiedlichem Produktionsprogramm das Investitionsrisiko pro Einheit Kapital verringere, wenn die zukünftigen Zahlungsströme dieser Unternehmungen nicht vollständig miteinander korrelieren. Diese Risikominderung wird als Hauptbegründung für die Bildung von Conglomerates herangezogen. Conglomerates vereinigen Betriebe unterschiedlicher Branchen in einem Konzern, ohne das Einsparungen im Fertigungs-, Verwaltungs- und Vertriebsbereich bezweckt werden.

Aus dem Modell vom Kapitalmarktgleichgewicht ist demgegenüber abzuleiten, wenn man von der Konkurswahrscheinlichkeit zunächst absieht, daß sich durch einen Zusammenschluß von Unternehmungen unterschiedlicher Branchen keine Risikominderung erzielen läßt, die nicht ebensogut von jedem Investor durch eine entsprechende Zusammenstellung eines Wertpapierportefeuilles erreicht werden kann. Es ist für die Investoren gleich riskant, ob sie je ein Prozent des Grundkapitals dreier selbständiger Aktiengesellschaften oder ein Prozent des Grundkapitals einer durch Fusion dieser drei Unternehmungen entstandenen Gesellschaft in Händen haben.

Dann wurde argumentiert (*Lewellen* [1971]), daß ein Zusammenschluß von Unternehmungen dennoch in risikomäßiger Hinsicht von Vorteil sein kann, da finanzielle Schwierigkeiten einer Teilunternehmung, die bei Selbständigkeit zum Konkurs führen müßten, durch Einsatz von Mitteln anderer Teilunternehmungen bekämpft werden können. Wenn aber die Argumentation von *Haugen Senbet* (vgl. Abschnitt 5.2.3) richtig ist, daß der Verschuldungsgrad die Konkurswahrscheinlichkeit nicht beeinflußt, verliert auch diese Auffassung an Relevanz.

Das gleiche gilt, wenn Unternehmungen (über Berufsverbände) Haftungsgemeinschaften bilden, so z. B. durch die Gründung von Kreditgarantiegemeinschaften. Sie haben nur dann eine Funktion, wenn der Verschuldungsgrad mit der Konkurswahrscheinlichkeit bzw. mit der Wahrscheinlichkeit kostspieliger Maßnahmen der Konkursvermeidung korreliert ist.

5.2.8 Zur Optimierung der Kapitalstruktur unter gleichzeitiger Beachtung der Konkurswahrscheinlichkeit und steuerlicher Einflüsse

In Abschnitt 3.2.2 wurde gezeigt, daß die steuerlichen Auswirkungen auf die Kapitalstruktur nicht nur vom Steuersystem, sondern in beträchtlichem Maße von den Reaktionen der Kapitalgeber und Unternehmungen auf das Steuersystem abhängen. Daher kann auch bei Existenz einer Körperschaftsteuer und Einkommensteuer bei Abzugsfähigkeit der Kreditzinsen von den Bemessungsgrundlagen beider Steuern die Irrelevanz der Kapitalstruktur erhalten bleiben (*Miller* [1977]). Die folgenden Erörterungen sind daher nur für jene Fälle relevant, in denen das Steuersystem die Fremdfinanzierung c.p. vorteilhafter macht als die Eigenfinanzierung, z. B. wenn nur eine Körperschaftsteuer (und keine Einkommensteuer) eingehoben wird.

Zweitens setzen die folgenden Ausführungen voraus, daß – quasi als Gegengewicht zu den steuerlichen Vorteilen verstärkter Fremdfinanzierung – die Konkurs- im Sinne der Liquidationswahrscheinlichkeit bzw. die Wahrscheinlichkeit von Kosten der Insolvenzbereinigung mit zunehmendem Verschuldungsgrad steigt. Auch gegen die Plausibilität dieser Annahme können begründete Zweifel vorgebracht werden (vgl. Abschnitt 5.2.3).

Wiewohl somit zwei angreifbare Prämissen erforderlich werden, wird in diesem Abschnitt an Hand eines einfachen Modells (Beispiel 45) untersucht, in welcher Weise durch das Zusammenwirken steuerlicher Einflüsse und einer mit dem Verschuldungsgrad zunehmenden Konkurswahrscheinlichkeit ein optimaler Verschuldungsgrad bewirkt werden kann. Es handelt sich somit um eine der sogenannten Trade-off-Theorien, wie sie in Abschnitt 5.1.3.1.2 vorgestellt wurden. Dabei ist folgende komplexe Beziehung zwischen den steuerlichen Vorteilen aus der Abzugsfähigkeit von Fremdkapitalzinsen von der Gewinnsteuerbasis und dem Verschuldungsgrad zu beachten: Einerseits nimmt der Kreditzinssatz mit steigendem Verschuldungsgrad und daher größerer Ausfallswahrscheinlichkeit zu, wodurch die steuerlichen Vorteile vergrößert werden. Andererseits steigt auch die Wahrscheinlichkeit der Erzielung steuerlicher Verluste sowohl mit steigendem Verschuldungsgrad als auch mit steigendem Kreditzinssatz, was die steuerlichen Vorteile wieder mindert, da in Verlustsituationen die steuerliche Abzugsfähigkeit der Kreditzinsen keinen Vorteil bringt.

Das folgende Beispiel 45 soll einen grundlegenden Einblick in diese Zusammenhänge geben. Es sei aber vermerkt, daß es zahlreiche Arbeiten gibt, die diese beiden Effekte in kompliziertere Modelle einbauen. So wurden Steuern und Konkurswahrscheinlichkeit in Kapitalmarktgleichgewichtsmodelle eingebaut (so *Chen* [1978], *Kim* [1978]). In letzter Zeit haben *Kane Marcus McDonald* [1985] und *Fischer Heinkel Zechner* [1989] die Optionsbewertungstheorie angewandt, um den kombinativen Effekt dieser beiden Einflußgrößen auf die optimale Kapitalstruktur zu untersuchen. Neuere Ansätze, die Konkurskosten oder Reorganisationskosten als Gegengewicht von steuerlichen Vorteilen der Fremdfinanzierung sehen, sind *Bergman Callen* [1991] und *Mauer Triantis* [1993].

Beispiel 45:

Die Unternehmung A habe einen Kapitalbedarf von insgesamt 90. Es soll die Kapitalstruktur (d. h. die Art der Deckung des Kapitalbedarfs) optimiert werden. Die Einzahlungsüberschüsse zu $t = 1$ ($= M_1$) sind zwischen 54 und 154 gleichverteilt ($\bar{M}_1 = 104$). Falls M_1 kleiner ist als $F_0(1+k)$, muß Konkurs zu Kosten von $C_K = 20$ bzw. alternativ 4 stattfinden. Bis zu einer Kreditaufnahme von $50 (k = 0{,}08)$ ist die Konkurswahrscheinlichkeit daher Null. Bei höheren Kreditaufnahmen beträgt die Konkurswahrscheinlichkeit $0{,}01\ [F_0(1+k)-54]$. Der vereinbarte Kreditzinssatz ist natürlich abhängig von der Konkurswahrscheinlichkeit und den im Konkursfall zu erwartenden Gläubigerverlusten. Zinssatz k und Konkurswahrscheinlichkeit W müssen daher simultan aus folgenden Relationen berechnet werden:

$$W = [F_0(1+k)-54]\,0{,}01$$

$$F_0(1+0{,}08) = F_0(1+k)(1-W) + \left[\frac{F_0(1+k)+54}{2} - C_K\right] W \; .$$

Dabei ist vereinfachend davon ausgegangen, daß die Gläubiger k stets so ansetzen, daß sich 8% als erwartete Rendite ergibt; die Gläubiger sind somit risikoneutral. Der Klammerausdruck $[F_0(1+k)+54]/2 - C_K$ bedarf vielleicht einer näheren Erläuterung; er ist die durchschnittliche Konkursmasse (mindestens 54, höchstens $F_0(1+k)$) minus die Konkurskosten.

Die Auflösung der beiden Relationen nach k ergibt für Konkurskosten von $C_K = 20$

$$k = -1 + 134/F_0 - \sqrt{17200/F_0^2 - 216/F_0}$$

und für Konkurskosten von 4

$$k = -1 + 150/F_0 - \sqrt{20016/F_0^2 - 216/F_0} \; .$$

Steuerliche Vorteile aus der Fremdfinanzierung mögen, so wird angenommen, in allen Fällen entstehen, in denen kein Konkurs eintritt. Bei einem Steuersatz von 0,5 betragen sie daher $0{,}5 \cdot k F_0 (1-W)$.

Die folgenden Tabellen stellen die erwarteten Konkurskosten den steuerlichen Vorteilen für einige Verschuldungsgrade gegenüber, und zwar einmal für Konkurskosten von 20, das andere Mal für Konkurskosten von 4.

Erwartete steuerliche Vorteile versus erwartete Konkurskosten

F_0	k	W	erwartete steuerliche Vorteile	erwartete Konkurskosten	Saldo aus erwarteten steuerlichen Vorteilen und Konkurskosten
für $C_K = 20$					
50	0,08	0	2	0	2
50,1	0,08054	0,00135	2,0175	0,027	1,9905
52	0,091	0,02732	2,193	0,546	1,647
60	0,149	0,1493	3,798	2,986	0,812

F_0	k	W	erwartete steuerliche Vorteile	erwartete Konkurs- kosten	Saldo aus erwarteten steuerlichen Vorteilen und Konkurskosten
für $C_K = 4$					
50	0,08	0	2	0	2
60	0,10	0,12	2,64	0,48	2,16
70	0,143	0,26	3,704	1,04	2,664
75	0,176	0,322	4,47	1,288	3,182
80	0,221	0,437	4,98	1,748	3,232
85	0,286	0,553	5,43	2,112	3,318
90	0,40	0,72	5,04	2,88	2,16

Trotz der in gewisser Hinsicht willkürlichen Annahmen läßt das Beispiel folgende allgemeine Schlußfolgerungen zu: Sind die Konkurskosten (einschließlich Differenz zwischen Ertrags- und Liquidationswert) hoch – im Beispiel 20% vom Ertragswert – und sind konkursabwendende Maßnahmen ausgeschlossen, so ist nur ein Verschuldungsgrad interessant, der praktisch kein Risiko für die Gläubiger entstehen läßt. Bei geringen Konkurskosten (im Beispiel 4% vom Ertragswert zu $t = 0$) wären Verschuldungsgrade interessant, bei denen die Gläubiger ein beachtliches Risiko tragen, die erwarteten Ausfälle mittels eines hohen Zinsfußes überwälzen und so wieder die erwarteten steuerlichen Vorteile aus der Abzugsfähigkeit der Kreditzinsen verstärken. Im Beispiel wäre bei einer Investition von 90 ein Kreditvolumen von 85 optimal; die Differenz zwischen den erwarteten steuerlichen Vorteilen und den erwarteten Konkurskosten beträgt dann ca. 3,30.

Es ist augenscheinlich, daß der 1. Fall (geringes Ausfallrisiko der Gläubiger bei relativ niedrigen Zinsfüßen) mit der Realität eher kompatibel erscheint. Aber letztlich befriedigt auch er nicht, da die Konkurskosten infolge der vielfältigen Maßnahmen der Konkursabwendung nicht so hoch sein sollten bzw. keine so bedeutsame Korrelation zwischen Verschuldungsgrad und Konkurs anzunehmen ist.

Am Rande sei erwähnt, daß im obigen Beispiel ab einer bestimmten Verschuldung kein Zinssatz k mehr existiert, der es erlauben würde, die erwarteten Kreditverluste vollständig zu überwälzen. Die aus der Sicht der Gläubiger maximale Verschuldung ist bei jenem Wert von F_0 erreicht, bei dem der Wurzelausdruck in der Formel für k Null wird.

Schlußwort

„Wie wählen Unternehmungen ihre Kapitalstruktur?... Wir wissen es nicht" – so begann *Myers* [1984] seine presidential address vor der American Finance Association 1984. Auch heute sind wir kaum weiter. Wir wären es, wenn es *nur* Unsicherheit bei homogener Information gäbe. Wie Abschnitt 4 zeigt, sind bei Unsicherheit und homogener Information zahlreiche Finanzierungsprobleme gelöst oder es sind zumindest Lösungswege abzusehen. Dies gilt selbst bei unvollkommenem Markt. Bei Informationsasymmetrie und den sich daraus ergebenden Agency-Problemen ist aber das Feld wieder weit offen. In einer Vielzahl von Theorien und Modellen wird vesucht, einzelne wichtige Agency-Probleme in ihren Wirkungen auf die Finanzierung dadurch in den Griff zu bekommen, daß andere Agency-Effekte vernachlässigt werden. Eine umfassende Theorie ist nicht in Sicht. Um den Leser an den Forschungsstand heranzuführen, werden in Abschnitt 5 die am wichtigsten erscheinenden Theorien und Modelle, von denen einige erst in Form von working papers vorliegen, vorgestellt. Dabei hofft der Autor, jene Ansätze ausgewählt zu haben, die den Leser einigermaßen in der Mitte der Strömung halten und nicht zu häufig in versickernde Seitenarme leiten.

Literaturverzeichnis

Adams, M.: Ökonomische Analyse der Sicherungsrechte. Königstein 1980.
Adams, M.: Der Markt für Unternehmenskontrolle und sein Mißbrauch. Paper, Hamburg 1990.
Adams, M.: Eigentum, Kontrolle und Beschränkte Haftung. Baden-Baden 1991.
Akerlof, G. A.: The Market for „Lemons": Quality Uncertainty and the Market Mechanism. The Quarterly Journal of Economics 84, 1970, 488–500.
Albach, H.: Zur Versorgung der deutschen Wirtschaft mit Risikokapital. Institut für Mittelstandsforschung. Bonn 1983.
Albach, H., D. Hunsdiek und L. Kokalj: Finanzierung mit Risikokapital. Stuttgart 1986.
Alchian, A. A. und H. Demsetz: Production, Information Costs, and Economic Organization. The American Economic Review 62, 1972, 777–795.
Alderfer, C. P. und H. Biermann: Choices with Risk: Beyond the Mean and Variance. The Journal of Business 43, 1970, 341–353.
Altman, E. I.: Corporate Bankruptcy in America. Lexington 1971.
Ambarish, R., K. John und J. Williams: Efficient Signalling with Dividends and Investments. The Journal of Finance 42, 1987, 321–343.
Ang, J. S. und J. H. Chua: Corporate Bankruptcy and Job Losses Among Top Level Managers. Financial Management 10, 1981, Heft 5, 70–74.
Arbeitskreis „Finanzierung" der Schmalenbach-Gesellschaft – Deutsche Gesellschaft für Betriebswirtschaft e.V.: Asset Backed Securities – ein neues Finanzierungsinstrument für deutsche Unternehmen? ZfbF 44, 1992, 495–530.
Arditti, F. und J. Kose: Spanning the State Space with Options. Journal of Financial and Quantitative Analysis 15, 1980, 1–10.
Arrow, K. J.: The Economics of Agency. Principals and Agents: The Structure of Business. Hrsg.: J. W. Pratt und R. J. Zeckhauser. Boston 1985, 37–51
Åström, K.: Introduction to Stochastic Control Theory. New York-San Francisco-London 1970.
Bagwell, L. S. und J. Zechner: Influence Costs and Capital Structure. The Journal of Finance 48, 1993, 975–1008.
Ballwieser, W.: Kassendisposition und Wertpapieranlage. Wiesbaden 1978.
Baltensperger, E. und H. Milde: Theorie des Bankverhaltens. Berlin u.a. 1987.
Barnea, A., R. A. Haugen und L. W. Senbet: A Rationale for Debt Maturity Structure and Call Provisions in the Agency Theoretic Framework. The Journal of Finance 35, 1980, 1223–1234.

Barnea, A., R. A. Haugen und L. W. Senbet: An Equilibrium Analysis of Debt Financing under Costly Tax Arbitrage and Agency Problems. The Journal of Finance 36, 1981, 569–581.

Barnea, A., R. A. Haugen und L. W. Senbet: Agency Problems and Financial Contracting. Engelwood Cliffs 1985.

Barnea, A., E. Talmor und R. A. Haugen: Debt and Taxes. A Multiperiod Investigation. Journal of Banking and Finance, 11, 1987, 79–97.

Baron, D. P.: Default Risk and the Modigliani-Miller Theorem: A Synthesis. The American Economic Review 66, 1976, 204–212.

Becker, R.: Die Sanierungsfähigkeit der Unternehmung. Bergisch Gladbach-Köln 1986.

Benninga, S. und A. Protopapadakis: Real and Nominal Interest Rates under Uncertainty: The Fisher Theorem and the Term Structure. Journal of Political Economy 91, 1983, 856–867.

Bergman, Y. Z. and J. L. Callen: Opportunistic Underinvestment in Debt Renegotiation and Capital Structure. Journal of Financial Economics 29, 1991, 137–171.

Berkovitch, E. and M. P. Narayanan: Timing of Investment and Financing Decisions in Imperfectly Competitive Financial Markets. The Journal of Business 66, 1993, 219–248.

Berle, A. A. und G. C. Means: The Modern Corporation and Private Property. New York 1932.

Berman, K. V. und M. D. Berman: The Long-Run Analysis of the Labor-Managed Firm: Comment. The American Economic Review 68, 1978, 701–705.

Bester, H.: The Level of Investment in Credit Markets with Imperfect Information. Zeitschrift für die gesamte Staatswissenschaft 141, 1985, 503–515.

Bester, H.: Die Anreizfunktion von Kreditsicherheiten. Kapitalmarkt und Finanzierung. Hrsg.: D. Schneider. Berlin 1987, 225–236.

Bhattacharya, S.: Imperfect Information, Dividend Policy, and „the Bird in the Hand" Fallacy. The Bell Journal of Economics 10, 1979, 259–270.

Bierman, H.: Financial Policy Decisions. London 1970.

Bierman, H. und S. Smidt: Financial Management for Decision Making. New York–London 1986.

Bierwag, G. O., G. G. Kaufman und C. Khang: Duration and Bond Portfolio Analysis: An Overview. Journal of Financial and Quantitative Analysis 13, 1978, 671–681.

Black, F.: Capital Market Equilibrium with Restricted Borrowing. Journal of Business 45, 1972, 444–455.

Black, F. und M. Scholes: The Pricing of Options and Corporate Liabilities. Journal of Political Economy 81, 1973, 637–654.

Black, F. und M. Scholes: The Effects of Dividend Yield and Dividend Policy on Common Stock Prices and Returns. Journal of Financial Economics 1, 1974, 1–22.

Blazenko, G. W.: Managerial Preference, Asymmetric Information and Financial Structure. The Journal of Finance 42, 1987, 839–862.

Blickle-Liebersbach, M.: Agency-Theorie. Rahmenbedingungen und Entlohnung. Diss., Universität Ulm 1990.

Blomeyer, K.: Exportfinanzierung, 2. Aufl. Wiesbaden 1986.

Bogner, S.: Wechselwirkung zwischen Investition und Finanzierung wegen asymmetrischer Information. Banking and Finance. Tagungsband des 2. Workshops der Austrian Working Group on Banking and Finance. Hrsg.: P. Steiner. Wien 1993, 55–92.

Bogner, S. and P. Swoboda: Der steuerliche Beitrag zur Finanzierung unmittelbarer betrieblicher Pensionszusagen unter Berücksichtigung von Inflation und realen Gehaltssteigerungen. ZfbF 46, 1994, im Druck.

Bradford, W. D.: The Issue Decision of Manager-Owners under Information Asymmetry. The Journal of Finance 42, 1987, 1245–1260.

Bradley, M., G. A. Jarrell und E. H. Kim: On the Existence of an Optimal Capital Structure: Theory and Evidence. The Journal of Finance 39, 1984, 857–880.

Brander, J. A. und T. R. Lewis: Oligopoly and Financial Structure: The Limited Liability Effect. The American Economic Review 76, 1986, 956–970.

Brealey, R. A. und S. C. Myers: Principles of Corporate Finance, 4. Aufl. New York u. a. 1991.

Brealey, R. und E. Schaefer: Term Structure and Uncertain Inflation. The Journal of Finance 32, 1977, 277–289.

Brennan, M. J.: Taxes, Market Valuation and Corporate Financial Policy. National Tax Journal 23, 1970, 417–427.

Brennan, M. J.: Costless Financing Policies under Asymmetric Information. Paper, Vancouver 1986.

Brennan, M. J. und A. Kraus: Efficient Financing under Asymmetric Information. The Journal of Finance 42, 1987, 1225–1243.

Brennan, M. und E. S. Schwartz: Convertible Bonds: Valuation and Optimal Strategies for Call and Conversion. The Journal of Finance 32, 1977, 1966–1716.

Brennan, M. und E. S. Schwartz: Corporate Income Taxes, Valuation, and the Problem of Optimal Capital Structure. Journal of Business 51, 1978, 103–115.

Brennan, M. J. und E. S. Schwartz: Optimal Financial Policy and Firm Valuation. The Journal of Finance 39, 1984, 593–609.

Brennan, M. J. und A. V. Thakor: Shareholder Preferences and Dividend Policy. The Journal of Finance 45, 1990, 993–1018.

Brezing, K.: Das Kapitalerhöhungsteuergesetz (KapErhStG) nach der Körperschaftssteuerreform. Die Aktiengesellschaft, 1979, 12–17.

Brick, I. E. und L. Fisher: Effects of Classifying Equity or Debt on the Value of the Firm under Tax Asymmetry. Journal of Financial and Quantitative Analysis 22, 1987, 383–399.

Brick, I. E. und S. A. Ravid: On the Relevance of Debt Maturity Structure. The Journal of Finance 40, 1985, 1423–1437.

Brick, I. E. and S. A. Ravid: Interest Rate Uncertainty and the Optimal Debt Maturity Structure. Journal of Financial and Quantitative Analysis 26, 1991, 63–80.

Brittain, J. A.: Corporate Dividend Policy. Washington 1966.

Buchanan, N. S.: The Economics of Corporate Enterprise. New York 1950.

Buchner, R.: Zur Bedeutung des Fisher-Hirshleifer-Ansatzes für die betriebswirtschaftliche Theorie der Kapitalwirtschaft. ZfbF 21, 1969, 706–727.

Buchner, R.: Grundzüge der Finanzanalyse. München 1981.

Buhl, H. U.: Finanzanalyse des Hersteller-Leasings. ZfB 59, 1989, 421–439.

Buhl, H. U. und N. Erhard: Steuerlich linearisiertes Leasing. Kalkulation und Steuerparadoxon. ZfB 61, 1991, 1355–1375.

Bühler, W., W. Feuchtmüller und M. Vogel (Hrsg.): Finanzmarktinnovationen. Wien 1985.

Bulow, J. I., und J. B. Shoven: The Bankruptcy Decision. The Bell Journal of Economics 9, 1978, 437–456.

Büschgen, H. E.: Internationales Finanzmanagement. Frankfurt 1986.

Büschgen, H. E.: Finanzleasing als Finanzierungsalternative. Eine kritische Würdigung unter betriebswirtschaftlichen Aspekten. ZfB 50, 1980, 1028–1041.

Campbell, T. S.: Optimal Investment Financing Decisions and the Value of Confidentiality. Journal of Financial and Quantitative Analysis 14, 1979, 913–924.

Campbell, T. S. und W. A. Kracaw: Information Production, Market Signalling, and the Theory of Financial Intermediation. The Journal of Finance 35, 1980, 863–881.

Chan, Y. S. und A. V. Thakor: Collateral and Competitive Equilibria with Moral Hazard and Private Information. The Journal of Finance 42, 1987, 345–363.

Chang, C.: Capital Structure as an Optimal Contract between Employees. The Journal of Finance 47, 1992, 1141–1158.

Chen, A. H. Y.: Recent Developments in the Cost of Debt Capital. The Journal of Finance 33, 1978, 863–877.

Chen, A. H. Y. und E. H. Kim: Theories of Corporate Debt Policy: A Synthesis. The Journal of Finance 34, 1979, 371–384.

Coase, R. H.: The Nature of the Firm. Economica 4, 1937, 386–405.

Cooper, I. A. und W. T. Carleton: Dynamics of Borrower-Lender Interaction: Partitioning Final Payoff in Venture Capital Finance. The Journal of Finance 34, 1979, 517–533.

Cooper, I. A. und J. R. Franks: The Interaction of Financing and Investment Decisions when the Firm has Unused Tax Credits. The Journal of Finance 38, 1983, 571–583.

Cootner, P. H.: The Theorems of Modern Finance in a General Equilibrium Setting: Paradoxes Resolved. Journal of Financial and Quantitative Analysis 12, 1977, 553–562.

Copeland, T. E. und J. F. Weston: Financial Theory and Corporate Policy, 3. Aufl., Reading u.a. 1988.

Cornell, B.: Monetary Policy, Inflation Forecasting and the Term Structure of Interest Rates. The Journal of Finance 33, 1978, 117–127.

Cornell, B. und A. C. Shapiro: Corporate Stakeholders and Corporate Finance. Financial Management 16, 1987, Heft 1, 5–14.

Cox, J. C., J. E. Ingersoll, Jr. und S. A. Ross: A Re-examination of Traditional Hypotheses about the Term Structure of Interest Rates. The Journal of Finance 36, 1981, 769–799.

Cox, J. C. und S. A. Ross: The Pricing of Options for Jump Processes, Rodney L. White Center for Financial Research Paper 2–75. University of Pennsylvania 1975.

Cox, J. C., S. A. Ross und M. Rubinstein: Option Pricing: A Simplified Approach. Journal of Financial Economics 7, 1979, 229–263.

Dammon, R. M. und R. C. Green: Tax Arbitrage and the Existence of Equilibrium Prices for Financial Assets. The Journal of Finance 42, 1987, 1143–1166.

Daniel, K. und S. Titman: Issuing Equity under Asymmetric Information. Paper, UCLA 1990.
Darrough, M. N. und N. M. Stoughton: Moral Hazard and Adverse Selection: The Question of Financial Structure. The Journal of Finance 41, 1986, 501–513.
DeAngelo, H. und R. W. Masulis: Optimal Capital Structure Under Corporate and Personal Taxation. Journal of Financial Economics 8, 1980a, 3–29.
DeAngelo, H. und R. W. Masulis: Leverage and Dividend Irrelevancy Under Corporate and Personal Taxation. The Journal of Finance 35, 1980b, 453–467.
DeAngelo, H.: Dividend Policy and Personal Taxes. Paper, University of Rochester 1987.
Delfmann, W.: Zur Gläubigerentscheidung bei beschränkter Verwertung von Mobiliarsicherheiten im Konkurs. Die Betriebswirtschaft 44, 1984, 629–638.
Demsetz, H.: The Structure of Ownership and the Theory of the Firm. The Journal of Law & Economics 26, 1983, 375–390.
Demuth, M.: Fremdkapitalbeschaffung durch Finanzinnovationen. Wiesbaden 1988.
Devinney, T. M. und H. Milde: Agency Contracting and Inside Debt. Schweizerische Zeitschrift für Volkswirtschaft und Statistik, 1990, 97–111.
Dietz, A.: Die betriebswirtschaftlichen Grundlagen des Leasing. ZfB 60, 1990, 1139–1157.
Dirrigl, H. und R. Müller: Eigenfinanzierung und Eigenkapitalkosten bei begünstigter Besteuerung von Veräußerungsgewinnen. ZfbF 42, 1990, 396–417.
Dirrigl, H. und W. Schaum: Ausschüttungsplanung nach der Steuerreform 1990. ZfB 59, 1989, 291–309.
Donaldson, G.: Corporate Debt Capacity, Boston 1961.
Donaldson, G.: Strategy for Financial Mobility, Boston 1969.
Dothan, U., und J. Williams: Debt, Investment Opportunities, and Agency. Paper, New York 1982.
Drukarczyk, J.: Mobiliarsicherheiten, Kreditverträge und Insolvenzrecht. Ansprüche, Eigentums- und Verfügungsrechte. Berlin 1984, 681–704.
Drukarczyk, J.: Finanzierung, 3. Aufl. Stuttgart 1986a.
Drukarczyk, J.: Betriebswirtschaftliche Aspekte der Insolvenzrechtsreform. ZfbF 38, 1986a, 164–176 (Teil I) und 1046–1054 (Teil II).
Drukarczyk, J.: Was kann der Tatbestand der Überschuldung leisten? ZfbF 38, 1986b, 207–234.
Drukarczyk, J.: Unternehmen und Insolvenz. Wiesbaden 1987a.
Drukarczyk, J.: Ökonomische Analyse der Rechtsprechung des BGH zur Sittenwidrigkeit von Sanierungskrediten. Kapitalmarkt und Finanzierung. Hrsg.: D. Schneider. Berlin 1987b, 379–397.
Drukarczyk, J.: Insolvenzrecht als Versuch marktkonformer Gestaltung von Verwertungsentscheidungen. Zeitschrift für Wirtschaftsrecht 10, 1989, 341–351.
Drukarczyk, J.: Was kosten betriebliche Altersversorgungszusagen? Die Betriebswirtschaft 50, 1990, 333–353
Drukarczyk, J.: Secured Debt, Bankruptcy, and the Creditor's Bargain Model. International Review of Law and Economics 11, 1991, 203–221.

Drukarczyk, J.: Insolvenzrechtsreform. Die Betriebswirtschaft 52, 1992, 161–183.
Drukarczyk, J.: Finanzierung, 6. Aufl. Stuttgart 1993 a.
Drukarczyk, J.: Finanzierungstheorie, 2. Aufl. München 1993 b.
Drukarczyk, J.: Management Buyouts – Effizienzgewinne, Vermögensumverteilung und gesellschaftsrechtliche Schranken. Managementforschung 3. Hrsg.: W. H. Staehle and J. Sydow. Berlin – New York 1993 c, 19–52.
Drukarczyk, J., J. Duttle und R. Rieger: Mobiliarsicherheiten. Arten, Verbreitung, Wirksamkeit. Köln 1985.
Drukarczyk, J. und R. Rieger: Zu den Entscheidungswirkungen von § 613 a BGB vor und nach Insolvenz. Konkurs-, Treuhand- und Schiedsgerichtswesen 47, 1986, 209–242.
Dufey, G.: Finanzinnovationen heute – Bestandsaufnahme und Ausblick. Finanzinnovationen – Risiken und ihre Bewältigung. Hrsg.: K.-M. Burger. Stuttgart 1989, 13–21.
Durand, D.: The Cost of Capital, Corporation Finance and the Theory of Investment: Comment. The American Economic Review 49, 1959, 639–655.
Dybvig, P. H. und S. A. Ross: Tax Clienteles und Asset Pricing. The Journal of Finance 41, 1986, 751–763.
Dybvig, P. H. und J. F. Zender: Capital Structure and Dividend Irrelevance with Asymmetric Information. Paper, Yale 1988.
Easterbrook, F. H.: Insider Trading as an Agency Problem. Principals and Agents: The Structure of Business. Hrsg.: J. W. Pratt und R. J. Zeckhauser. Boston 1985, 81–100.
Ebel, J.: Portefeuilleanalyse: Entscheidungskriterien und Gleichgewichtsprobleme. Köln u. a. 1971.
Egger, A.: Zur Feststellung und Problematik des Verschuldungsgrades. Journal für Betriebswirtschaft 27, 1977, 138–153.
Eisen, R.: Theorie des Versicherungsgleichgewichts. Berlin 1979.
Elschen, R.: Steuerbedingte Agency-Probleme und Gesellschafterklientels. Kapitalmarkt und Finanzierung. Hrsg.: D. Schneider. Berlin 1987, 373–377.
Elton, E. und M. J. Gruber: Dynamic Programming Applications in Finance. The Journal of Finance 26, 1971, 473–506.
Emery, D. R. und A. K. Gehr, Jr.: Tax Options, Capital Structure, and Miller Equilibrium: A Numerical Illustration. Financial Management 17, 1988, Heft 2, 30–40.
Engels, W.: Rentabilität, Risiko und Reichtum. Tübingen 1969.
Erlemann, J. G.: Die Bedeutung des Factoring für die Ausgliederung von Unternehmungsfunktionen. Diss. Köln 1969.
Ewert, R.: Rechnungslegung, Gläubigerschutz und Agency-Probleme. Wiesbaden 1986.
Ewert, R.: Finanzierungsrestriktionen, Kreditverträge und Informationsasymmetrie. Geld, Banken und Versicherungen, Band II. Hrsg.: W. R. Heilmann u. a. Karlsruhe 1987, 829–843.
Fama, E. F.: Risk, Return and Equilibrium: Some Clarifying Comments. The Journal of Finance 23, 1968, 29–40.
Fama, E. F.: Foundations of Finance. New York 1976.
Fama, E. F.: The Effects of a Firm's Investment and Financing Decisions on the Welfare of its Security Holders. The American Economic Review 68, 1978, 272–284.

Fama, E. F.: Agency Problems and the Theory of the Firm. Journal of Political Economy 88, 1980, 288–307.

Fama, E. F.: Contract Costs and Financing Desisions. Journal of Business 63, 1990, S71–S91.

Fama, E. F. und M. C. Jensen: Separation of Ownership and Control. Journal of Law & Economics 26, 1983 a, 301–325.

Fama, E. F. and M. C. Jensen: Agency Problems and Residual Claims. Journal of Law & Economics 26, 1983 b, 327–349.

Fama, E. F. und M. Miller: The Theory of Finance. New York 1972.

Feder, G.: A Note on Debt, Assets and Lending under Default Risk. Journal of Financial and Quantitative Analysis 15, 1980, 191–200.

Feldstein, M., J. Green und E. Sheshinski: Inflation und Taxes in a Growing Economy with Debt and Equity Finance. Journal of Political Economy 86, 1978, 53–70.

Finanzierungshandbuch, Hrsg.: H. Janberg. Wiesbaden 1970.

Fischer, O.: Finanzwirtschaft der Unternehmung I. Tübingen 1977.

Fischer, O.: Finanzwirtschaft der Unternehmung II. Düsseldorf 1982.

Fischer, S.: The Demand for Index Bonds. Journal of Political Economy 83, 1975, 508–534.

Fischer, E. O., R. Heinkel und J. Zechner: Dynamic Capital Structure Choice: Theory and Tests. The Journal of Finance 44, 1989, 19–40.

Fischer, E. O. und J. Zechner: Die Lösung des Risikoanreizproblems durch Ausgabe von Optionsanleihen. ZfbF 42, 1990, 334–342.

Flannery, M. J.: Asymmetric Information and Riky Debt Maturity Choice. The Journal of Finance 41, 1986, 19–37.

Flessner, A.: Sanierung und Reorganisation. Tübingen 1982.

Franke, G.: Verschuldungs- und Ausschüttungspolitik im Licht der Portefeuille-Theorie. Köln 1971.

Franke, G.: Information, Property Rights, and the Theory of Corporate Finance. Readings in Strategy for Corporate Investment. Hrsg.: F. J. Derkinderen und R. L. Crum. Boston 1981, 63–83.

Franke, G.: Ökonomische Überlegungen zur Gestaltung eines gerichtlichen Sanierungsverfahrens. Konkurs-, Treuhand- und Schiedsgerichtswesen 44, 1983, 37–55.

Franke, G.: Zur rechtzeitigen Auslösung von Sanierungsverfahren. ZfB 54, 1984, 160–178.

Franke, G.: Zur Festlegung von Abstimmungsregeln im Insolvenzverfahren. ZfB 56, 1986, 614–630.

Franke, G.: Costless Signalling in Financial Markets. The Journal of Finance 42, 1987, 809–822.

Franke, G. und H. Hax: Finanzwirtschaft des Unternehmens und Kapitalmarkt, 2. Aufl. Berlin u.a. 1991.

Franks, J. R. und S. D. Hodges: Lease Valutation when Taxable Earnings are a Scarce Resource. The Journal of Finance 42, 1987, 987–1005.

Friend, I. und L. H. P. Lang: An Empirical Test of the Impact of Managerial Self-Interest on Corporate Capital Structure. The Journal of Finance 43, 1988, 271–281.

Furubotn, E. G.: The Long-Run Analysis of the Labor-Managed Firm. An Alternative Interpretation. The American Economic Review 66, 1976, 104–123.
Gabele, E. und M. Kroll: Leasing als Finanzierungsinstrument. Wiesbaden 1992.
Gale, D. und M. Hellwig: Incentive Compatible Debt Contracts: The One-Periode Problem. Review of Economic Strudies 52, 1985, 647–663.
Gavish, B. und A. Kalay: On the Asset Substitution Problem. Journal of Financial and Quantitative Analysis 18, 1983, 21–30.
Gebhard, J.: Finanzierungsleasing, Steuern und Recht. Eine ökonomische Analyse. Wiesbaden 1990.
Gerke, W. und F. Philipp: Finanzierung. Stuttgart u.a. 1985.
Ghosh, C. A.: Regret-Theoretic Explanation of Corporate Dividend Policy. Journal of Business Finance & Accounting 20, 1993, 559–573.
Giammarino, R. M.: The Resoultion of Financial Distress. Paper, UBC 1988.
Glomb, G. P.: Finanzierung durch Factoring. Köln 1969.
Göppl, H.: Zu einigen Problemen und Lösungsmöglichkeiten der Finanzplanung. ZfB 45, 1975, 52–64.
Gordon, M. J.: The Investment, Financing und Valuation of the Corporation. Homewood 1962.
Gordon, M. J.: Towards a Theory of Financial Distress. The Journal of Finance 26, 1971, 347–356.
Gordon, M. J. und L. I. Gould: The Cost of Equity Capital: A Reconsideration. The Journal of Finance 33, 1978, 849–861.
Gordon, R. H. und B. G. Malkiel: Taxation and Corporation Finance. Financial Research Center Memorandum 31, University of Princeton 1980.
Green, R. C.: Investment Incentives, Debt, and Warrants. Journal of Financial Economics 13, 1984, 115–136.
Gröner, H. (Hrsg.): Der Markt für Unternehmenskontrollen. Berlin 1992.
Grossmann, S. J. und O. D. Hart: Corporate Financial Structure and Managerial Incentives. The Economics of Information and Uncertainty. Hrsg.: J. McCall. Chicago 1982, 107–137.
Grossman, S. J. und O. D. Hart: The Costs and Benefits of Ownership: A Theory of Vertical and Lateral Integration. Journal of Political Economy 94, 1986, 691–719.
Grünbichler, A.: Reputation oder implizite Ansprüche? ZfB 59, 1989, 440–442.
Grünbichler, A.: Betriebliche Altersvorsorge als Principal-Agent-Problem. Wiesbaden 1991.
Gutenberg, E.: Grundlagen der Betriebswirtschaftslehre, Band III, Die Finanzen, 8. Aufl. Berlin-Heidelberg-New York 1980.
Haberstock, L.: Kredit-Kauf oder Leasing? Ein Vorteilhaftigkeitsvergleich unter Berücksichtigung der steuerlichen Auswirkungen. Steuerberater-Jahrbuch 1982/83, Köln, 443–510.
Haegert, L.: Besteuerung, Unternehmensfinanzierung und betriebliche Altersversorgung. Kapitalmarkt und Finanzierung, Hrsg.: D. Schneider. Berlin 1987, 155–168.
Haegert, L. und P. Lehleiter: Das Ausschüttungsverhalten deutscher Aktiengesellschaften unter dem Einfluß der Körperschaftsteuerreform. ZfbF 37, 1985, 912–923.

Hagenmüller, K. F. und G. Diepen: Der Bankbetrieb, Lehrbuch und Aufgabensammlung, 11. Aufl. Wiesbaden 1987.
Hahn, O.: Finanzwirtschaft, Landsberg am Lech, 2. Aufl. 1983.
Haje, R.: Zur Fundierung von Insolvenzentscheidungen. ZfbF 32, 1980, 1–15.
Hakansson, N. H.: To Pay or not to Pay Dividend. The Journal of Finance 37, 1982, 415–428.
Haley, C. W. und L. D. Schall: The Theory of Financial Decisions, 2. Aufl. New York 1979.
Hamada, R. S.: Financial Theory and Taxation in an Inflationary World: Some Public Policy Issues. The Journal of Finance 34, 1979, 347–370.
Handbuch der Unternehmensfinanzierung. Hrsg.: O. Hahn. München 1971.
Handwörterbuch der Finanzwirtschaft. Hrsg.: H. E. Büschgen. Stuttgart 1976.
Hansen, R. S.: The Demise of the Rights Issue. The Review of Financial Studies 1, 1988, 289–309.
Härle, D.: Finanzierungsregeln und ihre Problematik. Wiesbaden 1961.
Harris, M. and A. Raviv: The Design of Securities. Journal of Financial Economics 24, 1989, 255–287.
Harris, M. and A. Raviv: Capital Structure and the Informational Role of Debt. The Journal of Finance 45, 1990, 321–349.
Harris, M. and A. Raviv: The Theory of Capital Structure. The Journal of Finance 46, 1991, 297–355.
Hart, O. und B. Holmstrom: The Theory of Contracts. Paper, 1986.
Hartmann-Wendels, T.: Venture Capital aus finanzierungstheoretischer Sicht. ZfbF 39, 1987, 16–30.
Hartmann-Wendels, T.: Principal-Agent-Theorie und asymmetrische Informationsverteilung. ZfB 59, 1989, 714–734.
Hartmann-Wendels, T. und P. von Hinten: Marktwert von Vorzugsaktien. ZfbF 41, 1989, 263–293.
Hartmann-Wendels, T.: Zur Integration von Moral Hazard and Signalling in finanzierungstheoretischen Ansätzen. Kredit und Kapital 23, 1990, 228–250.
Haugen, R. A.: Modern Investment Theory. Englewood Cliffs 1986.
Haugen, R. A. und L. W. Senbet: The Insignificance of Bankruptcy Costs to the Theory of Optimal Capital Structure. The Journal of Finance 33, 1978, 383–393.
Haugen, R. A. und L. W. Senbet: Resolving the Agency Problems of External Capital through Options, The Journal of Finance 36, 1981, 629–647.
Haugen, R. A. und L. W. Senbet: Bankruptcy and Agency Costs: Their Significance to the Theory of Optimal Capital Structure. Journal of Financial and Quantitative Analysis 23, 1988, 27–38.
Haugen, R. A., L. W. Senbet und E. Talmor: Debt, Dividends, and Taxes: Equilibrium Conditions for Simultaneous Tax Neutrality of Debt and Dividend Policies. Research in Finance 6. Hrsg.: A. H. Chen. Greenwich-London 1986, 1–27.
Hauschildt, J.: Finanzorganisation und Verschuldungsgrad. ZfB 40, 1970, 427–450.
Hax, H.: Bezugsrecht und Kursentwicklung von Aktien bei Kapitalerhöhungen. ZfbF 23, 1971, 157–163.

Hax, H.: Finanzierung. Vahlens Kompendium der Betriebswirtschaftslehre, Band 1. München 1984, 367-422.
Hax, H.: Economic Aspects of Bankruptcy Law. Zeitschrift für die gesamte Staatswissenschaft 141, 1985, 80-98.
Hax, H. und H. Laux: Die Finanzierung der Unternehmung. Köln 1975.
Hax, H. und H.-J. Marschdorf: Anforderungen an ein Insolvenzrecht aus betriebswirtschaftlicher Sicht. Betriebswirtschaftliche Forschung und Praxis 1983, 112-130.
Hax, K.: Langfristige Finanz- und Investitionsentscheidungen. Handbuch der Wirtschaftswissenschaften, Band I: Betriebswirtschaft. Hrsg. K. Hax und Th. Wessels, 2. Aufl. Köln und Opladen 1966, 399-489.
Heaton, H.: Corporate Taxation and Leasing. Journal of Financial and Quantitative Analysis 21, 1986, 351-359.
Heil, R.: Insolvenzrecht, 3. Aufl. Wien 1989.
Heinkel, R.: A Theory of Capital Structure Relevance under Imperfect Information. The Journal of Finance 37, 1982, 1141-1150.
Heinkel, R. und E.S. Schwartz: Rights versus Underwritten Offerings: An Asymmetric Information Approach. The Journal of Finance 41, 1986, 1-18.
Heinkel, R. und J. Zechner: The Role of Debt and Preferred Stock as a Solution to Adverse Investment Incentives. Journal of Financial and Quantitative Analysis 25, 1990, 1-24.
Hellwig, M.F.: Bankruptcy, Limited Lability, and the Modigliani-Miller Theorem. The American Economic Review 71, 1981, 155-170.
Hemmerde, W.: Insolvenzrisiko und Gläubigerschutz. Frankfurt/Main 1985.
Hielscher, U. und H.D. Laubscher: Finanzierungskosten: Kostenbestandteile, Kostenvergleiche und Usancen der Industriefinanzierung, 2. Aufl. Frankfurt am Main 1989.
Hirshleifer, D. und A.V. Thakor: Managerial Reputation, Project Choice and Debt. Paper, UCLA 1989.
Ho, T.S.Y. und R.F. Singer: Bond Indenture Provisions und the Risk of Corporate Debt. Journal of Financial Economics 10, 1982, 375-406.
Hochman, S. und O. Palmon: The Impact of Inflation on the Aggregate Debt-Asset Ratio. The Journal of Finance 40, 1985, 1115-1125.
Holmström, B.: Moral Hazard and Observability. The Bell Journal of Economics 10, 1979, 74-91.
Huang, C. und R.H. Litzenberger: Foundations for Financial Economics. New York u.a. 1988.
Huberman, G.: Dividend Neutrality with Transaction Costs. The Journal of Business 63, 1990, S93-S106.
Ingersoll, J.E.: Theory of Financial Decision Making, Totowa 1987.
Ingersoll, J.E., J. Skelton und R.L. Weil: Duration Forty Years Later. Journal of Financial and Quantitative Analysis 13, 1978, 627-650.
Jackson, T.H.: The Logic and Limits of Bankruptcy Law. Cambridge-London 1986.
Jacquillat, B. und B. Solnik: Les Marchés Finanziers et la Gestion de Portefeuilles, 2. Aufl. Paris 1976.
Jaffee, D.M. und T. Russel: Imperfect Information, Uncertainty, and Credit Rationing. The Quarterly Journal of Economics 90, 1976, 651-666.

Jarrow, R. A.: Liquidity Premiums and the Expectations Hypothesis. Journal of Banking and Finance 5, 1981, 539–546.

Jarrow, R. A.: Finance Theory. Englewood Cliffs 1988.

Jean, W. H.: The Extension of Portfolio Analysis to three or more Parameters. Journal of Quantitative and Financial Analysis 6, 1971, 505–515.

Jensen, M. C.: Agency Costs of Free Cash Flows, Corporate Finance, and Takeovers. The American Economic Review 76, 1986, 323–329.

Jensen, M. C.: The Modern Industrial Revolution, Exit, and the Failure of Internal Control Systems. The Journal of Finance 48, 1993, 831–880.

Jensen, M. C. und W. H. Meckling: Theory of the Firm: Managerial Behavior, Agency Costs and Ownership Structure. Journal of Financial Economics 3, 1976, 305–360.

Jensen, M. C. und C. W. Smith, Jr.: Stockholder, Manager, and Creditor Interests: Applications of Agency Theory. Recent Advances in Corporate Finance. Hrsg.: E. I. Altman und M. G. Subrahmanyam. Homewood 1985, 93–131.

Jensen, M. C. und C. W. Smith, Jr. (Hrsg.): The Modern Theory of Corporate Finance. New York u.a. 1986.

John, K.: Risk-Shifting Incentives and Signalling Through Corporate Capital Structure. The Journal of Finance 42, 1987, 623–641.

John, K. and A. Kalay: Costly Contracting and Optimal Payout Constraints. The Journal of Finance 37, 1982, 457–470.

John, K. und A. Kalay: Informational Content of Optimal Debt Contracts. Recent Advances in Corporate Finance. Hrsg.: E. I. Altmann und M. G. Subrahmanyam. Homewood 1985, 133–161.

John, K. und L. W. Senbet: Limited Liability, Corporate Leverage, and Public Policy. Paper, New York u.a. 1990.

John, T. A.: Optimality of Spin-Offs and Allocation of Debts. Journal of Financial and Quantitative Analysis 28, 1993, 139–160.

John, T. A. and K. John: Top-Management Compensation and Capital Structure. The Journal of Finance 48, 1993, 949–974.

Kalay, A.: Stockholder-Bondholder Conflict and Dividend Constraints. Journal of Financial Economics 10, 1982, 211–233.

Kalay, A. and J. F. Zender: Bankruptcy and State Contingent Changes in the Ownership of Control. Paper, University of Utah 1993.

Kane, A., A. J. Marcus und R. L. McDonald: How Big is the Tax Advantage to Debt? The Journal of Finance 39, 1984, 841–853.

Kane, A., A. J. Marcus and R. L. McDonald: Debt Policy and the Rate of Return Premium to Leverage. Journal of Financial and Quantitative Analysis 20, 1985, 479–499.

Kiener, S.: Die Principal-Agent-Theorie aus informationsökonomischer Sicht. Heidelberg 1990.

Kim, E. H.: A Mean-Variance Theory of Optimal Capital Structure and Corporate Debt Capacity. The Journal of Finance 33, 1978, 45–63.

Kim, E. H., W. G. Lewellen und J. J. McConnell: Financial Leverage Clienteles: Theory and Evidence. Journal of Financial Economics 7, 1979, 83–109.

Kim, W. S. und E. H. Sorensen: Evidence on the Impact of the Agency Costs of Debt on Corporate Debt Policy. Journal of Financial and Quantitative Analysis 21, 1986, 131–144.

Klein, B.: Contracting Costs and Residual Claims: The Separation of Ownership and Control. Journal of Law & Economics 26, 1983, 367–374.

Knight, F. H.: Risk, Uncertainty and Profit. Chicago-London 1971 (Wiederabdruck der Ausgabe von 1921).

Koch, H.: Zum Problem der optimalen Kapitalstruktur. Der handlungsorientierte Ansatz in der Theorie der Unternehmensfinanzierung. ZfB 38, 1986, 1213–1229.

Kolbeck, R.: Leasing als finanzierungs- und investitionstheoretisches Problem ZfbF 20, 1968, 787–797.

Kölsch, K.: Vorverlegte Insolvenzauslösung. Köln 1988.

König, R. J.: Ausschüttungsverhalten von Aktiengesellschaften, Besteuerung und Kapitalmarktgleichgewicht. Hamburg 1990.

Korajczyk, R. A., D. J. Lucas and R. L. McDonald: Equity Issues with Time-Varying Asymmetric Information. Journal of Quantitative and Financial Analysis 27, 1992, 397–417.

Krahnen, J. P.: Kapitalmarkt und Kreditbank. Berlin 1985.

Krahnen, J. P.: Objektfinanzierung und Vertragsgestaltung. Eine theoretische Erklärung der Struktur langfristiger Leasingverträge. ZfB 60, 1990, 21–38.

Krahnen, J. P. und G. Meran: Lohn, Pension und Besteuerung: Ein Entscheidungsmodell zur betrieblichen Altersversorgung. ZfbF 43, 1991, 119–129.

Kraus, A. und R. H. Litzenberger: A State-Preference Model of Optimal Financial Leverage. The Journal of Finance 28, 1973, 911–922.

Kromschröder, B.: Versicherung aus kapitalmarkttheoretischer Sicht. Versicherungsmärkte im Wandel. Hrsg.: W.-R. Heilmann, G. Hammer und R. Schwebler. Karlsruhe 1987a, 87–99.

Kromschröder, B.: Der Einfluß der Versicherung auf die Kapitalstruktur der Unternehmung. Kapitalmarkt und Finanzierung. Hrsg.: D. Schneider. Berlin 1987b, 265–277.

Krümmel, H.-J.: Finanzierungsrisiken und Kreditspielraum. ZfB 36, 1966, 134–157.

Krümmel, H.-J.: Zur Theorie der Kapitalkosten. Investitionstheorie und Investitionspolitik privater und öffentlicher Unternehmen. Wiesbaden 1976, 145–166.

Kruschwitz, L.: Bezugsrechtsemissionen in optionspreistheoretischer Sicht. Kredit und Kapital 19, 1986, 110–121

Kruschwitz, L.: Probleme der Ermittlung und Beurteilung von Eigenkapitalquoten. Elemente erfolgreicher Unternehmenspolitik in mittelständischen Unternehmen. Hrsg.: S. Albers u.a. Stuttgart 1989, 207–234.

Kruschwitz, L.: Leasing und Steuern. ZfbF 43, 1991, 99–118.

Laux, H.: Risiko, Anreiz und Kontrolle. Berlin u.a. 1990.

Laux, H.: Anreizsysteme für Investitions- und Finanzierungsentscheidungen. Aktuelle Fragen der Finanzwirtschaft und der Unternehmensbesteuerung. Festschrift für Erich Loitlsberger. Hrsg.: D. Rückle. Wien 1991, 357–388.

Laux, H. und H. Y. Schenk-Mathes: Erfolgsorientierte Belohnungssysteme mit und ohne Verlustbeteiligung. ZfBf 44, 1992, 395–424.

Lechner, K.: Betriebswirtschaftlich optimale Selbstfinanzierung. Wirtschaftlichkeit 1968, Heft 1, 17–24.
Lee, W. L., A. V. Thakor und G. Vora: Screening, Market Signalling, and Capital Structure Theory. The Journal of Finance 38, 1983, 1507–1518.
Lehmann, M.: Eigenfinanzierung und Aktienbewertung. Wiesbaden 1978.
Lehmann, M.: Finanzierung. Ein Beispiel für die Zusammenarbeit zwischen Betriebswirtschaftslehre und Recht. Aktuelle Fragen der Finanzwirtschaft und der Unternehmensbesteuerung. Festschrift für Erich Loitlsberger. Hrsg.: D. Rückle. Wien 1991, 399–446.
Leland, H. E. und D. H. Pyle: Informational Asymmetries, Financial Structure and Financial Intermediation. The Journal of Finance 32, 1977, 371–387.
Lemgruber, E.: Stock Issues and Investment Policy when Firms have Information that Investors do not have: A Note. Paper, UCLA 1983.
Levy, H. und M. Sarnat: Capital Investment and Financial Decisions. 3. Aufl. London 1986.
Lewellen, W. G.: A Pure Financial Rationale for the Conglomerate Merger. The Journal of Finance 26, 1971, 521–537.
Lewellen, W. G., M. S. Long und J. J. McConnell: Asset Leasing in Competitive Capital Markets. The Journal of Finance 31, 1976, 787–798.
Lewis, C. M.: A Multiperiod Theory of Corporate Financial Policy under Taxation. Journal of Financial and Quantitative Analysis 25, 1990, 25–43.
Linke, M. and R. Regnitter: Die praktische Bedeutung von Finanzinnovationen in Industrie- und Handelsunternehmen. Paper, Universität des Saarlandes 1990.
Lintner, J.: Security Prices, Risk and Maximal Gains from Diversification. The Journal of Finance 20, 1965, 587–615.
Lipfert, H.: Optimale Unternehmensfinanzierung, 3. Aufl. Frankfurt am Main 1969.
Litzenberger, R. H.: Some Observations on Capital Structure and the Impact of Recent Recapitalizations on Share Prices. Journal of Financial and Quantitative Analysis 21, 1986, 59–71.
Litzenberger, R. H. und J. C. van Horne: Elimination of the Double Taxation of Dividends and Corporate Financial Policy. The Journal of Finance 33, 1978, 737–750.
Litzenberger, R. H. und E. Talmor: Tax Policies and Corporate Decisions: Incongruity of Value Maximization with Sahreholder Utility Maximization. Paper, University of Pennsylvania 1988.
Loistl, O.: Zur neueren Entwicklung der Finanzierungstheorie. Die Betriebswirtschaft 50, 1990, 47–84.
Loistl, O.: Grundzüge der betrieblichen Kapitalwirtschaft. Berlin u. a. 1986.
Loistl, O.: Zur Verknüpfung von Zahlungs(un)fähigkeit und Überschuldung in der Kapitalstrukturdiskussion. Die Betriebswirtschaft 49, 1989, 299–320.
Loitlsberger, E.: Innovationsfinanzierung und Finanzierungsinstrumentarium. JfB 34, 1984, 54–69.
Lwowski, H.-J. und W. Gößmann: Kreditsicherheiten. Grundzüge für Studium und Praxis, 6. Aufl. Berlin 1987.

Maksimovic, V. und J. Zechner: Debt, Agency Costs and Industry Equilibrium. The Journal of Finance 46, 1991, 1619–1643.
Manne, H. G.: The Publicly Held Corporation as a Market Creation. Zeitschrift für die gesamte Staatswissenschaft 137, 1981, 689–693.
Mao, J. C. T.: Corporate Financial Decisions. Palo Alto 1976.
Markowitz, H. M.: Portfolio Selection. The Journal of Finance 7, 1952, 77–91.
Markowitz, H. M.: Portfolio Selection. New Haven-London 1959.
Marschdorf, H.-J.: Unternehmensverwertung im Vorfeld und im Rahmen gerichtlicher Insolvenzverfahren. Bergisch Gladbach 1984.
Masulis, R. W.: The Debt/Equity Choice. Cambridge (Mass.) 1988.
Masulis, R. W. und B. Trueman: Corporate Investment and Dividend Decisions under Differential Personal Taxation. Journal of Financial and Quantitative Analysis 23, 1988, 369–385.
Matschke, M. J.: Finanzierung der Unternehmung. Herne/Berlin 1991.
Mauer, D. C. und W. G. Lewellen: Debt Management under Corporate and Personal Taxation. The Journal of Finance 42, 1987, 1275–1291.
Mauer, D. C. und W. G. Lewellen: Tax Options and Corporate Capital Structures. Paper, University of Purdue 1988.
Mauer, D. C. and A. J. Triantis: Interactions of Corporate Financing and Investment Decisions: A Dynamic Framework. Paper, University of Wisconsin-Madison 1993.
Mayers, D. und C. W. Smith, Jr.: On the Corporate Demand for Insurance. The Journal of Business 55, 1982, 281–296.
Mayers, D. und C. W. Smith, Jr.: On the Corporate Demand for Insurance. Evidence from the Reinsurance Market. The Journal of Business 63, 1990, 19–40.
McConnell, J. J. und J. S. Schallheim: Valuation of Asset Leasing Contracts. Journal of Financial Economics 12, 1983, 237–261.
Mehran, H.: Executive Incentive Plans, Corporate Control, and Capital Structure. Journal of Financial and Quantitative Analysis 27, 1992, 539–560.
Meiswinkel, C.: Asset-Backed Securities. Paper, Universität Bonn 1989.
Mellwig, W.: Besteuerung und Kauf/Leasing-Entscheidung. ZfBF 35, 1983, 782–800.
Mellwig, W.: Investition und Besteuerung. Wiesbaden 1985.
Menhard, H.: Einsatzmöglichkeiten für Finanzinnovationen in einem Industrieunternehmen. Finanzinnovationen – Risiken und ihre Bewältigung. Hrsg.: K.-M. Burger. Stuttgart 1989, 59–72.
Merton, R. C.: On the Pricing of Corporate Debt: The Risk Structure of Interest Rates. The Journal of Finance 29, 1974, 449–470.
Milde, H.: Kreditrationierung, Zinsdispersion und Sequentialsuche. Zeitschrift für die gesamte Staatswissenschaft 136, 1980, 266–285.
Milgrom, P. and J. Roberts: Economics, Organisation and Management. Englewood Cliffs 1992.
Miller, M. H.: Debt and Taxes. The Journal of Finance 32, 1977, 261–275.
Miller, M. H. und F. Modigliani: Dividend Policy, Growth and the Valuation of Shares. The Journal of Business 34, 1961, 411–433.
Miller, M. H. und K. Rock: Dividend Policy under Asymmetric Information. The Journal of Finance 40, 1985, 1031–1051.

Miller, M. H. und M. S. Scholes: Dividends and Taxes. Journal of Financial Economics 6, 1978, 333–364.
Miller, M. H. und C. W. Upton: Leasing, Buying and the Cost of Capital Services. The Journal of Finance 31, 1976, 761–786.
Modigliani, F. und R. A. Cohn: Inflation, Rational Valuation and the Market. Financial Analysts Journal 35, 1979, Heft 2, 24–44.
Modigliani, F. und M. H. Miller: The Cost of Capital, Corporation Finance and the Theory of Investment. The American Economic Review 48, 1958, 261–297.
Modigliani, F. und M. H. Miller: Corporate Income Taxes and the Cost of Capital: A Correction. The American Economic Review 53, 1963, 433–443.
Moser, R.: Preis- und Finanzierungsentscheidungen im Auslandsgeschäft. Wien 1985.
Mossin, J.: Equilibrium in a Capital Asset Market. Econometrica 34, 1966, 768–783.
Mossin, J.: Theory of Financial Markets. Englewood Cliffs 1973.
Moxter, A.: Optimaler Verschuldungsumfang und Modigliani-Miller-Theorem. Fragen der Unternehmensfinanzierung und Unternehmensbewertung. Hrsg. K.-F. Forster und P. Schuhmacher. Stuttgart 1970, 128–155.
Moxter, A.: Selbstfinanzierung, optimale. Handwörterbuch der Finanzwirtschaft, a.a.O., Sp. 1603–1619.
Mumey, G. A.: Theory of Financial Structure. New York 1969.
Müller, C.: Betriebliche Anreizsysteme aus der Sicht der volkswirtschaftlichen Agency-Theorie. Duisburg 1993.
Myers, S. C.: A Time-State Preference Model of Security Valuation. Journal of Financial and Quantitative Analysis 3, 1968, 1–33.
Myers, S. C.: Determinants of Corporate Borrowing. Journal of Financial Economics 5, 1977, 147–176.
Myers, S. C.: The Capital Structure Puzzle. The Journal of Finance 39, 1984, 575–592.
Myers, S. C.: Still Searching for Optimal Capital Structure. Keynote Address at the French Finance Association. Paris 1990.
Myers, S. C., D. A. Dill und A. J. Bautista: Valuation of Financial Lease Contracts. The Journal of Finance 31, 1976, 799–819.
Myers, S. C. and N. S. Majluf: Corporate Financing and Investment Decisions when Firms have Information that Investors do not have. Journal of Financial Economics 13, 1984, 187–221.
Narayanan, M. P.: Debt versus Equity under Asymmetric Information. Journal of Financial and Quantitative Analysis 23, 1988, 39–51.
Neumann, J. v. und O. Morgenstern: Theory of Games and Economic Behavior, 3. Aufl. New York-London-Sydney 1967.
Neus, W.: Die Aussagekraft von Agency Costs. ZfbF 41, 1989, 472–490.
Neus, W.: Finanzierungsleasing aus vertragstheoretischer Sicht. ZfB 61, 1991, 1431–1449.
Neus, W.: Unternehmensgröße und Kreditversorgung. ZfbF 43, 1991, 130–156.
Niedernhuber, G.: Ausschüttungsregelungen für Aktiengesellschaften. Eine ökonomische Analyse. Hamburg 1988.
Noe, T. H.: Capital Structure and Signaling Game Equilibria. The Review of Financial Studies 1, 1988, 331–355.

Paal, E.: Entwicklungen und Entwicklungstendenzen in der Kreditsicherung. Wiesbaden 1973.
Park, S. Y. und J. Williams: Taxes, Capital Structure, and Bondholder Clienteles, Journal of Business 58, 1985, 203–224.
Perridon, L. und M. Steiner: Finanzwirtschaft der Unternehmung, 5. Aufl. München 1988.
Petersen, T.: Optimale Anreizsysteme. Wiesbaden 1989.
Peterson, J. C.: Renegotiation and the Impossibility of Optimal Investment. Paper, Ohio State University 1993.
Pfaff, D.: Zur allokativen Begründung von Ausschüttungsregelungen. ZfbF 41, 1989, 1013–1028.
Picot, A. und E. Michaelis: Verteilung von Verfügungsrechten in Großunternehmungen und Unternehmungsverfassung. ZfB 54, 1984, 252–272.
Plaut, S. E.: The Theory of Collateral. Journal of Banking and Finance 9, 1985, 401–419.
Poensgen, O. H.: The Valuation of Convertible Bonds. Industrial Management Review 6, 1965, Fall, 77–92, and 7, 1966, Spring, 83–98.
Rajan, R. G.: Insiders and Outsiders: The Choice between Informed and Arm's Length Debt. The Journal of Finance 47, 1992, 1367–1400.
Ramakrishnan, R. T. S. und A. V. Thakor: Moral Hazard, Agency Costs, and Asset Prices in a Competitive Equilibrium. Journal of Finance and Quantitative Analysis 17, 1982, 503–532.
Ravid, S. A.: On Pricing Policies and Capital Structure Choice. Paper, University of Haifa.
Ravid, S. A. and O. H. Sarig: Financial Signalling by Committing to Cash Outflows. Journal of Financial and Quantitative Analysis 26, 1991, 165–176.
Ravid, S. A. und M. Spiegel: Linear Securities as Optimal Contracts in Environments with an Infinite Number of Bad Projects. Paper, Rutgers University 1992.
Reinboth, H.: Schuldscheindarlehen als Mittel der Unternehmensfinanzierung. Wiesbaden 1965.
Rendleman, R. J., Jr. and B. J. Bartter: Two-State Option Pricing. The Journal of Finance 34, 1979, 1093–1110.
Rieger, R.: Unternehmensinsolvenz, Arbeitnehmerinteressen und gesetzlicher Arbeitnehmerschutz. Bern-Stuttgart 1988.
Rittershausen, H.: Industrielle Finanzierungen. Wiesbaden 1964.
Rock, K.: Why New Issues are Underpriced. Journal of Financial Economics 15, 1986, 187–212.
Roll, R.: Investment Diversification and Bond Maturity. The Journal of Finance 26, 1971, 51–66.
Roll, R.: Stripped Mortgage Backed Securities. Mortgage Securities Research, Goldman Sachs, 1986.
Ronen, I.: Capital Structure and the Market for Corporate Control: The Defensive Role of Debt Financing. The Journal of Finance 46, 1991, 1391–1409.
Ross, S. A.: The Economic Theory of Agency: The Principal's Problem. The American Economic Review 63, 1973, 134–139.

Ross, S. A.: The Arbitrage Theory of Capital Asset Pricing. Journal of Economic Theory 13, 1976, 341–360.

Ross, S. A.: The Determination of Financial Structure: The Incentive-Signaling Approach. The Bell Journal of Economics 8, 1977, 23–40.

Ross, S. A.: Some Notes on Financial Incentive-Signalling Models, Activity Choice and Risk Preferences. The Journal of Finance 33, 1978, 777–794.

Ross, S. A.: Debt and Taxes and Uncertainty. The Journal of Finance 40, 1985, 637–658.

Ross, S. A.: Arbitrage and Martingales with Taxation, Journal of Political Economy 95, 1987, 371–393.

Ross, S. A.: Institutional Markets, Financial Marketing, and Financial Innovation. The Journal of Finance 44, 1989, 541–556.

Ross, S. A. und R. W. Westerfield: Corporate Finance. St. Louis u.a. 1988.

Rubinstein, M. E.: Corporate Financial Policy in Segmented Security Markets. Journal of Financial and Quantitative Analysis 8, 1973, 749–761.

Rubinstein, M. E.: The Valuation of Uncertain Income Streams and the Pricing of Options. The Bell Journal of Economics 7, 1976, 407–425.

Rudolph, B.: Die Kreditvergabeentscheidung der Banken. Opladen 1974.

Rudolph, B.: Kapitalkosten bei unsicheren Erwartungen. Berlin-Heidelberg-New York 1979.

Rudolph, B.: Kreditsicherheiten als Instrumente zur Umverteilung und Begrenzung von Kreditrisiken. ZfbF 36, 1984, 16–43.

Rudolph, B.: The Value of Security Agreements. Capital Market Equilibria. Hrsg.: G. Bamberg und K. Spremann. Berlin u.a. 1985, 135–162.

Rudolph, B.: Teilimmunisierung von Festzinsanlagen gegen Zinsänderungsrisiken. Kapitalmarkt und Finanzierung. Hrsg.: D. Schneider, Berlin 1987, 213–224.

Saelzle, R.: Investitionsentscheidungen und Kapitalmarkttheorie. Wiesbaden 1976.

Sappington, D.: Limited Liability Contracts between Principal and Agent. Journal of Economic Theory 29, 1983, 1–21.

Schacht, K.: Die Bedeutung der Finanzierungsregeln für unternehmerische Entscheidungen. Wiesbaden 1971.

Schall, L. D.: Taxes, Inflation and Corporate Financial Policy. The Journal of Finance 39, 1984, 105–126.

Schildbach, Th.: Sicherheiten versus par conditio creditorum. Betriebs-Berater 1983, 2129–2136.

Schmalenbach, E.: Die Beteiligungsfinanzierung, 9. Aufl. Köln-Opladen 1966.

Schmidt, R.: Finanzierung und Kapitalmarkt. In: Egebnisse empirischer betriebswirtschaftlicher Forschung. Zu einer Realtheorie der Unternehmung. Festschrift für E. Witte. Hrsg.: J. Hauschildt und O. Grün. Stuttgart 1993, 529–556.

Schmidt, R. H.: Ökonomische Analyse des Insolvenzrechts. Wiesbaden 1980.

Schmidt, R. H.: Grundformen der Finanzierung. Eine Anwendung des neo-institutionalistischen Ansatzes der Finanzierungstheorie. Kredit und Kapital 14, 1981, 186–221.

Schmidt, R. H.: Grundzüge der Investitions- und Finanzierungstheorie, 2. Aufl. Wiesbaden 1986.

Schmidt, R. H.: Asymmetrische Information und Gläubigerverfügungsrechte in der Insolvenz. ZfB 54, 1984, 717–742.
Schmidt, R. H. u.a.: Underpricing bei deutschen Erstemissionen 1984/1985. ZfB 58, 1988a, 1193–1203.
Schmidt, R. H.: Neuere Property Rights-Analysen in der Finanzierungstheorie. Betriebswirtschaftslehre und Theorie der Verfügungsrechte. Hrsg.: D. Budäus, E. Gerum und G. Zimmermann. Wiesbaden 1988b, 240–267.
Schmitt, R. H.: Organisationstheorie, transaktionskostenorientierte. Handwörterbuch der Organisation, 3. Aufl. Hrsg.: E. Frese. Stuttgart 1992, Sp. 1854–1865.
Schmitt, R. M.: Neue Aspekte für das Factoring. Zeitschrift für das gesamte Kreditwesen 31, (5), 1978, 9–10.
Schneeweiss, H.: Entscheidungskriterien bei Risiko. Berlin-Heidelberg-New York 1967.
Schneider, D.: Allgemeine Betriebswirtschaftslehre, 3. Aufl. München-Wien 1987a.
Schneider, D.: Messung des Eigenkapitals als Risikokapital. Der Betrieb 40, 1987b, 185–191.
Schneider, D.: Investition, Finanzierung und Besteuerung, 7. Aufl. Wiesbaden 1992.
Scholes, M.: Stock and Compensation. The Journal of Finance 46, 1991, 803–823.
Schwartz, E. S.: The Valuation of Warrants: Implementing a New Approach. Journal of Financial Economics 4, 1977, 79–93.
Scott, J. H.: A Theory of Optimal Capital Structure. The Bell Journal of Economics 7, 1976, 33–54.
Scott, J. H.: Bankruptcy, Secured Debt and Optimal Capital Structure. The Journal of Finance 32, 1977, 1–19.
Scott, J. H.: Bankruptcy, Secured Debt and Optimal Capital Structure: Reply. The Journal of Finance 34, 1979, 253–260.
Seelbach, H.: Die Thesen von Modigliani und Miller unter Berücksichtigung von Ertrags- und Substanzsteuern. ZfB 49, 1979, 692–709.
Seicht, G.: Investition und Finanzierung, 6. Aufl. Wien 1990.
Sharpe, W. F.: Capital Asset Prices: A Theory of Market Equilibrium under Conditions of Risk. The Journal of Finance 19, 1964, 425–442.
Sharpe, W. F.: Portfolio Theory and Capital Markets. New York 1970.
Sharpe, W. F.: Investments. Englewood Cliffs 1978.
Shefrin, H. M. und M. Statman: Explaining Investor Preference for Cash Dividends. Journal of Financial Economics 13, 1984, 253–282.
Shleifer, A. und R. W. Vishny: Liquidation Values and Debt Capacity: A Market Equilibrium Approach. The Journal of Finance 47, 1993, 1343–1366.
Shrieves, R. E. und D. L. Stevens: Bankruptcy Avoidance as a Motive for Merger. Journal of Financial and Quantitative Analysis 14, 1979, 501–516.
Shyam-Sunder, L. und St. C. Myers: Testing Static Trade-Off Against Pecking Order Models of Capital Structure. Paper, MIT 1992.
Siegel, T.: Die Schütt-aus-hol-zurück-Politik unter Berücksichtigung der Finanzierungs-Aneutralität der Besteuerung. Das Wirtschaftsstudium 17, 1988, 603–608, 670–675.
Sinn, H.-W.: Kapitaleinkommensbesteuerung. Tübingen 1985.
Smith, C. W.: Option Pricing: A Review. Journal of Financial Economics 3, 1976, 1–53.

Smith, C. W., Jr. and C. W. Smithson (Hrsg.): The Handbook of Financial Engineering. New York 1990a.
Smith, C. W., Jr. and C. W. Smithson: Financial Engineering: An Overview. The Handbook of Financial Engineering. Hrsg.: C. W. Smith Jr. and C. W. Smithson. New York 1990b, 3-29.
Smith, C. W., Jr., C. W. Smithson, and D. S. Wilford: Managing Financial Risk. New York 1990.
Spatt, C. S. and F. P. Sterbenz: Incentive Conflicts, Bundling Claims, and the Interaction among Financial Claimants. The Journal of Finance 48, 1993, 513-528.
Smith, C. W., Jr. und L. M. Wakeman: Determinants of Corporate Leasing Policy. The Journal of Finance 40, 1985, 895-908.
Smith, C. W., Jr. und J. B. Warner: On Financial Contracting: An Analysis of Bond Covenants. Journal of Financial Economics 7, 1979a, 117-161.
Smith, C. W., Jr. und J. B. Warner: Bankruptcy, Secured Debt and Optimal Capital Structure: Comment. The Journal of Finance 34, 1979b, 247-251.
Solomon, E.: The Theory of Financial Management. New York-London 1963.
Spremann, K.: Produktion, Hedging, Spekulation – Zu den Funktionen von Futures-Märkten. ZfbF 38, 1986, 443-464.
Spremann, K.: Reputation, Garantie, Information. ZfB 58, 1988, 613-629.
Spremann, K.: Stakeholder-Ansatz versus Agency-Theorie. ZfB 59, 1989, 742-746.
Spremann, K.: Asymmetrische Information. ZfB 60, 1990, 561-586.
Spremann, K.: Investition und Finanzierung, 4. Aufl. München-Wien 1991.
Sprenkle, C. M.: Warrant Prices as Indicators of Expectations and Preferences. The Random Character of Stock Market Prices. Hrsg.: P. H. Cootner. Cambridge 1964, 412-474.Staehle, W.: Die Schuldscheindarlehen. Wiesbaden 1965.
Stapleton, R. C.: The Theory of Corporate Finance. London 1970.
Stapleton, R. C. und M. G. Subrahmanyam: Market Imperfections, Capital Market Equilibrium and Corporation Finance. The Journal of Finance 32, 1977, 307-314.
Stapleton, R. C. und M. G. Subrahmanyam: Capital Market Equilibrium and Corporate Financial Decisions. Greenwich 1980.
Steiner, M.: Ertragskraftorientierter Unternehmenskredit und Insolvenzrisiko. Stuttgart 1980.
Steiner, P.: Die Bewertung bedingter Ansprüche auf Finanztitel (Optionspreistheorie). Im Druck.
Steinmann, H. und G. Schreyögg: Zur Bedeutung des Arguments der „Trennung von Eigentum und Verfügungsgewalt" – Eine Erwiderung. ZfB 54, 1984, 273-283.
Steinmann, H., G. Schreyögg und C. Dütthorn: Managerkontrolle in deutschen Großunternehmen – 1972 und 1979 im Vergleich. ZfB 53, 1983, 4-25.
Stier, A.: Die Sicherung von Industrieanleihen. Frankfurt am Main 1970.
Stiglitz, J. E.: A Re-Examination of the Modigliani-Miller Theorem. The American Economic Review 59, 1969, 784-793.
Stiglitz, J. E.: Some Aspects of the Pure Theory of Corporate Finance. The Bell Journal of Economics and Management Science 3, 1972, 458-482.
Stiglitz, J. E.: On the Irrelevance of Corporate Financial Policy. American Economic Review 64, 1974, 851-866.

Stiglitz, J.E. und A. Weiss: Credit Radioning in Markets with Imperfect Information. The American Economic Review 71, 1981, 393–410.
Stone, B.K.: Risk, Return and Equilibrium. Cambridge (Mass.)-London 1970.
Stulz, R.M.: Managerial Discretion and Optimal Financing Policies. Journal of Financial Economics 26, 1990, 3–27.
Stulz, R.M. und H. Johnson: An Analysis of Secured Debt. Journal of Financial Economics 14, 1985, 501–521.
Stützel, W.: Die Relativität der Risikobeurteilung von Vermögensbeständen. Entscheidung bei unsicheren Erwartungen. Hrsg.: H. Hax. Köln-Opladen 1970, 9–26.
Süchting, J.: Finanzmanagement, 5. Aufl., Wiesbaden 1989.
Swoboda, P.: Finanzierungstheorie. Würzburg-Wien 1973.
Swoboda, P.: Auswirkung einer Inflation auf den Unternehmungswert. ZfbF 29, 1977, 667–688.
Swoboda, P.: Investitionsrechnungen, dynamische (simultan). Handwörterbuch des Rechnungswesens. Hrsg.: E. Kosiol, K. Chmielewicz und M. Schweitzer. Stuttgart 1981, 803–818.
Swoboda, P.: Heterogene Information und Kapitalstruktur der Unternehmung. ZfbF 34, 1982a, 705–727.
Swoboda, P.: Instrumente der Unternehmenssanierung aus betriebswirtschaftlicher Sicht. Rechtsprobleme der Unternehmenssanierung. Hrsg.: H.-G. Ruppe. Wien 1982b, 3–25.
Swoboda, P.: Exigences en matière de sûretés des créanciers et structure optimale du capital de la firme. Finance 3, 1982c, 227–239.
Swoboda, P.: Betriebswirtschaftliche Anmerkungen zur Reform des Insolvenzrechts. ZfB 54, 1984a, 180–186.
Swoboda, P.: Die Prüfung der Sanierungsfähigkeit von Unternehmungen. Betriebswirtschaftslehre mittelständischer Unternehmen. Hrsg.: H. Albach und T. Held. Stuttgart 1984b, 374–388.
Swoboda, P.: Der Risikograd als Abgrenzungskriterium von Eigen- versus Fremdkapital. Information und Produktion. Festschrift zum 60. Geburtstag von W. Wittmann. Hrsg.: S. Stöppler, Stuttgart 1985, 343–361.
Swoboda, P.: Investition und Finanzierung, 3. Aufl. Göttingen 1986.
Swoboda, P.: Kapitalmarkt und Unternehmungsfinanzierung – Zur Kapitalstruktur der Unternehmung. Kapitalmarkt und Finanzierung. Hrsg.: D. Schneider. Berlin 1987a, 49–68.
Swoboda, P.: The Liquidation Decision as a Principal-Agent Problem. Agency Theory, Information, and Incentives. Hrsg.: G. Bamberg und K. Spremann. Berlin-Heidelberg 1987b, 167–177.
Swoboda, P.: Leasing versus Kreditkauf – unter besonderer Berücksichtigung steuerlicher Investitionsbegünstigungen und unsicherer Inflationsraten. Das Leasinggeschäft. Hrsg.: A. Egger und H. Krejci. Wien 1987c, 623–630.
Swoboda, P.: Relevanz oder Irrelevanz der Kapitalstruktur und der Dividendenpolitik deutscher und österreichischer Aktiengesellschaft nach der Steuerreform von 1990 bzw. 1989? ZfbF 43, 1991, 851–866.
Swoboda, P. und M. Kamschal: Die Bewertung deutscher Wandelanleihen und die Optimierung des Umwandlungstermins bei steigenden Zuzahlungen (unter Anwendung der Black-Scholes-Methode). ZfbF 31, 1979, 295–321.

Swoboda, P. und C. Köhler: Der Einfluß einer Kapitalgewinnsteuer auf den Aktienkurs und die Dividendenpolitik von Aktiengesellschaften. ZfbF 23, 1971, 208–231.

Swoboda, P. und B. Totter: Finanzierungsleasing in Österreich. JfB 27, 1977, 154–166.

Swoboda, P. und J. Zechner: Financial Structure and the Tax System. Paper, Universität Graz 1993.

Tacke, H. R.: Leasing, 2. Aufl. Stuttgart 1993.

Talmor, E.: Asymmetric Information, Signaling, and Optimal Corporate Financial Decisions. Journal of Financial and Quantitative Analysis 16, 1981, 413–435.

Talmor, E., R. Haugen und A. Barnea: The Value of the Tax Subsidy on Risky Debt. Journal of Business 58, 1985, 191–202.

Terberger, E.: Der Kreditvertrag als Instrument zur Lösung von Anreizproblemen. Heidelberg 1987.

Thakor, A. V.: An Exploration of Competitive Signalling Equilibria with „Third Party" Information Production: The Case of Debt Insurance. The Journal of Finance 37, 1982, 717–739.

Thakor, A. V.: Strategic Issues in Financial Contracting: An Overview. Financial Management 18, 1989, Heft 2, 39–58.

Thatcher, J. S.: The Coice of Call Provision Terms: Evidence of the Existence of Agency Costs of Debt. The Journal of Finance 40, 1985, 549–561.

Tinsley, P. A.: Capital Structure, Precautionary Balances and Valuation of the Firm: The Problem of Financial Risk. Journal of Financial and Quantitative Analysis 5, 1970, 33–62.

Titman, S.: The Effect of Capital Structure on a Firm's Liquidation Decision, Journal of Financial Economics 13, 1984, 137–151.

Titman, S.: Interest Swaps and Corporate Financing Choices. The Journal of Finance 47, 1992, 1503–1516.

Tschumi, O.: Optimale kurzfristige Finanzierung. Industrielle Organisation 38, 1969, 60–64.

Tschumi, O.: Graphische Bestimmung der optimalen kurzfristigen Finanzierung. Industrielle Organisation 39, 1970, 14–17.

Uhlir, H.: Der Gang an die Börse und das Underpricing-Phänomen. Zeitschrift für Bankrecht und Bankwirtschaft 1, 1989, 2–16.

Uhlir, H. und P. Steiner: Wertpapieranalyse, 2. Aufl. Heidelberg 1991.

Van Horne, J. C.: Financial Management and Policy, 9. Aufl. Englewood Cliffs 1992.

Van Horne, J. C.: Financial Market Rates and Flows, 3. Aufl. Englewood Cliffs 1990.

Viswanath, P. V.: Strategic Considerations, the Pecking Order Hypothesis, and Market Reactions to Equity Financing. Journal of Quantitative and Financial Analysis 28, 1993, 213–234.

Vodrazka, K.: Bedeutung und Ermittlung der Zahlungsfähigkeit (Zahlungsunfähigkeit) in Betriebswirtschaftslehre und Recht. JfB 27, 1977, 65–94.

Vormbaum, H.: Finanzierung der Betriebe, 8. Aufl. Wiesbaden 1990.

Wagner, F. W.: Ausschüttungszwang und Kapitalentzugsrechte als Instrumente marktgelenkter Unternehmenskontrolle? Kapitalmarkt und Finanzierung. Hrsg.: D. Schneider, Berlin 1987, 409–427.

Wagner, F. W. and C. Wangler: Kombizins-Anleihen – Eine Finanzinnovation als Steuersparmodell? Der Betrieb 45, 1992, 2405–2409.

Wagner, F.W., E. Wenger und S. Höflacher: Zero-Bonds. Wiesbaden 1986.
Warner, J.B.: Bankruptcy Costs: Some Evidence. The Journal of Finance 32, 1977, 337–347.
Watts, R.L. und J.L. Zimmerman: Agency Problems, Auditing, and the Theory of the Firm: Some Evidence. Journal of Law & Economic 26, 1983, 613–633.
Weber, M., E. Berg and H. Kruse: Kurs- und Renditevergleich von Stamm- und Vorzugsaktien. ZfbF 44, 1992, 548–565.
Wedel, H.: Der Partizipationsschein als Kapitalbeschaffungsmittel der Aktiengesellschaften. Berlin 1969.
Weisse, C.: Schwankungsrückstellung und Großrisikenrückstellung nach versicherungsmathematischen Grundsätzen. Die Wirtschaftsprüfung 27, 1974, 470–483.
Welcker, J.: Wandelobligationen. ZfbF 20, 1968, 798–838.
Weston, J.F. und E.F. Brigham: Managerial Finance, 7. Aufl. Hinsdale 1981.
Wiggins, J.B.: The Relation between Risk and Optimal Debt Maturity and the Value of Leverage. Journal of Financial and Quantitative Analysis 25, 1990, 377–385.
Wildhagen, J.: Zinserwartungen und Anleihekonditionen. Diss., Saarbrücken 1967.
Wilhelm, J.: Finanztitelmärkte und Unternehmensfinanzierung. Berlin-Heidelberg-New York 1983.
Wilhelm, J.: Die Vorteilhaftigkeit des Leasing aus finanzierungstheoretischer Sicht. ZfbF 37, 1985, 485–499.
Wilhelm, J. und L. Brüning: Die Fristigkeitsstruktur der Zinssätze: Theoretisches Konstrukt und empirische Evaluierung. Kredit und Kapital 25, 1992, 259–294.
Williams, J.: Perquisites, Risk, and Capital Structure. The Journal of Finance 42, 1987, 29–48.
Williams, J.: Monitoring and Optimal Financial Contracts. Paper, UBC 1988a.
Williams, J.: Debt and Equity as Optimal Financial Contracts. Paper, UBC 1988b.
Williamson, O.E.: Corporate Finance and Corporate Governance. The Journal of Finance 43, 1988, 567–591.
Winton, A.: Limitation of Liability and the Ownership Structure of the Firm. The Journal of Finance 48, 1993, 487–512.
Wirtschaftsprüfer-Handbuch 1968. Hrsg.: Institut für Wirtschaftsprüfer in Deutschland e.V. Düsseldorf 1968.
Wöhe, G. und J. Bilstein: Grundzüge der Unternehmensfinanzierung, 5. Aufl. München 1988.
Wosnitza, M.: Das Unterinvestitionsproblem in der Publikumsgesellschaft. ZfbF 42, 1990, 947–962.
Zechner, J.: Managerverhalten und die optimale Kapitalstruktur von Unternehmungen. JfB 32, 1982, 180–197.
Zechner, J.: Der Einfluß von Steuern auf die optimale Kapitalstruktur von Unternnehmungen. Wien 1989.
Zechner, J. und P. Swoboda: The Critical Implicit Tax Rate and Capital Structure. Journal of Banking and Finance 10, 1986, 327–341.
Zender, J.F.: Optimal Financial Instruments. The Journal of Finance 46, 1991, 1645–1663.
Zinn, E. und H.-H. Kotz: Exportversicherung, Exportfinanzierung und internationaler Wettbewerb. ZfB 56, 1986, 1077–1094.

Stichwortverzeichnis

Absonderungsrecht 20 ff., 176, 225, 234, 242, 252
Abstimmungsverfahren in Insolvenzen 252
Ad-hoc-Theorien zur Kapitalstruktur 194 ff.
Agency Wirkungen: siehe Agency-Probleme
Agency-Kosten 169 ff.
Agency-Probleme allgemein 162 ff.
Agency-Probleme bei Eigenfinanzierung 206 ff.
Agency-Probleme bei Fremdfinanzierung 172 ff., 214 ff.
Agent, Charakterisierung des 162 ff.
Aktien, Arten von 12 ff.
Aktien, Einziehung von 15
Aktienemission: siehe Kapitalerhöhung
Aktiengesellschaft 12 ff., 182 ff.
Aktienrückkauf 49
Akzept 36 f.
Akzeptkredit 37
Anfechtungsrecht 225
Ankündigungseffekt 111 ff.
Anleihe 25
Anrechnungssystem 56 ff.
Arbeitnehmer als Risikoträger 183 f.
Arbeitnehmeransprüche und Insolvenz 245
Arbeitnehmerreaktionen und Insolvenz 235
Arbitragebeweis von Modigliani Miller 95 f.
Asset Bases Securities 41
Aufsichtsrat 15, 18, 171
Auseinandersetzung 11, 17 f.
Ausfallrisiko 173, 175

Ausgabekurs junger Aktien 110 ff., 204, 208 ff.
Aussonderungsrecht 19 ff., 176, 225, 234, 242
Ausstattungskredit 19 f.
Außenfinanzierung 10
Avalkredit 36 f.

Banken, Existenzerklärung von 217 f.
Bassinvertrag 31
Beleihungsgrenze 21 ff., 33 f., 36
Berichtigungsaktien 13
Bernoulli-Kriterium 68 ff.
Beteiligungsfinanzierung 9, 12 ff.
Beteiligungsquote, zustandsabhängige 190 f., 193
Bewertungswahlrecht 29 f.
Bezugsrecht 12 ff., 28, 110 ff.
Black-Scholes-Formel 88 ff.
Bürgschaft 24, 36 f.

Cap 40
CAPM (Capital Asset Pricing Model) 87 ff., 155, 178, 218 f.
CATS (Certificates of Accrual on Treasury Bonds) 41
Clientele-Effekt 50 ff., 59
Collar 40
collateral 176
Commercial Papers 40
committed back up lines 40
costly contracting hypothesis 175

Darby-These 107 f.
Deckungsstock(fähigkeit) 25, 27
Depotwechsel 25
Diskontkredit 32

Dividenden 7
Dividendenbeschränkung 177
Dividendenkapitalerhöhung 13
Dividendenpolitik 44 ff., 114 ff., 207 f.
Dividendenpolitik, psychologische Erklärung 208
duration 125 ff.
dynamische Programmierung 229 ff.

Eigenfinanzierung (Begriff) 9 ff.
Eigenfinanzierungsprobleme 109 ff., 206 ff.
Eigenkapital (Begriff) 10 f.
Eigenkapitalkostensatz 101 ff.
Eigentumsvorbehalt 19 f., 30, 35
Eigentumsvorbehalt, erweiterter 30
Eigentumsvorbehalt, verlängerter 30, 33
Eigentümer-Unternehmer 181 ff.
Einkommensteuer 46 ff., 104 ff.
Einzelunternehmung 16
Emissionsgenehmigung 25
Emissionskosten 25, 148 ff.
Emissionskurs junger Aktien: siehe Ausgabekurs junger Aktien
Emissionstermin für Aktien 153 ff.
Emissionstermin für Anleihen 148 ff.
Erstemission von Aktien 210 f.
Erwartungswert 71
Euronotes 40
ex post settling 171
expectations theory 119 ff.
Exportfactoring 29
Exportfinanzierung 28 f.
Exportförderung 29
Exportkredite 109

Factoring 34 ff., 144 ff.
Factoring, echtes 34 f.
Factoring, unechtes 35
fairness 163
Fazilität 40
FIBOR (Frankfurt Interbank Offered Rate) 40
financial engineering 39

Financial Future 40
Finanzierungsbegriff 1 ff.
Finanzierungsleasing: siehe Leasing
Finanzierungsregeln 24, 176 f.
Finanzierungsvertrag, optimaler 185
Finanzinnovationen 39 ff.
First-best-Investitionsprogramm 173
First-best-Vertrag 163 ff.
Fisher-These 107 f.
floating rate 40
Floor 40
Forfaitierung 36
Fortführungsalternativen 248 ff.
Fortführungswert 232 ff.
forward rate 119 f.
Free-cash-flow-These 205
free riding in Insolvenzen 248, 256
Fremdfinanzierung (Begriff) 9 ff.
Fremdkapital (Begriff) 10 f.
Fremdkapitalkostensatz 101
fringe benefits 167 ff.
Fristigkeit 10 f., 119 ff., 178
Fristigkeit, durchschnittliche 125 ff.
Fusion 233, 258 f.

Genossenschaft 19
Gesellschaft bürgerlichen Rechts 17
Gesellschaft mit beschränkter Haftung 18
gesetzliche Rücklage 113
Gewährleistungsansprüche und Insolvenz 243 f.
Gewerbesteuer 62 ff., 128, 132 ff., 138
Gewinnausschüttung (OHG, KG) 17
Gewinneinbehaltung: siehe Selbstfinanzierung
Gewinnschuldverschreibung 27 f.
Gläubigerschutz 183
Globalzession 33
GmbH & Co. KG 18
Go- oder Stop-Entscheidung 187 ff.
Gordon-Modell 116 f.
Gratisaktien 13, 213
Grenznutzen 73
Grundpfandrecht 20 f.

Stichwortverzeichnis

Haftung, beschränkte 178 ff.
Haftungsgemeinschaft 258 f.
Hauptversammlung 12 ff.
Hausbank 217
Herstellerleasing 136
hidden action 163 ff., 187, 200 ff.
hidden characteristics 163
hidden information 163 ff., 187, 200 ff.
Holdup 163
Hypothekarkredit 20 f.

Immobilienleasing 23
Immunisierung 125 f.
Inflation 107 f., 119 ff., 161
Inflation und term structure 127 ff.
Information, heterogene 103, 162 ff., 241
Information, heterogene und Insolvenz 252
Information, homogene 93
Information, perfekte 93
Informationskosten 87, 103, 241
Informationsvorsprung des Managers 163 ff.
Inhaberaktien 13
Innenfinanzierung 9
Innovationen: siehe Finanzinnovationen
Innovationsfinanzierung 186 ff.
Insolvenz 223–262
Insolvenzen, Auslösung von 253 f.
Insolvenzplan 254 f.
Insolvenzrecht, österreichisches 255 f.
Insolvenzrechtsreform 242, 252 ff.
Interessengegensatz Alt- und Jungaktionäre 209 f.
Investition 204 ff., 208 ff., 220 ff., 241, 249 ff.
Investitionsbegünstigung, steuerliche 135
Investitionsrisiko 101, 221 f.
Irrelevanz der Dividendenpolitik bei Sicherheit 42 ff.
Irrelevanz der Dividendenpolitik bei Unsicherheit 114 ff.
Irrelevanz der Insolvenzwahrscheinlichkeit 231 ff.
Irrelevanz der Kapitalstruktur bei Sicherheit 42 ff.
Irrelevanz der Kapitalstruktur bei Unsicherheit 92 ff.
Irrelevanz des Ausgabekurses junger Aktien 110 ff.
Irrelevanz von Sicherheiten 240 f.
Irrelevanztheorem von Modigliani Miller 92 ff., 103, 178, 221, 225 f.
ÎTO's Lemma 90

Junk Bonds 41

Kapitalbedarf für Umlaufvermögen 137
Kapitalbedarf, schwankender, und Finanzierung 137 ff., 147
Kapitalbeteiligungsgesellschaft 17
Kapitalerhöhung 12 ff., 110 ff., 115, 204 f., 208 ff.
Kapitalerhöhung aus Gesellschaftsmitteln 13, 49, 113
Kapitalerhöhung, bedingte 12 f.
Kapitalerhöhung, genehmigte 13
Kapitalerhöhung, Signalwirkung einer 208 ff.
Kapitalgesellschaft 18
Kapitalgewinnsteuer 48 ff.
Kapitalherabsetzung (ordentliche) 15, 49
Kapitalherabsetzung, vereinfachte 12, 15
Kapitalkostensatz 61 f., 100 ff., 221 f.
Kapitalmarkt, unvollkommener 44 ff., 128 ff., 241
Kapitalmarkt, vollkommener 42
Kapitalmarkt, vollkommener (bei Unsicherheit) 93
Kapitalmarkt, vollständiger 98
Kapitalmarktbeschränkungen 66 f., 108 f., 116
Kapitalmarktgleichgewicht 85 ff., 97, 260

Kapitalstrukturrisiko 101
kapitalwirtschaftlicher Finanzierungsbegriff 2 ff.
Kautionswechsel 25, 37
Kirchensteuer 57
Koalitionen bei Insolvenzen 236 ff.
Kommanditgesellschaft 17
Kommanditgesellschaft auf Aktien 18
Konkurs 198 f., 220, 223–262
Konkursabwendung, Maßnahmen der 232 ff.
Konkursforderung 225
Konkursgrund 224 f.
Konkurskosten 226 ff., 231
Konkurskosten, direkte 231
Konkurskosten, indirekte 231
Konkurskriterium: siehe Konkursgrund
Konkurspolitik der Gläubiger 228 ff.
Konkursverwalter 223
Konsum am Arbeitsplatz 167 ff.
Kontokorrentkredit 38, 138 ff., 143
Korrelationskoeffizient 76
Kosten des Eigenkapitals 7
Kosten des Factoring 35 f.
Kosten des Kontokorrentkredits 38, 138 ff.
Kosten des Leasing 23
Körperschaftsteuer 46 ff., 104 ff.
Körperschaftsteuer mit gespaltenem Satz 57 ff.
Kreditgarantiegemeinschaft 24
Kreditgeschäfte zwischen Investoren 52 ff.
Kreditsicherheiten: siehe Sicherheiten
„Kuchentheorie" 118
Kundenansprüche und Insolvenz 243 f.
Kundenanzahlungen 38 f., 214 f.
Kundenreaktionen und Insolvenz 235
Kündigung 10, 121 f.
Kündigungsklauseln 177 f.
Kündigungspolitik 213
Kündigungsrecht 182
Kündigungsschutzbestimmungen und Insolvenz 246 ff.

labor managed firm 109
Leasing 22 f.
Leasing bei Steuerbefreiung 136
Leasing bei Verlustposition 135 ff.
Leasing und Risiko 136
Leasing, Agency-Wirkungen von 216 f.
Leerverkauf 53 ff., 78 ff., 89, 165
Lemons 204
Leverage-Buy-Out 172, 177
Leverage-Effekt 102
LIBOR (London Interbank Offered Rate) 40
Lieferantenkredit 20, 143 f.
Lieferantenreaktionen und Insolvenz 235, 244
Lieferkredit 19 f., 30
Liquidation(serlös) 15
Liquidationsvarianten 235
Liquidationswert 224 ff.
Liquiditätsprämie 122, 124
Liquiditätsreserven 257 f.
liquidity preference theory 119, 122
Lombardkredit 31, 138 ff.

Management-Buy-Out 172
Manager, Arbeitseinsatz des 170 ff., 186 ff.
Manager, Kontrolle des 180 ff.
Managerentlohnung 198 f.
Managerkonkurrenz 171
Managerverhalten 166 ff.
Mantelzession 33
Marktportefeuille 86 ff.
Marktsegmentierung 122
Masse 225
Masseforderung 225
Miller-Gleichgewicht 48 ff., 104
Mindestrendite für Investitionen: siehe Kapitalkostensatz
Mitbestimmungsrechte der Gläubiger 174, 182
Mobilienleasing 23
Modigliani-Miller-Theorem: siehe Irrelevanztheorem von Modigliani Miller

monetärer Finanzierungsbegriff 2 ff.
moral hazard 164
Mortgage Based Securities 41
Myers-Majluf-Problem 208 ff.

Namensaktien 13
Negativklausel 24, 37
NIF (Note Issuance Facilities) 40
Notverkauf 256 f.
Null-Kupon-Anleihe 26, 41, 126
Nutzen 68 ff., 164 f.
Nutzenfunktion 72 ff., 164 f.
Nutzenfunktion, quadratische 72, 75
Nutzentheorie 68 ff.

Obligation: siehe Anleihe
Offene Handelsgesellschaft 17
Operate Leasing: siehe Leasing
Option 88 ff., 155 f., 191 ff., 200 ff., 212 ff.
Option (im Sinn von warrant) 117 ff.
Optionsanleihe 27 f., 113, 155, 213
Optionsbewertung 88 ff.
Organisationsform und Finanzierung 182 ff.
organisatorische Kapitalstrukturtheorie 196

Pecking-order-Theorie 196
Pensionsgeschäft 31
Pensionsrückstellungen 29, 156 ff.
Pensionssicherungsverein 158
Pensionszusagen 156 ff.
Pensionszusagen, Agency-Wirkungen von 217
Pfandrecht 20 ff.
Plazierungsrisiko 40
Portefeuille 75 ff.
Portefeuille, effizientes 78 ff.
Portefeuilletheorie 75 ff.
preferred habitat theory 119, 122 f.
Principal, Charakterisierung des 162 ff.
Principal-Agency-Probleme: siehe Agency-Probleme
Prioritätsregeln 242

Projektfinanzierung 218
Property-rights-Ansatz 180 ff.

Qualitätsunsicherheit 163

Raumsicherungsvertrag 31
Relevanz der Dividendenpolitik bei Unsicherheit 114 ff.
Relevanz der Insolvenzwahrscheinlichkeit 231 ff.
Relevanz der Kapitalstruktur bei Sicherheit 42 ff.
Relevanz der Kapitalstruktur bei Unsicherheit 92 ff.
Relevanz des Ausgabekurses junger Aktien 110 ff.
Rendite-Risiko-Relation 81 ff.
Reproduktionswert 224
Residualansprüche 10
Restwertleasing 23
Risiko 11, 68, 136, 181 ff.
Risikoanreizwirkung 173 ff.
Risikoaversion 71
Risikofreude 71
Risikoklasse 95
Risikomaß 69 ff., 125 f.,
Risikomessung 68 ff.
Risikoneigung 170 f.
Risikoneutralität 70 f.
Risikoprämie 72 f., 122
Risikoübernahme und Herrschaftsanspruch 184
RUF (Revolving Underwriting Facilities) 40
Rücklagen, freie 15
Rücklagen, gesetzliche 15

Sacheinlagen 12
Sale and Lease Back 23
Sanierung des Eigenkapitals 249
Sanierung des Fremdkapitals 249
Sanierung, finanzwirtschaftliche 249
Sanierung, leistungswirtschaftliche 249
Sanierungsalternativen 248 ff.
Sanierungsdarlehen 248 ff.

Sanierungsinvestition 249 ff.
Sanierungsvarianten 235
Schiefe 73 ff.
Schuldscheindarlehen 26 f.
Schuldverschreibung: siehe Anleihe
Schütt-aus-hol-zurück-Verfahren 13
Second-best-Lösung 171
Security-design 185
Selbstfinanzierung 9, 16, 116 ff.
Selbstfinanzierung, stille 60
shirking 180
Sicherheiten 19 ff., 30 ff., 174, 176, 214 ff., 239 ff., 244, 251, 254
Sicherheiten, Übermaß 37 f.
Sicherheitsäquivalent 72
Sicherungsübereignung 21 f., 31
Signalisieren, dissipatives 197
Signalisieren, nichtdissipatives (kostenloses) 197
Signalisierungsgleichgewicht 197 ff.
Signalisierungstheorien zur Kapitalstruktur 194, 197 ff.
simultane Modelle 222 f.
Skonto 30
Sozialplan und Insolvenz 246 ff.
Splitting 41
spot rate 119 f.
Stakeholder-Ansatz 163 f., 177, 244
Stammaktien 13
stand by agreements 40
Standardabweichung 75 ff.
Standardkreditvertrag 185
Steuerkredite, zinslose 60 ff.
steuerliche Verluste und Finanzierung 104 ff.
Steuern 46 ff., 103 ff., 116, 128, 130 ff., 157 ff., 219, 245, 259 ff.
Stille Gesellschaft 17
stiller Gesellschafter 167
Stockdividenden 13
Stripped Bonds 41
Substanzsteuern 133 ff.
Swap 40

take overs 171 f.

Teilamortisationsleasing 22 f.
Teilhabersteuer 46
Teilschuldverschreibung: siehe Anleihe
Teilungsmasse 225
term structure 119 ff.
Termin für Emissionen: siehe Emissionstermin
Termingeschäft 40
Trade-off-Theorien zur Kapitalstruktur 195 ff.
Transaktionskosten 44 ff., 65 f., 87, 103, 113, 116, 128 ff., 148 ff., 156, 180, 219, 241 f.
trouble shooter 233, 245, 249

Umwandlungswert 155
Underpricing 210 f.
Unsicherheit: siehe Risiko
Unterinvestitions-Problem 173, 205
Unternehmung, Existenzerklärung der 180 ff.
Unternehmungswert 224 ff.
unvollkommener Kapitalmarkt: siehe Kapitalmarkt, unvollkommener
Überinvestitions-Problem 173, 178, 205
Überschuldung 224 ff.
Überziehungskredit 138 ff.

Varianz 72 ff.
Venture-Capital-Gesellschaften 194
Veräußerungsgewinn 48 ff.
„Verbrennen" von Geld 210
Vergleich 234
Vergleich, außergerichtlicher 234
Vergleich, gerichtlicher 234
Verhaltensbeschränkung 177
Vermögensteuer 62 ff., 133 ff.
Verschleierungstheorie 197
Versicherung 177, 218 ff.
Versicherung, Agency-Effekte einer 220
Versicherungsgesellschaften 25 ff.
Vertragsklauseln (bei Fremdfinanzierung) 175 ff.
Vollamortisationsleasing 22

vollkommener Kapitalmarkt: siehe
  Kapitalmarkt, vollkommener
Vorzugsaktien 13, 117 ff., 211, 243 f.
Vorzugsaktien, stimmrechtslose 211

Wandelanleihe 13 f., 27 f., 88, 155 f., 212 ff.
Wandelschuldverschreibung: siehe
  Wandelanleihe
Wechselavalkredit 37
Wechselkredit 32
Wert des Bezugsrechts 111 ff.
Wertadditivität 221

Zahlungsunfähigkeit 224 ff.
Zero Bond: siehe Null-Kupon-Anleihe
Zerschlagungswert 224 ff.
Zession, offene 32 f.
Zession, stille 32 f.
Zessionskredit 32 f.
Zielsetzung der Unternehmung 6 ff.
Zinsänderungsrisiko 125 f.
zinslose Kredite 39
Zinsstruktur 119 ff.
Zinsstruktur, inverse 120
Zwangsvergleich 234

MIX
Papier aus verantwortungsvollen Quellen
Paper from responsible sources
FSC® C105338

If you have any concerns about our products,
you can contact us on
ProductSafety@springernature.com

In case Publisher is established outside the EU,
the EU authorized representative is:
**Springer Nature Customer Service Center GmbH
Europaplatz 3, 69115 Heidelberg, Germany**

Printed by Libri Plureos GmbH
in Hamburg, Germany